Reinhard Junker

Leben – woher?

Reinhard Junker

Leben – woher?

**Das Spannungsfeld Schöpfung / Evolution
leicht verständlich dargestellt**

unter Mitarbeit von

Harald Binder
Thomas Fritzsche
Norbert Pailer
Manfred Stephan
Henrik Ullrich

Christliche Verlagsgesellschaft
Dillenburg

Reinhard Junker

Leben – woher?
Das Spannungsfeld Schöpfung / Evolution
leicht verständlich dargestellt
unter Mitarbeit von Dr. Harald Binder, Dr. Thomas Fritzsche,
Dr. Norbert Pailer, Manfred Stephan und Dr. Henrik Ullrich

ISBN 3-89436-342-8

3. Auflage 2005

© Copyright 2002
Christliche Verlagsgesellschaft
Dillenburg

Herausgegeben von der
Studiengemeinschaft
Wort und Wissen

Umschlag- und Innengestaltung: Johannes Weiss, CH-8712 Stäfa
Druck: Ebner & Spiegel, Ulm
Printed in Germany

Inhalt

8. Welche Sprache spricht versteinertes Leben?

9. Kannte Adam den Neandertaler?

10. Biblisch-urgeschichtliche Geologie und die Sintflut

11. Wie alt ist die Welt?

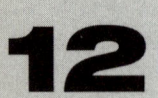

12. Am Anfang der große Knall?

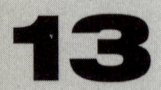

13. Schöpfung durch Evolution – die Lösung des Konflikts?

Anhang

Einleitung

Die Frage nach der Herkunft des Menschen, nach der Entstehung des ganzen Kosmos bewegt viele Zeitgenossen. Es ist ein Thema, das auch in den Massenmedien immer wieder aufgegriffen wird. Menschen aus allen Generationen, aus unterschiedlichsten Berufen und mit sehr verschiedener Vorbildung interessieren sich dafür.

Die Wissenschaftszweige, die sich mit diesen Fragen beschäftigen, sind jedoch sehr anspruchsvoll. Will man die Argumentationsweisen der Fachwissenschaften verstehen und kritisch beurteilen, ist ein intensives Studium unerlässlich. Mit viel Engagement können sich auch wissenschaftliche Laien in manche Gebiete einarbeiten. Für die meisten Zeitgenossen ist die Wissenschaft jedoch eine undurchschaubare Sache. Dennoch interessieren sie sich für deren Ergebnisse.

Für Christen ist die Ursprungsfrage über das allgemeine Interesse hinaus noch von besonderer Bedeutung, da sich auch die Bibel dazu sehr markant äußert. Wissenschaftliche Erkenntnisse über Evolution scheinen gegen die biblische Überlieferung zu sprechen. Schöpfung als Sechs-Tage-Werk, wie es der biblische Schöpfungsbericht schildert, gilt für viele als naturwissenschaftlich widerlegt. Viele Christen melden hier verständlicherweise und folgerichtig Protest an. Doch wie kann man als Laie mit den wissenschaftlichen Argumenten umgehen? Hier ist man schnell überfordert.

Wie können dem wissenschaftlich nicht Geschulten vor diesem

Hintergrund die Vorgehensweise und die Ergebnisse der Ursprungsforschung nahegebracht werden? Wie kann naturwissenschaftlich begründete Kritik an den heute üblichen Ursprungsvorstellungen der Abstammungslehre und der Urknalltheorie allgemein verständlich präsentiert werden? Zweifellos ist ein solches Vorhaben nur mit erheblichen Vereinfachungen möglich. Genau dieses Ziel verfolgt dieses Buch.

Für den Fachmann wird vieles zu einfach sein. Er wird oftmals ein „Ja, aber..." einwenden – durchaus mit Recht! Es ist dem Autor dieses Buches daher wichtig, nur solche Argumente zu präsentieren, die durch eine entsprechende fachliche Grundlagenarbeit abgedeckt sind. Das Buch ist daher so verfasst worden, dass auf das kritische „Ja, aber..." wiederum überzeugend entgegnet werden könnte, wenn mehr in die fachliche Tiefe gegangen würde. Zu den präsentierten Argumenten und Überlegungen liegt Fachliteratur vor, in welcher das Dargestellte eingehender behan-

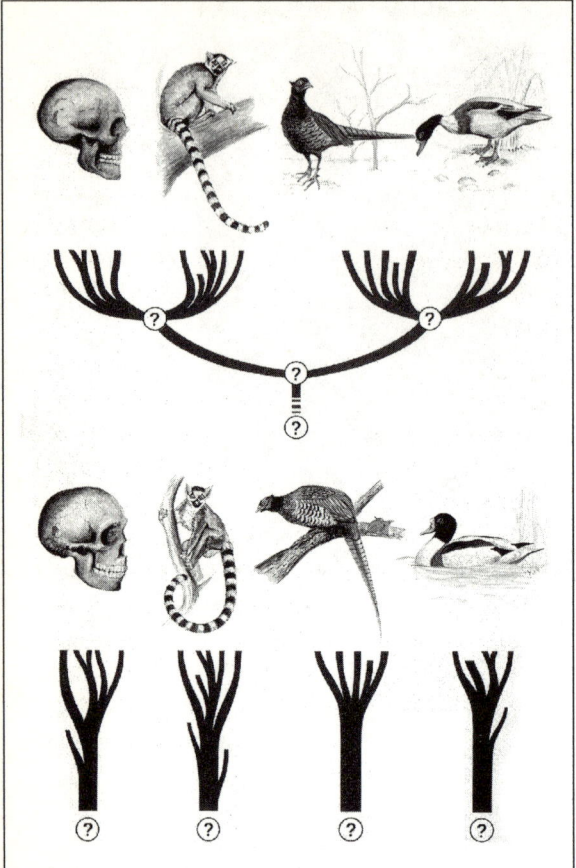

Abb. 1 In der Ursprungsfrage stehen sich
zwei Grundanschauungen gegenüber.
Oben: Evolutionsmodell: Alle Lebewesen sind in einem
gemeinsamen Stammbaum des Lebens verbunden.
Unten: Schöpfungsmodell: Alle Grundtypen sind durch beson-
dere Schöpfungsakte entstanden. Hinter diesen beiden
Ursprungsvorstellungen verbergen sich ganz verschiedene
Anschauungen über die Geschichte des Lebens.

werden, lassen sich gut verstehen, wenn man der Bibel folgend die Welt als durch Gottes Wort geschaffen ansieht. Es gibt jedoch in diesem Denkrahmen auch eine Reihe von ungelösten Fragen, auch schwerwiegende. Diese sollen nicht verschwiegen werden. Das gehört zu einer fairen Darstellung, auch wenn die Präsentation stark vereinfachend sein muss.

Wer in Fragen des Ursprungs und der Geschichte des Menschengeschlechts der Bibel folgt, geht an manchen Stellen von einem Handeln Gottes aus, sei es schöpferisch oder als strafendes Gerichtshandeln. An diesen Stellen wird der Christ von seiner nichtchristlichen Umgebung Unverständnis ernten. Das liegt in der Natur der Offenbarung, die Gott uns in seinem Wort geschenkt hat. Hier scheiden sich die Geister. Für den Christen sind manche – und durchaus wesentliche – Aussagen über den Werdegang der Menschheitsgeschichte letztlich nur durch das überlieferte Wort Gottes begründbar. Wenn man so will: Hier ist der Christ, auch der wissenschaftlich arbeitende, sozusagen „unwissenschaftlich" – oder besser: Er geht über das hinaus, was mit wissenschaftlicher Argumentation begründet werden kann. Andersdenkende werden das nicht verstehen. An dieser Stelle ist es dann nicht sinnvoll, biblische Offenbarung als „wissenschaftlich begründet" hinzustellen und dadurch annehmbarer zu machen, sondern es ist ganz einfach das christliche Zeugnis gefragt.

Die einzelnen Kapitel beginnen mit einer kurzen Einführung. In den folgenden Hauptteilen werden die wichtigsten Sachverhalte erläutert – oft beispielhaft, um Grundgedanken und die wichtigsten Argumen-

delt wird. Wer also kritisch nachhakt, greift nicht ins Leere. Die wichtigsten Hinweise dazu werden in Anmerkungsteilen sowie in den Literaturhinweisen am Schluss der einzelnen Kapitel gegeben.

Die Mitarbeiter dieses Buches sind der biblischen Offenbarung verpflichtet. Auf dieser Basis versuchen sie, naturkundliche Erkenntnisse zu verstehen. Viele Beobachtungen, die in der Natur gemacht

tationslinien darzustellen. Nach den Zusammenfassungen folgen Frageteile, in welchen speziellere Fragen aufgegriffen werden. Am Ende stehen Literatur- und Medienhinweise. Um den „roten Faden" des Buches zu behalten, genügt die Lektüre der Hauptteile.

Für einen Einzelnen ist es nicht möglich, ein so breites Themenspektrum aufgrund eigener fachlicher Kenntnisse darzustellen. Einige Texte wurden daher von verschiedenen wissenschaftlich arbeitenden Mitarbeitern der Studiengemeinschaft Wort und Wissen verfasst oder überarbeitet. Für ihre Mitarbeit, ohne welche dieses Buch nicht veröffentlicht worden wäre, danke ich sehr herzlich Dr. Harald Binder (Kapitel 7), Dr. Thomas Fritzsche (Kapitel 11), Dr. Norbert Pailer (Kapitel 12), Manfred Stephan (Kapitel 10) und Dr. Henrik Ullrich (Kapitel 6). Darüber hinaus profitieren die Darstellungen dieses Buches wesentlich von zahlreichen weiteren Wissenschaftlern, von denen besonders Dr. Michael Brandt, Dr. Sigrid Hartwig-Scherer, Prof. Dr. Siegfried Scherer und Dr. Uwe Zerbst genannt seien.

Reinhard Junker, im Februar 2003

1. Im Dunkel der Vergangenheit: Woher wissen wir, was früher war?

Kein Mensch war dabei, als Gott die Welt erschuf. Und wer glaubt, dass der Mensch durch einen evolutionären Prozess dem Tierreich entstammt, muss ebenfalls einräumen, dass niemand einen solchen Vorgang gesehen hat und je beobachten wird. Die Vergangenheit ist uns nicht unmittelbar zugänglich, auch nicht dem Wissenschaftler mit seinen Forschungsmöglichkeiten. Wie können wir dennoch etwas über die Vergangenheit in Erfahrung bringen? Die Erkenntnisse der Naturwissenschaft können ja nur durch Beobachtungen in der *heutigen* Schöpfung gewonnen werden. Wie kann man Vorstellungen über den *Ursprung* und die *Geschichte* der Welt mit naturwissenschaftlichen Methoden überprüfen, mit denen doch nur die *Gegenwart* direkt erforscht werden kann?

1.1 Durchblick im Dschungel der Argumente

Dieses erste Kapitel ist naturgemäß etwas anspruchsvoller. Man kann jedoch auch mit dem anschaulicheren 2. Kapitel beginnen und die Lektüre von Kapitel 1 später nachholen.

In der Vielfalt von Fakten, Meinungen und Argumenten zum Thema der Herkunft kann man leicht die Orientierung verlieren. Der eine behauptet das Gegenteil des anderen – alles anscheinend wissenschaftlich begründet. Manch einer ist geneigt, hier auszusteigen, weil er sich überfordert fühlt, zu einem eigenen Urteil zu gelangen.

Sobald es mehr in die Details geht, ist der Laie tatsächlich überfordert. Ein Schüler beispielsweise ist dem Lehrer meist schon deshalb „unterlegen", weil er wissensmäßig nicht mithalten kann. Dazu kommt, dass ein Lehrer besser darin geübt ist, Argumente zu formulieren. Oder: Wer im Fernsehen Beiträge zur Entstehung der Lebewesen verfolgt, fühlt sich oft mangels Kenntnissen nicht in der Lage, das Gesehene *aus fachlicher Sicht* kritisch zu beurteilen. Noch einmal ein Grund, sich in der Ursprungsfrage zurückzuziehen?

Nein, ich bin der Meinung, dass Laien sich in einigen wichtigen Grundfragen behaupten können – auch ohne viel Wissen. Die Sach-kenntnis ist zwar zweifellos wichtig, aber mindestens genauso bedeutsam ist der Umgang damit. Wie kann mit dem Wissen – hier der naturwissenschaftlichen Erkenntnis bezüglich Ursprungsfragen – umgegangen werden? Um hierzu einige grundlegende Dinge zu verstehen, muss man kein Wissenschaftler sein. Jeder kann einiges mit relativ wenig Aufwand darüber lernen.

Daher soll es in diesem Buch zunächst einmal darum gehen, wie ein Wissenschaftler überhaupt vorgeht, um etwas über die Ursprünge, über die Herkunft der Lebewesen und des ganzen Kosmos in Erfahrung zu bringen. Es wird sich herausstellen, dass es ein wirklich *naturwissenschaftlich* begründetes Ursprungsmodell gar nicht geben kann, sondern dass immer weltanschauliche Vorstellungen im Spiel sind – ja sein müssen. Dass dem so ist, soll an einigen Beispielen gezeigt werden. Mit dieser Einsicht kann auch der wissenschaftlich weniger Kundige Behauptungen von Evolutionstheoretikern an entscheidenden Stellen ein Stück weit hinterfragen. Und mit der dadurch gewonnenen Perspektive kann er Einzelargumente in der Auseinandersetzung um Schöpfung und Evolution besser beurteilen.

1.2 Wie arbeitet ein Wissenschaftler?

Im Allgemeinen wird an die Bezeichnung „wissenschaftlich" die Vorstellung von „Objektivität", „Unvoreingenommenheit" und „Sicherheit" geknüpft. Wissenschaft sammelt Tatsachen, bei denen subjektive Eindrücke und persönliche Meinungen ausge-

Daten: Ergebnisse aus Beobachtungen und Experimenten (lat. „datum" = das Gegebene)

Theorie: Anschauung (griech. „theoreein" = anschauen): Unter welchem Blickwinkel betrachte ich das Beobachtete, die Daten? Theorien gehören unbedingt zum wissenschaftlichen Arbeiten. Sie bringen sozusagen Daten zum Sprechen, sagen etwas über die Bedeutung der Daten aus. „Theorien" können durch weitere Daten gestützt werden, sich aber auch als falsch erweisen.

Hypothese: Der Begriff wird sehr unterschiedlich gebraucht. Wir verwenden ihn im Sinne einer Mutmaßung, die bisher noch nicht oder kaum durch Daten gestützt ist, jedoch Ideen vermittelt, wie man bestimmte Daten erklären könnte.

Die Zeitmaschine, mit der man in die Vergangenheit reisen könnte, steht dem Wissenschaftler nicht zur Verfügung. Die Vergangenheit kann nicht direkt erforscht werden.

schlossen sein sollen. Die Daten werden in Form von **Hypothesen** oder **Theorien** zusammengefasst. Was heißt aber „objektiv"? In der Naturwissenschaft gilt: Nur wenn Sachverhalte *immer wieder beobachtbar* sind und von verschiedenen Beobachtern gleich gesehen werden, wird von „Objektivität" gesprochen. In der Naturwissenschaft werden Ergebnisse von Beobachtungen (z. B. bei Experimenten) „**Daten**" genannt. Dieses vom Lateinischen kommende Wort bedeutet „das Gegebene". Dieser Begriff soll genau das oben Gesagte zum Ausdruck bringen, nämlich dass es sich bei Daten um Realitäten handelt, die unabhängig vom jeweiligen Beobachter festgestellt werden können und somit „gegeben" sind.

Damit ist sofort klar: Zu den Daten gehören nur Befunde, die in der *Gegenwart* vorkommen oder passieren.[1] Von der Vergangenheit können nicht in gleicher Weise Daten gewonnen werden, da sie der direkten Beobachtung nicht zugänglich ist. Die Zeitmaschine, mit der man in die Vergangenheit reisen könnte, steht leider nicht zur Verfügung. Die Vergangenheit kann daher nur *rekonstruiert* werden. Die Möglichkeit, vergangene Abläufe zu rekonstruieren, sind aber häufig vielfältig, weil die heute zur Verfügung stehenden Daten eigentlich immer mehr- oder vieldeutig sind. Diese Erkenntnis ist von besonderer Wichtigkeit bei unserem Thema, da es in der Ursprungsfrage ja gerade um die *Vergangenheit* geht: Wie ist das *geworden*, was wir heute beobachten können?

1.3 Heute und gestern – der große Unterschied

Machen wir uns den Unterschied zwischen Erforschung der Gegenwart und Rekonstruktion der Vergangenheit anhand einiger Beispiele klar:

• Der *Aufbau* einer Blüte in Kelch-, Kron-, Staub- und Fruchtblätter gehört zu den Daten. Wie eine Blüte jedoch in der Vergangenheit *entstanden* ist, gehört nicht dazu, denn

Abb. 2
Die Schichtenabfolge kann genau beschrieben werden. Die Art und Weise und die Geschwindigkeit ihrer Entstehung kann dagegen nur indirekt erschlossen werden.
Das Foto zeigt Solnhofener Plattenkalke.

das ist nicht beobachtbar. Experimente zeigen, dass Blütenblätter Laubblättern entsprechen. Doch eine evolutionäre Umwandlung von Laubblatt zu Blütenblatt hat niemand beobachtet. Diese Interpretation mag möglich sein, aber sie ist nicht durch Daten bewiesen und wohl auch kaum beweisbar.

• Die Abfolge von Gesteinsschichten in einem Steinbruch kann direkt beobachtet und kartiert werden (Abb. 2). Wieder müssen wir davon die *Entstehungsweise* der Schichten, die in einem Steinbruch zugänglich sind, unterscheiden. Dazu kann man wohl Szenarien (mögliche Abläufe) entwickeln, aber das ist wiederum nicht beobachtbar.

• Der Astronom kann Sternenlicht in dessen Spektralfarben zerlegen und findet darin ein Muster schwarzer Balken (vgl. Abb. 129, S. 190). Dieses Muster kann von Stern zu Stern variieren. Das gehört zu den Daten. Die Erklärung dieses Musters als Absorptionslinien (bestimmte Wellenlängen des Lichts werden durch umgebende

Materiehüllen verschluckt), ist dann eine Deutung dieser Daten. Diese Absorptionslinien sind nun in den Spektren verschiedener Sterne vor dem Hintergrund der Farbpalette häufig zum Roten hin verschoben. Auch das gehört wieder zu den Daten. Die Erklärung, dass diese Verschiebung etwas mit Bewegungen der Sterne zu tun hat (Rotverschiebung infolge einer Fluchtbewegung der Sterne), überschreitet die Daten und ist wieder eine Deutung. Diese Deutung mag einleuchtend sein, aber ist sie die einzige Möglichkeit? Es wurden in der Tat schon andere Möglichkeiten vorgeschlagen (Näheres in Kapitel 12). Mit den Daten alleine ist nicht sicher entscheidbar, wie die Deutung ausfallen muss. Gewöhnlich müssen mehrere Deutungsmöglichkeiten offengelassen werden.

• Noch ein entscheidender Schritt weiter wird gegangen, wenn aus den Rotverschiebungen auf eine Ausdehnung des Weltalls geschlossen wird und weiter gefolgert wird, das Weltall habe mit einem Urknall begonnen. (Wenn das Weltall sich ausdehnt, so könnte es früher einmal „kleiner" und ursprünglich vielleicht auf einen einzigen Punkt konzentriert gewesen sein.) Doch was ist, wenn die Interpretation der Rotverschiebung als Fluchtbewegung gar nicht stimmt? Dann verliert natürlich auch die Schlussfolgerung auf eine Ausdehnung des Weltalls und auf einen Urknall diese Basis. Außerdem: Wer weiß überhaupt, *wie lange* man von der heutigen Situation zurückrechnen kann? Der Computer kann im Prinzip zwar beliebig lange zurückrechnen. Trifft er aber damit die Wirklichkeit? Auch das lässt sich nicht durch Daten ermitteln, sondern die großen Zeiträume werden zunächst als Voraussetzung zugrundegelegt.[2]

1.4 Es geht auch um eine Wahl

An dieser Stelle können wir eine generelle Feststellung machen: Naturwissenschaft befasst sich mit Daten (Beobachtungen) und beschreibt mit Hilfe ihrer Methodik, wie die Welt *gegenwärtig* gestaltet ist und wie sie *funktioniert*. Dies geschieht mit Hilfe von Theorien. Wie aber das, was wir heute sehen und in seinem Funktionieren erklären können, *entstanden* ist, ist eine ganz andere Frage. Dabei geht es darum, was in der Vergangenheit passiert ist. Niemand war aber dabei, als die Dinge entstanden sind, daher sind die Wissenschaftler neben den Daten auf Vermutungen und Ideen angewiesen, um die Entstehungsweise zu ermitteln. Dabei lassen sie sich von weltanschaulichen Vorstellungen leiten – es geht gar nicht anders. Die Frage ist nur, *welche Weltanschauung* zugrundegelegt wird und warum (Abb. 3). Hier muss eine Wahl getroffen werden.

So gehen evolutionstheoretisch orientierte Wissenschaftler davon aus, dass das Leben und seine Vielfalt allein durch *natürliche* Vorgänge entstanden ist. Entsprechend versuchen sie, die Beobachtungsdaten zu deuten. Sie suchen nach Indizien für lange Zeiträume und sind bemüht, die Formenvielfalt der heutigen Lebewesen und die Fossilien (siehe Kapitel 8) in Form von Stammbäumen zu ordnen. Das ist sozusagen die Brille, durch die sie die Daten sehen (vgl. Abb. 4).

Von einem ganz anderen Blickwinkel aus betrachten schöpfungsorientierte Wissenschaftler die Daten. Sie setzen voraus – von der Offenbarung der Bibel geleitet –, dass der Kosmos und die Lebewesen in fertiger Form durch Gottes Wort geschaffen wurden. In diesem Sinne versuchen sie *dieselben Beobachtungen*, die auch die Evolutionstheoretiker zugrundelegen, zu deuten und suchen zum Beispiel nach abgrenzbaren Einheiten der Lebewesen, die als Schöpfungseinheiten oder Grundtypen interpretiert werden können.

Die Daten sind in dieser Konkurrenz verschiedener Sichtweisen nicht der „Oberschiedsrichter", der entscheidet, was gilt. Man kann die Daten viel eher mit Baumaterial vergleichen, das zum Bau eines Hauses verwendet werden kann. Das Baumaterial lässt verschiedene Möglichkeiten zu, was man daraus machen kann, doch es zwingt einen nicht, ein ganz bestimmtes Haus zu bauen.

Halten wir also fest: Was in der Vergangenheit geschehen ist (und beim Ursprungsthema geht es ja genau darum), kann man nicht immer wieder beobachten und untersuchen – ja nicht ein einziges Mal ist eine direkte Beobachtung verflossener Geschehnisse der Erd-

Abb. 3 Mit der naturwissenschaftlichen Methode können unzählige Daten durch Beobachtungen im Freiland oder durch Experimente im Labor gewonnen werden. Doch die Daten weisen nicht automatisch den Weg zu ihrer Interpretation, schon gar nicht, wenn es um die Ursprünge geht. Hier muss man zuerst durch eine „Interpretationstür" gehen, die den Weg zu möglichen Deutungen weist.

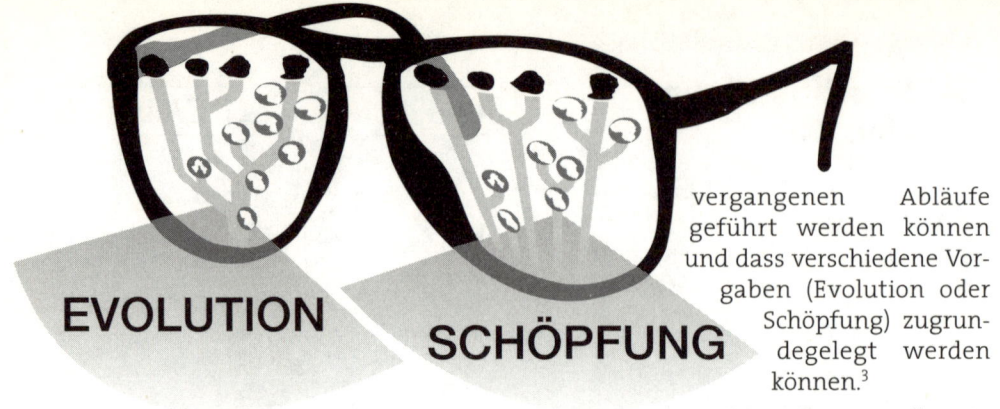

EVOLUTION   SCHÖPFUNG

Abb. 4
Jeder Wissen-
schaftler braucht
eine Art Brille,
durch die er die
Beobachtungsda-
ten (z. B. Schädel-
funde) sieht und
deutet. Die Brille
ist seine Sicht-
weise (hier:
Schöpfung oder
Evolution), unter
der er die Welt
sieht und verste-
hen möchte.

geschichte möglich. Vielmehr können nur aufgrund heute vorliegen-
der Daten (z. B. Versteinerungen,
archäologische Funde, Schriftstücke
usw.) *mögliche* Rückschlüsse auf die
verflossenen Ereignisse gezogen
werden – unter der Leitung einer
Weltanschauung oder von Glau-
benssätzen. Welche Weltanschauung oder Glaubensvorgabe dabei
gewählt wird, kann nicht durch die
Daten selber festgelegt werden.

1.5 Ohne „Brille" geht es nicht

Man kann den Sachverhalt
auch so ausdrücken: Jeder
Wissenschaftler benötigt
eine Art „Brille" (Ideologie, Religion,
Glaube), durch die er die Daten
sehen und entsprechend deuten
kann (vgl. Abb. 3 und 4). Die Daten
selber sagen ihm nicht, wie die tatsächlichen Abstammungsverhältnisse liegen. Es ist gerade umgekehrt: Der Wissenschaftler versucht
gemäß seiner *vorgegebenen* Vorstellungen die Daten zu deuten und
sie in sein Konzept einzubauen. Es
geht nicht anders, und es ist nicht
unwissenschaftlich, mit Theorien
über die Anfänge zu beginnen; nur
muss einem bewusst sein, dass auf
diesem Weg *keine Beweise* über die

vergangenen Abläufe
geführt werden können
und dass verschiedene Vorgaben (Evolution oder
Schöpfung) zugrun-
degelegt werden
können.[3]

Wem dies nun alles ein
bisschen zu theoretisch war, kann
sich zur Lektüre des nächsten
Abschnitts entspannt zurückleh-
nen, denn gleich folgt eine kleine
Kriminalgeschichte. Die Vorgehensweise eines Naturforschers, der die
Geschichte des Lebens herausfinden möchte, ist nämlich in vielerlei
Hinsicht vergleichbar mit der
Arbeit eines Kommissars, der einen
Mordfall aufklären muss. In beiden
Fällen gibt es einen „Tatort", an dem
etwas passiert ist, das aber von Zeugen nicht beobachtet wurde. Es gibt
nur noch *Spuren* des Hergangs. Für
den Kommissar sind diese Spuren
das Mordopfer, eventuelle Hinterlassenschaften des Täters und sonstige Indizien am Tatort. Für den
Naturforscher sind diese Spuren vor
allem das, was er heute an den
Lebewesen bzw. an Fossilien beobachten kann. In beiden Fällen geht
es darum, die vorliegenden Indizien
so zu kombinieren, dass sie zu
einem vergangenen Geschehen
passen, im einen Fall zum Hergang
der Tat, im anderen zu einer möglichen Geschichte des Lebens. Indizien aber lassen sich normalerweise
auf verschiedenste Weise deuten …

Aber steigen wir doch erst einmal in diese Geschichte ein. Sie handelt von einem Überfall – oder doch
von etwas anderem?

„Fast ein Mord" ...

Es ist an einem düsteren Februartag. Der 40-jährige Bank-Filialleiter Herbert Müller befindet sich mit seinem Wagen auf der Heimfahrt von der Arbeit und nähert sich bereits der Nobelsiedlung in der Paradiesstraße am Rande einer mittleren Großstadt. Dort wohnt er seit fünf Jahren mit seiner Frau in einem großen dreistöckigen Haus. Sorgenvolle Gedanken quälen ihn, denn er hat das eigenartige Gefühl, als würde an diesem Abend irgendetwas passieren. Denn in letzter Zeit gab es häufig Einbrüche und Diebstähle in den reichen Wohnvierteln. Herr Müller stellt sich vor, wie es wäre, wenn so etwas in seinem eigenen Haus passierte, da auch er in einem der reichen Viertel der Stadt wohnt.

Als er seinen Wagen vor der Garage abgestellt und die Haustür aufgeschlossen hatte, da geschieht es! Ein lautes Poltern ertönt im Haus, dann ein spitzer Schrei und ein dumpfer Schlag, gefolgt von einem Klirren. Herr Müller zuckt vor Schreck zusammen. Was ist das? Blankes Entsetzen packt ihn! Ohne nachzudenken reißt er hastig die Tür auf und stürzt hinein. Da hört er, wie im Untergeschoss Schritte

durchs Wohnzimmer eilen und über die Terrasse nach draußen verschwinden. „Da ist jemand!" schießt es ihm durch den Kopf. „Ein Überfall! Ich habe es doch geahnt!" Das Herz pocht ihm bis an die Schläfen, als er über die Treppe nach unten rennt. Wie vom Blitz getroffen bleibt er stehen. Der kalte Schweiß bricht ihm aus, als er das Ergebnis dessen entdeckt, was sich kurz zuvor hier abgespielt haben muss: Seine Frau liegt neben dem Kaminabsatz regungslos am Boden, aus einer Wunde am Kopf heftig blutend, neben ihr auf den Fließen die Scherben eines schweren Tonkruges.

Panik erfasst ihn. Das Leben seiner Frau ist in Gefahr! Vielleicht ist es schon zu spät! Schnell ruft er einen Unfallarzt und die Polizei.

Dann schaut er sich seine Frau näher an und atmet erleichtert auf: Ihr Brustkorb hebt und senkt sich. Sie ist also noch am Leben! Er beginnt, sich um seine bewusstlose Frau zu kümmern, als er schon wieder Schritte hört, die sich eilig der Terrassentür nähern, die noch offen steht. Polizei und Krankenwagen können es unmöglich schon sein. Ob der Täter zurück-

gekommen ist? Will er sein Opfer endgültig zum Schweigen bringen?

Geistesgegenwärtig packt Herr Müller einen Stuhl und hebt ihn wurfbereit über seinen Kopf. Er ist zu allem entschlossen. Jetzt gilt es, sein Leben und das seiner Frau zu verteidigen! Doch zu seiner Erleichterung tauchen zwei vertraute Gestalten auf: Herr Keller, sein Nachbar, und dessen Sohn Daniel. Überrascht blicken sie ihn an. Herr Müller stellt den Stuhl beiseite. „Sie kommen gerade richtig!", stößt er hervor. „Meine Frau liegt schwerverletzt am Boden. Bitte helfen Sie mir!" Rasch wird Frau Müller aufs Sofa gehoben und ihr ein Notverband angelegt. „Daniel hat mir von dem Unglück erzählt", sagt Herr Keller. „Der Krug muss ziemlich schwer gewesen sein. Zum Glück ist ihrer Frau nichts Schlimmeres passiert."

Herr Müller hört nur halb zu. Er wendet sich an Daniel, dankt ihm für seine schnelle Hilfe und fragt ihn, ob er auch den Mann gesehen habe, der seine Frau niedergeschlagen hat. Daniels Antwort ist für Herrn Müller total überraschend: „Aber ihre Frau wurde doch gar nicht niedergeschlagen. Sie ist vom Stuhl gestürzt und hat dabei den Krug vom Kaminsims gerissen. Der ist ihr dann auf den Kopf gefallen." – „Woher weißt du das denn?" will Herr Müller natürlich wissen. „Weil ich es gesehen habe", antwortet Daniel erstaunt. „Meine Mutter hatte mich hergeschickt, weil sie zum Kuchenbacken ein paar Eier brauchte. Ich kam wie immer durch die Terrassentür ins Wohnzimmer und sah, wie Ihre Frau gerade auf dem Stuhl stand und den Krug vom Kaminsims holen wollte. Sie hatte mich nicht bemerkt, und als ich sie plötzlich

Tab. 1
Gleiche Beobachtungen, aber ganz verschiedene Deutungen

Indizien	Überfalltheorie	Unfalltheorie
1. Gehäuft Einbrüche in der Stadt	Ein Einbrecher ist in Herrn Müllers Haus	Es ist kein Einbrecher in Herrn Müllers Haus
2. Frau Müller schreit	Sie wird von einem Einbrecher bedroht	Sie schreit vor Schreck, weil sie stürzt
3. Frau Müller liegt ohnmächtig am Boden	Sie wurde niedergeschlagen	Sie wurde vom herabfallenden Krug getroffen
4. Ein zerbrochener Krug liegt daneben	Die Tatwaffe	Der Krug fiel vom Kaminsims herab
5. Schritte entfernen sich aus dem Zimmer	Der Täter flieht	Daniel holt Hilfe

ansprach, erschrak sie so sehr, dass sie vom Stuhl stürzte. Weil ich nicht wusste, was ich tun sollte, rannte ich schnell hinaus und holte meinen Vater."

Herbert Müller fällt es wie Schuppen von den Augen. Nun ist alles klar. Er fasst sich an den Kopf und kann nicht begreifen, dass er die Situation so völlig falsch gedeutet hat. Mittlerweile wacht seine Frau aus der Bewusstlosigkeit auf. Kurz danach ist die Sirene des Notfallwagens zu hören. Gleich wird auch die Polizei hier sein. Wie soll er den falschen Alarm nur erklären? Hoffentlich machen sie ihm keine Vorwürfe, sondern freuen sich mit ihm darüber, dass sich der vermeintliche Überfall so rasch aufgeklärt hat!

... und was man daraus lernen kann

Soweit diese Geschichte. Sie ist in dreierlei Hinsicht sehr lehrreich, wenn wir sie auf die Ursprungsfrage der Naturforscher anwenden:

1. *Der abgelaufene Vorgang (Überfall, Unfall oder etwas anderes) kann nicht direkt erforscht werden.* Die vorliegenden Daten – hier die Indizien am Ort des Geschehens – können verschieden gedeutet werden (Tab. 1). Die Indizien erlauben keine Entscheidung darüber, welche Deutung die richtige ist, also wie sich der Vorgang wirklich abgespielt hat. Diese Entscheidung fällt erst, nachdem glaubwürdige *Augenzeugen* berichten, was passiert ist.

Ebenso kann das vergangene Geschehen der Geschichte des Lebens (Schöpfung und Spezialisierung der geschaffenen Arten oder Evolution vom Einfachen zum Kom-

plexen) nicht direkt erforscht werden, sondern nur anhand von Indizien (z. B. Bau der Lebewesen oder Versteinerungen usw.) rekonstruiert werden. Darauf werden wir im Einzelnen noch eingehen. Auch hier gibt es oft verschiedene Deutungsmöglichkeiten derselben Befunde, und eine Entscheidung über die richtige Deutung ist bloß mit Hilfe der Daten nicht möglich. Wir werden das gleich anhand eines Beispiels erläutern. Und hier gibt es – im Gegensatz zur Geschichte „Fast ein Mord" – keine Augenzeugen. Niemand hat der Evolution vom Tier zum Menschen zugesehen. Ebensowenig hat kein Mensch beobachtet, wie Gott die Welt erschaffen hat.

2. *Die Daten (bzw. Indizien) werden nicht unvoreingenommen gedeutet, sondern gemäß einer vorgegebenen Schau* (Abb. 4 und 5). Herr Müller, der Hauptakteur in unserer Geschichte, kam mit ganz bestimmten Vorstellungen bzw. Befürchtungen nach Hause. Entsprechend deutete er das, was ihm begegnete. Wenn er mit einer anderen Haltung nach Hause gekommen wäre, hätte er die Indizien wahrscheinlich nicht im Sinne eines Überfalls gedeutet.

Abb. 5 Die Geschichte „Fast ein Mord" kann verschieden interpretiert werden, je nachdem, ob man sie durch die „Unfallbrille" oder die „Überfallbrille" betrachtet.

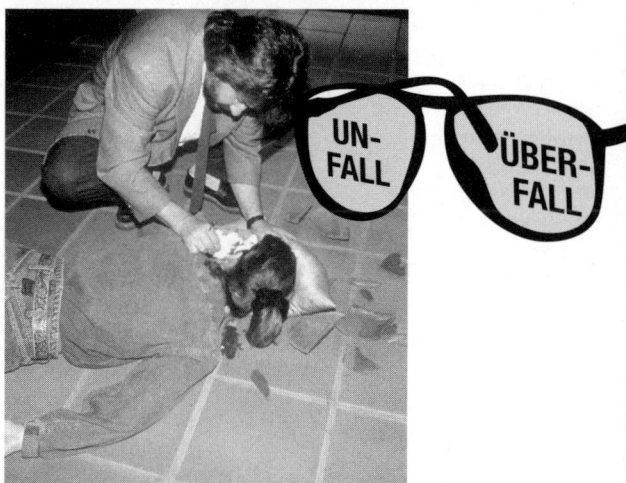

Nicht anders ist es in der Deutung der Indizien in der Ursprungsforschung. Wer von einer allgemeinen Evolution ausgeht, sieht in den Fossilfunden Belege einer Stammesentwicklung oder er versucht es zumindest. Schöpfungstheoretiker dagegen haben eine ganz andere Perspektive auf dieselben Daten. Diesen Aspekt kann man kaum unterschätzen: Die Wissenschaftler sind allesamt Menschen mit persönlichen Prägungen, Vorlieben, Wünschen oder Befürchtungen, die sich auch in den wissenschaftlichen Überlegungen niederschlagen. Kein Mensch befasst sich wirklich „neutral" mit der brisanten Frage der Ursprünge.

3. Und noch eine dritte „Lehre" kann aus der Geschichte „Fast ein Mord" gezogen werden: *Eine plausible, einleuchtende Erklärung muss nicht die einzig mögliche sein.* Die Deutung von Herrn Müller war einleuchtend – also: die Sache schien doch eigentlich klar! Eben nicht! In diesem Sinne muss auch mit evolutionstheoretischen Deutungen umgegangen werden (und fairerweise auch mit schöpfungstheoretischen): Deutungsweisen der Evolutionslehre sind sicher in vielen Fällen einleuchtend (wir werden das noch sehen), doch damit ist eben nicht gesagt, dass die Deutung die *einzig mögliche* ist. Auch dann, wenn keine konkurrierende Deutung vorliegt, muss eine bestimmte Interpretation auch nicht die einzig mögliche sein; vielleicht wird in der Zukunft noch eine andere Erklärung gefunden.

1.6 Mehrdeutige Indizien im Fall „Evolution / Schöpfung"

Wenden wir nun die drei oben genannten Schlussfolgerungen auf den Tatort „Erde und ihre Lebewesen" an. Es gibt hier Indizien in Hülle und Fülle zu sichten, die mit dem Fall „Schöpfung / Evolution" zu tun haben. Beispielhaft seien die Ähnlichkeiten unter den Lebewesen herausgegriffen. Abb. 6 zeigt ein berühmtes Beispiel, das wohl in allen Schulbüchern beim Thema „Evolution" vorkommt: Die Ähnlichkeiten des Skelettbaus der Gliedmaßen der landlebenden Wirbeltiere. Trotz unterschiedlichster Funktionen ist immer dasselbe „Strickmuster" verwirklicht. Alle Gliedmaßen haben Oberarmknochen, Elle und Speiche, Fingerknochen; bei der Fledermaus sind die Fingerknochen sehr lang, bei den Vögeln sind sie teilweise weggefallen und verschmolzen. Das

Abb. 6
Der Skelettbau der Gliedmaßen der Vierbeiner (Landwirbeltiere) ist auffallend ähnlich, obwohl mit den Gliedmaßen sehr verschiedene Funktionen ausgeübt werden. Woher rührt diese Ähnlichkeit? Es liegen offenbar gleiche Baupläne zugrunde. Für Evolutionstheoretiker ist das ein Hinweis auf einen gemeinsamen Vorfahren, ein Uramphibium (Fossil links). Doch der gleiche Bauplan kann auch als Hinweis auf denselben Urheber – den Schöpfer – gelten.
(Westfälisches Museum für Naturkunde, Münster)

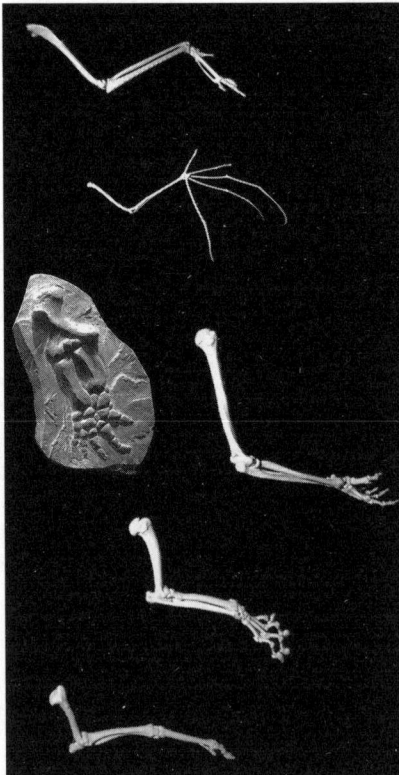

sind interessante Indizien. Doch wofür stehen sie?

Woher kommt dieses gemeinsame „Strickmuster"? Evolutionstheoretiker sagen: Es wurde vom ersten Landwirbeltier (Uramphibium) auf die weiteren evolutionären Nachkommen (Amphibien, Reptilien, Vögel und Säugetiere) „vererbt". Nachdem das Strickmuster der fünfstrahligen Gliedmaßen mit Elle und Speiche und Oberarmknochen einmal evolutiv erworben worden sei, habe es nur noch abgewandelt und umgebaut werden können. Dadurch hätten sich Ähnlichkeiten „durchgepaust", die schon beim mutmaßlichen gemeinsamen Vorfahren vorhanden waren. Ähnlichkeit wird also auf gemeinsame Abstammung zurückgeführt (vgl. Abb. 7, linker Teil).

Es gibt jedoch eine andere Deutungsmöglichkeit: Ein ähnliches „Strickmuster" kann von einem gemeinsamen Urheber stammen, nach dessen Plan ähnliche Strukturen für unterschiedliche Funktionen verwendet wurden. Das zeigt für ein Beispiel aus der Technik Abb. 8. Die dort abgebildeten Automodelle Käfer und Porsche stammen aus derselben Firma. Sie haben gemeinsam: runde Karosserie, Fließheck (= schräges Heck), Heckmotor, Kofferraum vorne. Diese Gemeinsamkeiten sind für das Funktionieren nicht unbedingt in dieser Weise erforderlich. Vielmehr sind diese Ähnlichkeiten teilweise oder ganz dadurch zu erklären, dass die gleichen Urheber beide Modelle entwickelt haben. Ferdinand Porsche konstruierte 1935 den VW-Käfer. Nach dem 2. Weltkrieg machte sich seine Firma selbständig und entwickelte den „Porsche". Dabei wurden wesentliche Eigenschaften des VW übernommen. Kein Auto

gleiche stammesgeschichtliche Herkunft	„Handschrift" des gleichen Schöpfers
↓	↓
Ähnlichkeiten	Ähnlichkeiten

der damaligen Zeit war so konstruiert wie diese Modelle.[4]

Ähnlichkeit aufgrund gemeinsamer Urheberschaft kennen wir von vielen Beispielen: Ähnliche Musikstile lassen auf denselben Komponisten oder auf dieselbe Musikgruppe schließen. Entsprechende Schlussfolgerungen können bei ähnlichen Stilen bei Gemälden, Kunstwerken, technischen Geräten, Gebäuden usw. gezogen werden. Allenthalben schließen wir im Alltag von Ähnlichkeit auf gemeinsame Urheberschaft. Dieser Schluss ist auch bei den Lebewesen möglich, etwa beim obigen Beispiel der Gliedmaßen und vielen sonstigen Ähnlichkeiten. Wir kommen in Kapitel 5 noch einmal darauf zurück.

Wichtig ist jetzt wieder die Unterscheidung zwischen Daten und Deutungen. Ähnlichkeiten können beobachtet werden, gehören also zu den Daten. Aber *wie sie entstanden sind* hat niemand gesehen. Das ist Deutung gemäß einer *vorgegebenen* Anschauung (Schöpfung oder Evolution).

Abb. 7 Zwei mögliche Erklärungen für Ähnlichkeiten.

Abb. 8 Spezielle Ähnlichkeiten von VW Käfer und Porsche: Käferform, der Motor befindet sich hinten, der Kofferraum vorne u. a. Hier weisen die Ähnlichkeiten auf dieselben Urheber, also dieselben Konstrukteure bzw. deren Baupläne hin. Entsprechend können Ähnlichkeiten bei Lebewesen durch das Wirken desselben Urhebers (Schöpfers) verstanden werden.

Außerdem entdecken wir auch in diesem Beispiel die Rolle der Voreingenommenheit (wie bei Herrn Müller in der oben geschilderten Geschichte). So wird in Schulbüchern wie auch in universitären Lehrbüchern häufig gesagt, gemeinsame Abstammung sei die einzig mögliche Erklärung für das Auftreten von Ähnlichkeiten. Das stimmt offensichtlich nicht! Es ist eine *mögliche*, nicht aber die *einzig mögliche* Erklärung. Letzteres kann man eigentlich nur behaupten, wenn man Schöpfung *von vornherein* ausgeschlossen hat, das heißt wenn bereits eine weltanschauliche Vorentscheidung getroffen wurde. Klar, wenn „Schöpfung" nicht als Möglichkeit berücksichtigt wird, bliebe außer Evolution allenfalls nur der Zufall als „Erklärung" für Ähnlichkeiten übrig. Doch wer wollte so tiefgreifende Ähnlichkeiten unter den Lebewesen auf bloßen Zufall zurückführen? (Abgesehen davon, dass „Zufall" eigentlich gar keine Erklärung ist.) Also: Wird „Schöpfung" als Erklärung nicht akzeptiert (und das hat weltanschauliche, ideologische Gründe), dann bleibt eben nur Evolution übrig. Die Deutung geschieht also auch hier durch eine Brille – wie jede Deutung. Wer dagegen die Schöpfungsbrille aufsetzt, kann die Befunde an dieser Stelle ohne weiteres verstehen.

Und schließlich können wir auch die dritte oben genannte Schlussfolgerung hier anwenden: Eine *einleuchtende Erklärung* muss nicht die *richtige* Erklärung sein. Ähnlichkeit durch gemeinsame Abstammung zu erklären ist ja durchaus einleuchtend, denn schließlich ähneln sich auch Geschwister, weil sie von denselben Eltern abstammen. So könnte es ja auch bei Ähnlichkeiten zwischen Tier und Mensch sein. Also, wir haben doch eine einleuchtende Erklärung. Warum sollen wir noch kritisch weiterdenken? Eben deshalb, weil *eine* Erklärungsmöglichkeit nicht die einzige sein muss.

Ein zweites Beispiel. Abb. 9 zeigt einen menschenähnlichen Schädel, der im Vergleich zu heutigen Menschen etwas fremdartig anmutet. Es handelt sich um ein Fossil, also um eine Versteinerung, von der „Haut und Haare" nicht überliefert sind. Wir stellen – auch wenn wir keine Experten sind – leicht fest, dass die Stirn dieses Schädels relativ flach ist, Stellen über den Augenhöhlen deutlich verdickt sind (Überaugenwülste), die Kieferpartie nach vorne gebogen und das Kinn fliehend ist. Bei den meisten heutigen Menschen sehen diese Partien deutlich anders aus (Abb. 10). Diese besonderen Merkmale sind natürlich Daten. Die Wissenschaftler nennen dieses Geschöpf *Homo erectus*, das heißt „aufrechtgehender Mensch". Es hing an diesem Fossil allerdings kein Etikett, auf welchem dieser Name stand; der Name ist natürlich Interpretation, die durch viele Ähnlichkeiten mit heutigen Menschen begründet wird. Auch Schöpfungsforscher sehen *Homo erectus* als Menschen an. Was für ein Mensch aber war das? Das steht am Fossil genausowenig wie sein Name. Und Fossilien können uns nichts mehr über ihr „Wesen" mitteilen. Wir können uns nur an den Daten und an Vergleichen mit heutigen Formen oder anderen Fossilien orientieren.

Was also bedeuten diese Unterschiede in Bezug auf die Herkunftsfrage? Sind die für heutige Verhältnisse ungewöhnlichen Merkmale des *Homo erectus* Anzeichen dafür, dass dieser Mensch noch ein bisschen affenartig war, also noch nicht so Mensch wie wir heute? Die evolutionstheoretische Deutung läuft genau darauf hinaus. Die Unterschiede zwischen *Homo erectus* und dem Jetztmenschen werden als Belege für die Ansicht interpretiert, *Homo erectus* sei eine Zwischenform zwischen Tier und Mensch.

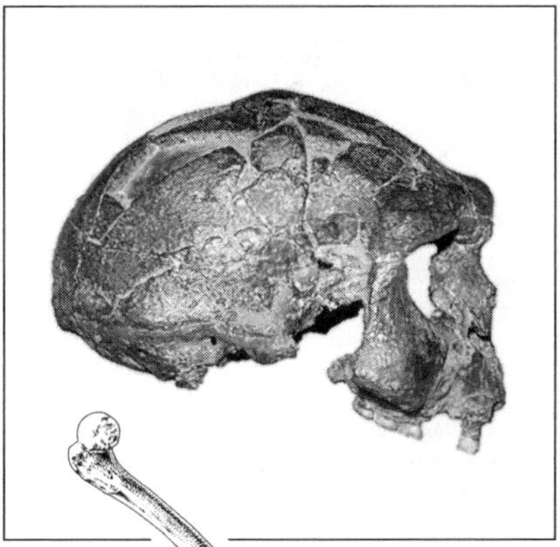

Doch auch hier ist diese Interpretation keineswegs die einzig mögliche. Denn zum biblischen Schöpfungskonzept gehört die Vorstellung von Flexibilität innerhalb der geschaffenen Arten, also auch innerhalb des geschaffenen Menschen. „Schöpfung" bedeutet nicht, dass die Lebewesen völlig unveränderlich wären (dazu mehr in Kapitel 2), sondern dass sie ihre Existenz als fertige, komplexe Formen beginnen und dass sie durch Gottes Wort unmittelbar ins Dasein gerufen wurden. Gott hat die Lebewesen flexibel, anpassungsfähig geschaffen – innerhalb bestimmter Grenzen, die schöpfungsgemäß vorgegeben sind. Die Bibel sagt, dass alle Menschen von Adam und Eva abstammen (1. Mose 5; Apg. 17,26); damit sagt sie auch, dass es Flexibilität im Aussehen des Menschen gibt, denn es gibt weltweit unterschiedlichste Menschenformen (der Begriff „Rasse" ist heutzutage verpönt, weil er oft missbraucht wurde). Flexibilität, eine gewisse Veränderlichkeit auf der Basis des Geschaffenen, gehört also zum biblischen Schöpfungskonzept dazu (vgl. Abschnitt 2.5). Und in diesem Sinne lassen sich die besonderen Merkmale des *Homo erectus* alternativ erklären, als Belege für die Vielfalt von Körperformen des geschaffenen Menschen (Abb. 11).

Hier wird erneut deutlich, welche Rolle die voreingenommene Sicht spielt: Der Evolutionstheoretiker sucht nach Zwischenwesen zwi-

Abb. 9 Schädel eines *Homo erectus*. Einige Merkmale sind deutlich verschieden von heutigen Menschen, wie der Vergleich mit Abb. 10 leicht erkennen lässt.

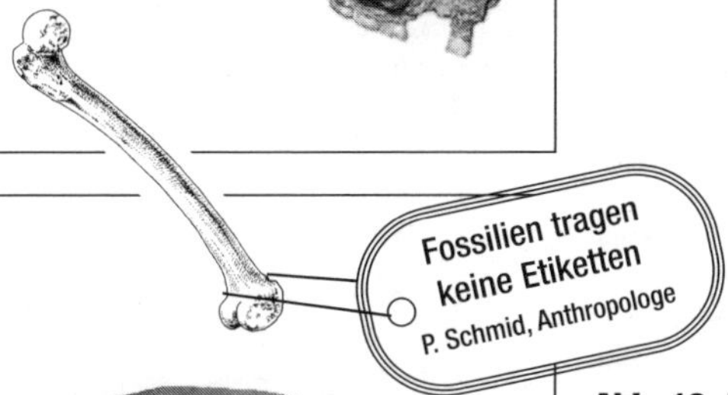

> Fossilien tragen keine Etiketten
> P. Schmid, Anthropologe

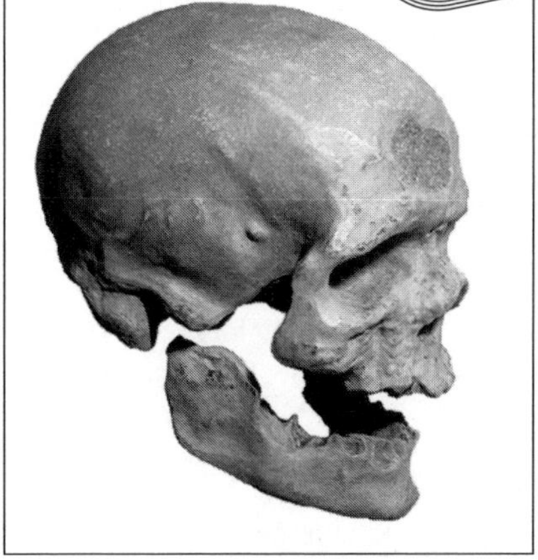

Abb. 10 Der Mensch von Cro Magnon: Fossil eines Menschen, der heutigen Formen gleicht. Haben die Unterschiede unter den Fossilformen etwas mit Evolution zu tun? Oder handelt es sich um Spezialisierungen innerhalb eines einzigen geschaffenen Grundtyps „Mensch"? (Zum Grundtyp-Begriff siehe Abschnitt 2.4) (Staatliches Museum für Naturkunde, Karlsruhe)

schen Affen und Menschen und hat daher zum einen den Blick besonders für solche Merkmale (Schädelform, Form des Kinns, flache Stirn), die seine Erwartung einer Zwischenform bestätigen. Zum anderen sucht er in Gedanken einen Platz im angenommenen Stammbaum. Es ist natürlich sein gutes Recht, so vorzugehen, aber man kann die Sache auch hier wieder anders betrachten – durch die Brille der Erschaffung flexibler Grundtypen. Auch hier werden die Unterschiede natürlich erkannt (die gehören ja zu den normalerweise wenig strittigen Daten). Aber diese Unterschiede werden als Speziali-

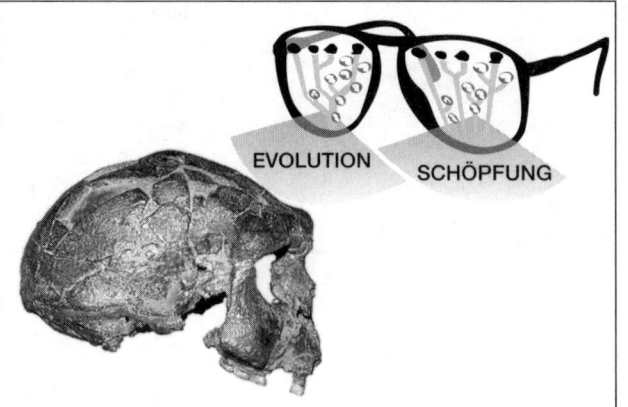

EVOLUTION SCHÖPFUNG

1.7 Wie können wir mit Darstellungen in den Medien umgehen?

Abb. 11 Wie kann man den *Homo erectus* interpretieren? Liegt seine Form im Übergangsbereich zwischen Affen und Menschen? Wieder entscheiden die Beobachtungen für sich alleine genommen nicht. Die Unterschiede zwischen *Homo erectus* und *Homo sapiens* können durch verschiedene Brillen unterschiedlich verstanden werden.

sierungen innerhalb eines Grundtyps gedeutet, die demnach nichts mit evolutionären Abfolgen vom Tier zum Menschen zu tun haben (vgl. Abb. 4 und 11).

Schließlich gilt auch hier: Eine einleuchtende Erklärung muss nicht stimmen. Natürlich *könnte* es sein, dass die *Homo erectus*-Merkmale Anklänge an affenartige Vorfahren sind, und es erscheint einleuchtend, dass ein kleineres Gehirn damit zu tun hat, dass *Homo erectus* noch nicht so Mensch ist wie wir. Doch damit ist die Sache eben nicht ausdiskutiert. Wieder gibt es die Alternative der geschaffenen Vielfalt der Körperformen innerhalb des Menschen, über die gewöhnlich nur nicht nachgedacht wird. (Zur Deutung unterschiedlicher Gehirngrößen siehe Abschnitt 9.4).

Auf die menschlichen Fossilien und auf das Konzept flexibel erschaffener Grundtypen kommen wir in späteren Kapiteln noch ausführlich zurück. Hier ging es zunächst einmal nur darum, den Unterschied zwischen Daten und Deutungen beispielhaft herauszuarbeiten und den Blick zu üben, aus den vorliegenden Deutungen die Daten sozusagen „herauszuschälen".

Genau darauf – Daten „herauszuschälen" – kommt es an, wenn einem Behauptungen über das „Wirken" oder die „Tatsache" der Evolution in der Schule, im Fernsehen oder in anderen Medien begegnen. Nur: Das ist oft nicht ganz einfach, weil gewöhnlich (und kaum vermeidlich) die Daten zusammen mit den Deutungen präsentiert werden, oft noch mehr oder weniger versteckt in den Deutungen. Man kann sich aber ein Stück weit auch als Laie behelfen, indem man nachhakt: Was sind denn die Beobachtungen, auf die man sich beruft? Ist das, was behauptet wird, überhaupt beobachtbar? Gibt es vielleicht andere Erklärungsmöglichkeiten als die präsentierte? Das ist sozusagen die „Erste Hilfe", nämlich die Frage: Was sind die Daten, die wirklich ermittelten Befunde? Wenn das aus der Darstellung nicht klar hervorgeht, gibt es Grund zum Misstrauen.

Wichtig ist hier ganz allgemein: Wissenschaftliche Erklärungen sind prinzipiell nie endgültig, sie mögen gut begründet sein und sich vielfach bewährt haben, aber sie werden deshalb nicht in einem absoluten Sinne wahr und unanfechtbar. Die Werkzeuge der Naturwissenschaft sind zwar sehr wirksam, aber dennoch begrenzt; sie sind für die Fragen des Woher nur bedingt geeignet, und Naturwissenschaft ist daher nicht diejenige Instanz, die entscheiden könnte, was denn stimmt.

Ein Beispiel aus der Presse

Der nachfolgende Text stammt aus einem Artikel von Horst Güntheroth in der bekannten Wochenzeitschrift „STERN" (Nr. 52/1996, S. 58 und 62):

„ „60 Prozent aller Gene, die es im Wurm gibt, sind auch im Menschen vorhanden", sagt der Genetiker Ralf Schnabel . . .

„Sie teilen sich alle *dasselbe Inventar*", sagt Schnabel . . .

Bei den Anweisungen für den Zusammenbau der Organismen verwendet die Natur – trotz der großen Unterschiede im Ergebnis – ein *einheitliches molekulares Vokabular*.

Keine Frage: Der Wurm ist unser Bruder. "

Was sind hier die Daten? Alles außer dem letzten Satz. Gene (= Erbfaktoren) verschiedener Organismen (Wurm / Mensch) kann man vergleichen und Gemeinsamkeiten bzw. Unterschiede feststellen. Das genetische „Inventar" gehört also zu den Daten, ebenso die Einheitlichkeit des „molekularen Vokabulars" (d. h. die Verwendung gleichartiger Moleküle). Doch diese Befunde besagen an sich nichts über das Verhältnis von Wurm und Mensch. Wenn der Autor vom „Bruder Wurm" spricht, meint er, dass wir mit dem Wurm gemeinsame Vorfahren hätten (entsprechend den Vorstellungen der Evolutionstheorie). Doch diesen Vorfahren hat niemand gesehen – es gibt auch keine Fossilbelege dazu. Selbst wenn man dies als Laie nicht weiß, kann man doch entsprechende Fragen stellen. Das ist eine gesunde kritische Haltung, die weiß, dass es in der Wissenschaft nicht nur um Daten geht.

Die Aufzählung der Gemeinsamkeiten zwischen Wurm und Mensch im obigen Zitat könnte einen auch zu einer ganz anderen Schlussfolgerung führen: „Keine Frage, der Wurm ist unser Mitgeschöpf." Denn „gemeinsames Inventar", „gemeinsames Vokabular" – das sind doch Ausdrücke, die zu einem *Urheber* passen. Der Schöpfer benutzt ein (gemeinsames) Inventar an Möglichkeiten (Gene, Bauteile etc.), um verschiedene, aber doch mehr oder weniger ähnliche Lebewesen zu erschaffen.

Wir können hier wieder die drei Einsichten anwenden, die wir aus der Geschichte „Fast ein Mord" gezogen hatten:

1. Daten sind verschieden deutbar.

2. Die Deutung hängt auch von der Perspektive ab, die man einnimmt.

3. Eine einleuchtende Erklärung („Der Wurm ist unser Bruder – die Ähnlichkeiten zeigen dies") muss nicht richtig sein, denn es könnte alternative Erklärungen geben (und die gibt es in diesem Falle ja auch).

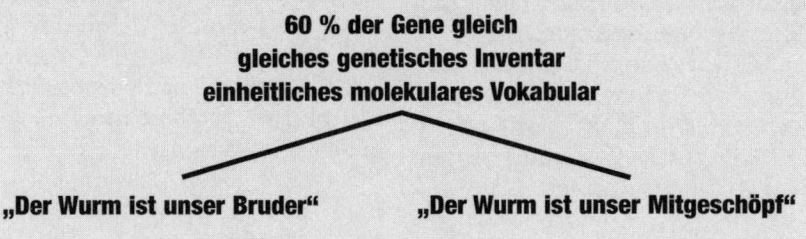

60 % der Gene gleich
gleiches genetisches Inventar
einheitliches molekulares Vokabular

„Der Wurm ist unser Bruder"   **„Der Wurm ist unser Mitgeschöpf"**

1.8 Zusammenfassung

Die Ursprungsforschung ist eine besondere Disziplin in den Naturwissenschaften. Denn die Geschichte des Komos und des Lebens auf der Erde kann nicht direkt erforscht werden. Die Vergangenheit ist einmalig und unzugänglich; sie kann nicht im Labor „nachgemacht" und untersucht werden. Dennoch spielen die Naturwissenschaften eine wichtige Rolle. Denn mit ihren Methoden der Beobachtung und des Experiments können zahlreiche Befunde ermittelt werden, die Hinweise auf die vergangenen Abläufe geben können. Allerdings sind diese Hinweise in der Regel mehrdeutig. Sie passen auf verschiedene Ursprungsvorstellungen. Wie man letztlich die naturwissenschaftlichen Daten interpretiert, hängt maßgeblich auch davon ab, mit welcher „Brille" man sie betrachtet. An dieser Stelle geht es um eine Wahl: Wer sich entschließt, der Bibel Glauben zu schenken, wird versuchen, die Beobachtungsdaten im Rahmen der Schöpfungslehre zu deuten. Wer die Ursprungsfragen ohne Schöpfung beantworten will, wird dieselben Daten in eine Evolutionsvorstellung einbauen. Eine bloße Spielerei ist dieses Verfahren jedoch nicht: Es wird sich nämlich zeigen müssen, wie gut die vorliegenden Daten in das jeweilige Konzept passen, d. h. ob sie das Konzept bestätigen oder in Frage stellen. Mit Hilfe der Naturwissenschaft kann man zwar eine bestimmte Ursprungsvorstellung nicht beweisen, doch es ist möglich, vorliegende Konzepte auf ihr Zusammenpassen mit den Daten zu prüfen.

Fragen ???

Ist die Evolutionstheorie überhaupt eine wissenschaftliche Theorie?

In dieser allgemeinen Form kann diese Frage nicht mit einem „Ja" oder „Nein" beantwortet werden, denn es muss gesagt werden, was mit „Evolutionstheorie" gemeint ist und was unter „wissenschaftlich" verstanden wird.

Zu ersterem: Die Evolutionslehre als Gesamtanschauung macht Aussagen über einen mutmaßlichen vergangenen Ablauf, der als solcher nicht direkt untersuchbar ist. Sie ist damit am ehesten mit einer geschichtlichen Rekonstruktion vergleichbar, wie sie auch in den Geschichtswissenschaften anhand von Dokumenten der Menschheitsgeschichte vorgenommen wird. In diesem Sinne ist die Evolutionstheorie als wissenschaftlich zu bezeichnen, eben als „geschichtswissenschaftlich". Dies gilt entsprechend auch für die Schöpfungslehre. An dieser Stelle ist wichtig, zwischen den eigentlichen Naturwissenschaften, historischen und philosophischen Wissenschaften zu unterscheiden.

Würde aufgrund der Tatsache, dass Makro-Evolution (siehe dazu Abschnitt 3.7) nicht direkt beobachtbar und erforschbar ist, die Evolutionstheorie pauschal als unwissenschaftlich eingestuft werden, so träfe dies auf jede historische Wissenschaft zu – folglich auch auf die Schöpfungslehre, denn deren grundlegende Aussagen beziehen sich ebenfalls auf nicht beobachtbare (sondern geoffenbarte und geglaubte) Tatsachen. Der Evolutionstheoretiker glaubt, dass die Entstehung und Entfaltung des Lebens durch natürliche Prozesse erklärbar ist, und darauf aufbauend versucht er Wissenschaft zu betreiben. Schöpfungstheoretiker bauen ihre Rekonstruktion der Geschichte des Lebens auf dem geoffenbarten Wort Gottes.

Zur Wissenschaftlichkeit: Die Evolutionstheorie besteht aus Teiltheorien, die auf experimentellen Studien oder Freilandbeobachtungen basieren (empirischer Bereich, d. h. der Erfahrung bzw. direkten Beobachtung zugänglicher Bereich; der Bereich der Mikroevolution; vgl. Abschnitt 3.7). In diesem Bereich, der den Hauptteil der praktischen Arbeit ausmacht, ist die Evolutionstheorie zweifellos naturwissenschaftlich. Wird von diesen durch Beobachtung gestützten Teiltheorien auf *Makro*evolution geschlossen, überschreitet man allerdings den empirischen Bereich und versucht ihn in ein weltanschauliches Gebäude einzuordnen. Die Gewinnung der Einzelbausteine erfolgt durchaus nach allgemein anerkannten naturwissenschaftlichen Regeln, die auch Vertreter der Schöpfungslehre für sinnvoll halten. Auch in dieser Hinsicht sind – was die Vorgehensweise betrifft – Evolutions- und Schöpfungslehre vergleichbar.[3]

Ist die Evolutionstheorie wissenschaftlich widerlegt?

Angesichts der Tatsache, dass wesentliche Aussagen der Makro-Evolutionslehre effektiv kritisiert werden können und hin und wieder von ihren eigenen Vertretern als unbewiesen oder sogar schwach begründet herausgestellt werden[5], kann der Eindruck entstehen, dass die Evolutionslehre naturwissenschaftlich widerlegt sei. Eine strikte Widerlegung ist jedoch nicht möglich, da man immer behaupten kann, dass heute noch Unverstandenes in Zukunft geklärt werden könne. Nicht die Frage „widerlegt oder nicht?" ist zu klären, sondern die Frage „wie gut passen gegenwärtig die Daten zur Theorie?" oder: „Was spricht nach derzeitigem Kenntnisstand aus naturwissenschaftlicher Sicht dafür und was dagegen?"

Kann die Evolutionslehre oder die Schöpfungslehre naturwissenschaftlich bewiesen werden?

Anhänger der Evolutionslehre geben häufig vor, ihre Position sei wissenschaftlich „bewiesen". (Manche Äußerungen von Anhängern der Schöpfungslehre gehen auch in diese Richtung.) Das ist nicht richtig. Theorien, die wie die Evolutionslehre oder Schöpfungslehre in den Bereich der Geschichts- und Ursprungswissenschaften gehören, sind grundsätzlich nicht beweisbar. Diese Tatsache gehört zum Grundwissen der Erkenntnistheorie. Es ist bestenfalls der Schluss möglich, dass eine bestimmte Theorie (zur Zeit?) besser begründet ist als konkurrierende Theorien. Angesichts der Komplexität der Fragestellungen, des Mangels an wissenschaftlichen Daten sowie der begrenzten Reichweite von Forschungsmöglichkeiten sollten alle Diskussionspartner Bescheidenheit bei wissenschaftlich begründeten Aussagen zu Ursprungsfragen an den Tag legen.

Einem möglichen Missverständnis muss hier noch begegnet werden: Die biblische Schöpfungslehre ist keine „Theorie". Wenn in diesem Buch von „Schöpfungstheorie" gesprochen wird, so ist damit nicht die biblische Schöpfungslehre gemeint.

Diese kann nicht auf die Ebene einer wissenschaftlichen Theorie gebracht werden. Vielmehr bietet in der Schöpfungsforschung das biblische Zeugnis vom Handeln Gottes in Schöpfung, Gericht, Gnade und Vollendung die Grundlage, um von da aus motiviert Theorien in verschiedenen Gebieten zu entwickeln, die die biblische Offenbarung in eine Beziehung zu naturkundlichen Daten setzen. In diesem Sinne ist also der Begriff „Schöpfungstheorie" zu verstehen.

Ein Beispiel: Oben war bereits von „Grundtypen" die Rede. Der Grundtypbegriff wird biologisch ohne Bezug zur Bibel definiert (Abschnitt 2.4). Man kann dann in einem weiteren Schritt, in einer Grenzüberschreitung, Grundtypen mit den „geschaffenen Arten" gleichsetzen, von denen der biblische Schöpfungsbericht (1. Mose 1) spricht. Die darauf aufbauende Grundtypenbiologie kann man als „Schöpfungstheorie" bezeichnen, die genauso kritisiert werden kann wie irgendwelche anderen Theorien, und die übrigens auch eigene Forschungen anregt. Sollte sich die Grundtypenbiologie als korrekturbedürftig erweisen, ist davon aber nicht gleichzeitig die biblische Schöpfungslehre betroffen. Vielmehr muss dann die Beziehung zwischen den biblischen Schöpfungsaussagen und den Daten der Biologie neu bedacht und neu formuliert werden.[6]

Anmerkungen

[1] Natürlich stammen viele Daten auch aus der Vergangenheit (z. B. Fossilien, vgl. Kapitel 8), dennoch werden sie hier und heute von Wissenschaftlern beobachtet. Sie sind uns also immer nur in der Gegenwart zugänglich, auch wenn sie in der Vergangenheit entstanden sind.

[2] Damit soll allerdings nicht gesagt sein, dass es für große Zeiträume keine Argumente gäbe. Wir befassen uns mit dieser Thematik in den Kapiteln 10-12.

[3] Nähere Begründungen der hier sehr knapp gehaltenen Ausführungen finden sich in: R. Junker & S. Scherer, Evolution – ein kritisches Lehrbuch, Gießen 2001, Kapitel I.1 sowie in: SG Wort und Wissen, Schöpfung (o)der Evolution? Holzgerlingen 2001, Kapitel 3.

[4] Bentley/Porsche: Porsche – ein Traum wird Wirklichkeit, ein Auto macht Geschichte. Econ-Verlag 1978.

Heute gilt diese Konstruktion als veraltet und in mancher Hinsicht als ungünstig. Sie soll hier nur als Illustration dienen, wie sich die Vorliebe oder die Handschrift eines Konstrukteurs in den Modellen auswirken kann. Gewöhnlich beruhen die grundlegenden Ähnlichkeiten von Automodellen – oft bis in Details hinein – auf Konstruktionserfordernissen, an die sich der Konstrukteur halten muss, damit das Gerät optimal funktioniert. Daraus resultieren Ähnlichkeiten. Genau das gilt auch für Lebewesen, deren Ähnlichkeiten ebenfalls vor allem auf konstruktiven Bedingungen beruhen. Das aber kann leicht durch Schöpfung erklärt werden. Lebewesen müssen oft ähnliche Lebensbedingungen bewältigen. Daraus folgt, dass der Schöpfer sie mit ähnlichen Konstruktionen ausgestattet hat. Ähnlichkeit kann also ohne weiteres auf einen Schöpfer zurückgeführt werden.

[5] E. Szathmáry & J. Maynard Smith schreiben beispielsweise (in: Nature 374 [1995], 227) zusammenfassend: „Aus theoretischen Gründen ist nicht zu erwarten, dass innerhalb evolutionärer Linien ein Komplexitätszuwachs mit der Zeit erfolgt; und es gibt keine empirischen Belege, dass dies geschieht. Trotzdem sind eukaryontische Zellen komplexer als prokaryontische Zellen, Tiere und Pflanzen sind komplexer als Protisten usw. Diese Zunahme der Komplexität könnte das Ergebnis einer Reihe von großen Übergängen sein, welche Änderungen in der Informationsspeicherung sowie Informationsweitergabe mit sich brachten."

[6] Dieser Sachverhalt wird ausführlich diskutiert in R. Junker, Leben durch Sterben? Schöpfung, Heilsgeschichte und Evolution. Neuhausen-Stuttgart 1994, Kap. 5.

Weiterführende Literatur

- R. Junker & S. Scherer: Evolution – ein kritisches Lehrbuch. Gießen 2001, Kap. I.1. *(Relativ anspruchsvoll; Vorkenntnisse aus dem schulischen Biologieunterricht sind nützlich. In diesem Buch ist weiterführende Literatur angegeben.)*
- Studiengemeinschaft Wort und Wissen: Schöpfung (o)der Evolution. Holzgerlingen, 4. Aufl. 2001. *(64 S., Tb.; Grundlegendes zur Motivation und Zielsetzung der Schöpfungsforschung, inkl. einem Kapitel über Wissenschaftstheorie)*

Medienhinweise

- L. Jung & M. Wäsch: PRO TEENS. Erlebnisunterstützte Stundenentwürfe für die Teenagerarbeit. Dillenburg, 2000. *(Stundenentwurf 14 „BILD' dir deine Meinung".)*
- „Glaube und Naturwissenschaft". Unterrichtsentwürfe und -ideen. 36seitige DIN-A-4-Broschüre. Die Thematik dieses Kapitels ist vor allem für den Schulunterricht höherer Klassen aufbereitet; mit zahlreichen Kopiervorlagen. (SG Wort und Wissen, Artikel *R33*)
- Diaserie „Fast ein Mord"; illustriert ausführlich die in diesem Kapitel kurz geschilderte Geschichte (37 Dias) und bietet eine Anwendung auf das Thema „Deutung von Ähnlichkeit". Für jedes Alter ab 10 Jahren geeignet. (SG Wort und Wissen, Artikel *D13, auch leihweise erhältlich*)
- Diaserie „Grundlagen aus der Erkenntnistheorie". Grundlegendes zur Frage, wie Wissenschaft zu ihren Ergebnissen kommt und wie sie Aussagen über die Geschichte des Lebens begründen kann. (SG Wort und Wissen, Artikel *D7, leihweise erhältlich*)

Die Medienartikel der SG Wort und Wissen sind erhältlich bei:

SG Wort und Wissen
Rosenbergweg 29
D-72270 Baiersbronn
Tel 07442 81006
Fax 07442 81008
email: sg@wort-und-wissen.de
Homepage mit Online-Bestellmöglichkeit: www.wort-und-wissen.de

2. Was bedeutet: „Jedes nach seiner Art"?

Mit dem Schöpfungsglauben wird oft die Vorstellung einer Unveränderlichkeit der Arten verbunden. Auch der Begründer der modernen Evolutionstheorie, Charles Darwin, war in seiner „Laufbahn" als Naturkundler zunächst von einer Konstanz der Arten ausgegangen. Dem widerspricht die Beobachtung, dass durch züchterische Eingriffe des Menschen die Lebewesen verändert werden können. Aber auch im Freiland werden immer wieder Veränderungen beobachtet. Sprechen diese Befunde für eine allgemeine Evolution? Wie werden sie im Rahmen der Schöpfungslehre verstanden?

2.1 Was Darwin stutzig machte

Der Brite Charles Darwin (Abb. 12) gilt als Begründer der Abstammungs- oder Evolutionslehre. Nach seiner heute weithin akzeptierten Vorstellung stammen alle heute lebenden Organismen von einfacher gebauten Vorläufern ab. Alle Lebewesen sind danach durch Abstammung miteinander verbunden. Es gibt einen einzigen Stammbaum aller Lebewesen – „von der Amöbe bis Goethe". Solche Vorstellungen äußerten auch viele andere Gelehrte vor Darwin, doch dieser konnte – im Gegensatz zu seinen Vorläufern – viele Daten zusammentragen, mit denen er seine Theorie zu untermauern versuchte.

Darwin ging in jungen Jahren zunächst dem biblischen Schöpfungsbericht folgend von einer Unveränderlichkeit (Konstanz) der Arten aus. Die Zweckmäßigkeiten der Lebewesen deuteten für ihn auf die Weisheit eines Schöpfers hin, der nach damals vorherrschender Auffassung *alle* Arten, auch nächstverwandte wie Hund, Wolf und Cojote getrennt, d. h. jede für sich, erschaffen hatte. Im Jahre 1831 begann er im Alter von 22 Jahren eine fünfjährige Weltreise mit dieser Vorstellung der völligen Unveränderlichkeit der (geschaffenen) Arten. Auf seiner Reise machte er jedoch viele Beobachtungen, die mit dieser Anschauung nicht vereinbar waren. Eine davon war die Entdeckung der später nach ihm benannten 13 Finkenarten auf den Galapagos-Inseln, die nur dort vorkommen (Abb. 13). Warum hat der Schöpfer sie nur dort erschaffen, fragte sich Darwin später, als er seine zahllosen Beobachtungen auswertete. Ist die Annahme nicht viel naheliegender, dass diese Finkenarten von einer gemeinsamen Stammform abstammen? Darwin bemerkte noch in vielen anderen Fällen, dass Tiere auf Inseln etwas anders gestaltet waren als die entsprechenden Festlandsformen. Musste sich da nicht der Gedanke aufdrängen, dass es Entwicklung gab? Aufgrund der besonderen Bedingungen auf den Inseln könnten sich Veränderungen ergeben haben. So mag es auch in anderen Fällen gewesen sein, so dass sich Arten im Laufe der Zeit total verändern konnten.

Das starre Artkonzept konnte in Darwins Augen also nicht mehr bestehen. Er begann nun, ins andere Extrem umzuschwenken und an eine *beliebige* Veränderlichkeit der Arten, an die Abstammung *aller*

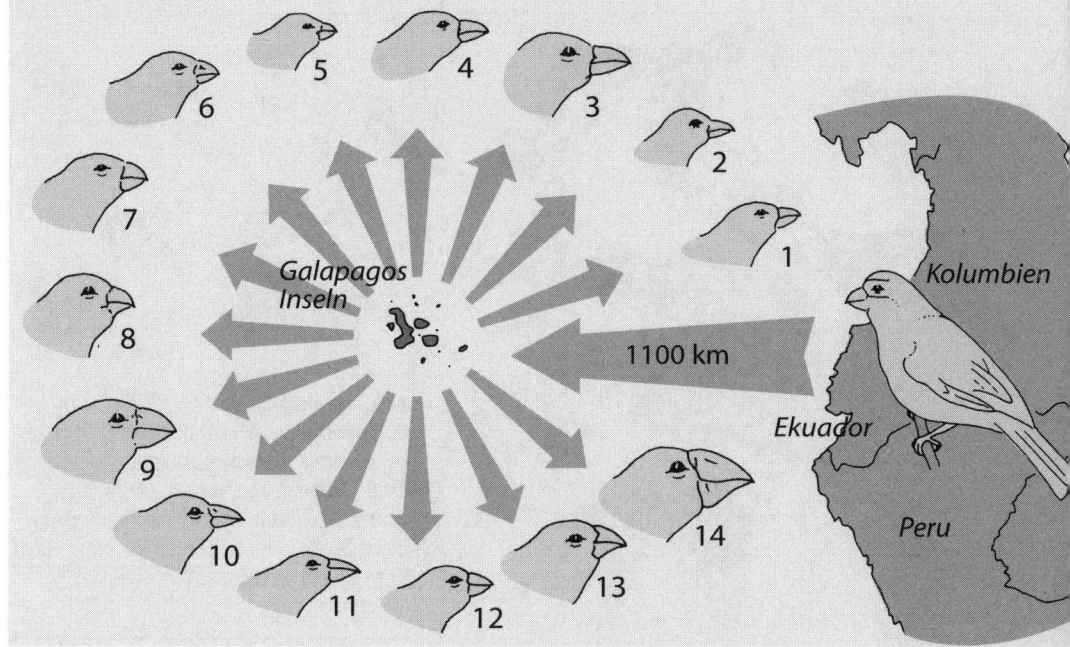

Arten von einer einzigen oder sehr wenigen gemeinsamen Stammformen (einem oder wenigen Urlebewesen) zu glauben.

Doch diese weitreichende Schlussfolgerung konnte Darwin nicht durch Beobachtungen begründen. Er hatte zwar recht damit, dass die geschaffenen Arten nicht völlig unveränderlich sein konnten, doch er konnte nur relativ bescheidene Veränderungen nachweisen. Problematisch war auch die Tatsache, dass Darwin gar kein exaktes Konzept von einer „Art" hatte. Wo sind die Grenzen zwischen Arten zu ziehen? Diese Frage hätte in einer Theorie, die die Entstehung von Arten erklären soll, beantwortet sein müssen.

Auch die Ergebnisse der Züchtungsforschung inspirierten Darwin (Abb. 14). Durch Züchtung konnten Pflanzen und Tiere verändert werden. Vermutlich erfolgten Veränderungen in der Natur auf ähnliche Weise. Aber auch die durch Zucht erreichten Veränderungen

belegen nur geringfügige Veränderungen – gemessen an den tiefgreifenden Wandlungen, die bei einer Evolution von einzelligen zu den kompliziertesten Lebewesen aufgetreten sein müssten.

2.2 Darwins Fragen sind aktuell geblieben

Was ist eine Art? Und wie entstehen neue Arten? Diese Frage beschäftigt die Biologen bis auf den heutigen Tag. Auf beide Fragen konnten bislang keine allgemein akzeptierten Antworten gegeben werden. Ob überhaupt neue Arten entstehen, kann nicht beantwortet werden, ohne dass geklärt ist, was überhaupt Arten sind und wie sie voneinander abgegrenzt werden sollen.

In der jüngeren Biologiegeschichte sind wohl etwa zwanzig verschiedene Artbegriffe vorgeschlagen worden. Ein Großteil der

Abb. 13
Dreizehn Darwinfinkenarten kommen nur auf den Galapagos-Inseln vor, eine weitere nur auf den 800 km davon entfernten Cocos-Inseln. Sind sie dort in der heutigen Ausprägung als verschiedene Arten erschaffen worden?

Abb. 16 Bach-Nelkenwurz (links) und Echte Nelkenwurz sind gestaltlich deutlich verschieden (verschiedene morphologische Arten), können aber leicht miteinander gekreuzt werden. Wo die Verbreitungsgebiete überlappen, entstehen bei geeigneten Umweltbedingungen auch natürliche Mischlinge.

Abb. 14 Durch gezielte Kreuzungen und Auslese können bemerkenswerte Änderungen im Aussehen der Arten hervorgerufen werden. Die Arten sind nicht unveränderlich. Aber inwieweit können sie abgewandelt werden? Welche *Qualität* und welches Ausmaß an Veränderungen ist möglich?

Abb. 15 Grünspecht (links) und Grauspecht – zwei sog. „Zwillingsarten". Sie werden so genannt, weil sie äußerlich kaum unterscheidbar sind. Doch sie bilden in der Natur normalerweise keine Mischlinge. Daher werden sie verschiedenen biologischen Arten zugerechnet. Nach dem morphologischen Artbegriff könnte man beide dagegen ohne weiteres in ein und dieselbe Art stellen.

Artbegriffe lässt sich gleichwohl grob in zwei Gruppen unterteilen: genetische und morphologische Artbegriffe.

Genetische Artbegriffe beruhen auf der Kreuzbarkeit von Tieren oder Pflanzen: Es muss festgestellt werden, ob Nachkommen erzeugt werden können.

Morphologische Artbegriffe beziehen sich auf die wesentlichen gestaltlichen Merkmale der Lebewesen. Ganz einfach gesagt: Zu einer Art gehören alle Lebewesen, die einander sehr ähnlich sind.

Bei Anwendung dieser beiden Artbegriffe kommen oft unterschiedliche Ergebnisse heraus. Das bedeutet z. B.: Gestaltlich fast identische Arten (also Angehörige derselben morphologischen Art) können zu verschiedenen genetischen Arten gehören (sie sind nicht kreuzbar; Abb. 15). Den umgekehrten Fall zeigt beispielhaft Abb. 16.

Ungeachtet dieser Unklarheit über das „Wesen" einer Art hat sich der sog. „biologische Artbegriff" (**Biospezies**) als gebräuchlich und für viele Zwecke gut handhabbar herauskristallisiert:

> Zur selben biologischen Art (**Biospezies**) gehören alle Individuen, die *unter Freilandbedingungen* (also nicht nur in der Zucht) *fruchtbare* Nachkommen hervorbringen können.

Bekanntes Beispiel: Pferd und Esel gehören verschiedenen Biospezies an, denn ihre Mischlinge (Maulesel bzw. Maultier) sind unfruchtbar (vgl. Abb. 17). Oder: Hunde und Cojoten können in Gefangenschaft zwar fruchtbare Mischlinge bilden, im Freiland kommt das aber gewöhnlich nicht vor. Daher handelt es sich um verschiedene Biospezies (Abb. 18).

Abb. 17 Pferde und Zebras können zwar miteinander gekreuzt werden, die Mischlinge (Zebroide, unten) sind aber nicht fruchtbar. Ebenso kommen auch Mischlinge zwischen Eseln und Zebras sowie Pferden und Eseln vor, die aber auch meist unfruchtbar sind. Daher werden Pferde, Esel und Zebras in verschiedene biologische Arten gestellt.

2.3 Die Entstehung neuer Arten: Eine Widerlegung der Bibel?

Es hat sich vielfach gezeigt, dass neue *Biospezies* durch natürliche Prozesse entstehen können. Viele heutige Biospezies gab es früher noch nicht, sie sind also nicht in der heutigen Ausprägung erschaffen worden. Stellvertretend sei ein Beispiel genannt (Abb. 19): Im 15. Jahrhundert wurden einige Hauskaninchen auf der Insel Porto Santo nördlich von Madeira ausgesetzt. Die Tiere verwilderten und kreuzen sich inzwischen normalerweise nicht mehr mit den Kaninchen, von denen sie abstammen; daher sind sie als neue biologische Art anzusehen.[1]

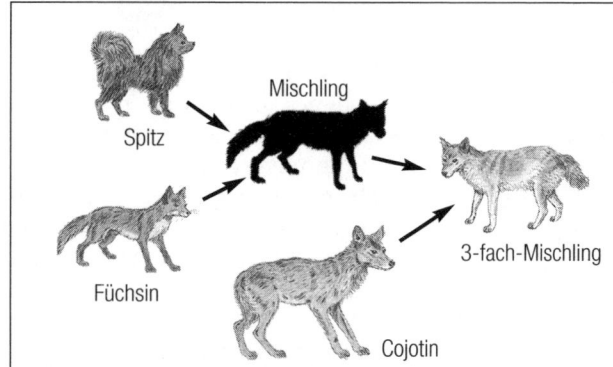

Abb. 18 Unter Hundeartigen kommen ebenfalls zahlreiche Kreuzungen vor. Das Bild zeigt, wie ein Dreifachmischling zustande kam. Zunächst wurde ein Spitz mit einer Füchsin gekreuzt; der Mischling dann mit einer Cojotin. Wölfe, Hunde, Füchse, Cojoten und Schakale sind durch Kreuzungen miteinander verbunden.

Ist damit der Schöpfungsbericht widerlegt, wonach doch jedes nach seiner Art *geschaffen* wurde? Das kann erst beantwortet werden, wenn klar ist, was mit „Art" im Schöpfungsbericht gemeint ist. Und dies lässt nun der Bibeltext gerade

Abb. 19

Auf der Insel Porto Santo verwilderten die im 15. Jahrhundert eingeschleppten Hauskaninchen. Sie veränderten sich dabei z. B. in der Fellfarbe und im Verhalten.

Heute kreuzen sie sich mit den Hauskaninchen nicht mehr unter natürlichen Bedingungen. Damit hat sich eine neue Biospezies gebildet.

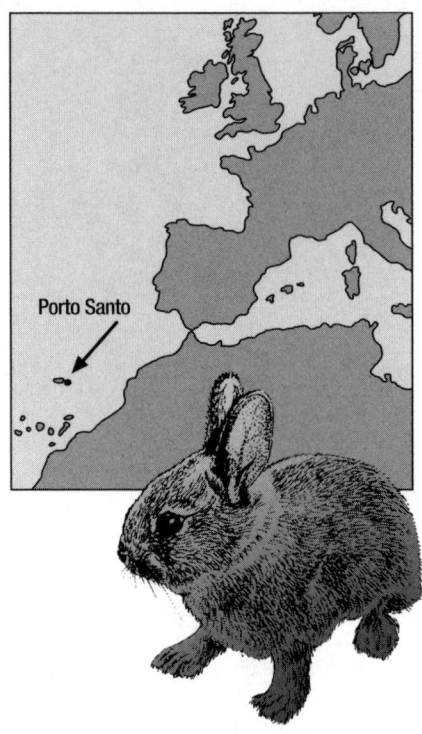

Porto Santo

müssen die „geschaffenen Arten" weiter gefasst werden, d. h. sie umfassen mehrere Biospezies.

Halten wir also fest: Die Entstehung neuer *Biospezies* widerspricht der biblischen Überlieferung von der Schöpfung nicht. Die geschaffenen Arten dürfen nicht zu eng definiert werden; die Bibel lässt die Möglichkeit einer weiten Grenze zwischen den geschaffenen Arten offen. Die Entstehung neuer Biospezies kann *innerhalb* geschaffener Arten gedacht werden. Das soll im Folgenden erläutert werden.

2.4 „Alles was sich schart und paart" – Was ist nun eine „geschaffene Art"?

Ausgerechnet diejenige Beobachtung, die zum Hinterfragen des Konzepts geschaffener Arten zu führen scheint, nämlich die Entstehung neuer Biospezies, führt uns auf die Spur der geschaffenen Arten. Der Einfachheit halber und um eine Begriffsverwirrung zu vermeiden nennen wir sie **Grundtypen**. (Wird einfach von „Arten" gesprochen, sind in diesem Buch nicht die Grundtypen gemeint, sondern die Biospezies = biologische Art.)

Grundtyp = „geschaffene Art"

Zahlreiche Untersuchungen belegen nämlich, dass die Bildung neuer Biospezies meistens mit einer Verarmung des Erbguts der betreffenden Arten und mit Spezialisierung einhergeht. „Verarmung" meint, dass innerhalb einer Art die

offen. Die Bibel ist eben kein Naturkundebuch, obwohl sie hier etwas sehr Wichtiges für die Biologie aussagt, nämlich dass die Lebewesen nach „Arten" gegliedert geschaffen wurden. Aber die Bibel vertritt keine *absolute* Konstanz der Arten. Sie gibt auch keine eindeutigen Hinweise, wie man geschaffene Arten voneinander abgrenzen soll. Bekanntlich kann man in der Bibel auch lesen, dass alle Menschenrassen von Adam und Eva bzw. von der Noahfamilie abstammen. Damit ist angesichts der großen Zahl verschiedenster Menschenrassen klar, dass die Bibel keine strenge Unveränderlichkeit der Lebewesen lehrt. Es bleibt also vom biblischen Zeugnis her zunächst offen, wie man Arten abgrenzen soll. Es besteht Freiraum für unterschiedliche Ansätze. Klar ist allerdings, dass die geschaffenen Arten nicht mit den oben erwähnten Biospezies gleichgesetzt werden können. Offenbar

Vielfalt an Ausprägungsmöglichkeiten abnimmt. Zum Beispiel ist eine Hunderasse mit einheitlicher Körpergröße und einheitlicher Fellfarbe verarmt gegenüber einer Art, in der es verschiedene Körpergrößen und Fellfarben gibt (vgl. Abb. 14). Oder Hochzuchtsorten von Getreide sind häufig insofern verarmt, als die Abwehrkraft gegen Krankheitserreger, Pilzbefall etc. gegenüber den Wildgräsern abgenommen hat.

Spezialisierung infolge Verarmung des Erbguts heißt demnach nichts anderes, als dass die Aufspaltung einer Biospezies in zwei Folgearten keinen evolutionären Fortschritt bedeutet, sondern eher mit einem „Ausreizen" oder „Verteilen" vorhandener Möglichkeiten umschrieben werden kann. Die Bildung neuer Arten belegt also nicht den Erwerb neuer Organe, sondern Verlust an Vielfalt. Genau das passiert auch in der Zucht: Aus zunächst noch variablen und vielseitigen Ausgangsgruppen werden spezialisierte Formen durch geschickte Auswahl und gezielte Kreuzungen erzeugt. Die speziellen Rassen sind aber genetisch gegenüber der Ausgangsgruppe verarmt

(vgl. Abb. 20). Denken wir uns nun den Prozess der Artaufspaltung oder der Züchtung in umgekehrter Richtung, also in die Vergangenheit zurück, so gelangen wir zu (in früherer Zeit) vielfältigeren und mit mehr Merkmalen ausgestatteten Vorläufern im Vergleich zu den heutigen relativ spezialisierten Arten. Und diese können wir nun versuchsweise mit den geschaffenen Arten gleichsetzen.

Woran erkennt man Grundtypen?
Es gibt eine Reihe biologischer Gründe, Grundtypen wie folgt zu umschreiben:

> **Alle Arten, die durch Kreuzungen direkt oder indirekt miteinander verbunden sind, also miteinander Nachkommen hervorbringen können, werden zu einem Grundtyp gerechnet** (nach F. L. Marsh und S. Scherer).[2]

Auf den ersten Blick klingt diese Definition ähnlich wie die Definition der biologischen Art. Daher müssen einige wichtige Unterschiede besonders betont werden:
1. Nach der Grundtypdefinition wird nicht wie bei der Artdefinition die Fruchtbarkeit der Mischlinge gefordert. So gehören Pferd und Esel

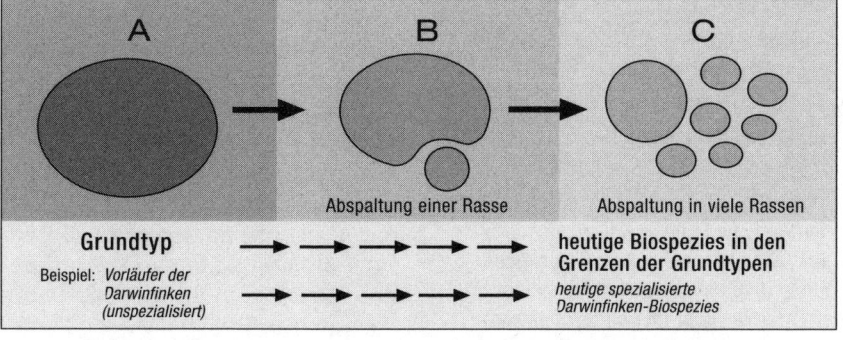

Grundtyp
Beispiel: *Vorläufer der Darwinfinken (unspezialisiert)*

Abspaltung einer Rasse   Abspaltung in viele Rassen

heutige Biospezies in den Grenzen der Grundtypen
heutige spezialisierte Darwinfinken-Biospezies

Abb. 20 Rassenbildung bzw. Bildung spezialisierter Biospezies innerhalb von Grundtypen: Vom Vielfältigen (große Ovale) zum Spezialisierten (kleine Ovale). Heutige Rassen und Biospezies innerhalb eines Grundtyps sind nicht höherentwickelt, sondern stärker (einseitiger) spezialisiert als die (geschaffenen) Vorfahren (Grundtypen). Der Genpool ist die Summe aller Gene (Erbfaktoren) einer Population (Gruppe) derselben Biospezies.

Abb. 21 Anwendung der Grundtyp-Definition: Die Doppelpfeile zeigen an, welche Arten im Sinne des Grundtyp-Kriteriums miteinander kreuzbar sind. Der Königsfasan gehört mit dem Truthahn zum selben Grundtyp, auch wenn keine direkten Kreuzungen vorliegen. Beide sind jedoch indirekt durch den Jagdfasan miteinander verbunden.

Haushahn

Königsfasan

Truthenne

Jagdfasan

Stockente

zwar zwei verschiedenen Arten, jedoch demselben Grundtyp an, denn sie können als Mischling den Maulesel bzw. das Maultier hervorbringen, die jedoch unfruchtbar sind.

2. Es wird nicht einmal verlangt, dass der gezeugte Mischling bis zur Geburt heranwächst. Eine Kreuzung ist sozusagen auch dann „gültig", wenn wenigstens die Embryonalentwicklung im Mutterleib be-

ginnt. Dabei muss jedoch nachgewiesen werden, dass das Erbgut beider Eltern beim Wachstum gebraucht wird.

3. Es spielt keine Rolle, ob die Kreuzungen im Freiland oder in Gefangenschaft erfolgen, ob die Kreuzungen häufig oder selten vorkommen.

4. Auch indirekte Kreuzungen werden berücksichtigt. Das heißt: Zwei nicht miteinander kreuzbare Arten gehören doch zu einem Grundtyp, wenn beide Arten mit einer dritten kreuzbar sind (s. Abb. 21).

Detaillierte Untersuchungen bei einer Reihe von Tier- und Pflanzengruppen haben bislang gezeigt, dass nach dem Grundtypkriterium einerseits klare Grenzen zwischen Nachbargruppen gezogen werden können. Andererseits erweisen sich die Angehörigen desselben Grundtyps als eng miteinander verbunden (Beispiel: Abb. 22). Das heißt, dass ein Großteil der Mitglieder der untersuchten Grundtypen durch Kreuzungen miteinander direkt oder indirekt verbunden sind. In Abb. 23 wird der Grundtyp der Entenartigen vorgestellt.

	Pferd	Afrikan. Wildesel	Asiat. Wildesel	Grevyzebra	Steppenzebra	Bergzebra	
●	●	●	●	●	○		**Bergzebra** (Equus zebra)
●	●	●	●	○		●	**Steppenzebra** (Equus quagga)
●	●	○	○		●	●	**Grevyzebra** (Equus grevyi)
●	●	○		○	●	●	**Asiat. Wildesel** (Equus hemionus)
●	○		●	●	●	●	**Afrikan. Wildesel** (Equus asinus)
○		●	●	●	●	●	**Pferd** (Equus przewalskii)

Abb. 22 Grundtyp der Pferdeartigen in einer Kreuzungsmatrix zusammengefasst. Punkte stehen für gelungene Kreuzungen nach der Grundtypdefinition (d. h. es entstanden Mischlinge, in denen das Erbgut beider Eltern ausgeprägt wurde, meistens waren die Mischlinge steril). Fast alle Mitglieder sind durch Kreuzung direkt verbunden, alle sind mehrfach indirekt verbunden. Es gibt keine Mischlinge zwischen einem Pferdeartigen und einem anderen Säugetier. Damit ist der Grundtyp der Pferdeartigen deutlich erkennbar und gegen andere Grundtypen abgegrenzt.

Kommen wir noch einmal auf den genetischen und morphologischen Artbegriff zurück. Grundtypen umfassen *beide* Artbegriffe. Im Grundtyprahmen können die morphologisch und genetisch begründeten Arten als unterschiedliche Unterteilungsmöglichkeiten von Grundtypen verstanden werden.

2.5 Bei der Schöpfung vorausgedacht

Die geschaffenen Grundtypen waren offenbar sehr flexibel. Sie waren (und sind in eingeschränkter Weise meistens bis heute noch) in der Lage, auf veränderliche Umweltbedingungen durch Spezialisierung zu reagieren. Wie ist das gemeint? Nicht so, dass sich einzelne Lebewesen bei Veränderungen der Umwelt gezielt verändern könnten. Diese Flexibilität ist so zu verstehen, dass innerhalb eines Grundtyps sich die einzelnen Lebewesen nicht genau gleichen.

Beispielweise haben Individuen eines Vogel-Grundtyps verschiedene Schnabellängen und -dicken. Der „Durchschnittsvogel" hat einen Durchschnittsschnabel. Wenn nun ein Teil dieses Grundtyps in eine andere Gegend als bisher, z. B. auf eine Insel gerät, in der es hauptsächlich Insekten als Nahrungsquelle gibt, sind die Vögel mit den feineren Schnäbeln besser dran als die anderen. Sie werden auf Dauer die meisten Nachkommen haben, so dass sich die Ausprägung des Schnabels im Laufe der Zeit entsprechend auf „Pinzettenform" spezialisiert. Eine andere Gruppe hat vielleicht hauptsächlich Körner als Nahrungsquelle. In dieser Situation sind kräftige Kernbeißer-Schnäbel vorteilhafter, so dass allmählich die Besitzer solcher Schnäbel sich durchsetzen werden. Eine solche Spezialisierung hat sich wahrscheinlich – auch in Bezug auf andere Merkmale – bei den berühmten Darwinfinken (s. o.; Abb. 13) eingestellt. Diese Finken leben nur auf den Galapagos-Inseln und haben

sich vermutlich dort aus einer unspezialisierten Vorform heraus im beschriebenen Sinne entwickelt. Dies konnte passieren, weil die Inseln ökologisch und geographisch z. T. ziemlich unterschiedlich sind, so dass auf den einzelnen Inseln verschiedene Lebensbedingungen herrschen. Bei diesen Spezialisierungsvorgängen entsteht nichts Neuartiges, sondern eine *vorhandene* Struktur wird variiert.

Ähnlich kann das berühmte Beispiel der unterschiedlich gefärbten Birkenspanner gewertet werden (Abb. 24). Von diesem Falter gibt es zahlreiche Varianten mit unterschiedlichen Fleckenmustern, darunter solche, die insgesamt hell und andere, die dunkel gefärbt sind. Die unterschiedliche Färbung wird im Zusammenhang mit Tarnung gesehen; allerdings ist dieser Zusammenhang bisher nur teilweise nachgewiesen worden.[3] Auch die Vielfalt der Färbungen von Birkenspannern kann als Beispiel für die Flexibilität geschaffener Arten interpretiert werden. Sie gehört vermutlich zur ursprünglichen, schöpfungsgemäßen Ausstattung dieser Falter.

Diese Flexibilität ist eine sehr nützliche Fähigkeit der Grundtypen. Denn durch die Bandbreite an

Variationen sind die Organismen nicht so schnell zum Aussterben verurteilt, wenn sich die Umweltgegebenheiten verändern. Die Veränderlichkeit der Grundtypen (= Spezialisierung in den Grundtypgrenzen) erweist sich als Ausdruck der vorausschauenden Schöpfertätigkeit Gottes. So konnten Formen innerhalb desselben Grundtyps unterschiedliche Standorte (auch lebensfeindliche Standorte wie das Hochgebirge) besiedeln. Einseitig festgelegte Anpassungen dagegen erlauben in der Regel nur noch ein Überleben an speziellen Standorten. Werden diese ausgelöscht, gehen auch die entsprechenden Arten zugrunde. Das gilt z. B. für Hochmoorarten. Mit dem Verschwinden dieses Standorts ist auch der Verlust der dort speziell angepassten Arten zu beklagen. Ein Gegenbeispiel ist der Löwenzahn. Er kommt mit sehr unterschiedlichen Lebensbedingungen zurecht und ist fast ein „Universalkünstler", was das Überleben unter verschiedensten Verhältnissen betrifft. In diesem Sinne kann man den Löwenzahn als Modell für einen ursprünglichen Grundtyp verstehen.

2.6 Zusammenfassung

Arten können sich ändern; die Änderungen finden jedoch nur in engen Grenzen statt. Solche Veränderungen stehen nicht im Widerspruch zum biblischen Schöpfungsbericht. Nach dem biblischen Schöpfungszeugnis sind die Arten in fertiger Form geschaffen worden – wir sprechen von Grundtypen. Dies schließt die Möglichkeit zu Artaufspaltung innerhalb der Grundtypen mit ein. Die Grundtypen haben feste Grenzen und könnten daher gut mit den „geschaffenen Arten" gleichgesetzt werden, von denen der Schöpfungsbericht spricht. Der Vorgang der „Artbildung" *innerhalb der Grundtypgrenzen* ist daher nicht in Frage zu stellen, sondern es muss nachgefragt werden, was für „Arten" dabei entstehen. Beobachtete Artbildung bedeutet in der Regel Spezialisierung und Anpassung, in keinem Fall bedeutet sie Entstehung neuer Grundtypen oder gar neuer Organe oder Bauteile. Grundtypen bleiben als solche bei allen Veränderungen erhalten. Artbildung erfolgt nur innerhalb von Grundtypen.

Fragen

Wurde die Entstehung neuer Arten jemals nachgewiesen?

Von Evolutionskritikern wird häufig behauptet, die Entstehung neuer Arten sei nie nachgewiesen worden. In dieser allgemeinen Form ist diese Behauptung nicht korrekt. Zunächst muss geklärt sein, was unter einer „Art" verstanden wird. Wird die „biologische Art" (Biospezies; vgl. Abschnitt 2.2) zugrundegelegt, so gibt es deutliche Hinweise darauf, dass neue „Arten" in der Tat durch natürliche Prozesse entstehen können (vgl. Abschnitt 2.3). Allerdings geht die Entstehung neuer Arten in der Regel mit einer Verarmung der genetischen Vielfalt der abgespaltenen Arten einher. Artentstehung ist aber keine Höherentwicklung. Dazu wäre nämlich die Entstehung neuer Organe bzw. Bauteile erforderlich, was bislang nicht beobachtet wurde (dazu mehr in Kapitel 3). Werden unter „Arten" dagegen „Grundtypen" (wie in diesem Kapitel beschrieben) verstanden, so trifft die Behauptung zu, dass die Entstehung neuer Grundtypen nicht beobachtet wurde.

Ist Artentstehung innerhalb von Grundtypen Evolution?

Zur Beantwortung dieser Frage ist eine Klärung erforderlich, was mit „Evolution" gemeint ist. Wenn „Evolution" nur Veränderung von bereits Vorhandenem bedeutet, so kann man die Variation von Grundtypen als „Evolution" ansehen, im Sinne des Ausschöpfens von Ausprägungsmöglichkeiten, die in den Grundtypen schöpfungsgemäß schon vorhanden bzw. angelegt sind. Zur Verdeutlichung wird auch von „Mikroevolution" oder einfach von „Variation" gesprochen (vgl. Abschnitt 3.7). Ein Beispiel wäre die Variation von Schnabelformen bei Vögeln oder unterschiedlicher Zuckergehalt bei Zuckerrüben und dergleichen. Wenn mit „Evolution" dagegen die allgemeine Abstammung aller Lebewesen gemeint ist, dann würde dies die Entstehung völlig neuer Organe beinhalten. Dergleichen geschieht aber bei beobachteten Artaufspaltungen nicht. Echte Höherentwicklung ist etwas grundsätzlich anderes als Artentstehung innerhalb von Grundtypen. Im folgenden Kapitel werden wir dazu den Begriff „Makroevolution" einführen und sehen, dass Makroevolution nicht dasselbe ist wie „viel Mikroevolution", sondern etwas qualitativ anderes.

Reicht die Zeit von wenigen Jahrtausenden aus, damit die Vielfalt der Arten innerhalb eines Grundtyps entstehen konnte?

Die Wissenschaftler waren lange Zeit der Auffassung, es würde

100.000 – 1 Million Jahre dauern, bis neue Arten entstehen. Mittlerweile liegt jedoch eine große Anzahl von Studien vor, die eine schelle Artbildung innerhalb weniger Jahrhunderte oder gar Jahrzehnte belegen.[4] Ob aus einer Art zwei Folgearten entstehen, scheint nicht in erster Linie eine Frage der Zeit zu sein, sondern davon abzuhängen, wie die Ausgangsart beschaffen ist, vor allem, ob sie ein vielseitiges Erbgut besitzt. Außerdem ist wichtig, dass eine möglichst kleine Gründergruppe von den anderen Mitgliedern einer Art abgetrennt wird (z. B. durch ein geographisches Hindernis). Eine variable Ausgangsgruppe besitzt Anlagen für vielfältige und unterschiedliche Spezialisierungsmöglichkeiten. Durch Züchtung (z. B. einseitige Auswahl) kann man aus dieser Vielfalt in kürzester Zeit unterschiedlichste Formen innerhalb eines Grundyps „erzeugen" (vgl. Abb. 14). Die gezüchteten Formen (z. B. Hunderassen) sind untereinander z. T. so verschieden, dass sie miteinander kaum Nachkommen hervorbringen können. Wenn nun im Freiland Bedingungen gegeben sind, die denen in der Zucht vergleichbar sind (variable Ausgangsgruppe und einseitige Auslesebedingungen), können sich auch dort in kurzer Zeit deutliche Unterschiede herauskristallisieren und neue Arten innerhalb von Grundtypen bilden.[5]

Wenn Gott also Grundtypen wie auch den Menschen mit einem sehr vielseitigen Erbgut geschaffen hat, waren die Artaufspaltungsmöglichkeiten schon schöpfungsgemäß angelegt und konnten dann auch in kurzer Zeit unter geeigneten Bedingungen erfolgen. Besonders nach der Sintflut, in einer Phase der Wiederausbreitung und Vermehrung, in der es häufig zu Trennungen von Mitgliedern von Arten gekommen sein dürfte, sind schnelle Artaufspaltungen relativ wahrscheinlich.

Passten alle Arten in die Arche Noah?

Eine häufig gestellte Frage im Zusammenhang mit den geschaffenen Arten und der biblischen Urgeschichte betrifft die Rettung der Tiere in Noahs Arche. Gott hatte befohlen, dass von allen Tieren, „in denen Odem (Atem) ist" (1 Mose 7,15), ein Paar in der Arche vor den Sintflutwassern gerettet werden sollte, von den Vögel und den reinen Tieren sollte er sieben Paare mitnehmen. Wie aber sollten alle die vielen Arten in die Arche passen? Nach den Angaben der Bibel war die Arche ca. 135 m lang, ca. 23 m breit und ca. 13 m hoch, und hatte drei Stockwerke. Daraus errechnet sich ein Volumen von ca. 40.000 m^3.

Die Tiere, die in der Arche mitgenommen werden sollten, waren natürlich nur die Landtiere und unter diesen vermutlich nur die Lungenatmer („in denen Odem ist"). Das sind die Säugetiere, Vögel, Reptilien und (evtl.) Amphibien. Bei den anderen Tieren (Insekten, Würmer, Schnecken usw.) ist ein Überleben zeitweise im Wasser viel leichter möglich als bei den lungenatmenden Wirbeltieren. Heute sind etwa 20.000 Arten von landlebenden Wirbeltieren bekannt. Zusammen mit denen, die mittlerweile ausgestorben sind, kommt man auf eine Zahl von etwa 50.000. Doch Noah musste nicht von jeder Art (Biospezies; vgl. Abschnitt 2.2) ein Paar mitnehmen, sondern vermutlich von jedem Grundtyp (der biblische Text gibt nicht an, was genau unter „Art" zu verstehen ist, siehe Abschnitt 2.2). Zu einem Grundtyp gehören nach bisherigen Studien durchschnittlich 20-40 Arten; manche Grundtypen bestehen aus weit über 100 Arten. Folglich kann man die Zahl von 50.000 Arten durch die Anzahl der Arten pro Grundtypen (20-40) teilen. Legen wir als Teiler 25 zugrunde (was eher gering geschätzt ist), so kommen wir auf 50.000 : 25 = 2.000 Grundtyen. Von jedem ein Paar gerechnet ergibt 4.000 Tiere; dazu kommen noch die Tiere, von denen 7 Paare mitgenommen werden mussten. Wir erreichen damit eine Zahl von ca. 10.000 Tieren.

Man kann weiter einen durchschnittlichen Platzbedarf pro Tier errechnen. Legt man hier großzügig zugemessenen Raum zugrunde, errechnet sich ein Platzbedarf von ca. 8.000 m³, das sind 20% des Rauminhalts der Arche. Folglich war auch für Einrichtungen zur Versorgung und Entsorgung der Tiere, für Belüftung und andere Erfordernisse genügend Platz vorhanden.

Es gibt im Zusammenhang mit der Arche Noah freilich noch zahlreiche andere Fragen, auf die hier nicht eingegangen werden kann. Dazu muss auf weiterführende Literatur verwiesen werden.[6]

Anmerkungen

[1] Artbildungsvorgänge werden ausführlich beschrieben in: R. Junker: Prozesse der Artbildung. In: S. Scherer (Hg.) Typen des Lebens. Studium Integrale. Berlin 1993, S. 31-45.

[2] In der grundlegenden Publikation zu dieser Frage, „Typen des Lebens" (hgg. von S. Scherer, Studium Integrale, Berlin 1993, 257 S.) wird eingehend begründet, weshalb „Grundtypen" gerade so definiert werden. An dieser Stelle

würde eine Diskussion darüber zu weit führen.

[3] Die Darstellungen des Birkenspanners auf hellen oder dunklen Borken wie in Abbildung 24 sind gestellt! Neuere gründliche Studien haben die Vorliebe heller Falter für helle Borken und dunkler Tiere für dunkle Borken nur teilweise bestätigt. (Genaueres in: R. Junker & S. Scherer: Evolution – ein kritisches Lehrbuch. Gießen 2001, S. 72; sowie detailliert in: M. E. N. Majerus, Melanism: Evolution in action. Oxford, 1998.)

[4] Einige Beispiele dazu sind in R. Junker & S. Scherer: Evolution – ein kritisches Lehrbuch (Gießen, 2001), S. 291 zusammengestellt. Dort finden sich auch weiterführende Literaturangaben.

[5] Details dazu in Junker & Scherer (s. Anm. 4), S. 285ff.

[6] Siehe dazu: J. Woodmorappe: Noah's Ark: A Feasability Study. El Cajon, 1999.

Weiterführende Literatur

- R. Junker: Wie das Zebra seine Streifen bekam: Schöpfung oder Evolution? Holzgerlingen, 4. Auflage 2002. *(Allgemeinverständliche Darstellung des Grundtypmodells)*

- R. Junker & S. Scherer: Evolution – ein kritisches Lehrbuch. Gießen 2001, Kap. II.3 und VII.17.2-3. *(Anspruchsvoller und mehr ins Detail gehend als die „Zebra"-Broschüre; Vorkenntnisse aus dem schulischen Biologieunterricht sind nützlich.)*

- S. Scherer: Typen des Lebens. Studium Integrale Berlin, 1993. *(Fachlich detailliert ausgearbeitete Grundtypstudien für Biologen, Lehrer, Studenten, aber auch interessierte Schüler und Laien; 15 Einzelbeiträge von 11 Autoren über einzelne Grundtypen, den Grundtypbegriff, Artbildung und die Geschichte des Artbegriffs.)*

Medienhinweise

- „Die geschaffenen Arten kennenlernen." DIN-A-4-Broschüre für Kinderarbeit und Schulunterricht mit zahlreichen Ideen zur Präsentation der Grundtypenbiologie. (SG Wort und Wissen, Artikel *S4*)

- „Geschaffene Grundtypen oder Evolution?" Unterrichtsentwurf zur Grundtypenbiologie für Schüler im Alter von ca. 13-16 Jahren. (SG Wort und Wissen, Artikel *BR23*)

- „Grundtypen und Mikroevolution." Unterrichtsentwurf zur Grundtypenbiologie und über Evolutionsmechanismen für Schüler im Alter von ca. 17-19 Jahren (Oberstufe Gymnasium). (SG Wort und Wissen, Artikel *B34*)

- Diaserie „Grundtypen". Repräsentative Vertreter populärer Grundtypen. (SG Wort und Wissen, Artikel *D9, leihweise erhältlich*)

- Diaserie „Evolution ohne Grenzen?". Dias über Evolutionsmechanismen und Grundtypen; sehr gut passend zur Broschüre „Wie das Zebra seine Streifen bekam" (s. o.). (SG Wort und Wissen, Artikel *D12, leihweise erhältlich*)

3. Wie viel Evolution wurde beobachtet?

Grundtypen von Lebewesen können als „geschaffene Arten" interpretiert werden. Innerhalb der Grundtypen kommen einige Veränderungen vor. Wandlungen innerhalb von Grundtypen sind jedoch nur auf der Basis einer bereits geschaffenen Vielfalt möglich. Ein weiterer wichtiger Faktor, der zu Veränderungen der Lebewesen führen kann, sind insbesondere die Mutationen. Dabei handelt es sich um Änderungen des Erbguts, die sich häufig z. B. am äußeren Erscheinungsbild, im Stoffwechsel usw. bemerkbar machen und an die Nachkommen vererbt werden. Mutationen können experimentell ausgelöst oder auch im Freiland beobachtet werden. Sie gehören also zu den Daten. So kann ziemlich direkt verfolgt werden, wie sich Merkmale von Lebewesen im Laufe von Generationen wandeln. Welche Erkenntnisse wurden dabei gewonnen? Welches Ausmaß und welche Qualität an Veränderungen sind dadurch möglich – gemessen an den Beobachtungsergebnissen?

3.1 Zwei sehr verschiedene Ursprungsvorstellungen – dennoch ähnliche Fragen an die Natur

Die Frage nach der Veränderlichkeit der Lebewesen stellt sich sowohl für die Schöpfungslehre als auch für die Evolutionslehre. Im Rahmen der Grundtypenbiologie der Schöpfungslehre stellt sich die Frage, ob es Indizien dafür gibt, dass die Veränderungen von Grundtypen sich in relativ engen Grenzen bewegen, so dass Grundtypgrenzen nicht überschritten werden können. *Dass* es Veränderungen gibt, ist unstrittig. Aber zu welchem Ergebnis führen sie? Im Rahmen der Evolutionslehre ist zu erwarten, dass Veränderungen sehr weitreichend sind, so dass einfachste Lebensformen sich schließlich zu unzähligen komplizierten Lebewesen hin entwickelt haben.

Die Forscher interessieren sich also in beiden Fällen für die Mechanismen der Veränderlichkeit der

Lebewesen. Darin sind beide Anschauungen gleich. Sehr unterschiedlich sind jedoch die *Erwartungen*. Im Rahmen der Grundtypenbiologie wird erwartet, dass die Veränderungsmöglichkeiten prinzipiell begrenzt sind, dagegen erwarten Evolutionstheoretiker eine Evolution nahezu ohne Grenzen.

Machen wir uns klar, was eine Evolutionstheorie erklären muss, damit von einfachsten, einzelligen Ausgangformen die ganze Vielfalt der Lebewesen entstehen konnte. Immer wieder mussten völlig neue „Bauteile" entwickelt werden, wie z. B. Stützelemente (Knochen bei Wirbeltieren als Innenskelett oder ein Panzer als Außenskelett bei Gliederfüßern), Fortbewegungsorgane wie Flossen, Beine oder Flügel, Sinnesorgane verschiedenster Art, Atmungsorgane, Verdauungs- und Ausscheidungsorgane usw. Viele Pflanzen und Tiere haben spezielle Konstruktionen wie z. B. eine lange, klebrige, ausstülpbare Zunge (sog. „Leimrute"; vgl. Abb. 49) oder eine Kesselfalle bei der Blüte des Frauenschuhs (Abb. 25). Also: Es mussten unzählige Organe „konstruiert" werden. Die Entstehung neuer „Bauteile" oder neuer Baupläne bezeichnen wir als Makroevolution (Näheres in Abschnitt 3.7). Dagegen ist Mikroevolution etwas grundsätzlich anderes, nämlich das *Variieren* von Bauteilen, die schon vorhanden sind. Beispielsweise wäre der Umbau eines bezahnten Kiefers in einen Hornschnabel Makroevolution, dagegen sind Schwankungen in der Größe und Form (Länge und Dicke) eines Schnabels Mikroevolution (Abb. 13). Auf diese beiden Begriffe und ihre grundsätzlich verschiedenen Bedeutungen werden wir gegen Ende des Kapitels wieder zurückkommen; vorerst sollten wir sie aber im Hinterkopf behalten.

Abb. 25 Eine Blüte als Kesselfalle (Frauenschuh). Insekten werden in den Schuh gelockt. Sie können ihn wegen des engen Eingangs nur im hinteren Teil verlassen. Dabei müssen sie sich an einem Pollinium (Pollentröpfchen) vorbei hinauszwängen. Das Pollinium wird dabei auf das Insekt abgestreift und von ihm auf die Narbe einer anderen Kesselfallenblüte abgestreift. Schön und kompliziert. Die Entstehung unzähliger solcher komplizierter Konstruktionen müsste eine Evolutionstheorie erklären.

Im Folgenden gehen wir der Frage nach, welche Mechanismen der Veränderung der Lebewesen bekannt sind, und welches Ausmaß an Veränderungen damit erklärt werden kann.

3.2 „Evolution ist so sicher wie die Existenz von Bergen"

Solche oder ähnliche Sätze sind in manchen Evolutions-Lehrbüchern zu finden. Sogar „Ich sehe Evolution!" hat schon mancher behauptet. Dem braucht gar nicht widersprochen zu werden; vielmehr ist die Frage, *was für eine Art Evolution* der Betreffende sieht: Mikro- oder Makroevolution. Dass es Veränderlichkeit gibt, ist empirisch belegt (direkt beobachtbar), aber das direkt beobachtete *Ausmaß* der Veränderlichkeit ist bescheiden. Zur Illustration diene das im Kasten abgedruckte Zitat.[1]

Das in diesem Zitat (s. Kasten) beispielhaft und anschaulich beschriebene Ausmaß von Evolution ist sehr begrenzt; es beruht darauf, dass vorhandene Eigenschaften und Fähigkeiten durch geschickte züchterische Bemühungen ausgenutzt werden. Im Grundaufbau sind

Abb. 26 Der Kulturweizen entstand durch zweifache Kreuzungen, ausgehend von Wildgräsern. Diese Entstehungsweise konnte experimentell in ähnlicher Weise nachvollzogen werden.

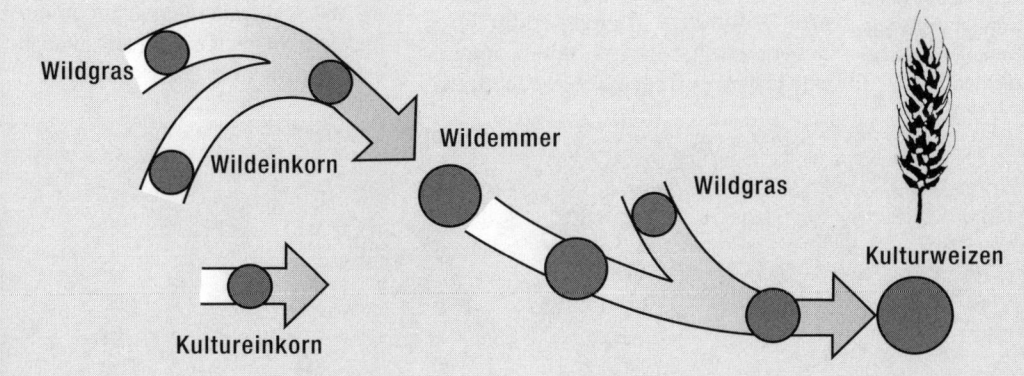

Wildgras
Wildeinkorn
Kultureinkorn
Wildemmer
Wildgras
Kulturweizen

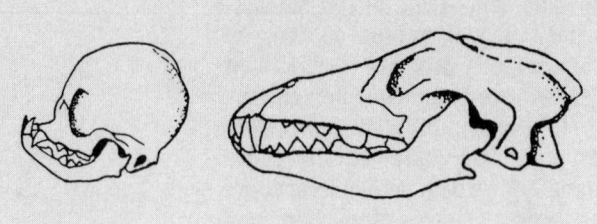

Abb. 27 Extrem ausgeprägt ist die Kopfform des Pekinesen (links) im Vergleich zum Wolf (rechts). Die Schädelform des Pekinesen entspricht etwa der Ausprägung in einem frühen Jugendstadium des Wolfes.

die betreffenden Formen trotz z. T. erheblicher Größenunterschiede sehr ähnlich. Neue Obstsorten, die durch künstliche Kreuzungen entstehen, beinhalten insgesamt kein neues Erbmaterial im Vergleich zu den jeweiligen beiden Ausgangsformen; sie weisen lediglich neue *Kombinationen* des Erbguts auf (vgl. Abb. 26). Kombination des Erbguts begründet aber nicht, wie völlig *neues* Erbgut (mit neuer Qualität) entsteht.

3.3 „Auswählen" heißt nicht „erschaffen"

In anderen Fällen entstehen neue Formen durch Auswahlzucht: Aus der zunächst vorhandenen und dem Züchter vorgegebenen Vielfalt werden bestimmte Varianten ausgewählt und von anderen getrennt; bei Hunden beispielsweise solche Formen, die etwa ein besonders dichtes oder ein besonders kurzes Fell haben, solche mit längerer oder kürzerer Schnau-

Abb. 28 Aus der Felsentaube (links) wurden vielfältige Formen herausgezüchtet.

ze usw. Durch fortgesetzte einseitige Auswahl (**Selektion**) können schließlich Extremvarianten erzeugt werden, die sich äußerlich zwar von den Ausgangsformen erheblich unterscheiden können, die aber genetisch (also in ihrem Erbgut) verarmt und einseitig geworden sind (vgl. Abb. 27 und 28). Bei manchen Hunderassen handelt es sich im Grunde um Missbildungen, die fast künstlich am Leben gehalten werden.

Solche Auswahlprozesse laufen offenbar auch im Freiland ab. So wurde bei den weltberühmten Darwinfinken (vgl. Abb. 13), die nur auf den Galapagosinseln im Pazifik vorkommen, beobachtet, dass sich die durchschnittliche Schnabellänge nach einigen trockenen Jahren verändert hat – offenbar als Folge der veränderten klimatischen Bedingungen. Es sind zahlreiche vergleichbare Beobachtungen bekannt. Das Prinzip ist jeweils ähnlich: Veränderte Umweltbedingungen haben zur Folge, dass aus dem Spektrum der Variabilität der Arten andere Varianten als zuvor begünstigt sind und besser überleben und mehr Nachkommen produzieren können. Neues wird dabei nicht erzeugt, sondern aus Vorhandenem das Geeignete ausgelesen. Auslese

> **Selektion:** Auslese der am besten an die Umweltbedingungen Angepassten; letztlich äußert sich dies in erhöhter Nachkommenproduktion.

ist aber etwas ganz anderes als die evolutionäre Entstehung von Neuem und kann daher nicht als Beleg für Höherentwicklung gewertet werden.

3.4 Monster unter den Fliegen

Durch Selektion kann man also Evolution, die Entstehung neuartiger Merkmale oder Organe nicht erklären, denn Auslese kann nur mit dem bereits Vorhandenen arbeiten. Woher kommt aber Neues? Die einzige Quelle dafür sind Änderungen des Erbguts, die sprunghaft erfolgen und an die Nachkommen bei der Fortpflanzung weitergegeben werden. Man nennt diesen Vorgang **Mutation**. Genetiker (Erbforscher) haben jahrzehntelang eingehend versucht, Lebewesen mittels Bestrahlung oder Behandlung mit Chemikalien durch Mutationen zu verändern, um u. a. zu zeigen, dass auf diese Weise neue Stufen der Evolution erklettert werden können. Die bisherigen Ergebnisse deuten jedoch viel eher auf das Gegenteil hin. Besonders intensiv haben die Genetiker mit einer kleinen Fliege, der Frucht- oder Essigfliege *Drosophila* gearbeitet und Hunderte von unterschiedlich veränderten Tieren erzeugt, mit veränderten Augen- oder Körperfarben, veränderten Borsten, anders geformten Augen, unterschiedlich missgebildeten Flügeln und dergleichen. Manchmal sind ganze Körperteile an eine falsche Stelle geraten, z. B. Beine anstelle der Antennen oder Flügel anstelle der Schwingkölbchen (Abb. 29, unten rechts) – geradezu „Monster", wie solche Formen tatsächlich von den Erbforschern genannt werden. Aber niemals

wurde – auch nicht nach langer Zeit – eine komplexe neue Struktur auch nur andeutungsweise erzeugt: Variabilität ohne Höherentwicklung. Die *Drosophila*-Fliegen, mit denen gearbeitet wurde, sind übrigens durch diese Mutationen auch nicht zu neuen biologischen Arten geworden, sondern kreuzen sich nach wie vor.[2]

> **Mutation:** spontane (unvorhersehbar eintretende) oder künstlich ausgelöste Änderung im Ergbut.

3.5 Vorteilhafte Veränderungen?

In den Lehr- und Schulbüchern werden durch positive Mutationen verursachte vorteilhafte Veränderungen von Lebewesen besonders hervorgehoben. Letztlich seien allein die wenigen vorteilhaften Varianten entscheidend dafür, dass immer wieder neuartige Lebensformen auftreten. Die überwiegend schädlichen Mutationen würden dagegen ausgemerzt; auf lange Sicht könnten sie nicht schaden. Diese Argumentation ist richtig. Doch was ist das Besondere an den vielen positiven Mutationen? Schauen wir uns zwei Beispiele an:

Abb. 29
Die 2-3 mm große Fruchtfliege *Drosophila*. Oben links: Normalform; oben rechts und unten links: zwei durch Mutation veränderte, flugunfähige Formen; unten rechts: eine vierflügelige Form, ebenfalls eine flugunfähige Missbildung.

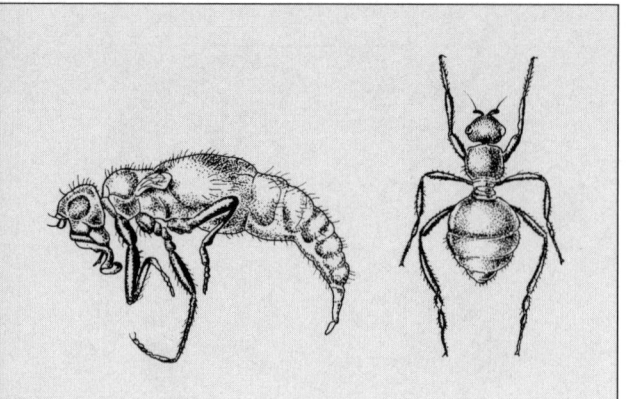

Abb. 30
Zwei Beispiele
flugunfähiger
Insekten, die auf
windumtosten
Inseln vorkommen: Tangfliege
(links), Dungfliege
(rechts).

1. Auf manchen Inseln, die starken Winden ausgesetzt sind, leben Insekten, deren Flügel rückgebildet sind oder die ihre Flügel ganz verloren haben (Abb. 30). Für die dortigen Insekten ist diese Veränderung vorteilhaft, denn bei einem Orkan können sie, wenn sie zum Flug ansetzen, weit aufs offene Meer getrieben werden. Wenn der Wind nicht dreht, werden sie aus eigener Kraft dann in der Regel nicht mehr zurückfliegen können und kommen um. Besser also, das Insekt kommt erst gar nicht in Versuchung, „abzuschweben". Dazu kommt, dass auf Inseln gewöhnlich viel weniger Feinde leben als auf dem Festland, so dass der Verlust an Beweglichkeit verkraftbar ist; schließlich haben diese Insekten ja überlebt. Also ist alles in allem der Flügelverlust vorteilhaft. Was aber ist damit zum

Verständnis der Evolution gewonnen? Gar nichts! Denn dieser Vorteil beruht auf einem Verlust, ist also ein Abbau eines Körperteils, keine Höherentwicklung. Zudem ist der Flugverlust nur an den speziellen Standorten für das Überleben günstig; normalerweise ist er nachteilig; entsprechende Mutanten werden andernorts durch Selektion ausgemerzt.

2. In stockfinsteren Höhlen wurden bleiche, blinde Fische aus der Gruppe der Salmler gefunden. Äußerlich sind keinerlei Augenteile zu erkennen (Abb. 31). Durch genetische Untersuchungen wurde eine Reihe von Verlustmutationen gefunden, die sich sozusagen „angesammelt" haben, bis die Fische schließlich völlig erblindet sind. Das macht den Tieren in ihrer speziellen Umgebung jedoch nichts aus. In den Höhlen würden sie sowieso nichts sehen. Der Abbau der Augen war aber offenbar auch hier vorteilhaft, sonst hätten sich die augenlosen Fische nicht durchgesetzt (in benachbarten belichteten Gewässern leben ihre sehtüchtigen Artgenossen, mit denen sie sich fruchtbar kreuzen können). Vielleicht besteht der Vorteil darin, dass Material eingespart werden kann und dass die Gefahr von Entzündung oder Parasitenbefall der Augen ausgeschlossen ist (doch das ist nicht sicher nachgewiesen worden). Jedenfalls gilt auch hier: Der Vorteil der Veränderungen beruht auf einem Verlust.[3]

Solche *nur unter bestimmten Bedingungen* „positiven" Mutationen erklären Evolution nicht, da sie *Verluste* beinhalten. Es geht also gar nicht darum, ob es vorteilhafte Mutationen gibt, sondern ob echt neues Erbmaterial und neue Strukturen entstehen. Ob eine Mutation vorteilhaft ist, hängt von den

Abb. 31
Der blinde Höhlenfisch *Astyanax*, der
in stockfinsteren
Höhlen lebt.
(Staatliches
Museum für Naturkunde, Karlsruhe)

Lebensbedingungen ab. Nicht anders ist die Situation bei den bekannten Lehrbuchbeispielen der Resistenz (Widerstandsfähigkeit) von Insekten gegen Gifte oder der Fähigkeit von Bakterien, auf antibiotikahaltigen Nährböden zu wachsen. Das normalerweise tödliche Gift kann vielfach nichts bewirken, z. B. weil es aufgrund von Stoffwechseldefekten nicht „angreifen" kann. In normalen Umgebungen können aber diese giftunempfindlichen Organismen schlechter überleben als die giftempfindlichen und sterben dort aus.

Nicht immer lässt sich auf den ersten Blick entscheiden, ob Veränderungen als evolutionärer Fortschritt interpretiert werden können. Der Wert mancher „positiver" Mutationen, die das Überleben fördern, kann oft nur mit Hilfe molekulargenetischer Untersuchungen ermessen werden. Darauf einzugehen, würde den Rahmen dieses Buches sprengen.[4] Bei den genannten Fällen handelt es sich um Lehrbuchbeispiele, anhand derer exemplarisch verdeutlicht werden sollte, wie die Behauptung positiver Mutationen kritisch hinterfragt werden kann. Auch da, wo die Mutation nicht nur in einer speziellen Umgebung vorteilhaft ist, muss die Frage gestellt werden, ob wirklich Neues dabei entstanden ist.

3.6 Die „wiederkehrende Veränderlichkeit"

An verschiedensten Organismen wurde seit Jahrzehnten wiederholt beobachtet, dass nach einiger Zeit immer wieder die gleichen Mutanten auftreten. Es entstehen häufig solche Mutanten, die zuvor bereits existierten. Pflanzenzüchter stellten fest, dass im allgemeinen infolge künstlicher Mutationsauslösung mittels Strahlen oder Chemikalien hauptsächlich Merkmale und Eigenschaften auftreten, die auch nach spontan auftretenden Mutationen wildwachsender Pflanzen entstehen. Die Zahl der *neuen* Mutantentypen nimmt bei immer weiteren Mutationsversuchen ab. Der Genetiker W.-E. Lönnig hat dieses Phänomen unter der „Regel der rekurrenten Variation" zusammengefasst. Das bedeutet „wiederkehrende Veränderlichkeit". Auch beim Menschen ist dieses Phänomen bekannt; bislang sind über 5000 wiederholt auftretende erbliche Abweichungen bekannt geworden. Bei Getreide kennt man als Beispiele für rekurrente Variationen dichte Ähren, frühe Reife, Fehlen von Wachs, kurze Grannen, Fehlen des Farbstoffs Anthocyan oder Mehltauresistenz.[5]

Abb. 32 Erbsenmutanten. Die Blätter der Normalform bestehen aus drei Fiederblattpaaren, Ranken und Nebenblättern (oval gezeichnet). Die Mutanten weisen eine größere oder geringere Anzahl an Fiederblättchen auf. Im Extremfall besitzen sie nur Fiedern oder nur Ranken. Rechts: Mutante, dessen Blattspreite nur aus Ranken besteht.

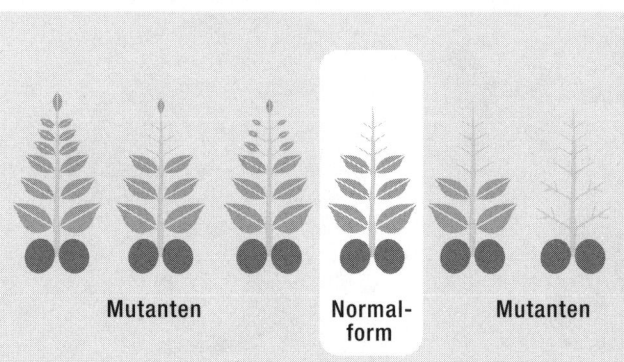

Mutanten — Normalform — Mutanten

Als Grund für die Regel der rekurrenten Variation vermutet Lönnig[5], dass es nur eine begrenzte Zahl von Erbfaktoren gibt, „bei denen unter schrittweisem bis völligem Funktionsverlust noch ein lebensfähiger, aber in vielen Fällen mehr oder weniger geschädigter Organismus gebildet werden kann."

Die Regelhaftigkeit der Mutationserscheinungen weist auf *vorgegebene*, zwar reichhaltige, aber letztlich *begrenzte* Veränderungsmöglichkeiten der Lebewesen hin. Die Vielfalt der Mutationen bewegt sich nach bisherigen Untersuchungen innerhalb von Grundtypen.

Ein typisches Beispiel für die Möglichkeiten und Grenzen von Mutationen zeigen Mutationsversuche an Erbsen. Die normalen Erbsenpflanzen haben Laubblätter, die in Fiederblättchen, Ranken und große Nebenblätter aufgeteilt sind. Es gibt also verschiedene Bauteile der Blätter. Bei verschiedenen Mutanten ändert sich die Anzahl der Blättchen zu Ungunsten der Anzahl der Ranken oder umgekehrt

(Abb. 32). Dadurch wird die Formenvielfalt erhöht. Doch sind auf diese Weise *keine neuen Bauteile* entstanden. Es wird sozusagen nur mit Baumaterial „gespielt", das schon in fertiger Form vorhanden ist.

3.7 Mikroevolution und Makroevolution

Zahlreiche andere Beobachtungen im Freiland sowie Laborexperimente legen nahe, dass Evolution grundsätzlich begrenzt ist. Es gibt offenbar nicht überschreitbare Grenzen der Veränderlichkeit der Lebewesen. Diese Art von begrenzter Evolution ist gut zu

Mikroevolution: Veränderung *bereits vorhandener* Organe, Strukturen oder Baupläne.

Makroevolution: Entstehung *neuer, bisher nicht vorhandener* Organe, Strukturen und Bauplantypen; Entstehung qualitativ neuen genetischen Materials.

Abb. 33
Links: Mikroevolution – Aufspaltung innerhalb von Grundtypgrenzen, „Ausschöpfen" der geschaffenen Variabilität.
Rechts: Makroevolution – Entstehung von neuartigen Strukturen und Organisationsformen.

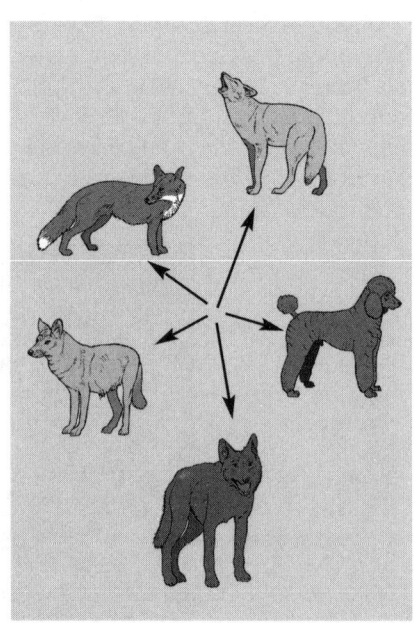

beobachten und wird **Mikroevolution** genannt. Darunter verstehen wir die *Veränderung schon vorhandener* Strukturen, also *Variation* (wie z. B. in der Zucht; vgl. Abb. 32).

Dagegen ist **Makroevolution**, also das, was vielfach unter „Evolution" verstanden wird, nämlich eine Höherentwicklung der Lebewesen, eine Abstammung aller Lebewesen voneinander, nicht beobachtet worden (Abb. 33). Im Laufe einer solchen Höherentwicklung müssen immer wieder neue Organe entstanden sein, beispielsweise beim Übergang von Tausendfüßlern zu Insekten oder von Reptilien zu Vögeln. Makroevolution bedeutet also die allmähliche Entstehung völlig neuer Strukturen, die es vorher noch nicht gab, zum Beispiel die Entstehung der Flügel der Insekten. Wenn unter „Evolutionstheorie" daher „Makroevolutionstheorie" oder „Höherentwicklungstheorie" verstanden wird, dann ist diese Theorie nicht nur unbewiesen, sondern aufgrund von bisherigen Beobachtungen unwahrscheinlich.

3.8 Viel Mikroevolution = Makroevolution?[6]

Oft wird argumentiert, die Zeit sei zu kurz, um Makroevolution beobachten zu können. Nach längerer Zeit aber würde viel Mikroevolution letztlich zu Makroevolution führen. Diese Argumentation berücksichtigt nicht, dass zwischen Mikro- und Makroevolution ein *grundsätzlicher* Unterschied besteht. In dem einen Fall geht es fast immer um einfache Variation von Vorhandenem (= Mikroevolution), im anderen um Entstehung von kompliziertem Neuem (= Makroevolution). Noch so viel Varia-

tion von Vorhandenem kann das Entstehen von Neuem nicht begründen. Die oben erwähnten Untersuchungen an der Fruchtfliege *Drosophila* demonstrieren zudem, dass Variabilität begrenzt zu sein scheint, denn in diesem Fall stützen sich die Untersuchungen immerhin auf über tausend Generationen und Millionen von Individuen. Ebenfalls auf ein beschränktes Spektrum an Mutationsmöglichkeiten weist die oben erwähnte Beobachtung der „rekurrenten Variation" (Abschnitt 3.6) in der Zucht hin.

3.9 Zusammenfassung

Bei Auseinandersetzungen um die Frage der Evolutionsmechanismen ist die Unterscheidung von Mikro- und Makroevolution wichtig. Mikroevolution (innerhalb von Grundtypen) kann fast unmittelbar beobachtet werden. Makroevolution ist dagegen nicht durch Beobachtungen nachgewiesen worden (und wird deshalb anhand von Indizien erschlossen, die jedoch auch anders deutbar sind, vgl. Kapitel 1). Es gibt Hinweise auf Grenzen der Veränderlichkeit: insbesondere das Phänomen der „rekurrenten Variation" (wiederholt auftretende Mutationen) und die Tatsache, dass auch bei Organismen, die sich schnell fortpflanzen können *(Drosophila)*, nie die Entstehung grundsätzlich neuer Organe oder Bauteile beobachtet wurde. Die Aufsummierung vieler einfacher vorteilhafter Variationen von Vorhandenem (Mikroevolution) ergibt nicht Makroevolution, da es sich um grundsätzlich verschiedene Vorgänge handelt.

Widerlegt die Tatsache, dass ein Großteil der Mutationen schädlich ist, die Möglichkeit einer Evolution?

Das ist nicht der Fall. Denn das Besondere am Darwinschen Selektionsmechanismus (Auslese) besteht gerade darin, dass nachteilige Mutanten ausgemerzt werden und auf längere Sicht keine Rolle spielen, wenn der Prozentsatz der nachteiligen Mutationen nicht zu groß ist. Andernfalls würde es zum Aussterben der Art kommen. Entscheidend ist nach den Vorstellungen der Evolutionstheoretiker, dass es einen kleinen Anteil vorteilhafter Mutationen gibt, die sich durchsetzen und sich aufsummieren. Dafür muss jedoch jede komplexe Struktur, die entstehen soll, in sehr viele einzelne überlebensfähige, ja sogar konkurrenzfähige Zwischenstufen zerlegbar sein, was aber höchst fragwürdig ist. Es wird zudem auch die Frage diskutiert, ob das heutige Ausmaß der schwach schädlichen Mutationen nicht doch zu groß ist, um sozusagen rechtzeitig aus dem Verkehr gezogen werden zu können; anschaulich gesprochen: ob also die Auslese mit dem Ausscheiden der nachteiligen Formen überhaupt nachkommen kann.

Wie kann man unterscheiden, ob eine Veränderung mikroevolutiver oder makroevolutiver Natur ist?

Diese Unterscheidung ist auf den ersten Blick manchmal nicht möglich. In Zweifelsfällen muss untersucht werden, welche Änderungen im Erbgut eingetreten sind. So kann – um ein einfaches Beispiel zu wählen – die Ausprägung einer neuen Farbe einer Blüte den Eindruck erwecken, es sei etwas Neues entstanden. Diese Veränderung kann jedoch auf einen Gendefekt zurückgehen, so dass sich eine andere Farbe ergibt (es kann eine Farbe in der Mischung fehlen oder durch geringfügige Abwandlung eines Moleküls ändert sich der Farbeindruck). Oder: Die Fähigkeit mancher Insekten, Gifte zu tolerieren, beruht nicht auf dem Erwerb neuer Eigenschaften, sondern z. B. auf Stoffwechseldefekten, die einerseits das Überleben noch erlauben und durch die andererseits das Gift nicht in den weiteren Stoffwechsel eingreifen kann. Wirklich makroevolutionäre Veränderungen konnten bisher jedoch „auf den zweiten Blick" nicht nachgewiesen werden.

Ist die moderne Gentechnik ein Modell für Evolution?

Nein, denn in der Gentechnik wird in einer so gezielten Weise gearbeitet, dass dafür im Freiland kaum Entsprechungen bekannt sind. Solche Prozesse wären ohne menschliche Eingriffe einfach viel zu unwahrscheinlich. Dazu kommt, dass auch in der Gentechnik mit *vorhandenem* Genmaterial gearbeitet wird, das fremden Organismen „eingepflanzt" wird. Die *Entstehung* neuer Erbinformation kann damit nicht erklärt werden.

Sollte im Rahmen der Schöpfungslehre überhaupt von (Mikro-)Evolution gesprochen werden?

Die Schwierigkeit mit dem Begriff „Evolution" besteht darin, dass er im Laufe der Zeit mit unterschiedlichem Inhalt verwendet wurde. Es ist also wichtig, immer genau nachzufragen, was mit ihm gemeint sein soll. Von der Wortbedeutung her bedeutet „Evolution" „Auswicklung", also die Ausprägung von Vorhandenem. In diesem Sinne wurde der Begriff vor dem Durchbruch der Darwinschen Abstammungslehre verwendet, die zunächst gar nicht als „Evolutionstheorie" bezeichnet wurde, sondern als „Deszendenztheorie" (= Abstammungstheorie). Erst später wurde der Begriff „Evolution" eigentlich fälschlicherweise für die Abstammungslehre verwendet. Der Begriff „Evolution" bzw. „Mikroevolution" sollte also in der Schöpfungslehre für die Vorgänge des „Ausschöpfens" schon vorhandener Erbinformation verwendet werden; es empfiehlt sich aber, immer zu sagen, was damit gemeint ist.

Anmerkungen

[1] Aus einem Leserbrief, abgedruckt in: „Für Arbeit und Besinnung. Zeitschrift für die Evang. Landeskirche in Württemberg", 41. Jg. 1987, Nr. 16, S. 653.

[2] Artbildung innerhalb von Grundtypen erfolgt nicht durch bloße Ansammlung von Mutationen, sondern auf anderem Wege, wie in Kapitel 2 beschrieben; vgl. auch die Frage über „schnelle Artbildung" am Ende von Kapitel 2.

[3] Näheres über die kontroverse Diskussion der Ursachen der Rückbildungen bei Höhlentieren findet sich in: R. Junker: Ähnlichkeiten, Rudimente, Atavismen. Studium Integrale. Holzgerlingen 2002, Kapitel 6 und 7.

[4] Siehe R. Junker & S. Scherer: Evolution – ein kritisches Lehrbuch (Gießen, 2001), Kapitel IV.7.

[5] W.-E. Lönnig: Mutationen: Das Gesetz der rekurrenten Variation. In: J. Mey, R. Schmidt & S. Zibulla

(Hg.): Streitfall Evolution. Stuttgart, 1995, S. 149-165.

[6] Es würde den Rahmen dieses Buches sprengen, die Frage nach der Reichweite des Mutationsgeschehens aufgrund molekulargenetischer Befunde zu diskutieren. Vgl. hierzu: S. Scherer: Entstehung der Photosynthese. Ist ein molekularer Mechanismus bekannt? Studium Integrale. Neuhausen-Stuttgart 1996. Das Ergebnis ist jedoch im Wesentlichen dasselbe wie auf der organismischen Ebene.

Weiterführende Literatur

- R. Junker: Wie das Zebra seine Streifen bekam: Schöpfung oder Evolution? Holzgerlingen, 4. Auflage 2002. *(Allgemeinverständliche Darstellung)*
- R. Junker & S. Scherer: Evolution – ein kritisches Lehrbuch. Gießen 2001, Kap. II.4; III.5; weiterführend: III.6; zur molekularen Evolution: IV.7. *(Die Abschnitte II.4 und III.5 sind relativ leicht verständlich, III.6 und IV.7 deutlich anspruchsvoller)*

Medienhinweise

- J. Jung & M. Wäsch: PRO TEENS. Erlebnisunterstützte Stundenentwürfe für die Teenagerarbeit. Dillenburg, 2000. *(Stundenentwurf 15 „Ein Brief von Hardi".)*
- „Geschaffene Grundtypen oder Evolution?" Unterrichtsentwurf zur Grundtypenbiologie für Schüler im Alter von ca. 13-16 Jahren. (SG Wort und Wissen, Artikel *BR23*)
- „Grundtypen und Mikroevolution." Unterrichtsentwurf zur Grundtypenbiologie und über

Evolutionsmechanismen für Schüler im Alter von ca. 17-19 Jahren (Oberstufe Gymnasium). (SG Wort und Wissen, Artikel *B34*)

- Diaserie „Evolutionsmechanismen". Beispiele von Mutationen, zum Wirken der Selektion, Artbildung, Züchtungsforschung. Vielseitig einsetzbar. (SG Wort und Wissen, Artikel *D8*, *leihweise erhältlich*)

- Diaserie „Evolution ohne Grenzen?". Dias über Evolutionsmechanismen und Grundtypen; sehr gut passend zur Broschüre „Wie das Zebra seine Streifen bekam" (s. o.). (SG Wort und Wissen, Artikel *D12*, *leihweise erhältlich*)

4. „Design-Signale"

Zahlreiche komplexe Organe und ausgeklügelte Strukturen der Lebewesen legen den Schluss nahe, dass die Lebewesen auf einen großartigen „Designer" zurückgehen. Solche Organe zeichnen sich dadurch aus, dass sie nur funktionieren, wenn viele Bauteile gleichzeitig vorhanden sind. Außerdem funktionieren die Lebensvorgänge nur dann, wenn ihre zeitliche Abfolge, das Timing, stimmt. Solche Organe können als „Design-Signale" verstanden werden, d. h. als Signale, die auf einen Designer hinweisen.

In der Auseinandersetzung um Schöpfung und Evolution sind Laien (zu denen jeder außerhalb seines Fachgebiets gehört) schnell überfordert, wenn sie ein gutes oder scheinbar gutes Argument entkräften wollen. Gefragt sind daher einfache „schlagende" Argumente. Solche Argumente, die mit einem Streich alles entscheiden, gibt es allerdings nach meiner Einschätzung nicht – auf keiner der beiden Seiten. Jeder, der über dieses Thema kontrovers diskutiert, erlebt häufig, dass Gesichtspunkte, die einem selber ganz einleuchtend erscheinen, den anders denkenden Gesprächspartner überhaupt nicht zu überzeugen vermögen. Vermutlich wird es immer rationale Argumente geben, mit denen man sich dem Schöpfungsglauben und damit letztlich dem Anspruch Gottes entziehen kann. Vieles spricht dafür, dass Gott selber diese Möglichkeit dem Menschen lässt, damit ihm Freiraum für den Glauben gegeben ist, der sich auf das in der Bibel gegebene Wort gründet. Denn darauf muss sich der Glaube gründen, nicht auf stichhaltige Argumente. Letztere sind dennoch keineswegs bedeutungslos, denn sie können dienende, helfende Funktion haben, sowohl für den ernsthaft fragenden Zweifler als auch für den angefochtenen Gläubigen.

Die Form dieses Kleckses ist Zufall, die Form des Kleckses rechts oben jedoch mit Sicherheit nicht.

In diesem Sinne können viele bemerkenswerte Einrichtungen und Organe der Lebewesen als deutliche Hinweise auf das Handeln eines Schöpfers gewertet werden. Sie bieten nicht *das* schlagende Argument für den Schöpfungsglauben, wohl aber eindrückliche Hinweise, die – mindestens aus der Sicht des Glaubenden – an Deutlichkeit nichts zu wünschen übrig lassen. Es handelt sich um sogenannte „Design-Signale" in der Schöpfung – Signale, die im Sinne von Röm 1,19ff. (s. S. 67) auf den Schöpfer verweisen und den Menschen dazu bewegen sollen, persönlich nach Gott zu fragen. Um solche Hinweise zu sehen und zu verstehen, braucht es keine besonderen Kenntnisse. Sie sind unter anderem auch bestens geeignet, um insbesondere Kindern den Schöpfungsglauben plastisch nahezubringen.

4.1 Was sind „Design-Signale"?

Angenommen, wir finden in einer Kiesgrube neben vielem Geröll ein andeutungsweise herzförmig geformtes Stück. „Zufall" – werden wir sagen, „einige Bruchstücke sind gerade so abgesplittert, dass der Stein die Form eines Herzens angenommen hat." Was sagen wir aber, wenn wir einen Stein finden, der die deutliche Form beispielsweise eines Tieres hat? Mit der Zufallshypothese werden wir zurückhaltender sein. Es müssten schon sehr viele passende Konstellationen zusammengekommen sein, wenn ohne Zutun bewusster, willensgesteuerter Tätigkeit eine solche Form entstanden sein sollte. Wir schließen unwillkürlich auf einen Urheber und sind der Meinung, natürliche Prozesse reichten nicht aus, um das Entstehen dieser Form zu erklären. Der Unterschied zu Gesteinsformen, die sich durch bekannte und regelmäßig vorkommende natürliche Prozesse bilden, ist einfach zu groß. Phänomene in der Natur, die solche Eigenschaften aufweisen, sollen als „Design-Signale" bezeichnet werden. Schauen wir uns zwei Beispiele aus der heimischen Pflanzenwelt an.

Die Sahnespritze im Schiffchen

Design-Signale finden sich allenthalben. Wir schauen uns zunächst ein Beispiel bei einem Schmetterlingsblütler an. Zu dieser Pflanzenfamilie gehören u. a. diverse Klee-Gattungen, Wicken, Besenginster, Lupinen, Bohnen und Erbsen. Ihren Namen verdankt diese Familie dem eigenartigen Blütenbau (Abb. 34). Die zweiseitig symmetrischen Blüten bestehen aus der Fahne, die als meist größtes Kronblatt als Lockorgan für bestäubende Insekten dient, sodann aus den Flügeln und dem darunter verborgenen Schiffchen, das aus zwei zusammengewachsenen Kronblättern besteht und in dessen Innerem zehn verwachsene Staubblätter (manchmal ist eines davon frei) und der Griffel versteckt

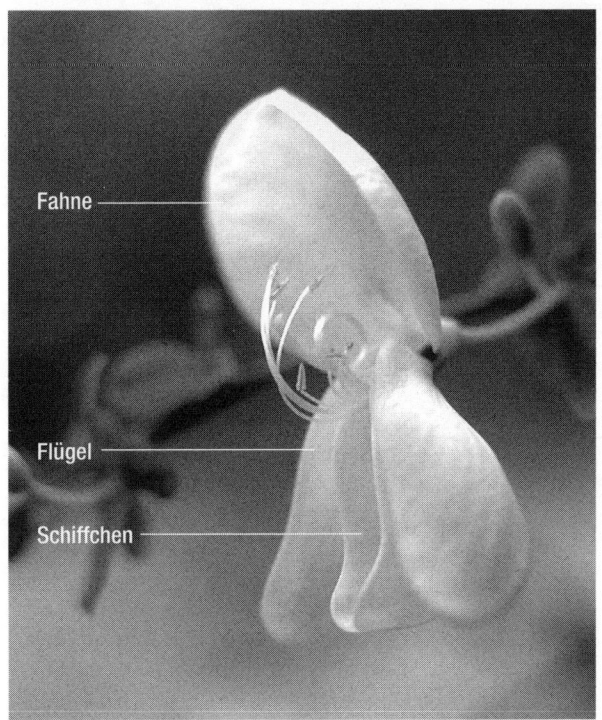

Fahne

Flügel

Schiffchen

sind. Diese für die Fortpflanzung wichtigen Organe sind von außen nicht zu erkennen. Flügel und Schiffchen sind oft teilweise verwachsen und bilden den Landeplatz für die Bestäuber.

Lupinen und einige andere Gattungen der Schmetterlingsblütler

Abb. 34
Blütenbau eines Schmetterlingsblütlers am Beispiel des Besenginsters. Die hier herausgesprungenen Staubblätter und Griffel sind normalerweise im Innern des Schiffchens verborgen.

Abb. 35 Pumpenmechanismus bei der Lupine. Das Insektengewicht drückt beim Blütenbesuch das Schiffchen nach unten (Pfeil). Dadurch pressen die oben verdickten starren Staubblätter den zuvor in die Schiffchenspitze entlassenen Pollen aus einer kleinen Öffnung an der Spitze des Schiffchens heraus auf den Unterleib des Insektes. Links: Blüte in unberührtem Zustand.

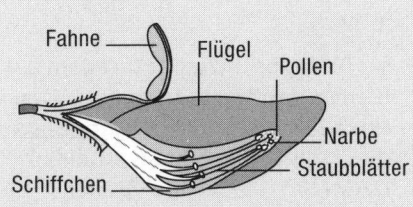

Fahne

Flügel

Pollen

Narbe

Staubblätter

Schiffchen

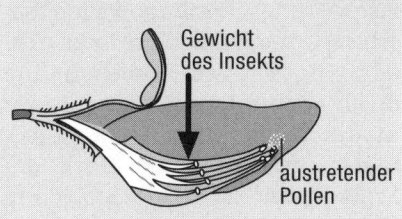

Gewicht des Insekts

austretender Pollen

haben in ihren Blüten einen sonderbaren Pumpmechanismus eingebaut, der stark an ein Haushaltsgerät erinnert, nämlich an eine Sahnespritze (Abb. 35). Das Schiffchen ist vorne zugespitzt, besitzt aber eine kleine Öffnung. Bereits im Knospenzustand entleeren die Staubblätter den Pollen in die Schiffchenspitze hinein. Die Staubblätter sind besonders lang und an ihrem Ende knollig verdickt. Diese Verdickungen sorgen zunächst dafür, dass der Pollen in der Schiffchenspitze festgehalten wird. Drückt nun ein Insekt die Flügel-Schiffchen-Einheit bei der Landung nach unten, wirken die steifen, verdickten Staubblätter wie ein Kolben im Zylinder und pressen den Blütenstaub vor sich her und dadurch aus der Spitze des Schiffchen heraus auf den Unterleib des Insekts. Wenn nach mehrmaligem Pressen der Pollen abgegeben ist, stößt an seiner Stelle die Narbe aus der Schiffchenspitze heraus. Sie kann nun den Pollen aufnehmen, den ein anderes Insekt mitbringt.

Offenkundig funktioniert die Apparatur nur, wenn alle Bauteile komplett ausgebildet sind.

Der „Schlagbaum" in der Blüte

Dem Wanderer sind sie bestens vertraut – sie versperren Unbefugten den motorisierten Zugang in den Wald: Schlagbäume. Ein langes und ein kurzes Ende sind über ein Gelenk mit einem Pfosten verbunden. Das kurze Ende ist mit einem Eisen- oder Betongewicht beschwert, damit das lange Ende trotz der ungünstigen Hebelwirkung durch Bewegung des kurzen Endes in die gewünschte Stellung gebracht werden kann. Doch der Schlagbaum ist keine Erfindung eines Försters – allenfalls eine

„Wiedererfindung"! Miniaturisiert ist nämlich jede Blüte verschiedener Salbei-Arten mit dieser zweckmäßigen Vorrichtung ausgestattet, so z. B. der prächtige Wiesensalbei (Abb. 36), der hier und da Böschungen und Magerwiesen schmückt.

Was aber hat es mit dem Schlagbaum in der Blüte auf sich? Die typische Lippenblüte besteht aus Ober- und Unterlippe (Abb. 37). Erkennbar sind zwei lange, gebogene Staubblätter, die direkt unter dem „Helm" der Oberlippe liegen; dahinter befindet sich eingekeilt der Griffel, dessen beiden Narbenspitzen vorne aus der Oberlippe herausschauen.

Die Staubblätter – auf die kommt es jetzt besonders an – sind ganz eigenartig gebaut. Die Staubblattstiele, an denen die Staubbeutel sitzen, sind nur ganz kurz und ragen nicht einmal über die Blütenröhre hinaus (Abb. 37, Skizze). Der lange, gebogene Stiel unter dem „Helm" ist ein Teil des sog. Konnektivs, des Verbindungsstücks zwischen den beiden Staubfächern. Dieses Konnektiv ist hier extrem in die Länge gewachsen, und zwar nach zwei Seiten: sehr lang nach oben, mit einem intakten Staubbeutel an der Spitze; und wesentlich kürzer nach unten, wo sich der zweite Staubbeutel befinden müsste. An dessen Stelle sitzt jedoch ein zu einer Platte umgewandeltes Organ. Die beiden Enden sind am Staubblatt mit einem Gelenk verbunden. Alle Bestandteile eines Schlagbaums sind damit beisammen (und zwar zweimal, nebeneinander).

Blütenbesuchende Insekten (z. B. Bienen) landen auf der für sie passend gestalteten Blütenunterlippe, die eine regelrechte „Landebahn" darstellt. Zielsicher steuern die Insekten auf den Blütengrund zu,

Abb. 36 Der Wiesen-Salbei, dessen Blüten auffällig helmförmige Oberlippen besitzen.

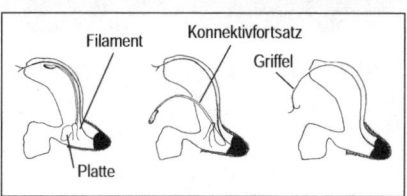

Filament　Konnektivfortsatz
Griffel
Platte

Abb. 37 Oben: Die Wiesen-Salbei-Blüte im Detail. Die Staubblätter sind als Schlagbaum ausgebildet.

Unten: Der Schlagbaum der Wiesen-Salbei im Längsschnitt. Links: junge Blüte; Mitte: die Platte ist nach hinten gedrückt, das Konnektiv nach unten geschnellt (= Senken des Schlagbaumes); rechts: alte Blüte mit herunterhängendem Griffel. Näheres im Text.

wo sich Nektar befindet. Doch dabei stoßen sie schnell auf ein Hindernis. Die oben beschriebenen beiden Platten (die übrigens noch verwachsen sind) versperren den Weg zum Blütengrund. Doch das ist kein Problem für die Insekten. Die Platte wird beim Hineinkriechen in die Blüte zur Seite gedrückt; dadurch schnellen die langen Staubblattenden mit den Staubbeuteln nach unten (Abb. 38). Dabei wird der Pollen aus den Fächern regelrecht auf den Rücken des Insekts herausgeklopft. Beim Verlassen der Blüte schnellen die Platten wieder in die ursprüngliche Stellung zurück – und die Staubblätter wieder in ihre ursprüngliche Position unter der Blütenoberlippe.

Die Botaniker haben diesen erstaunlichen Vorgang naheliegenderweise als „Schlagbaummechanismus" bezeichnet. Das Insekt verlässt also mit Pollen eingepudert die Blüte. Kleine Insekten, die auf diese Weise nicht bestäubt werden können, sind zu schwach, um den Hebel zur Seite zu drücken; sie gelangen also nicht zur süßen Nektarquelle.

Das Ganze ist auf gegenseitigen Nutzen angelegt.

Die „Geschichte" ist damit aber noch nicht zu Ende. Der Pollen muss ja nicht nur *abgeholt*, sondern auch wieder an der richtigen Stelle *abgeben* werden, nämlich auf der Narbe der Blüte einer anderen Pflanze. Wir sahen bereits, dass durch den Schlagbaummechanismus verhindert wird, dass der Pollen den naheliegenden, kürzesten Weg zur Griffelspitze der *eigenen* Blüte nimmt (was Selbstbestäubung mit ungünstiger Inzucht zur Folge hätte). Der Pollen kommt erst an, wenn das Insekt eine Blüte besucht, die schon älter ist. Nach einigen Tagen Blühzeit wird der Griffel lasch (das Gewebe verliert Wasser) und hängt aus dem „Helm" heraus (Abb. 39). Jetzt „versperrt" er den Zugang zur Blüte und muss gleich einem Vorhang weggeschoben werden. Das tut das Insekt mit seinem Körper, und dabei wird der mitgebrachte Pollen abgestreift – er ist an der Narbe angekommen.

Alles passt zusammen: der ausgetüftelte Blütenbau und der Kör-

Abb. 38

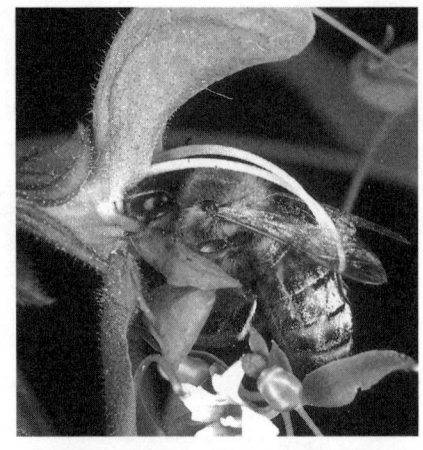

Abb. 39

Bei älteren Blüten beginnt der Griffel zu welken und hängt lose vor dem Blüteneingang. Insekten, welche diese Blüten besuchen, streifen den auf dem Rücken mitgebrachten Pollen jetzt an der Griffelspitze ab.

perbau des Insekts; mehr noch: die *zeitliche Abfolge* stimmt auch. Es ist genau programmiert, *wann* welche Vorgänge ablaufen, z. B. wann der Griffel lasch wird. Die Sache erscheint durchdacht und funktioniert nur, wenn alles zusammenstimmt.

Nicht alle Salbeiarten besitzen diesen ungewöhnlichen Schlagbaummechanismus. Bei der Gartensalbei fehlt er; die Staubblätter sind einfacher gebaut. Die Pflanze existiert und gedeiht trotzdem. Warum also kompliziert, wenn's auch einfacher geht? Was hat das zu besagen? Wir kommen gleich darauf zu sprechen.

Man muss übrigens nicht Biene oder Hummel sein, um den Schlagbaum in der Blüte betätigen zu können. Ein Grashalm genügt, um mit ihm in der Blüte zu stochern. Der Blütenboden ist durch die Platte so effektiv versperrt, dass das Hineinstochern fast immer zum Erfolg führt: zur Betätigung des Mechanismus. Den Staubbeutel kann man auf diese Weise beliebig oft herunter- und wieder hinaufschnellen lassen. Der Mechanismus wird dabei nicht zerstört, die Blüte nicht geschädigt.

Beispiele dieser Art gibt es in Hülle und Fülle. Am Ende dieses Kapitels sind einige Bücher angegeben, in denen viele Beispiele von Design-Signalen bei Pflanzen, Tieren und beim Menschen zusammengestellt sind. Doch kommen wir nun auf die Frage zu sprechen, was diese Design-Signale als Botschaft übermitteln. Zwei Aspekte möchte ich besonders hervorheben: Den ersten könnte man als „Nicht reduzierbare Komplexität"[1] umschreiben, den zweiten mit der provozierenden Frage: „Warum einfach, wenn's auch kompliziert geht?"

4.2 Nicht reduzierbare Komplexität

Die beiden Beispiele haben gezeigt, dass die Konstruktionen nur funktionieren, wenn alle Bauteile vollständig vorhanden sind und außerdem ein passendes Timing verwirklicht ist. Beispielsweise würde der Pumpmechanismus nicht funktionieren, wenn die Schiffchenspitze nicht offen wäre, wenn die Staubblätter an der Spitze nicht verdickt wären oder wenn sich die Staubbeutel nicht zur Spitze hin öffnen würden. Außerdem müssen die Staubblätter zur richtigen Zeit aufplatzen und der Pollen zu dieser Zeit reif sein, usw. Eine einfachere Vorstufe im Blütenbau ist zwar denkbar, aber sie wäre dann von der Konstruktion her weit weg von der Pumpen-Konstruktion. Als solche kann die Konstruktion offenbar nicht vereinfacht werden. Ein funktionsfähiger Zwischenschritt zwischen einer „normalen" Schmetterlingsblüte (wie beim Wiesenklee) und der Pumpen-Konstruktion ist nicht ersichtlich. Dieser Schritt ist aber zu groß, um ihn durch bekannte Zufallsveränderungen (Mutationen; vgl. Abschnitt 3.3-3.6) im Rahmen eines evolutionären Prozesses zu erklären. Es drängt sich der Gedanke auf, dass die Konstruktion nicht nur durchdacht *erscheint*, sondern durchdacht *ist*.

Und wer hat gedacht? Die „Natur"? Nein, nur ein personhaftes Wesen kann denken und planen. Wir haben einen Hinweis auf den Schöpfer im Sinne der Ausführungen von Paulus im Römerbrief (Röm 1,19ff., siehe Kasten). Ein definitiver, gleichsam mathematisch exakter Beweis dieser Schlussfolgerung ist allerdings wegen der Komplexität der Konstruktion nicht möglich. Doch ein Signal, das als Hinweis auf den Schöpfer verstanden werden kann, ist diese Konstruktion auch ohne exakte Beweisführung. Wir kommen weiter unten nochmals darauf zu sprechen.

4.3 Warum einfach, wenn's auch kompliziert geht?

Doch noch ein zweites Design-Signal kann aus solchen Beobachtungen herausgearbeitet werden. Es wurde schon darauf hin-

> „Dabei ist doch das, was man von Gott erkennen kann, für sie deutlich sichtbar; er selbst hat es ihnen vor Augen gestellt. Seit der Erschaffung sind seine Werke ein sichtbarer Hinweis auf ihn, den unsichtbaren Gott, auf seine ewige Macht und sein göttliches Wesen. Die Menschen haben also keine Entschuldigung, denn trotz allem, was sie über Gott wussten, erwiesen sie ihm nicht die Ehre, die ihm zukommt, und blieben ihm den Dank schuldig. Sie verloren sich in sinnlosen Gedankengängen, und in ihren Herzen, denen jede Einsicht fehlte, wurde es finster."
>
> **Römer 1,19-21, Neue Genfer Übersetzung**

gewiesen, dass die erfolgreiche Pollenübertragung mit einfacheren Mittel erfolgen kann, z. B. beim Roten Wiesenklee. Dort klappt einfach das Schiffchen beim Besuch eines Insekts nach unten, so dass der Griffel zum Vorschein kommt und mitgebrachten Blütenstaub aufnehmen kann. Die etwas kürzeren Staubblätter übertragen den Pollen direkt auf das sich in die Blüte hineinzwängende Insekt. Warum also kompliziert, wenn's auch einfach geht, könnte man fragen. Wir fragen aber anders herum: Warum einfach, wenn's auch kompliziert geht? Diese Frage ist normalerweise spöttisch gemeint. Hier aber soll sie darauf hinweisen, dass eine Konstruktion komplexer ist, als sie vom Standpunkt der Überlebensfähigkeit und der Nützlichkeit her sein müsste. Es ist unklar, welche Umweltbedingungen solch komplizierte Konstruktionen bevorzugen sollten, da doch auch die einfachen Konstruktionen bis heute überlebt haben und verbreitet sind. Die Biologen tun sich denn auch mit der Erklärung solcher Phänomene schwer. Wer den Schöpfer hinter den Geschöpfen sieht, kann aber eine „nicht-biologische" Antwort anbieten: Es handelt sich hier um ein „Design-Signal", also um einen Hinweis, dass sich jemand bei der

Konstruktion etwas gedacht hat. Noch einmal: Von einem richtungslosen evolutionären Entstehungsprozess sollte man einfache, sparsame Lösungen erwarten. Diese gibt es ja auch – und sie funktionieren. Warum also noch komplizierte Versionen? Weil der Schöpfer einen kleinen „Gruß" versteckt hat? Es wird deutlich, dass hier mehr als Nutzen und Überleben im Spiel ist. Hier hat jemand ein Design-Signal angebracht.

Wir fassen zusammen: Design-Signale zeigen Überraschendes, etwas, das man nicht erwartet hätte in einer Welt, in der es nur um Zweckmäßigkeit, um Überleben mit dem geringsten Aufwand geht (wie das in einer evolutionär gedeuteten Welt der Fall ist). Dieses überraschende Moment an den Konstruktionen ist es, was mit dem Begriff „Design-Signal" zum Ausdruck gebracht werden soll.

Das beliebte Beispiel der auf einer Schreibmaschine schreibenden Affenhorde eignet sich *nicht*, um die Unglaubwürdigkeit von Evolution aufzuweisen.

4.4 Das Design-Argument richtig einsetzen!

„Gut gemeint und schlecht gemacht" heißt es in einem christlichen Lied. Diese Strophe trifft auch bei einem falschen Einsatz des „Design-Arguments" zu. Das Design-Argument lebt davon, dass eine Zwischenstufe zwischen zwei funktionsfähigen Konstruktionen (z. B. vom einfacheren Blütenbau beim Wiesenklee zur Pumpen-Konstruktion der Lupine) nicht mehr denkbar ist (oder denkbar erscheint). Andernfalls könnte man ja sagen, dass eben doch durch viele kleine Evolutionsschritte auf der Basis von Zufallsmutation und Auslese – ohne Planung und Steuerung – eine komplexe Struktur entstehen könnte. Es kommt also gerade auf den Nachweis an, dass ein Übergang sozusagen über einen sehr breiten Graben führt, der ohne absichtsvolle Konstruktion nicht überbrückbar wäre. Das Design-Argument wird dann falsch eingesetzt, wenn – um im Bild zu bleiben – ein größerer Graben zwischen zwei mutmaßlichen funktionsfähigen Evolutionsstufen behauptet wird, als er in der Realität existiert.

Schauen wir uns dazu zwei berühmte Beispiele an: Eine Affenhorde hackt auf einer Schreibmaschine herum, in der ein Blatt Papier eingespannt ist. Wird dabei ein schönes Gedicht herauskommen? Oder denken wir an die explodierende Druckerei. Wird nach der Explosion aus den Einzelteilen ein komplettes Buch entstanden sein? Diese beliebten Beispiele sind nun aber fragwürdig, weil sie nicht die evolutionstheoretischen Vorstellungen treffen, nach denen Evolution ablaufen sollte. Im Rahmen der Evolutionslehre wird ja nicht behauptet, dass sozusagen auf einen Streich aus einfachsten Vorstufen gleich eine sehr komplexe Struktur entstehen soll oder in der Vergangenheit entstanden sei. Um beim Gedicht zu bleiben: Der Evolutionstheoretiker wäre schon sehr zufrieden, wenn die Affen das Wort „Frühling" zuwege brächten. (Dieses Wort macht zwar nur im Nachhinein einen Sinn, aber wir verzichten einmal zugunsten der Evolutionslehre auf den Bedeutungs-Aspekt, obwohl er zentral wichtig ist.[2]) Wie stellen sich in diesem Vergleich Evolutionstheoretiker den weiteren Verlauf vor? Nun, sie nehmen das Blatt, auf dem „Frühling" steht und legen es in einen Kopierer und stellen einige Tausend Kopien her (in der Natur: Ein Lebewesen mit einer positiven Eigenschaft vermehrt sich, so dass auch alle Nachkommen diese Eigenschaft haben.) Und nun werden viele tausend Blätter mit dem Wort „Frühling" in ebensoviele Schreibmaschinen eingespannt. Die Affenhorde macht sich wieder an die Arbeit. Und siehe da – irgendwo taucht nach „Frühling" das Wort „lässt" auf. Dieses Blatt wird wieder vervielfältigt usw. Und so kommt nach einigen Schritten der Satz „Frühling lässt sein blaues Band wieder flattern durch die Lüfte" heraus – wir haben den ersten Teil des gesuchten Gedichtes. Und so geht es dann weiter.

Das Beispiel hat allerdings noch den oben erwähnten Haken, dass der Satz aus dem bekannten Mörike-Gedicht nur dann einen Sinn macht, wenn ihm ein Sinn *gegeben* wurde. Die Buchstabenfolge für sich ist nämlich noch aussagelos (nämlich für jeden, der die deutsche Sprache nicht kennt). Daher soll das Beispiel nur verdeutlichen, dass man

sich vergewissern muss, ob ein Übergang nicht mehr verkürzbar ist. Das ist beim oben beschriebenen Beispiel des Pumpmechanismus der Fall. Erst wenn für einen gedachten Übergang keine weiteren Zwischenschritte mehr vorstellbar sind, kann die Argumentation des „Design-Arguments" einsetzen. Auf molekularer Ebene kann man dazu auch Berechnungen anstellen; deren Darstellung würde im Rahmen dieses Buches allerdings zu aufwendig, so dass auf entsprechende Literatur verwiesen werden soll.[3] Doch das Ergebnis solcher Überlegungen und Berechnungen spricht eine deutliche Sprache: Es ist unbekannt, wie auf der Basis von ungerichteten Mutationen und Auslese oder sonstiger beobachteter Evolutionsfaktoren komplexe Strukturen entstehen können – ein „Design-Signal"!

4.5 Unerklärt = unerklärbar?

Weiter oben war davon die Rede, dass bestimmte Argumente wie die Design-Signale viele Menschen nicht überzeugen. Ein kaum widerlegbares Gegenargument kann tatsächlich immer eingebracht werden. Es lautet: „Was wir heute nicht erklären können, verstehen wir vielleicht morgen, in zehn oder in hundert Jahren." Wie will man diese Erwartung entkräften? Weil dies nicht möglich ist, sollte eben nicht von „Design-Beweisen", sondern wie in diesem Kapitel nur von „Signalen" gesprochen werden. Auf diese Signale kann man unterschiedlich reagieren – mit einem Fragen nach Gott oder mit Missachtung oder auch mit einem Glauben an die

Wissenschaft, dass diese nämlich grundsätzlich alles erklären könne, wenn nur ausgiebig genug geforscht und nachgedacht werde. Trotzdem: Design-Signale führen auch Skeptiker an eine Grenze, nämlich an die Grenze des bislang Verstandenen. Dass Wissenschaft in Zukunft in der Lage sein wird, alle Phänomene der Schöpfung auf natürliche Prozesse zurückführen, ist offensichtlich eine Form von Glauben.[4]

4.6 Zusammenfassung

Nach allem, was über die Evolutionsmechanismen bekannt ist, ist ungeklärt, wie dadurch komplexe, „verschachtelt gebaute" Organe entstehen konnten. Die Evolutionsforschung scheint weit davon entfernt zu sein, solche Organe erklären zu können. Sie finden sich in Hülle und Fülle in jedem Organismus und können als deutliche Hinweise auf das Wirken eines Schöpfers gewertet werden. In diesem Sinne kann man sie als „Design-Signale" interpretieren. „Design-Signale" liefern aber keinen Beweis für die Existenz eines Schöpfers. Wie jedes Signal können sie zudem missachtet werden.

Das Design-Argument muss sorgfältig formuliert werden, damit es nicht unnötig angreifbar wird. Das heißt vor allem: Wenn dieses Argument gegen die Plausibilität der Evolutionstheorie verwendet werden soll, muss der Selektionsfaktor berücksichtigt werden. Das wiederum bedeutet: Nach der Evolutionstheorie sollen komplexe Organe nicht „auf einmal" entstanden sein, sondern schrittweise. Nützliche Zwischenschritte können ausgelesen und vermehrt werden, und so sollen nach Ansicht der Evolutionstheoretiker Schritt um Schritt neue Lebewesen entstanden sein. Man muss also Rechenschaft darüber ablegen, wie groß kleinste Zwischenschritte gestaltet sein können, die von einem vorteilhaften Stadium zum nächsten führen. Es zeigt sich aber, dass auch solche kleinsten Zwischenschritte bei weitem zu groß sind, als dass sie durch die bekannten Evolutionsmechanismen überbrückt werden könnten.

Anmerkungen

[1] Dieser Begriff stammt von Michael Behe, der in seinem Buch „Darwin's Black Box" (Free Press, New York, 1996) von „irreducible complexity" im biochemischen Bereich spricht.

[2] Eine Zeichenfolge ist an sich nichtssagend. Sie erhält erst eine Bedeutung dadurch, dass ein Code vereinbart wird, der besagt, was bestimmte Zeichenfolgen bedeuten sollen (Semantik). Näheres zu dieser eigenständigen Problematik, die an dieser Stelle nicht weiter diskutiert werden soll, findet sich ausführlich in: W. Gitt, Am Anfang war die Information. Neuhausen, 2002.

[3] S. Scherer: Entstehung der Photosynthese. Grenzen molekularer Evolution? Studium Integrale. Neuhausen, 1996.

[4] Zu beachten ist in diesem Zusammenhang, dass der biblisch begründete Glaube nicht dort ansetzt, wo das Unverstandene beginnt, sondern auch das wissenschaftlich Verstandene einschließt. Design-Signale begründen nicht den Glauben, sondern

können nur als *Hinweise* auf Gottes Wirken verstanden werden.

Weiterführende Literatur

- W. Gitt & K. Vanheiden: Wenn Tiere reden könnten. Bielefeld, 1990.
- W. Gitt: Faszination Mensch. Bielefeld, 1996.
- R. Junker & R. Wiskin: Die ersten Gipfelstürmer. Wie Blumen die Alpen erobern. Neuhausen, 2001.
- R. Junker & R. Wiskin: Der Natur auf der Spur im Frühlingswald. Dillenburg, 2002.
- N. Pailer, Faszination Weltraum. Bilder vom Rand der Welt. Neuhausen, 1998.
- R. Junker & S. Scherer: Evolution – ein kritisches Lehrbuch. Gießen 2001, Kap. VII.17.5; dort auch hochinteressante molekularbiologische Beispiele von Design-Dignalen.
- R. Junker: Ähnlichkeiten, Rudimente, Atavismen. Design-Fehler oder Deisgn-Signale? Studium Integrale. Holzgerlingen, 2002, Kapitel 4. *(Das Thema „Design-Signale" wird in diesem Kapitel gründlich dargestellt. Fachlich relativ anspruchsvoll.)*

Medienhinweise

- R. Kausemann: Mit Kindern die Schöpfung entdecken. Dillenburg, 1999. *(Viele Beispiele staunenswerter Dinge in der belebten und unbelebten Natur werden erklärt. Ein „Ideentank" für Arbeit mit Kindern ab 7 Jahren.)*
- „Design-Signale der Schöpfung". Unterrichtsentwurf für Schüler im Alter von ca. 14-19 Jahren. (SG Wort und Wissen, Artikel *B26*)
- Diaserie „Kolibris". Viel Staunenswertes gibt es bei Kolibris zu beobachten, das auf einen genialen Schöpfer hinweist. (SG Wort und Wissen, Artikel *D20, nur leihweise erhältlich*)
- Diaserien „Spuren Gottes in der Schöpfung. Fünf Diaserien mit je 12 Dias und ausführlichen Erklärungen zu kleinen Wundern der Schöpfung. Vielseitig einsetzbar. (SG Wort und Wissen, Artikel *D21-D25, auch leihweise erhältlich*)
- Video „Wunderwelt der Pflanzen" (VHS, 30 Min., SG Wort und Wissen, Artikel *V3*)
- Video „Wunderwerk Mensch" (VHS, 40 Min. SG Wort und Wissen, Artikel *V4*)

5. Der Apfel fällt nicht weit vom Stamm

Jeder weiß, dass der Mensch im Körperbau und in anderen Merkmalen den Tieren mehr oder weniger ähnelt, am meisten den Menschenaffen – die ja daher ihren Namen haben (Abb. 40). Bei Zoobesuchen zieht es uns oft besonders zu den Affen. Ihr Verhalten spricht uns an; wir können etwas „damit anfangen". Wir „verstehen" ihre Gesichtsausdrücke; wir empfinden eine gewisse „Verwandtschaft". Woher rührt diese „Verwandtschaft"? Um was für eine Art von „Verwandtschaft" handelt es sich?

5.1 Das evolutionstheoretische Argument

Die Ähnlichkeiten der Lebewesen gelten als besonders wichtige Belegquelle für die Abstammung der Arten (Abb. 40, 41). Der „Ähnlichkeitsbeweis" gehört zu den wichtigsten Stützen der Evolutionsanschauung. Doch auch hier liefern die Indizien keineswegs Beweise. Das Beispiel der Ähnlichkeiten eignet sich vielmehr in besonderer Weise, zwischen Daten und Deutungen zu unterscheiden. Wir haben dies bereits im 1. Kapitel erläutert. Um den Lesefluss nicht mit Verweisen zu stören, soll hier manches daraus wiederholt werden.

Zur Erinnerung: Die Feststellung von Ähnlichkeiten aller Art kann mit dem „Handwerkzeug der Naturwissenschaft" vorgenommen werden. Wir stellen fest: Es gibt abgestufte Ähnlichkeiten unter den Lebewesen. Aber woher kommen diese Ähnlichkeiten? Evolutionstheoretiker deuten sie durch gemeinsa-

me Abstammung: Menschen und Affen sollen gemeinsame Vorfahren gehabt haben, und durch Vererbung soll sich diese Gemeinsamkeit in der Ähnlichkeit von heutigen Menschen und Affen niedergeschlagen haben. Schließlich, so wird weiter argumentiert, folgern wir ja auch aus *speziellen* Ähnlichkeiten von Menschen, dass es sich um Geschwister oder um Eltern und ihre Kinder handeln könnte. Diese Schlussfolgerung wird dann auf Affen und Menschen ausgeweitet. Doch diese Argumentation hat einen gewichtigen Haken.

5.2 ... und der Haken daran

Ist die Vererbung von Ähnlichkeiten von Affen auf Menschen Beobachtungssache? Offenbar nicht. Die Auffassung, Affen und Menschen seien abstammungsmäßig miteinander verbunden, muss zunächst unbewiesenermaßen angenommen („geglaubt") werden. Gemäß dieser Voraussetzung *kann* Ähnlichkeit gedeutet werden – eben als Indiz für die vermutete gemeinsame Abstammung. Noch einmal: Niemand hat beobachtet, wie aus Affen Menschen wurden. Das heißt: Die *Deutung* der Ähnlichkeiten von Affen und Menschen durch gemeinsame Abstammung ist nicht durch Beobachtung belegt, sondern Ausdruck der evolutionstheoretischen Überzeugung. Die tatsächlichen Daten (der Befund der Ähnlichkeit) werden dann nachträglich in das vorgegebene Konzept eingebaut, was durchaus möglich ist. Nur – man kann unter Berufung auf genau dieselben Beobachtungen auch ganz anders deuten. Statt von gemeinsamer Abstam-

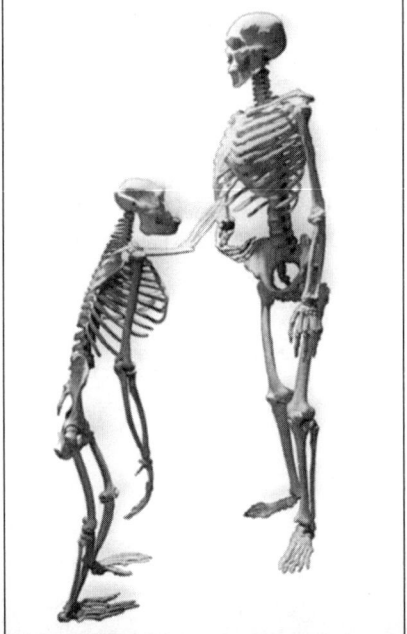

Abb. 40
Menschenaffen (links das Skelett eines Schimpansen) sind dem Menschen (rechts) besonders ähnlich. Was bedeutet diese Ähnlichkeit?

mung können wir genausogut von einem gemeinsamen Schöpfer ausgehen. Auch dann sind Ähnlichkeiten unter den Geschöpfen zu erwarten – bis in die Verhaltensweisen hinein –, die hier als Schöpfungsverwandtschaft gedeutet werden. Die Schöpfungsakte Gottes sind hier ebenfalls nicht beobachtbar. Es ist – hier wie dort – nur das *Ergebnis* der Entstehung einsehbar, ob man nun von Evolution oder direkter Schöpfung ausgeht (vgl. Abb. 42 und Abb. 7, S. 25).

Machen wir uns den Haken in der evolutionstheoretischen Ähnlichkeits-Argumentation noch auf eine andere Weise klar: Wir können nur bei Angehörigen *derselben Art* beobachten, dass Ähnlichkeiten auf Abstammung zurückgehen. Es ist beobachtbar, dass Kinder von ihren Eltern abstammen und ihnen deshalb ähneln. Bei Ähnlichkeiten zwischen verschiedenen Grundtypen, die gar nicht miteinander kreuzbar sind, ist eine gemeinsame Abstammung und *Ähnlichkeit als Folge davon* nicht beobachtbar. Man schließt also vom beobachtbaren Bereich (*innerhalb* von kreuzbaren Lebewesen) auf einen nicht beobachtbaren Bereich (Abstammung verschiedener nicht-kreuzbarer Grundtypen). Was im beobachtbaren Bereich zutrifft, soll auch im nicht beobachtbaren Bereich gelten (Abb. 43). Ein solcher Schluss muss aber nicht stimmen; er ist nicht beweisbar. Es handelt sich um einen sogenannten Analogieschluss[1], den man auch ganz anders ziehen könnte. Darauf kommen wir jetzt zu sprechen.

Dass Ähnlichkeit als Ergebnis der Erschaffung durch ein und denselben Schöpfer verstanden werden kann, kann man sich leicht anhand von Vergleichen aus der Technik

Abb. 41
Vielfach verwirklichte ähnliche Baupläne bei Käfern – ein tyisches Beispiel für die unter Lebewesen anzutreffenden abgestuften Ähnlichkeiten. (Staatliches Museum für Naturkunde, Karlsruhe)

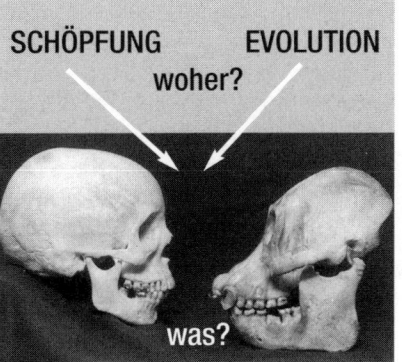

SCHÖPFUNG   EVOLUTION
woher?

was?

Abb. 42
Die Gemeinsamkeiten verschiedener Lebewesen können beobachtet werden („was?"), nicht aber der Werdegang ihrer Entstehung („woher?").

Ähnlichkeiten
innerhalb einer Art

?

Ähnlichkeiten *zwischen*
verschiedenen Grundtypen

Abb. 43 Ähnlichkeiten innerhalb einer Art können ihre Ursache in gemeinsamer Abstammung (gleiche Eltern) haben; das ist beobachtbar. Daraus kann aber *nicht* logisch gefolgert werden, dass Ähnlichkeiten *zwischen verschiedenen Grundtypen* auch von gemeinsamen Vorfahren herrühren. Dies kann nicht beobachtet werden, sondern wäre eine Ausweitung vom beobachtbaren auf den nicht beobachtbaren Bereich.

Menschen, die einander ähneln, müssen nicht verwandt sein.

oder aus der Kunst klarmachen. So zeigen etwa Automodelle derselben Firma typische Ähnlichkeiten („Markenzeichen") z. B. in der Form (vgl. Abb. 8, S. 25). Sie weisen auf denselben Konstrukteur hin. Oder es ähneln sich die Bilder eines Künstlers in gewissen Stilmerkmalen. Ein Musikkenner kann am Stil des Musikstückes erkennen, von welchem Komponisten die Musik stammt. In allen diesen Fällen rührt die Ähnlichkeit von einer gemeinsamen Urheberschaft her. So kann man auch bei den Lebewesen deuten: Sie zeigen Ähnlichkeiten, weil sie vom selben Schöpfer geschaffen wurden.[2] Auch hier wird von einem beoachtbaren Bereich (wie entstehen Geräte oder Kunstwerke) auf einen nicht beobachtbaren Bereich geschlossen (wie entstanden die

Lebewesen). Was im einen Bereich gilt, soll auch im anderen gelten. Wieder ein Analogieschluss wie oben, nur diesmal ein ganz anderer.

Beide Deutungen – Evolution oder Schöpfung – sind also grundsätzlich beim Vorliegen von Ähnlichkeit denkbar. Die Feststellung von Ähnlichkeiten alleine ermöglicht noch keine sichere Entscheidung. Weitergehende Aussagen kann der Naturwissenschaftler aufgrund seiner Erkenntnismethode nicht machen; er muss verschiedene Deutungsmöglichkeiten bezüglich der Herkunft der Ähnlichkeit offen lassen, eben auch die Möglichkeit der Deutung durch direkte Schöpfung, wie es die Bibel berichtet.

Erstaunlicherweise räumen gelegentlich auch evolutionstheoretisch überzeugte Wissenschaftler diese Deutungsmöglichkeit ein. So schreibt der Zoologe Günther Osche: „Als Informationsspeicher (er meint die Ursache für Ähnlichkeit) kann ein 'Schöpfer' angenommen werden, nach dessen 'Plan' die verglichenen Strukturen erstellt worden sind."[3] Der Vogelkundler Dieter Stefan Peters stellt fest, dass der Befund der Ähnlichkeit ohne Zusatzannahmen keineswegs zu einem Glauben an Evolution zwinge.[4] Das heißt: Die bloße Ähnlichkeit macht keinen Glauben an Evolution erforderlich.

Kommen wir nochmals auf die speziellen Ähnlichkeiten unter Geschwistern oder näheren Verwandten zurück: Wenn sich Menschen besonders ähneln, müssen sie gar nicht unbedingt nahe verwandt sein – Beispiel: sog. „Doppelgänger". Eine genaue Klärung bringen erst Stammbücher oder die persönliche Auskunft, also zusätzliche, *anders-*

Abb. 43
Vom beobachtbaren Bereich kann nicht zwinged auf den nicht beobachtbaren geschlossen werden.

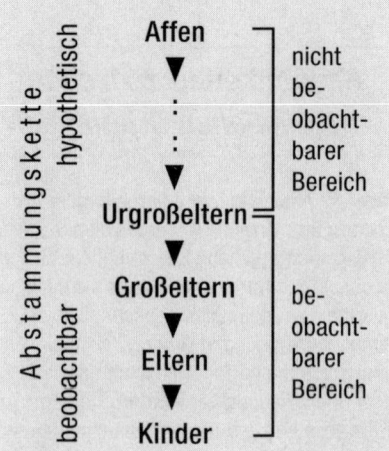

artige Belege. Bei der Deutung von Ähnlichkeiten zwischen Menschenaffen und Mensch stehen diese Informationen nicht zur Verfügung. In der Paläanthropologie („Urmenschenforschung") sind solche „zusätzlichen Belegstücke" die Fossilien, um die es in Kapitel 9 gehen wird. Christen sehen auch den biblischen Bericht als historisches Zeugnis an, sozusagen als geschichtswissenschaftliches Belegmaterial. Vom biblischen Schöpfungszeugnis her wird klar, dass die Ähnlichkeiten zwischen Mensch und Tieren durch Schöpfungsverwandtschaft zu deuten sind.

Wir können also kurz zusammengefasst argumentieren: Der Befund der Ähnlichkeit lässt sich aus dem Blickwinkel naturkundlicher Daten gleichermaßen durch Schöpfung oder durch gemeinsame Abstammung deuten. Ähnlichkeiten an sich bilden weder einen Beweis noch eine Widerlegung weder des Evolutionsgedankens noch des biblischen Schöpfungszeugnisses. Vor dem Hintergrund der Tatsache, dass die Lehrbücher oft von einem Ähnlichkeitsbeweis für Evolution sprechen, ist das eine wichtige Feststellung. Den „Ähnlichkeitsbeweis der Evolution" gibt es nicht.[5] Aus biblischer Sicht deuten wir die Ähnlichkeiten als „Markenzeichen" des Schöpfers.

5.3 Das Problem der Konvergenz

Ein wichtiges Stichwort muss noch angesprochen werden: Die Biologen kennen zahlreiche Beispiele von tiefgreifenden Ähnlichkeiten, die nicht auf gemeinsame Abstammung zurück-

Abb. 44 Schirmchenflieger – zwei unabhängig entstandene „Modelle". Zufall oder Planung? Oben: beim Wiesen-Bocksbart, unten beim Baldrian.

geführt werden. Wie kann das sein, wo doch Ähnlichkeit sonst als Indiz für gemeinsame Abstammung gewertet wird?

Ein Beispiel soll es klar machen: Jeder Leser wird die Pusteblume, also die Früchte des Löwenzahns kennen. Sie sind als Schirmchen ausgebildet (vgl. Abb. 44). Die Schirmchenkonstruktion findet sich aber nicht nur bei den Korbblütlern, zu denen der Löwenzahn gehört, sondern auch bei anderen nicht näher verwandten Arten wie z. B. den Baldriangewächsen (Abb. 44). Das heißt: Die Schirmchen müssten evolutionstheoretisch gesehen unabhängig entstanden sein, was

Abb. 45
Schematische Darstellung der Konvergenzproblematik. Ein komplexes Merkmal (dargestellt durch ◆) tritt zwei- oder mehrfach unabhängig auf; hier am Beispiel von Schirmchenfliegern. Im Evolutionsmodell hieße das, dass sich dieses Merkmal zweimal unabhängig entwickelt hat.

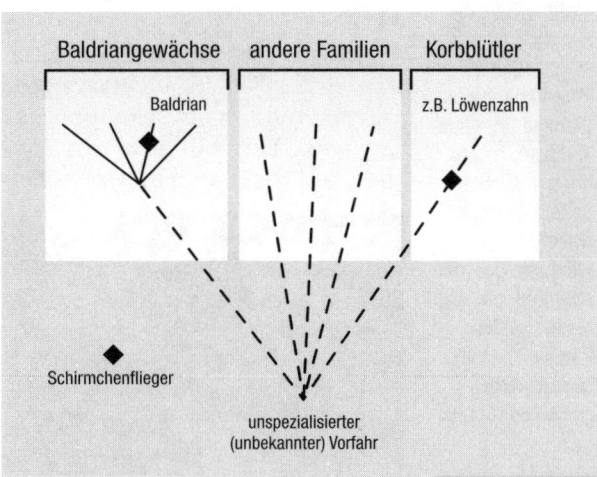

Baldriangewächse — andere Familien — Korbblütler

Baldrian

z.B. Löwenzahn

Schirmchenflieger

unspezialisierter (unbekannter) Vorfahr

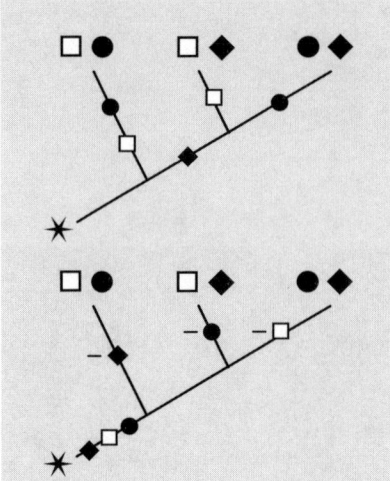

Abb. 46 Die Konvergenzproblematik an einem einfachen (theoretischen) Beispiel (das aber häufig Realität ist). Drei Organismen (als drei Äste dargestellt) sollen die Merkmale wie im Bild gezeigt verwirklicht haben. Man muss annehmen, dass entweder Merkmal ◆, Merkmal □ oder Merkmal ● zweimal unabhängig entstanden ist. Alternativ (unten): der gemeinsame Vorfahr * hatte alle Merkmale, und diese gingen später teilweise verloren (– = Verlust). Das würde aber bedeuten, dass der Vorfahr nicht primitiv, sondern vielseitig war, entgegen der Evolutionsvorstellung.[5]

Abb. 47
Auch als Federschweif ausgebildete Griffel sollen mehrfach unabhängig entstanden sein. Links: bei der Berg-Nelkenwurz (Familie Rosengewächse), rechts bei der Küchenschelle (Familie Hahnenfußgewächse). Die meisten anderen Arten dieser beiden Familien haben ganz anders gebaute Früchte.

spiel: Schirmchenflieger) wird hier nicht als Folge einer gemeinsamen Abstammung gedeutet, sondern als mehrfacher unabhängiger evolutiver Erwerb. Würde man nämlich annehmen, dass Schirmchenflieger nur einmal entstanden sind (sich also auf einem gemeinsamen Ast des hypothetischen Stammbaums befinden), müssten dafür andere Merkmale zwei- oder mehrfach unabhängig entstanden sein. Die Merkmale sind oft so verteilt, dass sie nicht in einem widerspruchsfreien Stammbaum angeordnet werden können (diese Problematik wird in Abb. 46 erläutert).

Im Rahmen des Schöpfungsmodells können wir hier argumentieren, dass der Schöpfer quasi wie in einem „Baukastensystem" unterschiedliche Bauteile je nach den Erfordernissen der Lebensweise beliebig kombinieren kann.[6]

Das Phänomen der Konvergenz ist keine Randerscheinung, mit der es die Biologen nur in seltenen Sonderfällen zu tun hätten, sondern es ist weit verbreitet. Einige besonders augenfällige Beispiele sind die Warmblütigkeit bei Vögeln und Säugetieren (sie soll unabhängig erworben worden sein) oder lufthaltige Knochen bei Flugsauriern und Vögeln. Fleischfressende Pflanzen verteilen sich auf ganz unterschiedliche Pflanzenfamilien, ebenso sukkulente Pflanzen (mit fleischigen, dicken Blättern). Weiter können zahlreiche Bestäubungs- und Verbreitungsmechanismen von Samen und Früchten (z. B. Federschweifflieger [Abb. 47], Angelhaken-Mechanismen etc. in nicht näher verwandten Pflanzen-

wiederum bedeutet, dass ihre Ähnlichkeit nichts mit Abstammung zu tun hat. Abb. 45 verdeutlicht die Problematik für die Evolutionstheorie.

Evolutionstheoretiker sprechen in solchen Fällen von **Konvergenz** (Annäherung an ein sehr ähnliches Ergebnis). Eine offenkundige Bauplanähnlichkeit (in unserem Bei-

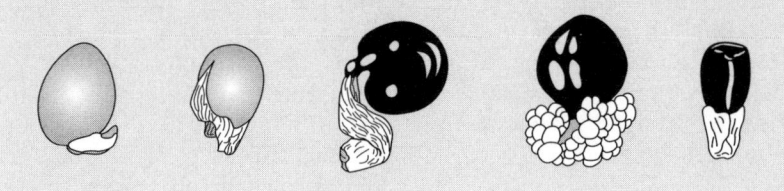

Abb. 48

Gibts nicht nur einmal: Ölkörper an Samen; dabei handelt es sich um nahrhafte Anhängsel. Die Ameisen nehmen die Samen mit, verbreiten sie dadurch und verzehren die Ölkörper. Von links: Besenginster, Märzenveilchen, Lerchensporn, Meerzwiebel, Taubnessel. Auch solche Ölkörper müssen mehrfach unabhängig entstanden sein. Evolviert oder geschaffen?

familien) oder der Besitz von Ölkörpern an Samen (Abb. 48) zur Anlockung von Ameisen und zur Verbreitung durch sie und vieles andere genannt werden.

Ein ganz erstaunliches Beispiel für Konvergenzen sind lange, ausstülpbare, klebrige Zungen, sogenannte „Leimruten". Ein solches Organ soll im Laufe der angenommenen Evolution fünfmal unabhängig entstanden sein, nämlich beim Ameisenbär, Schuppentier, Erdferkel, Specht und Chamäleon (Abb. 49). Mit den „Leimruten"-Zungen werden kleine Insekten (vornehmlich Ameisen oder Termiten) aufgenommen. Im einzelnen gibt es zwar mehr oder weniger große Unterschiede im Bau der einzelnen Leimruten, doch insbesondere bei den drei Säugergruppen (Ameisenbär, Schuppentier und Erdferkel) und beim Specht einige tiefgreifende Gemeinsamkeiten: Der Kiefer ist schmal und zahnlos (oder die Zähne sind nur schwach ausgebildet), die Schnauze ist verlängert und die Mundöffnung verengt. Die Zunge ist sehr lang (bis zu 60 cm) und klebrig. Für ihre Betätigung werden besondere Muskeln benötigt. Als Kauapparat dient der Magen, der als Kaumagen ausgebildet ist. Das heißt: die aufgenommene Nahrung wird im Magen z. B. durch Platten und Muskeltätigkeit mechanisch zerrieben und ausgepresst. Insgesamt handelt es sich um eine komplizierte Apparatur. Wie sie *einmalig* durch evolutionäre Zufalls- und Auslesevorgänge (Mutation und

Selektion) entstanden sein sollte, ist schon unklar. Eine *mehrmalige* Entstehung einer solch komplizierten Konstruktion auf Zufallswegen ist noch viel unglaubhafter. Dieses Beispiel zeigt darüber hinaus, dass aufgrund von Ähnlichkeit gar nicht automatisch auf gemeinsame Abstammung geschlossen werden kann. Denn die Tiere, die Leimruten besitzen, sind sich in anderen Merkmalen ingesamt so unähnlich, dass sie auf ganz verschiedene Äste des evolutionären Stammbaums gesetzt werden.

Wir können also festhalten: Das Argument, Ähnlichkeit würde unbedingt auf Evolution hinweisen, verliert durch das häufige Vorkom-

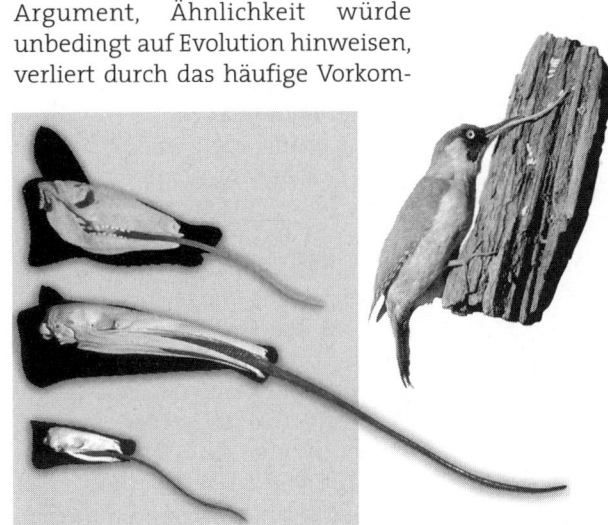

Abb. 49 Mindestens fünfmal unabhängig muss eine „Leimrute" (s. Text) entstanden sein, nämlich (von oben nach unten) beim Ameisenbär, Schuppentier, Erdferkel, Specht (rechts) und Chamäleon (nicht abgebildet). Unter der Annahme eines „Baukastensystems" lässt sich das verstehen, kaum aber unter der Annahme, diese komplizierten Konstruktionen seien ohne Zielvorgabe zufällig fünfmal in ähnlicher Weise evolutiv entstanden.
(Westfälisches Museum für Naturkunde, Münster)

men von Konvergenzen seine Gültigkeit. Das Auftreten von Konvergenzen kann aber im Schöpfungsmodell verständlich gemacht werden, da der Schöpfer Merkmale frei kombinieren kann.

5.4 Zusammenfassung

Die Lebewesen sind sich mehr oder weniger ähnlich. Evolutionstheoretisch werden unterschiedliche Ähnlichkeitsgrade auf unterschiedlich weit entfernte Abstammungsverwandtschaft zurückgeführt. Die Ähnlichkeiten an sich besagen jedoch nichts über ihre Entstehung; sie können genauso gut auf Schöpfungsverwandtschaft zurückgeführt werden. Nur innerhalb von Arten kann direkt beobachtet werden, dass Ähnlichkeiten auf Abstammung zurückgehen: es ist beobachtbar, dass Kinder ihren Eltern ähneln. Bei Ähnlichkeiten zwischen verschiedenen Grundtypen dagegen ist diese Beobachtung nicht möglich. Hier wird vom beobachtbaren auf einen nicht beobachtbaren Bereich geschlossen. Dieser Schluss geht aber zu weit; er ist nicht zwingend. Dies gilt erst recht, da es andere Ursachen als Abstammung geben kann, die zu Ähnlichkeiten führen. So zeigen viele Beispiele aus Technik und Kunst, dass Ähnlichkeiten auf dieselben Urheber zurückgeführt werden können. Diese Deutungsmöglichkeit ist auch bei den Lebewesen möglich. Dazu kommt noch, dass im Rahmen der Evolutionslehre gar nicht alle Ähnlichkeiten auf gemeinsame Abstammung zurückgeführt werden. Die Ähnlichkeiten sind oft auf ganz unterschiedliche Lebewesen verteilt, so dass vielfach angenommen werden muss, dass ähnliche Organe mehrfach unabhängig entstanden sein müssen (Konvergenz), also nicht auf gemeinsame Vorfahren (gemeinsame Abstammung) zurückgehen. Dieser Befund lässt sich so deuten, dass die Merkmale der Lebewesen wie in einem „Baukastensystem" zusammengefügt werden können, was für Schöpfung spricht.

Fragen **???**

Ist die Ähnlichkeit des Erbguts zwischen Affen und Menschen und die Ähnlichkeit bei Serumreaktionen ein Argument für Evolution?

Für Ähnlichkeiten des Erbguts und von Stoffwechseleigenschaften gilt dasselbe wie für sonstige Ähnlichkeiten (etwa des Körperbaus, wie oben besprochen). Darüber hinaus kann es ja kaum verwundern, dass ein ähnlicher Körperbau mit einem ähnlichen Stoffwechsel und einem ähnlichen Erbgut einhergeht – das ist grundsätzlich nicht anders zu erwarten. Dazu kommt noch folgende Überlegung. Die Ähnlichkeit der *Bausteine* – hier die der „Bausteine" des Erbguts (Gene) – sagt nicht unbedingt etwas über die Ähnlichkeit der *Baupläne* aus. Sprich: Sehr ähnliches Erbgut kann mit deutlichen Unterschieden im Bau und Verhalten einhergehen. Ein Vergleich soll das deutlich machen: Eine Kirche und ein Gefängnis sind sehr verschieden gebaut (verschiedene Baupläne). Doch das Material, mit dem sie gebaut sind, kann sehr ähnlich sein (Bausteine wie Backsteine, Türen, Fensterglas, Ziegel usw.). Das Erbgut entspricht den Bausteinen, nicht aber dem Bauplan. Was und wo der Bauplan der

Lebewesen wirklich ist, gehört zu den großen Geheimnissen der Biologie. Diese interessante, aber auch schwierige Frage soll hier nicht thematisiert werden.

Ist es ein Argument gegen Evolution, dass Menschen und Affen verschiedene Anzahlen von Chromosomen haben?

Diese Frage ist ebenfalls zu verneinen. Aufgrund zahlreicher Studien an Tieren und Pflanzen geht hervor, dass die Chromosomen*zahl* alleine noch kein arttrennendes Merkmal sein muss. Nicht die Anzahl der Chromosomen ist entscheidend, sondern die Qualität der auf ihnen niedergelegten Information. Es kommt sogar vor, dass verschiedene Rassen derselben Art unterschiedliche Chromosomenzahlen haben. Änderungen der Chromosomenzahlen können durch Chromosomenbrüche eintreten; dadurch ändert sich am Gehalt an Information gar nichts.

Es gibt Merkmale, nach denen der Mensch anderen Tieren ähn-

licher ist als den Affen. Ist das ein Argument gegen Evolution?

Auch diesmal nein. Das evolutionstheoretische Argument der Ähnlichkeit bezieht sich auf den *Gesamt*-Merkmalsbestand, der verglichen wird. Und insgesamt gesehen ähneln eben dem Menschen am meisten die Menschenaffen. Einzelne Ausreißer (bei bestimmten Merkmalen) erschüttern die Evolutionslehre nicht, denn in solchen Fällen wird eine konvergente Evolution vermutet (s. o.), d. h. eine gleichgerichtete Evolution durch ähnliche Auslesebedingungen. Wie überzeugend solche Erklärungen durch Konvergenz sind, ist eine andere Frage, die im jeweiligen Einzelfall geprüft werden muss.

Es gibt doch auch ganz unterschiedliche Baupläne von Lebewesen – stellt dies das Argument der Schöpfungsverwandtschaft in Frage?

Beim Argument, aus der beobachtbaren Ähnlichkeit auf einen gemeinsamen Schöpfer zu schlie-

Homologien und Analogien

Für Ähnlichkeiten im Bauplan der Lebewesen wird in der Wissenschaft häufig der Begriff „Homologie" verwendet. Homologien werden als „Ähnlichkeiten aufgrund von gemeinsamer Abstammung" interpretiert und von „Analogien" unterschieden. Paradebeispiel für Homologie sind die Knochengerüste der Gliedmaßen der Landwirbeltiere (s. Abb. 6, S. 24). Bei Analogien handelt es sich zwar auch um Ähnlichkeiten, die aber evolutionär auf verschiedenen Wegen entstanden sein sollen und nicht auf gemeinsame Vorfahren hinweisen sollen. Beispielsweise sind Vogelflügel und Insektenflügel Analogien, da sie trotz Ähnlichkeit der äußeren Form (Tragfläche) ganz verschieden gebaut sind. Das in diesem Kapitel allgemein über Ähnlichkeiten Gesagte gilt für Ähnlichkeiten, die als Homologien angesehen werden. In vielen Fällen ist eine Unterscheidung zwischen Homologien und Analogien allerdings nicht sicher möglich. Auf die damit verbundene komplexe Thematik kann hier nicht näher eingegangen werden. Es sei dazu auf das in Anmerkung 5 erwähnte Buch verwiesen.

ßen, geht es darum, Ähnlichkeit zu verstehen. Daraus kann nicht der Umkehrschluss gezogen werden, Gott würde nur Ähnliches schaffen. In der Schöpfung ist sowohl Ähnlichkeit als auch Vielfalt verwirklicht. Gott als Schöpfer ist der Urheber von beiden.

Anmerkungen

[1] Analogieschluss heißt hier: Es wird vom Kleinen auf etwas Größeres geschlossen, bzw. vom beobachtbaren Bereich auf einen unbeobachtbaren Bereich. Was in einem Fall gilt, soll auch in einem anderen gelten, weil er ähnlich gelagert sein könnte. Solche Schlüsse sind nie zwingend.

[2] Hier muss man beachten, dass der Vergleich etwas hinkt. Ähnlichkeiten bei Kunstwerken könnte man auch auf die begrenzte Schöpfungsfähigkeit des Künstlers zurückführen, was bei Gott als Schöpfer natürlich nicht zutrifft. Es geht bei diesem Vergleich nur darum, dass es eine Art „Handschrift" gibt, die spezielle Ähnlichkeiten verständlich machen kann. Im übrigen findet sich in der Schöpfung beides: Ähnlichkeit und schier grenzenlose Vielfalt. Wenn man so will: Gott ist ein Künstler, der viele „Stilrichtungen" verwirklicht, aber auch innerhalb einer „Stilrichtung" viele Varianten geschaffen hat.

[3] G. Osche: Das Homologisieren als eine grundlegende Methode der Phylogenetik. Aufsätze und Reden der Senckenbergischen naturforschenden Gesellschaft 24 (1973), S. 155-165.

[4] D. S. Peters: Evolutionstheorie – Zwangsläufigkeit und Grenzen. In: P. Kaiser & D. S. Peters (Hg.) Evolutionstheorie und Schöpfungsverständnis. Regensburg 1984, S. 193-218.

[5] Dieser Sachverhalt wird ausführlich begründet in: R. Junker: Ähnlichkeiten, Rudimente, Atavismen. Design-Fehler oder Design-Signale? Holzgerlingen 2002, Kapitel 2 und 3.

[6] Die Konvergenzproblematik und Indizien für ein Baukastensystem werden ausführlich behandelt in: R. Junker: Ähnlichkeiten, Rudimente, Atavismen. Design-Fehler oder Design-Signale? Holzgerlingen 2002, Kapitel 5.

Weiterführende Literatur

- R. Junker & S. Scherer: Evolution – ein kritisches Lehrbuch. Gießen 2001, Kap. V.9 und VII.17.4.
- R. Junker: Ähnlichkeiten, Rudimente, Atavismen. Design-Fehler oder Design-Signale? Studium Integrale. Holzgerlingen, 2002. (U. a. bietet dieses Buch eine detaillierte Analyse des Ähnlichkeits-Arguments der Evolutionstheorie.)

Medienhinweise

- Diaserie „Fast ein Mord"; illustriert das Thema „Daten und Deutungen" und bietet eine Anwendung auf das Thema „Deutung von Ähnlichkeit". Für jedes Alter ab 10 Jahren geeignet. (SG Wort und Wissen, Artikel D13, auch leihweise erhältlich)

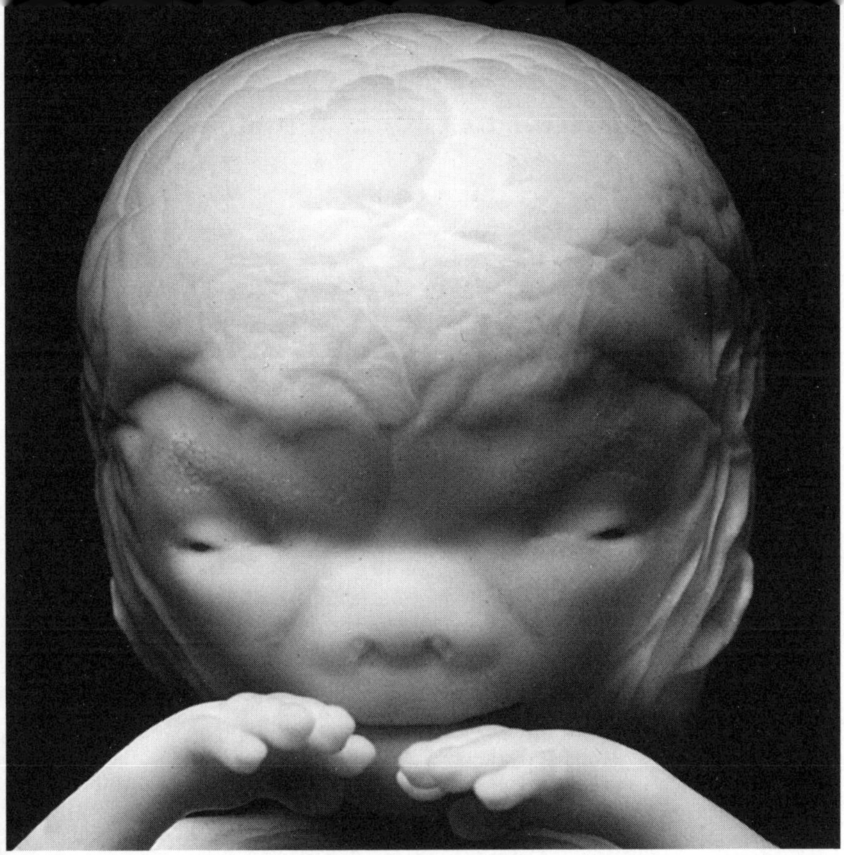

6. Gibt es Tierstadien im Verlauf der Entwicklung im Mutterleib ?

Ein sehr populäres und eingängiges Argument, das für Makroevolution vorgebracht wird, stammt aus der Embryonalentwicklung (Ontogenese) des Menschen. So wird oft behauptet, es gebe Tierstadien in der Entwicklung des Menschen im Mutterleib. Menschliche Embryonen würden vorübergehend Kiemen bilden, es trete ein Flossenstadium bei den Gliedmaßen auf oder es würde vorübergehend ein Schwänzchen gebildet. Alle diese Bildungen seien Belege dafür, dass der Mensch von Fischen bzw. später von geschwänzten Säugetieren abstamme, denn weshalb sonst sollte es diese seltsamen Strukturen geben? Ein genauerer Blick auf die Daten zeigt aber, dass die Bezeichnungen „Kieme", „Flosse" oder „Schwänzchen" nicht gerechtfertigt und die daraus abgeleiteten Schlussfolgerungen nicht haltbar sind.

6.1 Stammesgeschichte und individuelle Entwicklung

Vertreter der Evolutionslehre betonen immer wieder, dass gerade die scheinbar eigenartig ablaufenden Prozesse und manche kurios erscheinende Gebilde wie „Kiemenbögen" (Abb. 51), „Schwänzchen" (Abb. 51) und „Fell" während der Entwicklung des Menschen von der befruchteten Eizelle zum geburtsreifen Kind unsere evolutive Herkunft klar dokumentieren sollen und deshalb wichtige Einblicke in unsere Stammesgeschichte ermöglichen. In vielen Lehrbüchern wird in diesem Zusammenhang das sog. **Biogenetische Grundgesetz** zitiert. Es wurde von Ernst Haeckel 1866 erstmals entworfen, 1872 so benannt[1] und versucht einen naturgesetzlichen Zusammenhang von Stammesgeschichte und Individualentwicklung (Ontogenese) festzuschreiben. Kurz gesagt behauptet dieses „Gesetz", dass in der menschlichen Embryonalentwicklung die evolutive Stammesgeschichte in verkürzter Form und im Zeitraffer durchlaufen werden solle. Daher könne man an der Embryonalentwicklung die stammesgeschichtliche Evolution ablesen.

Zunächst beschäftigen uns in diesem Kapitel einige grundlegende Kenntnisse zum Verständnis der Ontogenese des Menschen. Danach beleuchten wir kurz den geschichtlichen Werdegang des „Biogenetischen Grundgesetzes" und dessen umstrittenen Wert für die biologische Forschung. Eine kritische Auseinandersetzung mit falschen Deutungen embryonal auftretender Strukturen schließt dieses Kapitel ab.

6.2 Ontogenese – was ist das?

Die Problematik soll am Beispiel des Menschen angegangen werden. Mit der Verschmelzung von Ei- und Samenzelle im mütterlichen Eileiter beginnt die Existenz eines neuen Menschen.[2] Zellvermehrung, Wachstum und Strukturbildung schließen sich in einer zeitlich und räumlich exakt vorgegebenen Weise in den folgenden neun Monaten an. Voraussetzungen dafür sind vielfältige regulierende Wechselbeziehungen, die innerhalb des kindlichen und mütterlichen Organismus bzw. zwischen ihnen zum Tragen kommen. Eine zentrale Rolle für die normale Form- und Funktionsentwicklung besitzt das Erbgut des Kindes, welches väterliche und mütterliche Erbinformationen zu gleichen Anteilen enthält.

Aber Gene sind nicht die alleinigen Informationsquellen, die für Gestaltungsvorgänge notwendig sind. Eiweißverbindungen im Zellplasma und komplizierte Moleküle auf den Zellmembranen, die als Sender und Empfänger fungieren, können Signale des Kindes oder der Mutter speichern, aufnehmen und abgeben, seien sie nun mechanischer oder biochemischer Natur. Beispielsweise werden bei der Einnistung des menschlichen Keims in

Ontogenese: Individualentwicklung von der befruchteten Eizelle an.

Embryo: Das im Mutterleib sich entwickelnde Kind von der 3. bis 8. Schwangerschaftswoche.

Fetus: Das im Mutterleib sich entwickelnde Kind ab der 9. Schwangerschaftswoche.

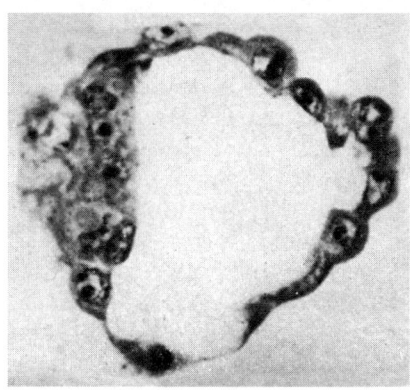

Abb. 50 Menschliche Blastula im Stadium der Einnistung; 0,2 mm groß, ca. vier Tage alt.

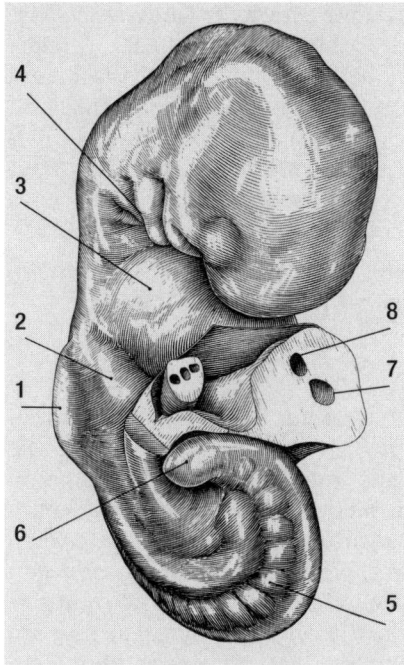

Abb. 51 Menschlicher Embryo, 28 Tage alt, 4,2 mm groß. Vielfach wird behauptet, in diesem Stadium würden Kiemenspalten (4) auftreten und es würde ein Schwanz (6) ausgebildet. Diese Behauptungen sind jedoch nicht stichhaltig (s. Text).
1 Armanlage,
2 Leberwulst,
3 Herzwulst,
4 Pharyngeal-
  bögen,
5 Körperwand-
  organe
  (Somiten),
6 unteres
  Körperende,
7, 8 Nabel-
  gefäße.
(Sammlung Blech-
schmidt)

die Schleimhaut der Gebärmutter Hormone (Botenstoffe) ausgetauscht. Dem mütterlichen Körper wird signalisiert, dass er sich auf eine Schwangerschaft einzustellen hat. Der kindliche Keim empfängt nach Prüfung seiner Artzugehörigkeit durch mütterliche Spezialzellen die Genehmigung, sich in ihrem Organismus einzubetten.

Der Ablauf der Entwicklung im Mutterleib ist heute trotz allem modernen Wissen über wichtige Details für die Wissenschaft größtenteils unverstanden. Aus biblischer Sicht kann menschliches Leben ohnehin nicht ohne Berücksichtigung der geistig-geistlichen Ebene in seinem Wesen erfasst werden. Darüber hinaus offenbart sich dem gläubigen Beobachter der Ontogenese, sei er nun Wissenschaftler oder nicht, die schöpferische Allmacht und Weisheit Gottes besonders eindrucksvoll. In dichterischer Sprache stellt der Psalmist fest: „Denn du bildetest meine Nieren. Du wobst mich in meiner Mutter Leib" (Ps 139,13).

Rein formal unterteilt man die Entwicklung des Menschen im Mutterleib in drei Phasen. In den ersten zwei Wochen nach der Befruchtung geschieht der Transport des menschlichen Keims durch den Eileiter und dessen Einnistung in die Gebärmutter. Nach vielen Zellteilungen ähnelt er von seiner Form her zunächst einer Kugel (man nennt sie Morula, später Blastula; Abb. 50). Am Ende dieser Phase bildet sich an einem Pol der Kugel eine Zellverdichtung, die Keimscheibe. Der zweite Abschnitt, die Embryonalperiode, dauert von der 3. bis zur 8. Schwangerschaftswoche. Darin kommt es zur Anlage aller menschlichen Organe und zur Gestaltung der endgültigen Körperform. Ein wichtiges Detail in dieser Phase, in der die Frucht Embryo genannt wird, ist auch die Bildung des Mutterkuchens, welcher im Verlauf der Entwicklung lebensnotwendige Funktionen (Ernährung, Atmung, Blutbildung etc.) des Embryos garantiert. Ab der 9. Schwangerschaftswoche wird das sich entwickelnde Kind Fetus genannt; dementsprechend bezeichnet man den letzten und längsten Abschnitt der Ontogenese (von der 9. bis zur 40. Woche) als Fetalperiode. Diese ist durch das Wachstum und die Reifung der einzelnen Organanlagen und Körperteile des Fetus gekennzeichnet und wird mit der Geburt abgeschlossen.

6.3 Geschichtlicher Rückblick

Bis zur Mitte des 18. Jahrhunderts glaubte man, dass die menschliche Entwicklung nichts anderes sei als das Heranwachsen eines bereits im Samen komplett ausgebildeten fertigen Menschen. (Man stritt sich darüber, ob dieser „Homunkulus" nun im Samen des Mannes oder dem „Samen" der Frau zu finden sei.) Auf der Grundlage dieser Sichtweise behauptete man, dass alle Menschen bereits mit dem Samen Adams bzw. Evas in Miniaturform geschaffen worden seien. Diese auch als Einschachtelungslehre bekannte Ansicht harmonierte mit dem damaligen Schöpfungsverständnis der Kirche und hatte eifrige Verteidiger unter den Gebildeten der damaligen Zeit. 1756 belegte jedoch Friedrich Wolff in seiner her-

ausragenden Arbeit „Theoria Generationis" anhand der Entfaltung des Hühnchens im Ei, dass Entwicklung nicht nur ein bloßer Wachstumsprozess ist, sondern von einer Aufeinanderfolge von Strukturneubildungen und -umbildungen bestimmt wird. Vorerst konnte sich diese Sicht jedoch trotz guter Begründung nicht durchsetzen. Ca. 50 Jahre später war jedoch die alte Einschachtelungslehre, welche damals unter dem Begriff „Evolutionslehre" bekannt war[3], nicht mehr zu halten. (Der Begriff „Evolutionslehre" wurde damals anders gebraucht als heute!) Im Wechselspiel mit naturphilosophischen Vorstellungen interpretierten die Forscher jetzt die Entstehung des menschlichen Organismus als ein unmittelbares Spiegelbild der Naturordnung Gottes oder einer schöpferischen Idee. So wie bereits von den Systematikern die Pflanzen und Tiere in Reihen oder in Stufenleitern – bei den einfachen beginnend und zu den komplizierteren aufsteigend – angeordnet wurden, schien ebenso die Entwicklung des Menschen als ein Durchlaufen aller dieser Stufen verstehbar zu sein. Schon 1811 behauptete J. Fr. Meckel, dass der Mensch im Verlauf seiner Entwicklung ein Fischstadium durchlaufe und deshalb Fischmerkmale wie Kiemen und Flossen beim Embryo sichtbar, wenn auch nur für kurze Zeit, in Erscheinung treten müssten.[4] In den folgenden Jahren entdeckten dann die Forscher, dank der sich stetig verbessernden technischen Möglichkeiten, immer detailliertere, meist nur millimetergroße Strukturelemente menschlicher Embryonen. Und sie gaben diesen Bildungen Namen, wie „Kiemen", „Schwanz" oder „Flossen", die gut mit ihren Grundvorstellungen übereinstimmten. Die natürlichen

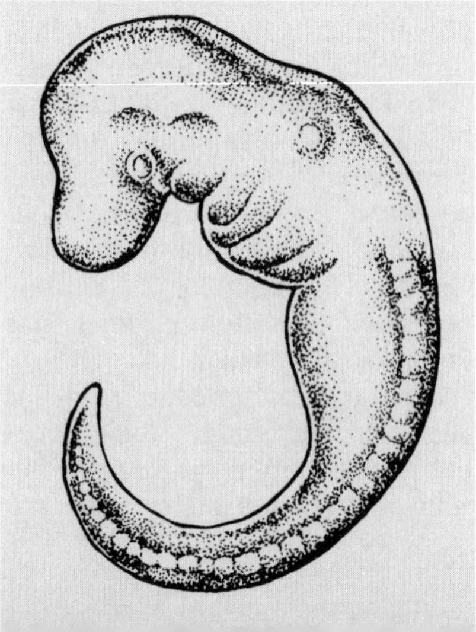

Abb. 52
Darstellung eines menschlichen Embryos durch Ernst Haeckel, Alter ca. 5. Woche, vgl. mit Abb. 51. Haeckel hat hier bei seinem Embryo das Herz und die Leber weggelassen und die Pharyngealbögen in ihrer Anzahl und Gestalt sowie das Körperende falsch wiedergegeben.

Systeme der Naturordnungen und die menschliche Ontogenese dokumentierten auf diese Weise für sie eindrucksvoll die Stellung des Menschen als „Krone der Schöpfung".[5] Wieder war es die gute Harmonisierbarkeit wissenschaftlicher Vorstellungen mit den kirchlichen Lehren, welche dem Stufenleiterdenken bis zur Mitte des 19. Jahrhunderts eine hohe Geltung garantierte. Widerspruch meldeten zwar auch hier viele Gelehrte an, z.B. der berühmte Karl Ernst von Baer[6], aber den Grundgedanken einer Entsprechung einfacherer Lebensformen oder -typen in der Embryonalentwicklung höherer Tiere behielt man bei. Er erfuhr sogar durch den Siegeszug der Darwinschen Abstammungslehre einen ungeahnten Auftrieb.

6.4 Das Biogenetische Grundgesetz

Das prinzipiell Neue an der Abstammungslehre Darwins lag in dem Versuch einer alternativen Deutung des vorhandenen biologischen Wissens, die nur mit Naturkräften und ohne göttliches Eingreifen auskommen wollte.[7] Das heißt: Alle Systeme und Ordnungen innerhalb der lebenden Welt, Ähnlichkeiten im Verhalten und in den Bauplänen der Pflanzen und Tiere sowie der Ablauf der Ontogenese beim Menschen galten jetzt als ausschließlich *naturgesetzlich* bedingte Folgen der alles verbindenden und verursachenden Stammesgeschichte. Der Jenaer Biologe Ernst Haeckel (1834-1920) begeisterte sich außerordentlich für die Darwinsche Lehre und war maßgeblich an ihrer erfolgreichen Durchsetzung in Deutschland

> **Biogenetisches Grundgesetz:** Von Ernst Haeckel vertretene Vorstellung, wonach in der menschlichen Embryonalentwicklung die Stammesgeschichte des Lebens in verkürzter Form und im Zeitraffer durchlaufen werde. Diese Vorstellung war von Beginn an umstritten und ist es in der Fachwelt bis heute.

beteiligt. Er bemühte sich mit absoluter Konsequenz, die Mannigfaltigkeit der Beobachtungsdaten dieser Weltanschauung unterzuordnen oder anzupassen. Für ihn gab es nur die Gesetze der Natur, aus denen heraus Antworten für alle Fragen des Menschen gefunden werden mussten. Mit Hinblick auf die Ontogenese höherer Organismen formulierte er 1866[1]:

„Die Ontogenesis ist die kurze und schnelle Rekapitulation [Wiederholung, d. Verf.] der Phylogenesis, ... Das organische Individuum (...) wiederholt während des raschen kurzen Laufes seiner Entwickelung die wichtigsten von denjenigen Formveränderungen, welche seine Voreltern während des langsamen und langen Laufes ihrer paläontologischen Entwicklung ... durchlaufen haben."

Nach diesem Gesetz sind alle Stadien der Ontogenese nur durch die Stammesgeschichte bedingt. Die Vorstellung einer Vererbung erworbener Eigenschaften, die im Zentrum der älteren Evolutionsvorstellungen stand, bildete dabei eine wichtige theoretische Voraussetzung.[8] In den Schriften Haeckels kursieren eine Menge von Formulierungsvarianten und Ausnahmeregelungen zu seinem „Gesetz". Die große Nähe zu den früheren naturphilosophischen Positionen und der große Erfolg der Abstammungslehre Darwins garantierten Haeckel eine weitgehend kritiklose Annahme seiner Thesen durch die allgemeine Öffentlichkeit.

Von vielen seiner Fachkollegen erhielt er jedoch reichlich Kritik.[9] Trotzdem blieb Haeckels Einfluss auf die Lehre vom Bau der Organismen und auf die Embryologie wegweisend bis in die heutige Zeit hinein. Die Ursache dafür liegt zum großen Teil in folgender Tatsache begründet: Haeckel und seine Anhänger nutzten ganz gezielt den Umstand aus, dass die Akzeptanz seiner Thesen und Gesetze sowie seiner Person als Wissenschaftler mit der Annahme der Abstammungslehre gleichgesetzt wurde und umgekehrt. Die Deutung embryonal auftretender Strukturen als Überbleibsel stammesgeschichtlicher Vorfahren oder als wichtige Indizien für die Stammbaumrekonstruktionen blieb bis heute fester Bestandteil evolutionstheoretischer Argumentationen.

6.5 Beispiele: „Kiemen", „Schwänzchen", „Fell", „Flossen"

Haeckel bewertete nicht jede embryonale Bildung als eine Wiederholung von Merkmalen stammesgeschichtlicher Vorfahren. Er unterschied zwischen Merkmalen, die für ihn wirkliche Wiederholungen darstellten, und Neubildungen von Strukturen. Letztere seien zwar sehr wichtig für den Embryo, aber sie verfälschten den wahren stammesgeschichtlichen Zusammenhang, weil sie keine Merkmale der Vorläufer repräsentieren (z.B. der Dottersack oder die Nabelschnur). Als Paradebeispiele für die Wiederholung tierischer Vorfahrenstadien in der menschlichen

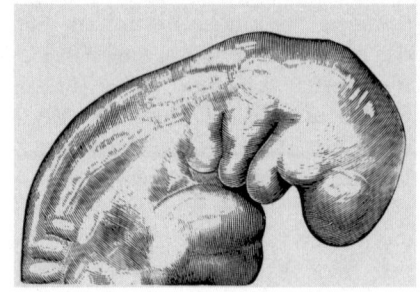

Abb. 53 3,4 mm großer menschlicher Embryo. Rekonstruktion der Kopfregion mit Pharyngealbögen. (Sammlung Blechschmidt)

Ontogenese gelten bis in die heutige Zeit hinein u.a. die sogenannten Kiemenbögen, das Schwänzchen und ein Fellkleid. Diese Strukturen würden also nur deshalb vorkommen, weil der Mensch vom kiemenbesitzenden, schwanztragenden bzw. mit Fell ausgestatteten Vorfahren abstammen soll. Was sich dahinter nach heutigem Kenntnisstand verbirgt, soll nun kurz vorgestellt werden.

Als „Kiemenbogen" (inkl. Kiemenspalten) wurden 1825 durch H. Rathke[10] erstmals bogenartige Strukturen beim Schweineembryo im Übergangsbereich des Kopfes zum Hals bezeichnet, die auch beim menschlichen Embryo von der dritten bis zur fünften Entwicklungswoche in Erscheinung treten (vgl. Abb. 53). Rathke glaubte zunächst, geprägt durch sein naturphilosophisches Verständnis, dass hier wirkliche Kiemen wie bei Fischen kurzzeitig vorhanden seien. Wenige Jahre später relativierte er seine Meinung und betrachtete jene Bögen nur noch als kiemenähnlich. Diese Sichtweise wird heute noch in vielen Lehrbüchern vertreten, jetzt natürlich unter dem Aspekt, die Abstammung des Menschen von fischartigen Vorfahren plausibel zu machen. „Der embryonale Kopf des Menschen ähnelt in den

Frühstadien der Entwicklung noch einem Fischembryo. ... Der Bau des embryonalen Kiemenapparates ist nur von der Evolution her zu verstehen."[11]

Viele Embryologen, unter Ihnen auch Erich Blechschmidt[2], haben jedoch mit Nachdruck darauf hingewiesen, dass jene für die Gestaltung des Gesichts und des Halses so entscheidenden „kiemenähnlichen" Anlagen nichts mit den Kiemen von Fischen in ihrer Funktion und in ihrem Bau zu tun haben. Kiemen sind hochdifferenzierte Atmungsorgane von im Wasser lebenden Organismen, die ganz unterschiedlich aufgebaut sein können.[12] Der menschliche Embryo nutzt die angesprochenen Bögen nie zum Atmen. Sie stellen notwendige Zwischenstufen bei der Bildung des Unter- und Oberkiefers, des Zungenbeins, der Gehörknöchelchen sowie der Halseingeweide dar. Die Form des Bogens ist das Resultat örtlich unterschiedlich starker Zellvermehrungsprozesse im Zusammenhang mit der Beugung des Kopfes nach vorn und der vordergründigen Entwicklung des Gehirns in dieser Phase.[13] In einer exakten Reihenfolge treten in diesen Bögen Blutgefäße auf, welche zunächst ganz im Dienste der Versorgung des Gehirns mit sauerstoffreichem Blut stehen. Im Weiteren bilden sich die Aortenbogen- oder Visceralbogenarterien (nicht Kiemenbogenarterien!) teilweise zurück oder werden Anteile der Hauptschlagader (Aorta), der Kopfarterien und anderer Gefäße des Gesichts und des Schultergürtels. Der Prozess der Entstehung und der Umformung dieser Arterien verläuft abgestimmt auf die Gesamtentwicklung des Kindes. Dabei ist jeder Schritt unbedingt notwendig für eine fehlerfreie Form und Funk-

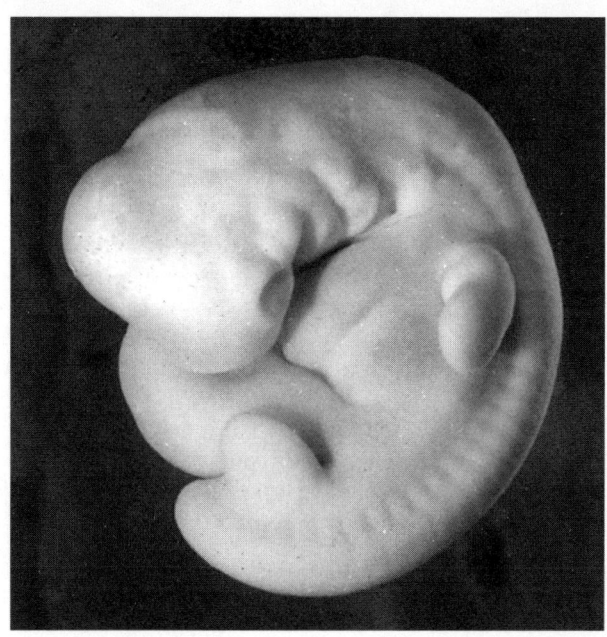

tion z.B. des Ohres oder des Kauapparates beim Menschen. Die Behauptung Haeckels ist falsch[14], hier das Beispiel eines stammesgeschichtlich bedingten Umweges über fischspezifische Baumerkmale in der Ontogenese des Menschen vorzufinden.

Auch der Hinweis auf eine sogenannte „Schwanzanlage", die beim menschlichen Embryo von der 4. bis zur 6. Woche vorhanden sein soll (vgl. Abb. 51), ist ein Beispiel für eine unangemessene Bezeichnung für ein Organ des Embryos. Typische Baumerkmale des Schwanzes der Wirbeltiere sind knöcherne Elemente, die in Verlängerung der Wirbelsäule mehr oder weniger beweglich mit Muskeln eine funktionelle Einheit bilden. Beim menschlichen Embryo erscheint am unteren Ende des Körpers eine kegelförmige Struktur, in welcher unter anderem das Ende des sich entwickelnden Rückenmarkes enthalten ist. Von Knochen oder Muskeln als stammesgeschichtlichen Resten eines Schwanzes ist hier keine Spur. Aus-

Abb. 54
Die frühe Anlage der Gliedmaßen sieht zunächst paddelförmig aus und erinnert oberflächlich an eine Fischflosse. Doch der innere Bau ist vollkommen anders und auch die Entwicklung verläuft ganz anders (s. Text). Die Gliedmaßen-Anlage beim menschlichen Embryo kann nicht als Flossenstadium interpretiert werden.
(Sammlung Blechschmidt)

gehend von diesem Kegel erfolgt die Bildung des unteren Anteiles der Wirbelsäule beim Menschen (von welcher der Kegel letztlich selbst eingeschlossen wird), die Anlage der Knochen und Muskulatur der Beine, der Hüftregion sowie der sie versorgenden Nerven.[2] Später wächst die Wirbelsäule aber stärker als das Nervensystem in die Länge, so dass zum Zeitpunkt der Geburt das Ende des Rückenmarks sich in Höhe des 3. Lendenwirbels befindet. Im Rahmen der menschlichen Embryogenese vom Auftreten eines Schwanzes zu reden, widerspricht den vorliegenden Fakten.

In diesem Zusammenhang sei noch kurz auf ein interessantes Merkmal des menschlichen Fetus eingegangen, das z.T. spekulativ mit dem *Fell* affenähnlicher Vorfahren in Beziehung gebracht wird. Die ersten Anlagen der zukünftigen Haare bilden sich in der Haut schon in der 9. Woche. Ab der 20. Schwangerschaftswoche findet sich die erste feine Behaarung des ganzen Körpers, die auch Lanugo (lat. *lana* = feine Wolle) genannt wird. Bis zur 36. Schwangerschaftswoche wird sie beibehalten. Und das aus gutem Grund. Durch diese Behaarung wird eine spezielle Schutzschicht, die Käseschmiere (Vernix caseosa), welche aus abgeschilferten Hautzellen und Drüsensekreten gebildet wird, an der Oberfläche des Feten verankert. Aggressive Substanzen und Ausscheidungsprodukte in der Flüssigkeit, die den Embryo bzw. den Feten umgibt, haben so keine Chance, dessen zarte Haut zu schädigen.[15] Aus den bereits erwähnten Haaranlagen bildet sich dann später auch die für das menschliche Gesicht typische Behaarung. Das Auftreten der Lanugobehaarung ist notwendig, damit die Entwicklung richtig

funktioniert, und braucht zu seinem Verständnis nicht die Zurückführung auf das Fell vermeintlicher stammesgeschichtlicher Ahnen. Sie tritt übrigens auch bei felltragenden Tieren auf. Daher entspricht die Lanugo des Menschen der Lanugo bei Tieren, nicht jedoch dem Fell von Tieren

Schließlich seien noch die „*Flossen*" beim menschlichen Embryo erwähnt. Auch hier handelt es sich um eine Fehlinterpretation embryonaler Anlagen (Abb. 54). Die Entwicklung der Arme und Beine verläuft bei den Wirbeltieren in Richtung „von hinten nach vorne" (d. h. von innen nach außen). Das heißt: Zunächst werden die körpernahen Strukturen (Oberarm, Unterarm, Handwurzel) sichtbar angelegt und danach die körperferneren (Mittelhand, Finger, Fingerkuppen). Bei der Entwicklung der Hand werden in der 6. Embryonalwoche zunächst die bindegewebigen Anlagen der Handwurzel und die knorpligen Strahlen der Mittelhand sichtbar, die – und das ist ganz normal – durch Gewebebrücken verbunden sind. Das sind keine Flossen mit Schwimmhäuten. Dies ist die Voraussetzung für die folgende normale Entwicklung und das exakte Wachstum der Finger. Die Fingeranlagen verlängern sich dann durch bevorzugtes Wachstum an ihren freien Enden und durch Unterdrückung von Zellvermehrung zwischen den Fingern. Die frühen Anlagen der Gliedmaßen weisen zwar in ihrem äußeren Umriss ein flossenartiges Aussehen auf, sind aber im inneren Bau völlig von Fischflossen verschieden. Eine Parallelisierung mit Flossen ist daher fehl am Platz.

6.6 Ähnlichkeiten, die nicht zu leugnen sind

Was hat es nun aber mit den Ähnlichkeiten auf sich, die dem aufmerksamen Beobachter beim Vergleich von Ontogenesestadien unterschiedlichster Tierarten innerhalb der Wirbeltiere ins Auge fallen müssen? Es gilt hier das gleiche Argument, welches schon an anderer Stelle zur Problematik der Deutung von Ähnlicheiten vorgestellt wurde (Kapitel 1 und 5). Ähnlichkeiten werden evolutionär als Belege für gemeinsame Abstammung interpretiert. Doch können solche Übereinstimmungen, deren es noch etliche mehr gibt, auch als Indiz für Grundkonzepte schöpferischer Konstruktionen gewertet werden, die durch den einen Schöpfergott gesetzt und in einer vielfältigen Breite in artspezifische Variationen abgewandelt wurden. So grundverschieden der Körperbau eines Frosches von dem eines Vogels und dem eines Menschen im Detail auch ist, lassen sich dennoch bei den genannten Organismen gemeinsame Konstruktionsprinzipien finden. Es verwundert nicht, Entsprechendes in ihrer Embryonalentwicklung zu sehen. Im Detail verläuft die Entwicklung des Gesichtsschädels bei den Amphibien, bei den Vögeln und Säugetieren deutlich verschieden, und trotzdem lassen sich auf einer abstrahierten Betrachtungsebene vergleichbare Elemente (Ausbildung von Visceralbögen, einer Chorda, Somiten, Keimblätter etc.) finden. Eine zwanghafte und alleinige Interpretation dieser Tatsachen im Sinne der Abstammungslehre ist nicht gerechtfertigt.

6.7 Ausblick

In dem unter Medizinstudenten geschätzten Lehrbuch von Moore zur Humanembryologie begründet der Autor die begriffliche Unterscheidung von Embryonal- und Fetalperiode u.a. mit folgendem Argument: „Ungeachtet dessen ist der Wechsel in der Bezeichnung gerechtfertigt, denn er charakterisiert die Tatsache, dass sich der Embryonalkörper aus einer undifferenzierten Zellmasse nunmehr in ein menschenähnliches Lebewesen verwandelt hat."[16] Damit behauptet der Autor, dass der Mensch nicht von Anfang der Embryonalentwicklung an ein Mensch sei. Nicht jeder Anhänger der Evolutionslehre lässt sich zu solch einer sachlich falschen und vom biogenetischen Denken durchsetzten Äußerung hinreißen. Sie charakterisiert dennoch beispielhaft die Konsequenzen einer vom Gott der Bibel getrennten Suche des menschlichen Selbstverständnisses. Der Mensch ist jedoch typisch und unverwechselbar Mensch vom ersten Moment seiner Existenz an. Alle folgenden Entwicklungsschritte sind unverwechselbarer Bestandteil seiner Individualität.[2] Wie jeder andere Organismus kann er allein aufgrund der ihm eigenen Ontogenese von einem artfremden Wesen unterschieden werden. Darüber hinaus dürfen wir uns als gewollte und geliebte Gegenüber Gottes verstehen (1. Mose 1 und 2). *Diese Tatsache* charakterisiert uns als Menschen, nicht unser Erscheinungsbild im Verlauf einer spekulativen Stammesgeschichte, ebensowenig wie der Übergang des Embryo zum Feten.

6.8 Zusammenfassung

In der Embryonalentwicklung des Menschen treten keine Organanlagen oder Strukturen auf, die tierische Vorfahren repräsentieren. Alle embryonalen Bildungen sind für die korrekte Ausformung notwendig und in keinem Fall stammesgeschichtliche Überbleibsel. Beobachtbar sind nur *Ähnlichkeiten* von Organ*anlagen* von Mensch und Tier. Ähnlichkeit an sich ist aber kein aussagekräftiges Indiz (vgl. Kapitel 5). Embryologische Befunde lassen erkennen, dass der Mensch typisch und unverwechselbar Mensch ist vom ersten Moment seiner Existenz an und in allen seinen Entwicklungsschritten. Wie jeder andere Organismus kann er allein aufgrund der ihm eigenen Ontogenese von einem artfremden Wesen unterschieden werden. Die Biogenetische Grundregel Haeckels, wonach in der Embryonalentwicklung die Stammesgeschichte kurz gerafft wiederholt wird, resultiert daher nicht aus Beobachtungsdaten, sondern entspringt der evolutionstheoretischen Überzeugung Haeckels. Doch unzählige Daten sperren sich gegen diese Deutung.

Fragen

Gelegentlich werden Neugeborene mit einer Art „Schwänzchen" geboren. Ist das ein Beleg für die Abstammung von geschwänzten tierischen Vorfahren?

Bei den sehr selten vorkommenden „Schwänzchen" an Neugeborenen handelt es sich um eine nicht-erbliche Störung. (Da sie nicht im Erbgut verankert ist, kann sie schon deshalb nicht als stammesgeschichtlicher Rückschlag gedeutet werden.) Sie enthalten Fett und Bindegewebe, niemals jedoch ein Stück Wirbelsäule wie die Schwänze aller Wirbeltiere. Nur selten befinden sie sich an der „richtigen" Stelle (d. h. an der Stelle der gedachten Fortsetzung der Wirbelsäule). Darüber hinaus sind solche schwanzartigen Bildungen auch an ganz anderen Körperstellen und als Zusatzbildungen bei geschwänzten Tieren bekannt. Ein Rückschlag in frühere Evolutionsstadien können diese Bildungen also nicht sein.

Weshalb besitzt der Mensch am Blinddarm einen Wurmfortsatz, da dieses Gebilde doch nutzlos ist und sogar gefährlich werden kann?

Es ist schon lange bekannt, dass der Wurmfortsatz des menschlichen Blinddarms nicht funktionslos ist. Er hat ähnliche Aufgaben wie die Mandeln, d. h. er ist eine Art Abwehrorgan gegen Krankheitserreger. Daher wurde er auch als „Dickdarmmandel" bezeichnet. Bedeutsam ist, dass diese Funktion besonders in den ersten drei Lebensjahren wichtig ist, später verliert sie an Bedeutung (der Wurmfortsatz ist ja nicht das einzige Abwehrzentrum gegen Krankheitserreger). Dieses Beispiel ist insofern lehrreich, als es zeigt, dass man die gesamte Lebensspanne berücksichtigen muss, um beurteilen zu können, welche Funktionen ein Organ ausübt. Das Vorkommen des Wurmfortsatzes widerspricht nicht dem Schöpfungsgedanken. Die Tatsache, dass er sich entzünden kann, ist biblisch gesehen wie das Vorkommen von Krankheit allgemein mit dem Gefallensein der Schöpfung (Sün-

Rudimentäre Organe und Atavismen

Im Evolutionsunterricht der Schulen spielen sogenannte „Rudimentäre Organe" und „Atavismen" als Belege für Evolution eine relativ wichtige Rolle. Im Fragenteil dieses Kapitels wurde beispielhaft darauf eingegangen. Als „rudimentär" werden in der Evolutionsbiologie solche Organe bezeichnet, die früher einmal (in den Vorfahrenformen) stärker ausgeprägt gewesen sein sollen und mittlerweile rückgebildet seien – bis hin zur Funktionslosigkeit. Wie schon in der letzten Frage dieses Kapitels vermerkt, ist Funktionslosigkeit jedoch kaum nachweisbar. Funktionen mögen hier und da immer noch unbekannt sein, doch ob es tatsächlich keine angemessene Funktion gibt, bleibt in solchen Fällen offen. Es ist ein sinnvolles Forschungsziel, unbekannte Funktionen noch herauszufinden. Die Rückbildung von Organen ist keine Beobachtungstatsache, sondern Folgerung aus einem Vergleich unterschiedlich stark ausgeprägter Organe. Es bleibt hier nur das Ähnlichkeitsargument (vgl. Kapitel 5).

Als „Atavismen" werden bestimmte sehr selten auftretende Missbildungen bezeichnet, die als Rückschläge in Vorfahrenformen interpretiert werden, wie das in der ersten Frage im Fragenteil dieses Kapitels genannte Beispiel des Schwänzchens bei Neugeborenen. Solche Missbildungen können als Fehlbildungen erklärt werden, ohne dass eine vorherige Evolutionsgeschichte angenommen werden muss. Details zu dieser etwas anspruchsvolleren Thematik finden sich in: R. Junker, Ähnlichkeiten, Rudimente, Atavismen. Holzgerlingen, 2002.

denfall; vgl. Röm 8,19-22; vgl. Kapitel 13) in Zusammenhang zu bringen.

Gibt es überhaupt nutzlose Organe?

Dazu eine Gegenfrage: Wie stellen Biologen fest, ob ein Organ funktionslos ist? Das ist nicht so einfach. Man kann nur die Feststellung treffen, dass eine Funktion bisher nicht gefunden wurde. Der deutsche Anatom Wiedersheim stellte gegen Ende des 19. Jahrhunderts eine Liste von über 100 sog. „rudimentären" (rückgebildeten, mehr oder weniger funktionslosen) Organen beim Menschen zusammen (er meinte allerdings nicht von allen, dass sie ganz funktionslos seien, sondern teilweise nur, sie seien rückgebildet und hätten Restfunktionen). Von dieser Liste ist heute fast nichts mehr übriggeblieben. Ist also die Funktion eines Organs unbekannt, so wurden vielleicht bisher die falschen Fragen gestellt, um die Funktion herauszufinden.

Anmerkungen

[1] E. Haeckel: Natürliche Schöpfungsgeschichte. Berlin, 1866; E. Haeckel: Die Kalkschwämme (Calcispongae). Eine Monographie. Berlin, 1872.

[2] E. Blechschmidt: Die Erhaltung der Individualität. Weilheim (G. Siewerth-Akademie), 1996.

[3] E. Rabl: Zur Geschichte der Biologie von Linné bis Darwin. In: P. Hinneberg (Hg.) Die Kultur der Gegenwart 3 (1915), Leipzig, Berlin, S. 1-29.

4 J. F. Meckel: Ueber den Charakter der allmähligen Vervollkommnung der Organisation oder den Unterschied zwischen höheren und niederen Bildungen: Beyträge der vergleichenden Anatomie. Leipzig, 1811, S. 61-123.

5 L. Oken: Lehrbuch der Naturphilosophie. 3 Bände. Jena 1809-1811; L. Agassiz: Twelve lectures on comparative Embryology. Boston, 1849.

6 K. E. von Baer: Entwicklungsgeschichte der Thiere: Beobachtung und Reflexion Teil 1 und 2. Leipzig, 1828 und 1837.

7 A. Fischel: Die Richtungen der biologischen Forschung mit besonderer Berücksichtigung der zoologischen Forschungsmethoden. In: P. Hinneberg (Hg.) Die Kultur der Gegenwart 3 (1915), Leipzig, Berlin, S. 30-55,

8 E. Haeckel: Anthropogenie, 3. Auflage. Leipzig, 1877. Die Vererbung erworbener Eigenschaften vertrat 1809 der berühmte französische Naturforscher Jean Baptiste de Lamarck.

9 Sie warfen ihm vor, mit Zirkelschlüssen zu argumentieren, falsche Grundannahmen über den Verlauf der Ontogenese zu treffen, und zweckorientierte Abbildungen oder gar „Fälschungen" zu verwenden. Siehe z. B.: D. S. Peters: Das Biogenetische Grundgesetz – Vorgeschichte und Schlussfolgerungen. Medizinhistorisches Journal 15 (1980), S. 57-67; R. Gursch: Die Auseinandersetzungen um Ernst Haeckels Abbildungen Diss. med. Marburg, 1980.

10 H. Rathke: Kiemen bey Säugethieren. Okens Isis Bd. XVI, 1825, Spalte 747-749.

11 R. Moore: Embryologie. Berlin, New York 1990, S. 199.

12 A. S. Romer & T. S. Parsons: Vergleichende Anatomie der Wirbeltiere. Berling und Hamburg, 1983.

13 S. Hörstadius & B. K. Hall: The neural crest. Oxford, 1988; E. Blechschmidt: Die pränatalen Organsysteme des Menschen. Stuttgart, 1973.

14 E. Haeckel: Welträthsel. Jena, 1899

15 R. Moore: Embryologie. Berlin, New York, 1990.

16 R. Moore: Embryologie. Berlin, New York, 1990, S. 101.

Medienhinweise

- R. Junker & S. Scherer: Evolution – ein kritisches Lehrbuch. Gießen 2001, Kap. V.10.

- R. Junker: Ähnlichkeiten, Rudimente, Atavismen. Design-Fehler oder Design-Signale? Holzgerlingen, 2002, Kapitel 8. Kapitel 6 und 7 dieses Buches befassen sich mit den sog. „rudimentären Organen". *(Fachlich relativ anspruchsvoll)*

Weiterführende Literatur

- Tonbildserie „Mensch von Anfang an". Es werden wichtige Stadien der Embryonalentwicklung gezeigt. Die Serie enthält auch Bilder zum Thema Abtreibung. (SG Wort und Wissen, Artikel T1, nur *leihweise erhältlich*)

7. Der Weg zum ersten Leben

Die Entstehung ersten Lebens aus toten Stoffen gehört zum Fundament der Evolutionslehre. Wenn dieser Schritt nicht durch natürliche Vorgänge erklärt werden kann, fehlt dem evolutionstheoretischen Stammbaum die Basis; er hängt in der Luft. In populären Darstellungen wird häufig der Eindruck erweckt, als sei dieses Problem durch naturwissenschaftliche Forschung und durch Simulationsexperimente gelöst. Welche Schlussfolgerungen können aus den Laborversuchen zur Frage nach der Entstehung des Lebens gezogen werden?

E s dürfte kaum ein Teilgebiet der Evolutionsforschung geben, in dem die Einschätzungen der Fachleute und die von ihnen veröffentlichte wissenschaftliche Literatur auf der einen Seite und populäre Darstellungen in Schulbüchern, Museen und Fernsehen usw. so weit auseinanderklaffen wie in der Frage nach der Entstehung von Leben aus nichtlebenden Stoffen (= **Abiogenese**). So kann man etwa im angesehenen Oberstufenlehrbuch *Biologie Linder* über die angenommene Abiogenese lesen:

„Nachprüfbare Hinweise auf die Entstehung von Lebewesen stammen vor allem aus Experimenten unter Bedingungen der Uratmosphäre, Erkenntnissen der Molekularbiologie, Erkenntnissen über Strukturen und Stoffwechsel von Bakterien, Archaebakterien und Blaualgen. Alle diese aus ganz verschiedenen Gebieten stammenden Hinweise machen eine abiotische Entstehung der Lebewesen wahrscheinlich."

Dieses Zitat erweckt den Eindruck, dass die Frage nach der Entstehung des Lebens naturwissenschaftlich im Wesentlichen gelöst sei. Die abiogenetische Entstehung des Lebens – und das heißt eine Entstehung ohne Schöpfung – wird als „wahrscheinlich" bezeichnet.

Demgegenüber kommt Klaus Dose, Professor für organische Che-

mie an der Universität Mainz und ein Wissenschaftler, der sich schon lange intensiv mit der Frage nach der abiogenetischen Lebensentstehung befasst, bereits vor über 15 Jahren zu einer ganz anderen Einschätzung: „1986, also über dreißig Jahre nach dem zunächst verheißungsvollen Beginn der Ära der **Simulationsexperimente**, kann man zum eigentlichen Mechanismus der Lebensentstehung kaum mehr Fakten angeben als Ernst Haeckel schon vor 120 Jahren. Man muss leider erkennen, dass ein Großteil der Reaktionsprodukte der Simulationsexperimente dem Leben nicht nähersteht als die Inhaltsstoffe des Steinkohlenteers."[1] Das heißt: Die chemischen Endprodukte, die bei diesen Versuchen entstehen, haben insgesamt gesehen gar keine besondere Ähnlichkeit mit Stoffen, die in lebenden Zellen vorkommen.

Zum Verständnis für Nichtbiologen sei angemerkt, dass man zur Zeit Haeckels faktisch gar nichts über die Lebensentstehung wusste. Seit den 1980er Jahren macht sich allenthalben in der Fachwelt zunehmende Ernüchterung breit. Bisher beschrittene Wege der Aufklärung möglicher Mechanismen zur Entstehung des Lebens gelten als gescheitert. Dem Zitat von Klaus Dose könnten viele ähnlich lautende Feststellungen angefügt werden. Ein aktuelleres Zitat mag als Beleg dienen: „Unsere Unkenntnis über die Bedingungen auf der präbiotischen Erde [Erde, bevor Leben auf ihr war] ist immer noch enorm. ... Wenn wir nicht von einer speziellen Schöpfung ausgehen, müssen wir annehmen, dass die lokalen Bedingungen dort, wo das Leben begann, so waren, dass das Konzentrationsproblem überwunden werden konnte" (C. de Duve[2]). Das Konzentrationsproblem bedeutet, dass *eine*

Abiogenese: (Erstmalige) Entstehung von Leben aus toten Stoffen
Simulationsexperimente: Versuche, in denen die vermuteten Bedingungen der hypothetischen frühen Erde nachgestellt werden, um herauszufinden, wie Bausteine des Lebens entstanden sein könnten.

(unter vielen anderen) Bedingungen für die Entstehung des Lebens darin besteht, dass die dafür benötigten Bestandteile (die aber an sich noch nicht „Leben" ausmachen) in genügend hohen Konzentrationen zusammengefügt werden müssen. Wie das vor sich gehen kann, ist vollkommen unklar.

Die Hoffnung, Leben abiogenetisch erklären zu können, wird freilich nicht aufgegeben. Wir kommen auf diesen Sachverhalt noch zurück.

Nun ist es angesichts der eher theoretischen und unanschaulichen Materie der **präbiotischen Chemie** (die sich mit der Frage nach der abiogenetischen Entstehung des Lebens befasst) natürlich nicht möglich, auf wenigen Seiten detailliert zu begründen, weshalb – entgegen anders lautenden Behauptungen – die Entstehung des Lebens naturwissenschaftlich unverstan-

den ist. Daher kann die Problematik im folgenden nur beispielhaft dargestellt werden.[3]

7.1 Problemstellung

Wenn die Entstehung des Lebens ausschließlich naturwissenschaftlich erklärt werden soll, was ja das Ziel der präbiotischen Chemie ist, dann steht man zunächst vor dem vielleicht überraschenden Problem, gar nicht genau sagen zu können, was „Leben" überhaupt ist. Wir wissen zwar intuitiv, was Leben ist, weil wir es „erleben", aber eine exakte, generell zutreffende Definition ist noch niemandem gelungen und wird es wohl auch nicht geben (vgl. Abb. 55).

Dennoch kann das Problem der Lebensentstehung eingegrenzt werden, da man angeben kann, welche Bestandteile oder Eigenschaften auf jeden Fall und unverzichtbar zu der uns bekannten Form von Leben gehören, etwa die Erbsubstanz (meistens DNS, selten

Abb. 55
Wir haben intuitiv eine klare Vorstellung davon, was „Leben" ist, können es aber nicht genau definieren.

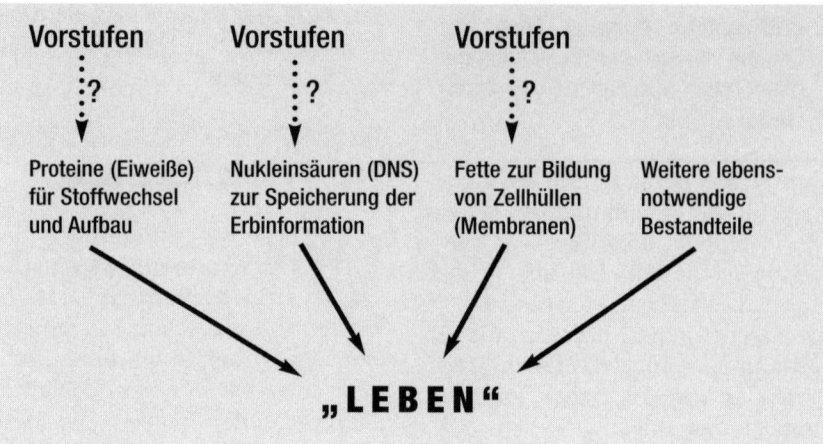

Abb. 56

Proteine, Nukleinsäuren und Fette sind einige Voraussetzungen für Leben. Zum einen ist nach 50 Jahren intensiver Forschung immer noch völlig unklar, wie diese Stoffe von alleine entstehen können. Zum anderen würde die Zusammenfügung dieser und anderer Stoffe an sich noch kein Leben bilden. In Simulationsexperimenten gelang unter realistischen Ursuppen-Bedingungen nur die Herstellung von Vorstufen der lebenswichtigen Moleküle.

RNS), Proteine (Eiweiße), Zucker und Fettverbindungen. Leben kann es zudem nach unserer Kenntnis nur durch Abgrenzung nach außen (mittels komplexer Biomembranen) geben. Aus diesen Beobachtungen können Minimalbedingungen des Lebens zusammengestellt werden, ohne die Leben in der uns bekannten Form nicht möglich ist (vgl. Abb. 56). Und diese (soeben beispielhaft genannten) Voraussetzungen erlauben konkrete Prüfmöglichkeiten bezüglich ihrer Entstehung. Denn die Frage, wie bestimmte organische Moleküle von alleine (abiogenetisch) entstehen könnten, ist viel klarer formulierbar und daher leichter prüfbar, als die Frage, wie „Leben" entstanden ist.

Halten wir aber fest: Durch das Zerlegen des Lebens in seine Bestandteile verlieren wir das Phänomen „Leben", denn die Bestandteile für sich alleine oder auch in einer Mischung sind nicht „Leben". Wir können jedoch wie folgt argumentieren: Sollte es nicht gelingen, eine abiogenetische Entstehung der absolut notwendigen Lebensbestandteile plausibel zu machen (durch Experimente oder wenigstens durch theoretische Modelle), so ist auch ungeklärt, wie Leben ohne Schöpfung entstehen konnte.

In diesem Sinne kann dann auch „für Schöpfung" argumentiert werden: Sollten nämlich Bemühungen scheitern, die Entstehung des Lebens ohne die Annahme von Schöpfung verständlich zu machen, wäre dies ein starkes Indiz (aber kein Beweis, s. u.) für Schöpfung. Der Schöpfungsvorgang selber lässt sich dagegen naturwissenschaftlich nicht untersuchen, denn dieses Geschehen entzieht sich direkter Erfahrung. In der Frage der Lebensentstehung kann die Schöpfungsforschung keine eigenen Modelle entwickeln, sondern nur evolutionstheoretische Auffassungen hinterfragen.

7.2 Entstehung der Proteine

Aus den zahlreichen Verbindungen, die im Verlaufe einer zu Lebewesen führenden chemischen Evolution abiogenetisch gebildet worden sein müssten, greifen wir die Proteine (Eiweiße) heraus. **Proteine** sind langkettige, unverzweigte Moleküle, die aus 20 verschiedenen Aminosäuren zusammengesetzt sind. Zur Bildung von Proteinen muss also geklärt

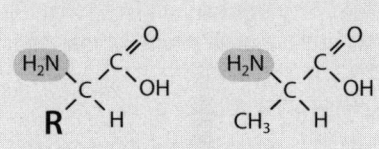

Abb. 57 Links: Aufbau einer Aminosäure. Charakteristisch sind die NH_2- und die COOH-Gruppe. Sie stellen die Bindungsarme dar, an welchen die Aminosäuren verkettet werden. Proteine bestehen aus längeren Ketten solcher Aminosäuren. R steht für „Rest", der bei jeder Aminosäure anders aussieht.
Rechts: Ein konkretes Beispiel: die Aminosäure Alanin (R = CH_3).

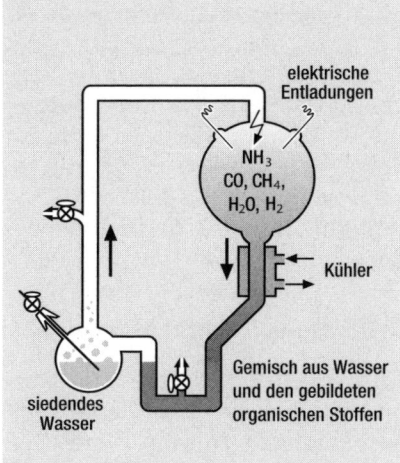

Abb. 58 Typische Versuchsapparatur (ca. 60 cm hoch), wie sie erstmals von Stanley Miller im Jahre 1953 eingesetzt wurde. Mit ihr konnte die Bildung organischer Verbindungen aus anorganischen Stoffen unter „Uratmosphären"-Bedingungen nachgewiesen werden. Die Zusammensetzung der gebildeten Stoffe unterscheidet sich aber sehr von den Inhaltsstoffen lebender Zellen.

werden, wie die Einzelbausteine, also die Aminosäuren (Abb. 57) entstehen können und weiter, wie diese sich zu unverzweigten Ketten zusammenlagern können. Diese beiden Schritte sollen beispielhaft näher betrachtet werden.

Ursuppen – Simulationsexperimente

Stanley Miller gab 1953 mit seiner Veröffentlichung „Herstellung von Aminosäuren unter möglichen Bedingungen einer einfachen Erde" einen entscheidenden Impuls zur experimentellen Prüfung möglicher Modelle zur Lebensentstehung. Er simulierte eine hypothetische (gedachte) frühe Erde im Labor, indem er verschiedene Gase in einem Kolben mischte (entsprechend der hypothetischen Uratmosphäre) und elektrischen Entladungen aussetzte. Letztere sollten Energiequellen wie Vulkanausbrüche, Blitze oder intensive Strahlung simulieren. Millers Versuche sind weltberühmt geworden. Die dabei vorgegebene Zusammensetzung der Uratmosphäre ist aufgrund geologischer Befunde allerdings umstritten; es gibt keine deutlichen Belege, dass die im Rahmen üblicher Erdentstehungskonzepte vermutete Uratmosphäre derjenigen Zusammensetzung entspricht, die bei den Simulationsexperimenten zugrundegelegt wurden.

Abb. 58 zeigt einen typischen Versuchsaufbau für ein Miller-Simulationsexperiment. Nach mehrtägiger Einwirkung von elektrischen Funkenentladungen auf ein solches Gasgemisch bildet sich ein Produktgemisch aus unzähligen Substanzen, dunkelgefärbt, überriechend und von dickflüssig-öliger Beschaffenheit (= „Ursuppe"). Darin finden sich Reaktionsprodukte, aus welchen nach entsprechender Aufarbeitung[4] unter vielen anderen Stoffen einige Aminosäuren nachweisbar sind. Darunter sind auch solche Aminosäuren, die in Lebewesen vorkommen.

Protein: Eiweiß. Kettenförmige Verbindung aus vielen Aminosäuren. Viele Proteine werden im Körper für den Stoffwechsel benötigt (z. B. für den Abbau der Nahrung), andere dienen als Baustoffe (z. B. für Haare, Knochen usw.)

Bis heute sind Versuche dieser Art unter vielfacher Variation der Gaszusammensetzung und -konzentrationen sowie der Energiequellen durchgeführt worden. Im Folgenden werden die Resultate und die Bedeutung solcher Ursuppen-Simulationsexperimente besprochen.

Synthese von Aminosäuren

Im von Miller durchgeführten Experiment bildet sich eine Vielzahl von Verbindungen. Nur ein kleiner Teil davon sind Aminosäuren und unter den Aminosäuren wieder nur ein Teil solche Aminosäuren, die auch in Lebewesen vorkommen (**proteinogene Aminosäuren**; vgl. Abb. 59). Viele Reaktionsprodukte sind dagegen für heutige Lebewesen Giftstoffe. Am häufigsten kommen Mono-

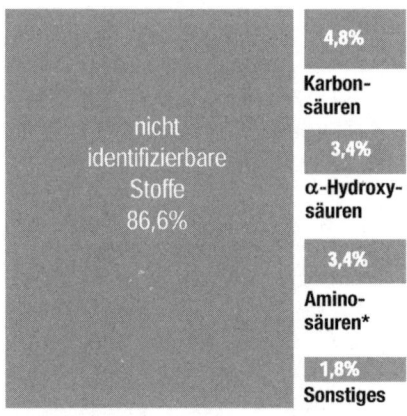

Abb. 59 Typisches Ergebnis eines Ursuppenexperiments zur Herstellung von proteinogenen Aminosäuren (mit * gekennzeichnet). Nur die proteinogenen Aminosäuren kommen in heutigen Lebewesen vor; sie machen nur ca. 3,5 % der Reaktionsprodukte aus. Die Flächen geben den Anteil an eingesetztem Kohlenstoff an. Der weitaus überwiegende Teil der gebildeten Stoffe ist nicht umgesetztes Methan oder nicht identifizierbar. Die Karbonsäuren verhindern neben anderen Stoffen die Aneinanderlagerung von Aminosäuren zu langen Ketten, wie sie bei Proteinen ausgebildet sind.

Tab. 2 Vergleich: Aminosäuren in Miller-Versuchen und in Lebewesen

- In Proteinen von Lebewesen kommen 20 verschiedene Aminosäuren vor, in Miller-Versuchen sehr viel mehr.
- In Miller-Versuchen wurden die basischen proteinogenen Aminosäuren nicht gebildet.
- Je Versuchsansatz wurden nur wenige, maximal 13 verschiedene proteinogene Aminosäuren gebildet.
- Die Zusammensetzung der Verbindungen in Miller-Versuchen unterscheidet sich deutlich von der Zusammensetzung der Inhaltsstoffe lebender Zellen.
- Monofunktionelle Verbindungen, die die notwendige Bildung von Ketten blockieren (s. u.), sind im Überschuss vorhanden.

carbonsäuren (z. B. Ameisensäure, Essigsäure) vor. Diese Verbindungen sind insofern sehr bedeutsam, weil sie mit Sicherheit die notwendige Kettenbildung und damit die Entstehung von Proteinen verhindern (s. u.).

Bei den einzelnen Ansätzen werden je nach Versuchsbedingungen (Gaszusammensetzung, Reaktionszeit etc.) von den 20 proteinogenen Aminosäuren nur ein Teil, meist nur wenige synthetisiert. Im „Ursuppenmodell" muss daher angenommen werden, dass die an verschiedenen Stellen gebildeten Bestandteile später zusammengespült worden sind, um miteinander reagieren

proteinogen: in Eiweißen (Proteinen) der Lebewesen vorkommend

Synthese: Bildung neuer Stoffe durch Zusammenfügung chemischer Einzelteile.

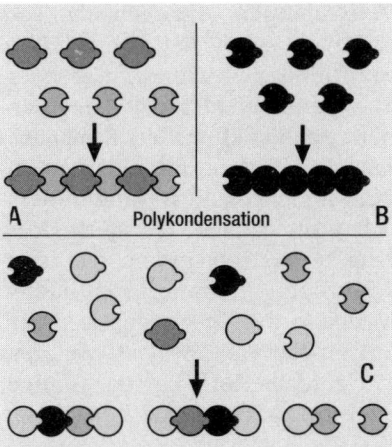

Abb. 60 Die Zusammenlagerung zweier Aminosäuren unter Abspaltung von Wasser (Polykondensation) geschieht in wässriger Lösung weitaus seltener als die Aufspaltung (Hydrolyse). Die Folge: Es können sich keine Ketten bilden, wie sie für Proteine erforderlich sind.

zu können – ein höchst unwahrscheinliches Szenario. Erschwerend kommt hinzu, dass für einige proteinogene Aminosäuren bisher gänzlich unbekannt ist, wie sie ohne Chemiker außerhalb von Lebewesen entstehen können.

Damit ist bereits der erste Schritt in Richtung der Bildung von Proteinen unplausibel. Die Behauptung, mit den Miller-Versuchen sei ein wesentlicher Schritt zum Verständnis der Entstehung des Lebens gelungen, ist durch die Ergebnisse nicht gedeckt – ganz im Gegenteil: es hat sich gezeigt, dass dieser Weg schnell in eine Sackgasse führt. Die zusammenfassende Übersicht der Ergebnisse in Tab. 2 macht dies deutlich.

Bildung von Aminosäureketten

Die aus dem Stoffwechsel von Zellen bekannten Eiweiße bestehen aus Aminosäuren, die zu langen, unverzweigten Ketten verknüpft sind. Um eine Kette zu bilden, müssen also einzelne Aminosäuren miteinander verbunden werden. Dies geschieht in einer Gleichgewichtsreaktion, bei der ein Wassermolekül abgespalten wird (Abb. 60). Dieses Wasser und das ohnehin in Ursuppen in großem Ausmaß vorhandene sonstige Wasser bewirkt aber eine Spaltung eventuell entstandener kurzer Ketten. Die Kettenspaltung erfolgt in viel stärkerem Maße als der umgekehrte Vorgang, die Zusammenfügung von Aminosäuren. Das ist ein schwerwiegendes Problem, welches nur durch „chemische Tricks" (vor allem durch Was-

Abb. 61 Zur Veranschaulichung der Entstehung von kettenförmigen Makromolekülen durch Polykondensation (vgl. Abb. 60) kann ein Kugelmodell mit Druckknöpfen („Positiv" und „Negativ") dienen, wie es von B. Vollmert entworfen wurde. In A und B sind zwei verschiedene Möglichkeiten der Entstehung von Kettenmolekülen durch Polykondensation dargestellt. Die DNS (entsprechend A) und Proteine (entsprechend B) sind Kettenmoleküle, die auf diese Weise (Zusammenlagerung von bifunktionellen Molekülen; zwei „Druckknöpfe") entstehen. Unter Ursuppenbedingungen sind ein großer Teil der Verbindungen monofunktionelle Moleküle (C; nur ein „Druckknopf"). Außerdem liegen die verschiedenen Molekülsorten nicht in einem ausgewogenen Verhältnis zueinander vor. Beide Umstände verhindern jeweils für sich alleine genommen das Entstehen von längeren Molekülketten, die für Lebewesen unerlässliche Voraussetzung sind. In Ursuppen können daher die für Lebewesen erforderlichen Makromoleküle nicht entstehen, da dort keine Mechanismen erwartet werden können, durch welche ein Kettenabbruch verhindert wird.

serentzug) gelöst werden könnte, mit denen aber in Ursuppen nicht zu rechnen ist. Ohne spezielle Maßnahmen können daher keine Aminosäureketten gebildet werden. Die Anwesenheit von Wasser verhindert folglich die unerlässliche Kettenbildung und damit die Bildung von Proteinen.

Abb. 62 Modell der DNS, der Trägerin der Erbsubstanz, links als Kugelschalenmodell, rechts schematisiert. Die DNS ist als verdrillte Strickleiter ausgebildet. Die „Holmen" bestehen aus den vier Stickstoffbasen Adenin, Guanin, Cytosin und Thymin (durch vier verschiedene Symbole dargestellt), das Rückgrat (bandförmig dargestellt) aus einer wechselnden Abfolge von einem Zuckermolekül und einer Phosphatgruppe. Die Erbinformation wird durch die besondere Abfolge der Stickstoffbasen (die „Sprossen") gespeichert.

Aber noch aus einem anderen Grund ist unter Ursuppenbedingungen die Kettenbildung, also die Proteinbildung nicht zu erwarten: Die erforderlichen Aminosäuren sind von einem Überschuss anderer Verbindungen umgeben, die eine Bildung von Kettenmolekülen unterbinden. Davon müssten sie abgetrennt werden. Die Anwesenheit **monofunktioneller Komponenten** (Moleküle mit nur *einer* Verbindungsmöglichkeit) verhindert nämlich grundsätzlich die Ausbildung längerer Ketten, indem die überschüssigen monofunktionellen Moleküle die Enden der wenigen, kurzen Kettenteile blockieren und für eine weitere Kettenverlängerung unzugänglich machen.

Dieses Problem kann anschaulich durch ein Druckknopfmodell verdeutlicht werden[5] (Abb. 61): Um kettenförmige Moleküle bilden zu können, werden Ausgangsstoffe benötigt, die zwei „Bindungsarme" aufweisen. Dies ist bei den Aminosäuren der Fall.[6] Im Modell entspricht das einer Kugel mit zwei Knöpfen, die wie Schlüssel und Schloss zusammenpassen müssen. Liegen nur „zweiarmige" Moleküle vor, können sich Ketten bilden. Moleküle, die nur *eine* Bindungsstelle aufweisen, führen zum Kettenabbruch („Kugel mit einem Knopf"). Moleküle mit mehr als zwei Bindungsstellen führen zu Quervernetzungen. Sowohl „einarmige" als auch „mehrarmige" Moleküle verhindern die Kettenbildung oder führen zu unerwünschten Vernetzungen. Genau dies ist die Situation in Ursuppen-Simulationsexperimenten. Es ist weder bekannt, wie die einarmigen Moleküle unter präbiotischen Bedingungen (also bei Abwesenheit eines Chemikers) dauerhaft entfernt werden können, noch wie dafür gesorgt werden kann, dass genau die richtigen Moleküle sich miteinander verbinden. In Ursuppen kann dies alles nicht funktionieren.

Die Miller-Versuche könnten als erster Schritt in Richtung lebenswichtiger Moleküle gewertet werden, da unter vielen anderen Stoffen auch einige Aminosäuren entstehen. Doch führt dieser Schritt offenkundig schnell in eine Sackgasse, da in allen Versuchsansätzen zugleich mit den erforderlichen Aminosäuren eine Vielzahl weiterer Stoffe entsteht, die die nachfolgenden Schritte verhindern.

7.3 Entstehung der Erbsubstanz

Alle heute bekannten Lebewesen benötigen Nukleinsäuren (DNS und RNS) zur Speicherung, Verarbeitung und Umsetzung von Erbinformation. Nukleinsäuren bestehen aus drei Bestandteilen (vgl. Abb. 62):

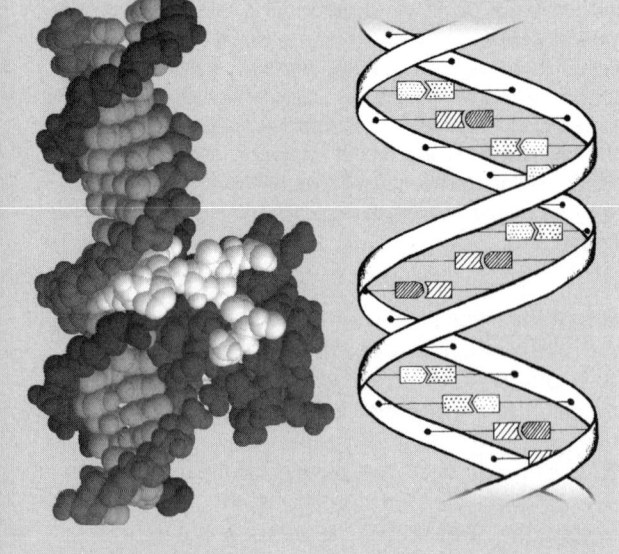

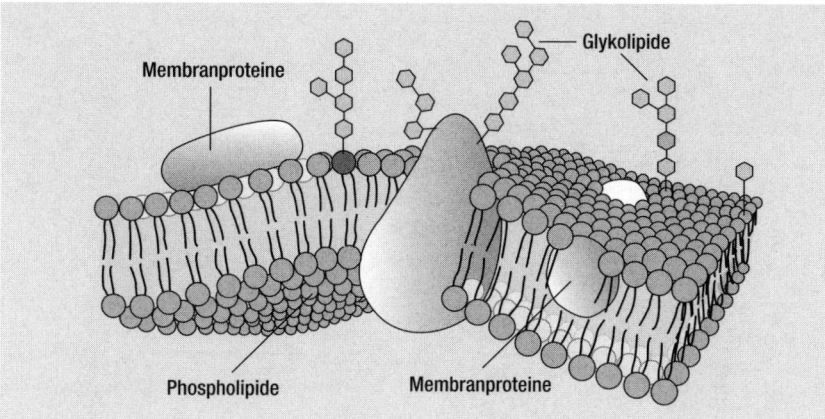

Membranproteine

Glykolipide

Phospholipide

Membranproteine

Abb. 63 Aufbau einer Zellmembran (Zellumhüllung). Zellmembranen sind kompliziert gebaute Gebilde. Grundgerüst ist eine Lipid-Doppelschicht (Lipide = Fettverbindungen). Darin eingelagert sind verschiedene Moleküle, die für den geregelten Stoffaustausch von innen nach außen und umgekehrt benötigt werden.

- Stickstoffbasen: Adenin, Guanin (Purine), Cytosin, Uracil, Thymin (Pyrimidine),
- Zucker: D-Ribose (bei der RNS) bzw. 2-Desoxy-D-Ribose (bei der DNS),
- Phosphorsäure: sie bildet die Brücke zwischen den einzelnen Nukleosiden (Stickstoffbasen + Zucker) und ermöglicht über die Phosphorsäureester den Aufbau von langen Molekülketten.

Die Bildung dieser drei Bestandteile der Nukleinsäuren unter präbiotischen Bedingungen ist ungeklärt. Dies sei für die Stickstoffbasen kurz erläutert. Als geeigneter Ausgangsstoff für die Synthese von Stickstoffbasen kann Cyanwasserstoff (HCN, Blausäure) angesehen werden. Aus fünf Molekülen HCN kann die Stickstoffbase Adenin aufgebaut werden. Die chemische Synthese ergibt allerdings nur eine sehr geringe Ausbeute. Für die anderen Basen sind zusätzliche Ausgangsstoffe und komplexere Reaktionsbedingungen erforderlich, so dass deren Synthese unter zufälligen präbiotischen Bedingungen entsprechend noch unwahrscheinlicher ist.

Für die Synthese müssten gleichzeitig alle äußeren Randbedingungen wie Temperatur, Druck, Konzentration, pH-Wert usw. exakt abgestimmt sein, um überhaupt ein gewünschtes Produkt zu erhalten. Dies ist auf einer frühen Erde äußerst unwahrscheinlich.

Die entstandenen Stickstoffbasen müssten von einem großen Anteil von Verunreinigungen (z. T. sehr ähnlichen, aber für die Nukleinsäuren unbrauchbaren Stickstoffverbindungen) abgetrennt werden. Ein natürlicher Prozess hierfür ist unbekannt.

Ähnliche Probleme treten bei der Synthese der anderen DNS-Bestandteile sowie bei deren Zusammenfügung auf, so dass die abiogenetische Entstehung der Erbsubstanz DNS ungeklärt ist.[7]

7.4 Wie entstanden Zellen?

In irgendeinem Stadium der Lebensentstehung müssen die bis dahin gebildeten Vorstufen in einzelne abgegrenzte Einheiten getrennt werden. Dafür wird eine Membran („Zellhülle") benötigt.

Ein Hauptbestandteil von Membranen lebender Zellen sind relativ kompliziert aufgebaute sog. Phospholipide. Diese Moleküle weisen

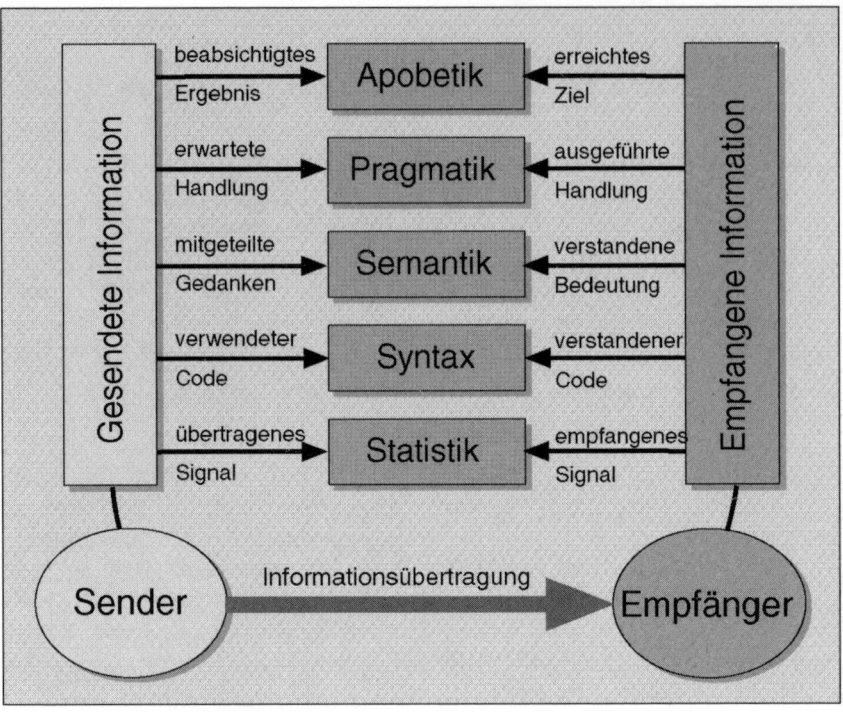

Abb. 64
Die fünf Ebenen der Information nach W. Gitt. Information ist ihrem Wesen nach an Sender und Empfänger gebunden. Die fünf Informationsebenen sind auf der Sender- und Empfängerseite von Bedeutung.

Diagramm-Beschriftungen:

Gesendete Information | Empfangene Information

| beabsichtigtes Ergebnis → **Apobetik** ← erreichtes Ziel |
| erwartete Handlung → **Pragmatik** ← ausgeführte Handlung |
| mitgeteilte Gedanken → **Semantik** ← verstandene Bedeutung |
| verwendeter Code → **Syntax** ← verstandener Code |
| übertragenes Signal → **Statistik** ← empfangenes Signal |

Sender — Informationsübertragung → **Empfänger**

---

einen wasserabstoßenden und einen wasserverträglichen Bereich auf (vgl. Abb. 63). Moleküle mit diesen Strukturmerkmalen können sich spontan zusammenlagern, z.B. zu Doppelschichten. Dies ist eine wichtige Voraussetzung für die Bildung einer Zellhülle. Synthesemöglichkeiten solcher Substanzen unter präbiotischen Bedingungen sind jedoch unbekannt.

Die notwendige Einhüllung und Abgrenzung lebender Zellen gegen die Umgebung würde gleichzeitig deren Ende bedeuten, wenn nicht von Beginn an Transportmechanismen durch die Membran gewährleistet sind. Nach bisherigen Kenntnissen müssten also mit der Bildung von Membranen zeitlich sehr eng verknüpft auch erste Transportfunktionen vorhanden sein. Solche Kopplungen sind unter präbiotischen Bedingungen bisher experimentell nicht nachgewiesen worden.

Bei Verrühren von eiweißähnlichen Stoffen (sog. Proteinoide) in Wasser können Gebilde erzeugt werden, die aufgrund ihrer mikroskopischen Erscheinung als *Mikrosphären* („kleine Kugeln") bezeichnet und gelegentlich als einfache Organismen interpretiert wurden. Solche entfernt an Zellen erinnernde Strukturen lassen sich jedoch auch durch Trocknen verschiedener synthetischer Polymerlösungen erhalten und haben nichts mit biologischen Zellen zu tun. Die Mikrosphären spielen in der aktuellen Diskussion von Modellen zur Lebensentstehung keine Rolle mehr.

7.5 Woher kommt die genetische Information?

Ein ganz entscheidender weiterer Aspekt bei der Entstehung des Lebens ist die Entstehung genetischer Information. Bisher wurde dargelegt, dass die Entstehung der für das Leben unbedingt notwendigen kettenförmigen Moleküle völlig ungeklärt ist. Doch selbst wenn man wüsste, wie diese von selbst entstehen können, wäre ein ganz entscheidendes Problem noch gar nicht im Blick: Um wirksam sein zu können, muss diesen Bestandteilen des Lebens auch eine *Bedeutung* beigegeben werden. Machen wir uns das Problem am Beispiel des für die Vererbung unerlässlichen DNS-Moleküls klar. Die DNS ist ein langkettiges Molekül, dessen Kettenglieder aus den zu Beginn von Abschnitt 7.3 genannten vier Stickstoffbasen Adenin, Guanin, Cytosin und Thymin bestehen. Das DNS-Molekül kann also mit einer Buchstabenfolge verglichen werden. Doch eine Buchstabenfolge als solche hat keine Bedeutung und ist wirkungslos. Es muss ihr eine Bedeutung zugeordnet werden. Das geht aller Erfahrung nach aber nur dadurch, dass jemand „von außen" festlegt, was bestimmte Buchstabenfolgen bedeuten sollen. Eine Buchstabenfolge selbst kann sich keine Bedeutung geben.

Ein Beispiel: Die einfache Buchstabenfolge „Komm her" sagt jemandem, der kein Deutsch kann, gar nichts, und dieser Satz wird daher wirkungslos bleiben. Die Buchstabenfolge „Komm her" kann man als Informationsträger bezeichnen, aber nur dann, wenn jemand festgelegt und mit anderen vereinbart hat, was diese Abfolge bedeutet. Ähnlich ist es mit der DNS in den Zellen. Sie ist ebenfalls ein Informationsträger. Doch sie kann das nur sein, wenn irgendwie (von *jemandem*) festgelegt wurde, was denn die Folge ihrer Buchstaben (die vier Basen) bedeuten sollen. Es wird also ein *genetischer Code* benö-

tigt. Das ist eine Zuordnungsvorschrift, die angibt, wie die DNS-„Buchstaben"-Folge in Proteine übersetzt werden muss. Das DNS-Molekül als solches beinhaltet noch keine Information. Woher die auf der DNS niedergelegte Information stammt, und wie sie in diesen chemischen Strukturen ursprünglich codiert wurde, ist in der Wissenschaft Gegenstand umfangreicher Diskussionen und Spekulationen, wobei hier der Bereich experimenteller naturwissenschaftlicher Methoden überschritten wird. Bislang weiß jedenfalls niemand, wie der genetische Code auf natürlichem Wege, ohne die Annahme eines Urhebers, entstehen konnte.

Im technischen Bereich gibt es Informationsstrukturen nur dann, wenn es einen geistigen Urheber gibt. Es liegt sehr nahe, dies auch für die in Lebewesen wirksame Information anzunehmen.[8] Hierbei handelt es sich um einen Analogieschluss (Schlussfolgerung von einem überschaubaren Bereich auf einen anderen komplexeren Bereich; vgl. S. 75); ein definitiver Beweis ist auf diesem Wege nicht möglich.

Was genetische oder (allgemeiner) biologische Information ist, weiß niemand so genau; wegen der Komplexität der Lebewesen lässt sich dieser Begriff bisher nicht klar fassen. Nicht nur deswegen ist aber eines klar: Für einen natürlichen Ursprung der genetischen Information – ohne Informationsgeber – gibt es keinerlei Argumente.

7.6 Zusammenfassung

Im Zusammenhang der präbiotischen Chemie gibt es unzählige ungelöste Fragen – abgesehen von den hier angesprochenen Problemen. Schon die präbiotische Bildung der Moleküle, die in den Lebewesen vorkommen, ist ungeklärt. Experimentelle Ansätze, die zu Einzelbausteinen führen, liefern immer komplizierte Substanzgemische mit vielen unerwünschten Nebenprodukten (diese oft im Überschuss), die weitere Reaktionen in die erforderliche Richtung verhindern (vgl. z. B. die Wirkung monofunktioneller Moleküle oder von Wasser bei der Bildung von Proteinen). Wie der genetische Code und die genetische Information auf natürlichem Wege entstanden sein könnte, ist unbekannt. Es ist wohl einer der schwächsten Punkte in der von Evolutionstheoretikern angestrebten Kette von Erklärungen zur Entstehung und Entwicklung des Lebens, dass die systematischen experimentellen Forschungsprogramme seit Millers Simulationsexperiment 1953 dazu geführt haben, dass die Entstehung des Lebens in größerem Dunkel liegt als zu Zeiten Darwins. Aus schöpfungstheoretischer Sicht kann man mit vollem Recht beim Satz bleiben: *Omne vivum e vivo* – Das Leben kommt aus dem Leben – nämlich vom lebendigen Gott, der Himmel und Erde erschaffen hat.

Fragen

Ist durch die Experimente zur präbiotischen Chemie die zufällige Entstehung des Lebens widerlegt?

Bei exakter Argumentation muss dies verneint werden. Denn eine strikte Widerlegung wäre nur möglich, wenn alle denkbaren Wege zur natürlichen („zufälligen", abiogenetischen) Entstehung ausprobiert

worden wären. Niemand weiß aber, welche Wege noch getestet werden könnten. Und niemand weiß, welche Ergebnisse *in Zukunft* noch erzielt werden. Die Hoffnung der Wissenschaftler, die auf dem Gebiet der präbiotischen Chemie arbeiten, dass in Zukunft die Frage nach der abiogenetischen Entstehung des Lebens geklärt werden könne, ist nicht widerlegbar. Allerdings besteht aufgrund des Scheiterns bisheriger Bemühungen wenig Anlass zu dieser Hoffnung. Und vor allem: Es gibt derzeit keine wirklich originellen und erfolgversprechenden Ideen, wie Leben aus Nichtleben entstanden sein könnte. Der Schöpfungsglaube, der die Entstehung des Lebens dem schöpferischen Wirken Gottes zuschreibt, ist so gesehen sehr plausibel. *Omne vivum e vivo* – Leben kommt nur aus dem Leben – dieser Satz wurde bisher durch die präbiotische Chemie voll bestätigt.

Was wäre, wenn es doch gelänge, Leben aus Nichtleben hervorzubringen?

Die Beantwortung hypothetischer Fragen („Was wäre wenn...") ist immer problematisch. Denn möglicherweise fällt die Antwort dann doch anders aus, wenn die Hypothese zur Wirklichkeit wird. Unter diesem Vorbehalt seien folgende Hinweise gegeben:

• Könnten die Chemiker tatsächlich Leben aus Nichtleben synthetisieren, bedeutete dies eine Stärkung des Evolutionsmodells.

• Ein solcher Erfolg wäre allerdings kein Beweis für eine abiogenetische Entstehung des Lebens auf einer frühen Erde, da nicht geklärt werden kann, welche Bedingungen *auf der hypothetischen frühen Erde* geherrscht und welche Abläufe sich ereignet haben. Die Bedingungen, unter denen im Labor Leben hergestellt werden könnte, sind vielmehr sehr wahrscheinlich nicht identisch mit den Bedingungen auf einer frühen Erde.

• Vor allem aber ist zu bedenken, dass im Labor Chemiker beteiligt sind, die die Voraussetzung von Leben verkörpern. Gelingt es also, mit ausgeklügelten Mechanismen Leben zu entwickeln, wäre gerade *nicht* gezeigt, dass Leben auf der *Zufallsbasis* – ohne gezieltes Eingreifen – entstehen kann. Das Eingreifen des Chemikers bedeutete gerade das Ausschließen des Zufalls. Erst das Entstehen von Leben aus Nichtleben ohne Mitwirken von Menschen wäre ein korrektes „Simulationsexperiment".

Kann der zweite Hauptsatz der Thermodynamik verwendet werden, um die zufällige Entstehung von biologischer Information auszuschließen?

Das ist nicht der Fall, auch wenn das Argument sehr verbreitet ist. Der 2. Hauptsatz der Thermodynamik besagt – sehr vereinfacht ausgedrückt! –, dass in einem geschlossenen System (d. h. ohne Energie- und Stoffzufuhr), die Ordnung des Systems abnimmt. Dabei ist der Begriff „Ordnung" sehr vage; doch soll an dieser Stelle nicht näher darauf eingegangen werden. Der 2. Hauptsatz der Thermodynamik darf, korrekt gesehen, auf die Erde nicht angewendet werden, da die Erde ein offenes System ist; sie bekommt nämlich Energie von außen, von der Sonne. Die Sonnenenergie erklärt an sich natürlich auch nicht die Entstehung von Komplexität, aber ihretwegen kann der 2. Hauptsatz der Thermodynamik allenfalls *im Zusammenhang* mit anderen Argumenten bzw. *Erkenntnissen* als Argument gegen eine Zufallsentstehung gelten.

Könnte das Leben aus dem Weltraum auf die Erde gelangt sein?

Die im 19. Jahrhundert von dem Schweden Arrhenius aufgenommene und engagiert vertretene Idee der Panspermie geht davon aus, dass Lebenskeime irgendwo in den Weiten des Universums entstanden sind und dass die Erde dadurch mit Leben infiziert worden ist. Diese Idee verlagert das Problem der Lebensentstehung von der Erde ins Weltall, ohne dass dadurch irgendwelche konstruktiven Lösungen für die oben diskutierten Probleme beigetragen werden. Ein prominenter heutiger Vertreter dieser Idee ist F. Crick, der aufgrund der unübersehbaren Schwierigkeiten der präbiotischen Chemie Zuflucht zu diesem Lösungsvorschlag nimmt. Die Überlebensfähigkeit von Lebenskeimen im Weltraum wurde experimentell an Bakterien untersucht. Experimente zeigen, dass die Zellen durch energiereiche Strahlung stark geschädigt werden. Damit sind einem Aufenthalt im All zeitlich enge Grenzen gesetzt und folglich auch die überwindbaren Entfernungen begrenzt.

Anmerkungen

[1] Naturwissenschaftliche Rundschau 40, 1987, S. 63-64.

[2] C. de Duve: Ursprung des Lebens – Präbiotische Evolution und die Entstehung der Zelle. Heidelberg 1997.

[3] Zur Vertiefung und detaillierten Begründung der Aussagen wird auf am Ende dieses Kapitels

angegebene weiterführende Literatur verwiesen.

[4] Hydrolyse mit Salzsäure; danach Extraktionsschritte.

[5] B. Vollmert: Das Molekül und das Leben. Reinbek bei Hamburg, 1985.

[6] Manche von ihnen haben jedoch drei Arme; der zusätzliche Bindungsarm muss hier von einer chemischen Reaktion abgeschirmt werden.

[7] Die Bedeutung der Nukleinsäuren wird momentan in der Fachwelt intensiver diskutiert als die der Proteine. Wir haben die Proteine hier jedoch ausführlicher dargestellt, weil sie in Schulbüchern einen größeren Stellenwert haben.

[8] In diesem Sinne argumentiert Werner Gitt in vielen seiner Bücher; siehe dazu die Literaturangaben.

- B. Vollmert: Das Molekül und das Leben. Reinbek bei Hamburg, 1985. *(Ein lesenswerter Klassiker zur Kritik einer zufälligen Entstehung des Lebens; relativ leicht verständlich.)*

- W. Gitt: In 6 Tagen vom Chaos zum Menschen. Neuhausen-Stuttgart, 1998. *(Das Buch enthält auf allgemeinverständlichem Niveau u. a. Ausführungen zum genetischen Code)*

- W. Gitt: Am Anfang war die Information. Holzgerlingen 2002. *(Das Buch befasst sich auf allgemeinverständlichem Niveau mit dem Thema der Entstehung von Information.)*

- Ist Leben zufällig entstanden? Kritische Argumente zur Synthese der DNS-Bausteine. *(2-seitiger W+W-Diskussionsbeitrag, erhältlich bei der SG Wort und Wissen, s. S. 33)*

Weiterführende Literatur

- R. Junker & S. Scherer: Evolution – ein kritisches Lehrbuch. Gießen 2001, Kap. IV.8. *(Detaillierte Darstellung der ungelösten Problematik einer zufälligen Entstehung des Lebens)*

Medienhinweise

- „Leben – viel mehr als Chemie." Unterrichtsentwurf zum Thema „Entstehung des Lebens" für Schüler im Alter von ca. 16-19 Jahren. (SG Wort und Wissen, Artikel B35)

8. Welche Sprache spricht versteinertes Leben?

Es gibt eine immense Zahl von Formen versteinerten Lebens, die oft nur Spezialisten kennen. Die berühmten Dinosaurier sind nur ein kleiner Teil dieser enormen Vielfalt. Das Wissensgebiet, welches sich mit den erhalten gebliebenen Überresten früherer Lebewesen und ihrer Spuren befasst, ist die Paläontologie. Ihr Forschungsgegenstand sind die Fossilien.

Als Zeugnisse vergangenen Lebens haben Fossilien eine besondere Bedeutung für die Beurteilung der Entstehung und Geschichte der Lebewesen. Denn es handelt sich um Indizien, die aus der Vergangenheit stammen, um Momentaufnahmen früherer Lebensformen und Lebensgemeinschaften. So gesehen bieten Fossilien einen indirekten Einblick in die Vergangenheit. Mit ihnen kommt auch ein (relativer) Zeitfaktor ins Spiel. Belegen Fossilien nun eine (allmähliche oder sprunghafte) Höherentwicklung? Oder handelt es sich eher um Belege für Schöpfung?

8.1 Eine Fülle von Daten

Das Wort „Fossil" bedeutet wörtlich: „Das, was man ausgräbt." Gemeint sind Überreste früherer Lebewesen oder ihrer Spuren (Fußspuren, Ausgüsse von Schalen, Abdrücke wie z. B. Rollspuren von Schalentieren, Eier, versteinerter Kot und anderes). Abb. 65 zeigt einige Beispiele.

Fossilien gibt es in großer, ja überwältigender Zahl. Die Angaben über fossile Arten bewegen sich bei etwa 250.000 bis 300.000 Arten. Von manchen Arten sind nur eine Handvoll Exemplare bekannt (z. B. vom berühmten „Urvogel", Abschnitt 8.9) und nicht wenige Arten sind nur durch einen einzigen Fossilbeleg dokumentiert. Von zahlreichen anderen Arten wiederum sind viele Millionen Exemplare gefunden worden.

8.2 Fossilien: Beweise oder Widerlegung der Evolutionstheorie?

Zunächst sei daran erinnert, dass der vergangene Ablauf, sei es eine Evolution, sei es die Geschichte der Lebewesen nach ihrer Erschaffung, nicht beobachtet werden kann. Überreste früherer Lebewesen sind nur einzelne Stationen, die keine eindeutige Information über den zurückgelegten Weg bieten. Sie müssen vielmehr zu einem Ablauf zusammengefügt und vor allem gedanklich ergänzt werden. Dabei spielt wiederum die zugrundegelegte Ursprungsvorstellung (Schöpfung, Evolution) eine wesentliche Rolle.

Die Meinungen über den „Fossilbeweis der Evolution" gehen weit auseinander, auch unter Evolutionstheoretikern. Manche halten die Fossilüberlieferung für eine der stärksten Stützen für Evolution und gleichzeitig für eines der größten Probleme für die Schöpfungslehre. Andere Evolutionstheoretiker wie Niles Eldredge[1] oder Mark Ridley[2] meinen, Fossilien hätten zum Verständnis der Evolution nichts wesentliches beigetragen. Wie wir sehen werden, ist die Datenlage für die Evolutionslehre gar nicht so schlecht, wie etwa die Einschätzung von Ridley vermuten lässt, obwohl es zweifellos bemerkenswerte Schwachpunkte der evolutionstheoretischen Deutung der Fossilien gibt.

Abb. 65
Beispiele für verschiedene Fossiltypen: Steinkern eines Baumstamms, in Bernstein eingeschlossene Ameise, Fußabdruck eines Dinosauriers, Abdruck eines Blattes, in Eis eingefrorenes Mammut, Schale eines Schneckenhauses.

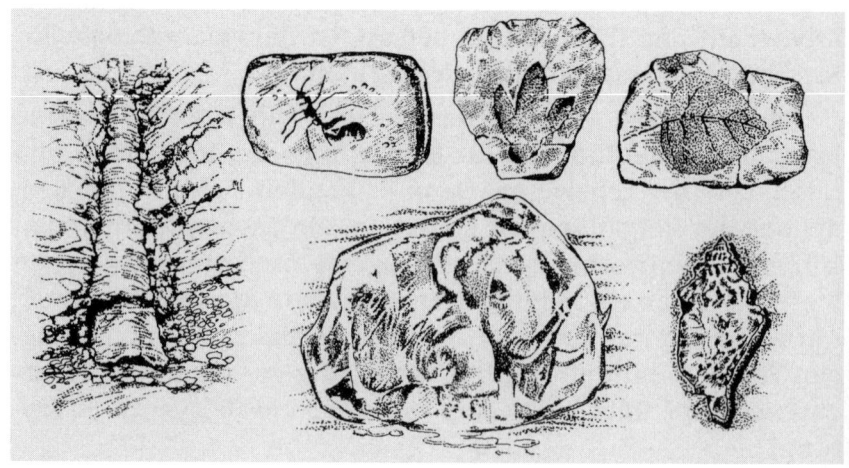

Von der biblischen Schöpfungslehre her motivierte Wissenschaftler neigen teilweise dazu, nur die Deutungsschwierigkeiten der Fossilüberlieferung für die Evolutionslehre hervorzuheben – und die zur Evolutionslehre passenden Daten unerwähnt zu lassen.[3] So entsteht bisweilen der Eindruck, der Fossilbericht habe die Evolutionslehre faktisch widerlegt und entspreche vollständig den Erwartungen der Schöpfungslehre. Zweifellos ist es vor dem Hintergrund einseitiger evolutionstheoretischer Deutungen (vor allem in Schulbüchern und popularisierenden Veröffentlichungen) notwendig, Evolutionskritik hervorzuheben, doch darf dies nicht auf Kosten der Ausgewogenheit gehen. Sonst würde derselbe Fehler einseitiger Information begangen werden, der z. B. vielen Schulbuchautoren und Lehrplanverfassern mit Recht vorgehalten werden muss.

Man würde es sich zu einfach machen, wollte man hinter grundverschiedenen Einschätzungen zur Frage um Schöpfung und Evolution *nur* weltanschauliche Gründe sehen (etwa: „Die Evolutionstheoretiker wollen eben Schöpfung nicht wahrhaben" oder: „Die Anhänger der Schöpfungslehre blenden alles aus, was nicht in ihr Konzept passt" usw.). Solche Gründe spielen zwar manchmal eine erhebliche Rolle in der Auseinandersetzung, doch sie liefern keine ausreichende Erklärung, weshalb es ein Für und Wider in dieser Frage gibt.

Vielmehr gibt es einerseits gewichtige Daten, die im Rahmen der Evolutionslehre schwer zu deuten sind, ebenso aber nicht weniger aussagekräftige Befunde, die leichter durch die Evolutionslehre als durch Schöpfung verstehbar sind, jedenfalls wenn man mit der Bibel von einer Schöpfung in sechs Tagen ausgeht. (Dass sich die Situation jederzeit durch neue Funde oder neue theoretische Überlegungen ändern kann, darf nicht vergessen werden.)

Manchen Leser mag überraschen, dass der Autor dieses Buches der Evolutionslehre in Teilbereichen plausible Deutungsmöglichkeiten zugesteht. Am Beispiel der Fossilüberlieferung wird deutlich werden, dass und weshalb diese Einschätzung berechtigt ist. Allerdings: „Plausible Deutung" heißt nicht „einzig mögliche Deutung", wie wir im ersten Kapitel gelernt haben. Die Feststellung, dass eine Theorie manche Daten plausibel deuten kann, schließt andere Deutungsmöglichkeiten nicht aus. Daher widerlegen evolutionstheoretische *Deutungen* an sich nicht die biblischen Inhalte. Wenden wir uns nun den konkreten Daten aus der Fossilüberlieferung des Lebens zu!

Im Wesentlichen treten einem in der Paläontologie zwei Sachverhalte entgegen, von denen einer der Schöpfungslehre und einer der Evolutionslehre deutlich größere Deutungsschwierigkeiten bereitet:

• Die Regelhaftigkeit der Fossilablagerungen

• Das durchgängige Fehlen von Übergangsformen.

8.3 Die Regelhaftigkeit der Fossilablagerungen

Die Fossilien finden sich in **Sedimentgesteinen** (durch Ablagerung entstandene geschichtete Gesteine) nicht in wahlloser Anordnung, sondern folgen einander in regelhaften Mustern, die weltweit korrelierbar sind, d. h. einander als zeitgleich zugeordnet werden können.[4] Nach dem gegenwärtigen Kenntnisstand ist dieser Befund sehr gut belegt. Abb. 66 gibt dazu einen Eindruck und Abb. 67 zeigt dies für die Wirbeltiergruppen. Damit ist beispielsweise gemeint, dass in tieferen Lagen Fische und andere Meeresorganismen vorkommen, jedoch keine Landlebewesen, in höheren dagegen auch Reptilien, denen noch weiter oben Säugetiere u. a. folgen. Menschliche Fossilien wurden bisher nur in den höchstgelegenen Schichten gefunden. Zur Fossilreihenfolge gehört z. B. auch der Befund, dass der sog. „Urvogel" *Archaeopteryx* unter den fossilen Vögeln ausgerechnet zu den (relativ) ältesten zählt. (Umstrittene, deutlich ältere und gleichzeitig „modernere" Funde müssen bis zu weiteren Klärungen außer Betracht bleiben.)

Dieser Befund gilt allerdings nur „im Groben". Wird der Fossilbericht feiner aufgeschlüsselt, indem die Fossilabfolgen innerhalb einer geologischen Formation (z. B. des Karbons, vgl. Abb. 66) untersucht werden, zeigen sich oft keine deutlichen Tendenzen.[5]

Vor diesem Hintergrund ist die Deutung durch Evolution zweifellos einleuchtend (wenn man einmal von Mechanismenfragen absieht; vgl. Kapitel 3). Das relative *Über*einander lässt sich durch ein zeitliches *Nach*einander des Auftretens und durch ein Abstammen *von*einander deuten. Die Abstammung voneinander wurde zwar nicht beobachtet (sie ist gar nicht beobachtbar), aber sie passt als *eine* Deutungsmöglichkeit ungefähr zum beobachteten Befund. So gesehen ist die Fossilreihenfolge ein gutes Argument für Makroevolution. Für die Schöpfungslehre stellt sich hier die Aufgabe, verständlich zu machen, weshalb diese Ablagerungsreihenfolge auftritt angesichts der Tatsache,

Abb. 66
Einige markante Beispiele der Regelhaftigkeit der Fossilablagerungen. Die weltweit in ähnlicher Weise aufeinanderfolgenden Schichtgesteine enthalten unterschiedliche charakteristische Lebensgemeinschaften. Dies gilt zurecht als eines der Hauptargumente für Makroevolution. Das Übereinander der Fossilien wird demnach als ein Voneinander-Abstammen interpretiert. Doch diese Deutung ist nicht zwingend. „Erste" bedeutet: Erstmalige fossile Überlieferung. (Näheres im Text.)

Quartär	Menschenfossilien
Tertiär	Säugetiere heutiger Grundtypen
Kreide	Dinosaurier sterben aus; bedecktsamige Blütenpflanzen
Jura	„Urvogel"
Trias	Erste fossile Dinosaurier
Perm	Fossile Reptilien nehmen zu
Karbon	Erste Reptilien; Bärlappbäume; Nacktsamer
Devon	Erste Amphibien
Silur	Erste Landpflanzen; Fische
Ordovizium	Kieferlose Fische
Kambrium	Kambrische Explosion: alle Tierstämme fossil vertreten
Präkambrium	Fast nur einfache fossile Formen (Einzeller, Algen)

Sedimentgestein: Gestein, das durch einen Ablagerungsvorgang entstanden ist.

dass die Lebewesen gemeinsam in der Schöpfungswoche (1. Mose 1) erschaffen wurden – eine schwierige Aufgabe, wie sich herausgestellt hat (damit befassen wir uns in Kapitel 10).

Offenbar beziehen sich diejenigen, die die Fossilien für ein starkes Indiz für Evolution halten, auf diesen Befund. Und wenn *nur* dieser Befund zugrunde gelegt wird, ist diese Überzeugung durchaus nachvollziehbar. Viele evolutionskritische Veröffentlichungen erwähnen diese wichtigen Indizien nicht – ein Versäumnis, das sich rächen kann. Denn es kann dem nicht informierten Laien passieren, dass ihn ein kundiger Gesprächspartner der Einseitigkeit überführt – das wäre kein gutes Zeugnis! Und ein Schüler, der beim Evolutionskurs halbwegs aufgepasst hat, weiß hier Bescheid. Die Fossilreihenfolge (wie beschrieben) ist eines derjenigen Argumente, die man sich leicht merken kann. Wir werden also sorgfältig argumentieren müssen, wenn wir anhand von Fossilbefunden Anstöße zum Hinterfragen des Evolutionsgedankens geben wollen.

8.4 Das durchgängige Fehlen von Übergangsformen

Nicht minder offenkundig als die Regelhaftigkeit der Fossilreihenfolge ist das durchgängige *Fehlen von Übergangsformen*. Die verschiedenen Hauptgruppen (Klassen, Stämme) tauchen im Fossilbericht bei ihrem jeweils ersten Auftreten in verschiedene Untergruppen (Ordnungen, Familien) differenziert auf. (Zur taxonomischen Einteilung s. Tab. 3, S. 110.) Von

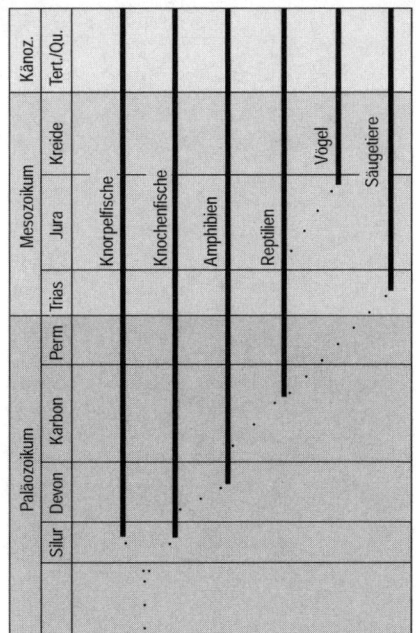

Abb. 67
Die verschiedenen Wirbeltiergruppen (Fische, Amphibien, Reptilien, Vögel und Säugetiere) treten nicht gleichzeitig in den Gesteinsabfolgen auf, sondern zeitlich gestaffelt. Die Übergänge sind jedoch fossil nicht dokumentiert (gestrichelte Linien). Tert./Qu. = Tertiär / Quartär.

Beginn ihres Auftretens lassen sich Fossilfunde in der Regel unterschiedlichen Familien zuordnen. Auf der Ebene der Familie gibt es kaum „Grauzonen" (Beispiel: Abb. 71). Das Familienniveau dürfte aber etwa dem Niveau der Grundtypen, also der geschaffenen Arten entsprechen (vgl. Kapitel 2). Das heißt: Von Beginn ihres (wenn auch häufig zeitlich gestaffelten, s. o.) Auftretens an sind die Fossilformen typgemäß unterscheidbar. Dies geht ebenfalls aus Abb. 67 hervor, wo die großen Übergänge gestrichelt dargestellt sind; das heißt sie sind fossil nicht oder unzureichend belegt (vgl. auch Abb. 68). Mehr oder weniger fließende Übergänge finden sich nur innerhalb der Familien oder Gattungen (also im wesentlichen innerhalb der geschaffenen Grundtypen). Dieser Befund ist nun wiederum leicht im Schöpfungsmodell deutbar, da hier Übergangsformen nicht erwartet werden.

Im Rahmen des Evolutionsmodells kommt dieser Befund dagegen unerwartet. Der Begründer der

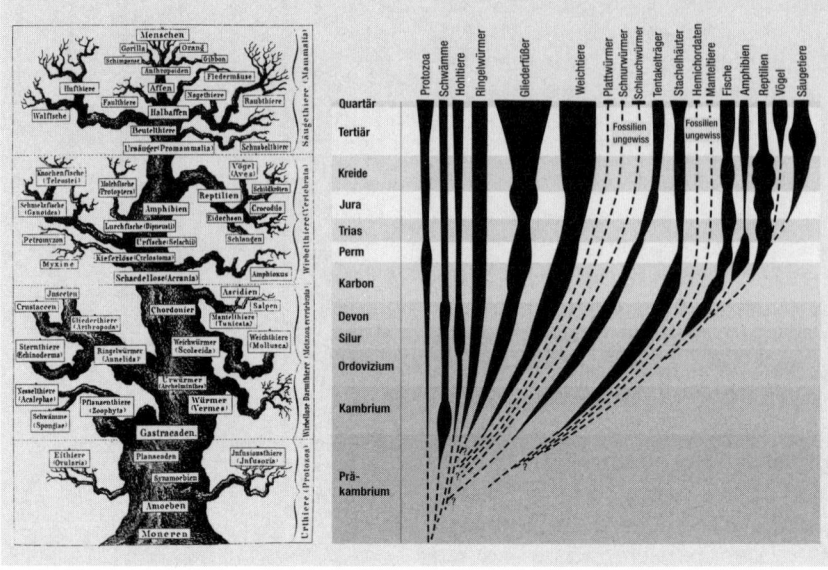

modernen Evolutionstheorie, Charles Darwin, hat dieses Fehlen von Übergangsformen sehr beklagt und die weitere paläontologische Forschung als Test angesehen, wie tragfähig seine Theorie ist. Er vermutete noch, das Fehlen von Übergangsformen könnte an der Lückenhaftigkeit der Fossilüberlieferung liegen und hoffte auf eine Lösung dieses Problems durch weitere Funde. Diese Hoffnung ist nicht erfüllt worden. Zwar wurden manche Formen gefunden, die von einigen Wissenschaftlern in eine evolutionäre Übergangsstellung gebracht werden, doch kann man in der Regel die Übergangsstellung mit biologischen Argumenten bestreiten (beispielhaft soll das weiter unten beim „Urvogel" *Archaeopteryx* dargestellt werden). Zudem aber ändern diese „übergangsformnahen" Organismen nichts am generellen Befund, dass auf dem Familienniveau eine deutliche Scheidung vollzogen werden kann. So kann zwar etwa der „Urvogel" als Modell eines Übergangs zwischen Reptiltypus und Vogeltypus gewertet werden; dennoch besitzt er insgesamt einen einzigartigen Körperbau und wird in eine eigene Vogelordnung gestellt.

Das Beispiel der Säugetiere

Als typisches Beispiel für die Überlieferungssituation von Fossilien betrachten wir die uns vertrauten Ordnungen der plazentalen Säugetiere (Säuger, die eine Plazenta besitzen; Abb. 69). Die Schichtenfolgen von Paläozän bis Pliozän (Abb. 69) sind Unterteilungen des Tertiärs (vgl. Abb. 66). Wir können der Dar-

Tab. 3 Die Lebewesen werden in einem hierarchisch aufgebauten System angeordnet. Die gröbste Einteilung des Tierreichs bilden die Stämme, es folgen Klassen (mehrere Klassen bilden einen Stamm), die Ordnungen, Familien, Gattungen und Arten. Dazwischen werden bei Bedarf weitere Feineinteilungen vorgenommen. Nachfolgend ein konkretes Beispiel.

Stamm	Chordatiere
Klasse	Säugetiere
Ordnung	Paarhufer
Familie	Rinderartige
Gattung	*Bos* (Rind)
Art	*Bos primigenius* (Hausrind)

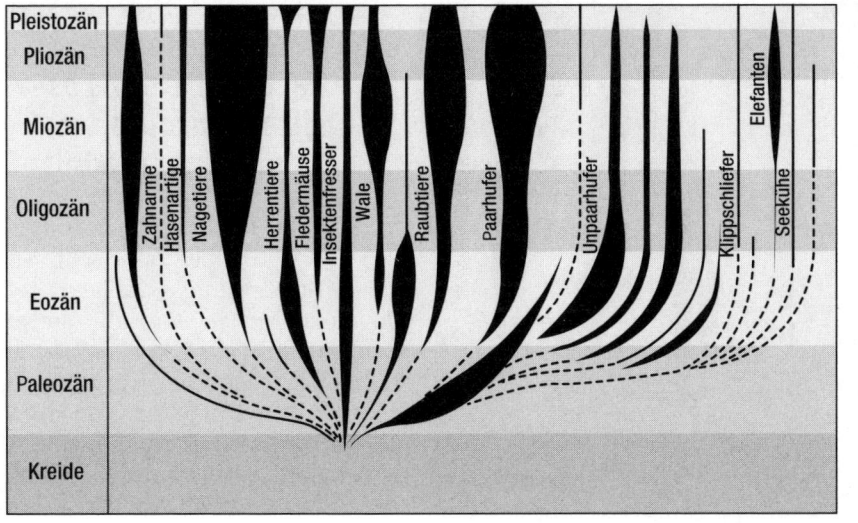

Abb. 69 Stammbaum der Plazenta-besitzenden Säugetiere (Plazentalier). Man müsste eher von einem „Busch" sprechen. Die schwarz gezeichneten spindelartigen Bereiche geben an, von welchen Ordnungen in welchem Ausmaß und in welchen Schichten fossile Überreste gefunden wurden. Die Schichtenfolge ist links angegeben.

Labels in figure (left to right): Zahnarme, Hasenartige, Nagetiere, Herrentiere, Fledermäuse, Insektenfresser, Wale, Raubtiere, Paarhufer, Unpaarhufer, Klippschliefer, Seekühe, Elefanten

Left axis (top to bottom): Pleistozän, Pliozän, Miozän, Oligozän, Eozän, Paleozän, Kreide

stellung zum einen entnehmen, dass die „modernen" Säugergruppen im wesentlichen erst ab dem Tertiär überliefert sind. Zum anderen zeigt sich, dass die einzelnen Ordnungen ohne verbindende Übergangsformen auftreten. Die Punktierung zeigt ebenso wie die Biegungen der spindelförmigen Darstellungen in Abb. 69 die evolutionstheoretische *Deutung* an, wonach alle Plazentatiere von einem gemeinsamen Vorfahren abstammen sollten. Diese Abstammungsverhältnisse sind aber durch Fossilfunde gerade nicht belegt. Der bekannte Biologe Simpson stellt dies mit den Worten fest: Die Überlieferungslücken gelten „für alle 32 Ordnungen der Säugetiere. In den meisten Fällen ist der Bruch so scharf und die Lücke so groß, dass der Ursprung der [jeweiligen Säuger-] Ordnung spekulativ und viel diskutiert ist ..."[6]

Diese Situation trifft nicht nur auf die plazentalen Säugetiere zu, sondern auf alle größeren Gruppen von Tieren und Pflanzen, wie ein Blick in paläontologische Lehrbücher schnell zeigt – die Stammbäume haben immer ein vergleichbares

Aussehen: aus einer vermuteten Wurzel entspringen „explosionsartig" zahlreiche verschiedene Gruppen (Abb. 70); die Vorläufer- und Übergangsformen fehlen.

Auf der Ebene der Ordnungen werden also keine Aufspaltungen der Typen gefunden, die sich in Form allmählich verzweigender Bäume darstellen lassen. Man könnte nun vermuten, dass *innerhalb* der Ordnungen, auf dem Familienniveau, ein solches Verzweigungsschema nachweisbar ist. Doch dies ist auch dort nicht der Fall (Beispiel: Abb. 71), und zwar wiederum fast durchweg, mit wenigen Ausnahmen (die eine detaillierte Betrachtung erfordern würden, was den Rahmen dieses Buches sprengen würde). Das heißt: Auch die Familien (etwa die Familien der Paarhufer, zu denen Rinder, Hirsche, Ziegen, Kamele, Schweine und andere Gattungen gehören; s. Abb. 71) lassen sich fossil von Beginn ihres Auftretens an gegeneinander abgrenzen. Das ermöglicht die Deutung, dass die Übergangsformen deshalb fehlen, weil es diese eben gar nicht gab, wie das im Rahmen des Schöpfungsmodells zu erwar-

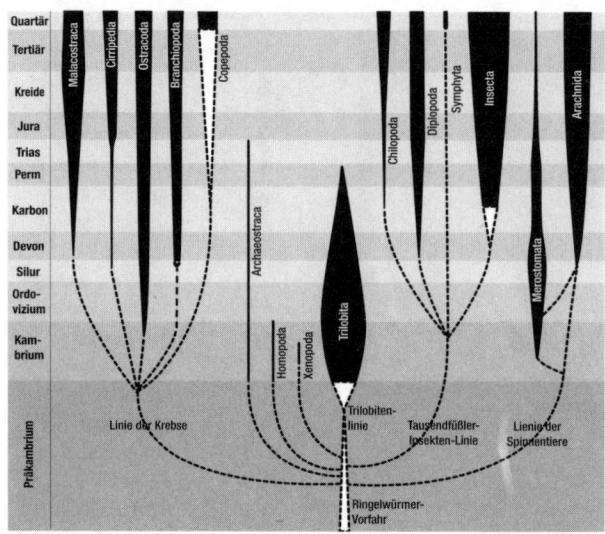

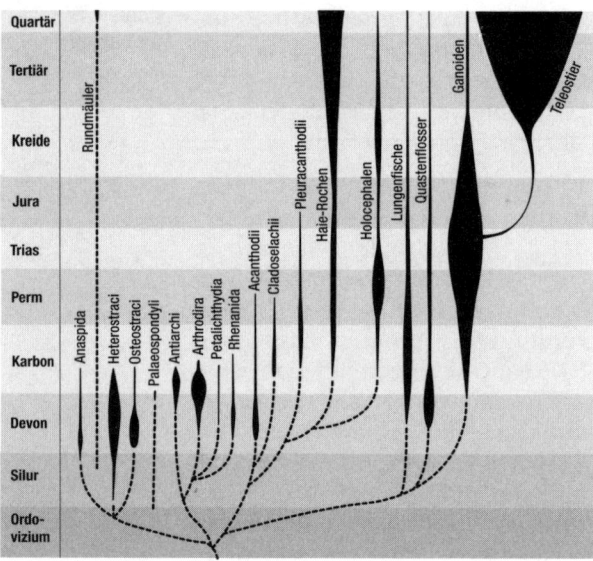

Abb. 70 Zwei weitere Beispiele von Stammbäumen, die keine Bäume sind. Oben: Wirbellosengruppen, unten: Fische. Die größeren Gruppen sind regelmäßig nicht durch Übergangsformen verbunden, die einzelnen Gruppen sind deutlich voneinander abgegrenzt. Die Strichlierungen zeigen Bereiche *ohne* Fossilfunde an und sollen vermutete evolutionäre Zusammenhänge andeuten.

ten ist. Auch im Fossilbereich ist eine Aufteilung nach Grundtypen nachvollziehbar.

Wie werden nun in den beiden konkurrierenden Modellen die jeweils „sperrigen" Daten gedeutet?

8.5 Deutung der Regelhaftigkeit der Fossilreihenfolge im Schöpfungsmodell

Wie bereits mehrfach festgestellt schließt eine schlüssige Deutung eines Befundes im einen Modell eine alternative Deutung nicht aus. Dieselben Daten können durchaus sehr verschieden deutbar sein. Es kommt also nicht unbedingt darauf an, die evolutionstheoretische Deutung zu Fall zu bringen (letztlich wird das kaum möglich sein), sondern zu zeigen, dass auch im Rahmen des Schöpfungsmodells die beobachteten Daten gedeutet werden können. Als Deutungsschlüssel für die Regelhaftigkeit der Fossilablagerungen wird die weltweite Sintflut, aber auch die Zeit davor und danach herangezogen. Eine der derzeit diskutierten Interpretationen lautet: Ein Teil der Fossilablagerungen ist während des Jahres der Sintflut entstanden, danach soll sich die Erde in weltweit ähnlichen regelhaften Abfolgen von Lebensgemeinschaften (**Mega-Sukzessionen**) wiederbesiedelt haben. Diese Wiederbesiedlungsstadien wurden durch lokale oder regionale Katastrophen durch Überschüttung mit Sediment konserviert. Die Regelhaftigkeit der Fossilablagerungen ergibt sich nach diesem Modell also aus Regelhaftigkeiten der Ausbreitung der Organismen auf der nachsintflutlichen Erde. Dabei dürften folgende Faktoren eine Rolle gespielt haben:[7]

• Verfügbarkeit von Lebensräumen in der Zeit nach der globalen Flutkatastrophe (zuerst werden dies meerische, dann Süßwasser- und erst später zunehmend Land-Lebensräume gewesen sein),

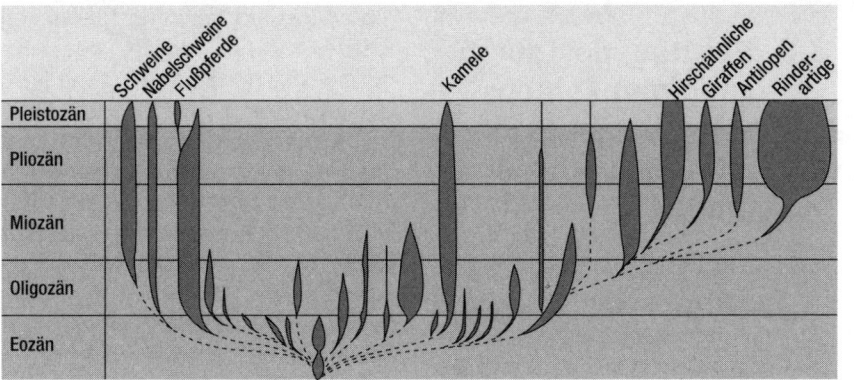

Abb. 71
Auch bei feinerer „Auflösung" des Fossilberichts lassen sich die Fossilfunde nicht baumartig darstellen, wie die Fossilüberlieferung der Paarhufer beispielhaft zeigt. Die Paarhufer sind in dieser Darstellung in die einzelnen Familien aufgeteilt. Auch die Familien lassen sich deutlich voneinander abgrenzen. Im Rahmen der Grundtypenbiologie der Schöpfungslehre entsprechen die Familien oft den Grundtypen, also den geschaffenen Arten.

Die Bildbeschriftungen: Schweine, Nabelschweine, Flußpferde, Kamele, Hirschähnliche, Giraffen, Antilopen, Rinderartige

Zeitabschnitte: Pleistozän, Pliozän, Miozän, Oligozän, Eozän

- Generationszeiten und maximale Ausbreitungsgeschwindigkeiten von Organismen (z. B.: kleine Organismen haben meistens kürzere Generationszeiten und können sich daher schneller ausbreiten als größere; unter den Primaten (Affen und Menschen) scheinen die kleineren Formen früher zu „erscheinen" als die größeren – dies würde in dieses Konzept passen),

- vielfältige ökologische Gründe (Abfolgen verschiedener Lebensgemeinschaften: Sukzessionen, Mega-Sukzession, s. o.),

- zahlreiche, jedoch in ihrem Ausmaß abklingende Katastrophen geologischer und biologischer Art, die zur Überlieferung (Fossilisierung) von „Momentaufnahmen" der jeweiligen Lebensräume geführt haben,

- Ausbreitung überlebender Populationen und Einwanderung von Organismen in diese zerstörten Gebiete.

Es wird also mit folgender Überlegung gearbeitet: Die Wahrscheinlichkeit, Fossilien aufzufinden, hängt von der Anzahl und der Verbreitung der betreffenden Organismen ab, diese wiederum von den zur Verfügung stehenden Lebensräumen. Wenn nun zunächst keine Säugetiere gefunden werden, so wird ein Zusammenhang darin gesehen, dass zunächst für diese Organismengruppe geeignete Lebensräume fehlten, so dass sie sich vorerst kaum ausbreiten konnten. Oder, was die Ausbreitung des Menschen betrifft: Menschenfossilien werden kaum gefunden, weil die nachflutliche Menschheit zunächst lokal sehr begrenzt war (Ararat-Gebiet, Naher Osten). Erst nachdem sich die Menschheit über dieses Gebiet hinaus in katastrophisch gefährdete Gebiete ausgebreitet und dort vermehrt hatte, stiegen die Chancen zur Fossilisation.

Es muss betont werden, dass es sich hier nur um ein hypothetisches Konzept handelt, das einige Befunde des Fossilberichtes deuten kann, viele Fragen jedoch unbeantwortet lässt. Vor allem erscheint es rätselhaft, dass nicht wenigstens in Ausnahmefällen z. B. Säugetiere auch in tieferen Schichten gefunden werden. Das wäre eigentlich zu erwarten, wenn auch nur als seltenerer Fall. Wir werden auf diese Problematik in Kapitel 10 zurückkommen.

Sukzession: Regelhafte Abfolge von Lebensgemeinschaften in einem Biotop, z. B. Wiederbesiedlungsabfolge nach einem Kahlschlag.

8.6 Deutung des durchgängigen Fehlens von Übergangsformen im Evolutionsmodell

Die Evolutionslehre hat andere Probleme. Das durchgängige Fehlen ursprünglich erwarteter Übergangsformen wird von vielen Paläontologen eingeräumt, jedoch nicht als ernsthaftes Indiz gegen die Evolutionslehre gewertet. Die Evolutionstheoretiker versuchen das Fehlen der Übergangsformen zu erklären. Ihre Erklärung baut im Kern auf eine ähnliche Argumentationsstrategie auf wie die der Schöpfungstheoretiker: Übergangsformen werden deshalb nicht gefunden, weil sie nur sehr gering an Zahl und räumlich sehr begrenzt waren. Außerdem sollen die Übergänge sehr schnell abgelaufen sein.

Führt dieser Erklärungsversuch zu schlüssigen Antworten? Die Antwort hängt wesentlich davon ab, ob ein Mechanismus aufgewiesen werden kann, durch den ein makroevolutionärer Übergang (also ein größerer „Umbau" oder „Neubau") überhaupt möglich ist und dazu noch relativ rasch (gemessen an den hier zugrundegelegten Jahrmillionen-Zeiträumen) und in einer kleinen Population vor sich gehen kann. Solche Vorgänge schneller Veränderungen sind in der Tat bekannt, aber sie rangieren nur im *mikroevolutiven* Bereich[8] und sind etwa den Veränderungen vergleichbar, die man durch Zucht herbeiführen kann. Die Übertragung dieser mikroevolutiven raschen Änderungen auf makroevolutionäre Prozesse ist reine Spekulation und unbegründet. Eine Reihe von Evolutionsbiologen räumt daher auch heute noch ein, dass das Problem der fehlenden Übergangsformen bisher nicht gelöst werden konnte.

8.7 Zwischenergebnis

Die Fossilüberlieferung bietet insgesamt gesehen kein eindeutiges Bild zur Ursprungsfrage. Die Grobreihenfolge der Fossilablagerung passt einerseits zu evolutionären Vorstellungen und bereitet der Schöpfungslehre Erklärungsschwierigkeiten, andererseits entspricht das regelhafte Fehlen von Übergangsformen und das abrupte Auftreten der Großgruppen von Tieren und Pflanzen nicht den Erwartungen der Evolutionslehre, kann aber im Rahmen der Schöpfungslehre plausibel gedeutet werden und ist dort zu erwarten.

Nachfolgend wenden wir uns einigen Beispielen der Fossilüberlieferung zu und befassen uns mit dem wichtigen Begriffspaar „Mosaikform – Übergangsform".

Abb. 72
Die Grenze zwischen dem Präkambrium und dem Kambrium (Pfeil) ist paläontologisch sehr markant. Im Kambrium treten zahlreiche Vertreter aller je bekannten Tierstämme meist in weltweiter Verbreitung auf; im Präkambrium finden sich nahezu keine Spuren möglicher Vorläufer. 5/6 der postulierten Evolution liegen daher weitgehend im Dunkeln.

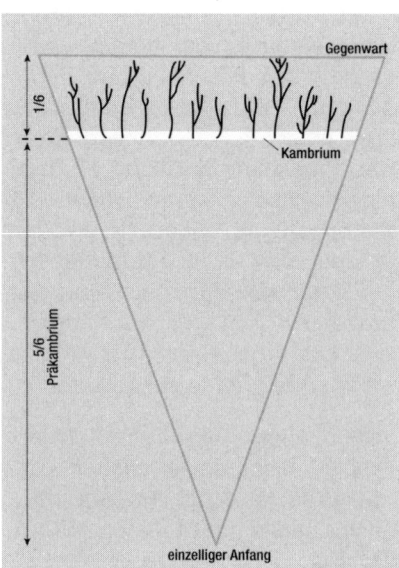

8.8 Die „kambrische Explosion"

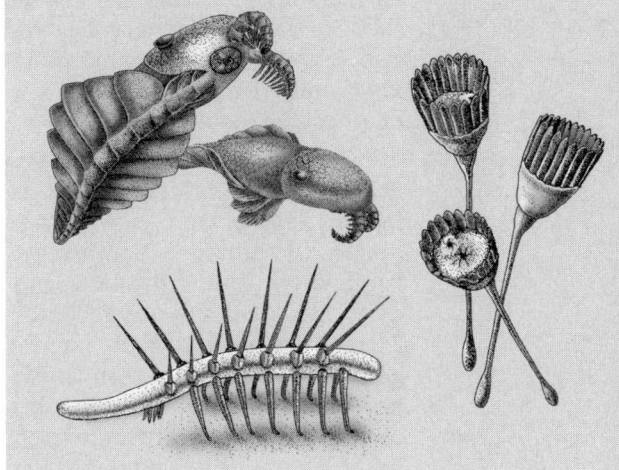

In der Paläontologie-Literatur wird das sog. „Präkambrium-Kambrium-Problem" beschrieben (vgl. Abb. 72 und 66). Es besteht darin, dass mit Beginn des Kambriums nahezu schlagartig weltweit Vertreter aller heute existenten und einer Reihe weiterer inzwischen ausgestorbener *Tierstämme* gleichzeitig und in verschiedensten Formen auftreten. Abb. 73 zeigt einige Beispiele. Die Tierstämme sind, wie in Tab. 3 gezeigt, die gröbsten Unterteilungen des Tierreichs. Es handelt sich also um die unterschiedlichsten Baupläne. Vorläuferformen für diese sehr verschiedenen Stämme wie Hohltiere (z. B. Quallen), Schwämme, Ringelwürmer, Plattwürmer, Weichtiere (zu denen Schnecken, Muscheln und Tintenfische gehören), Gliederfüßer, Chordatiere und andere wurden nicht gefunden. Präkambrische Organismenreste (unterhalb des Kambriums) unterscheiden sich sehr stark von den kambrischen und werden daher nicht als Vorläufer der Tierwelt des Kambriums angesehen, sondern als eigenständige und selbst erklärungsbedürftige Evolutionslinien. Manche Wissenschaftler sprechen daher von der „kambrischen Explosion des Lebens" oder sogar vom „Urknall der Paläontologie". Erst nach dem Kambrium können *innerhalb* der Tierstämme Regelhaftigkeiten eines Nacheinander-Auftretens festgestellt werden, die evolutionstheoretisch leichter gedeutet werden können (wie oben dargestellt).

Das heißt: Ausgerechnet die Entstehung der größten Unterschiede zwischen den Tiergruppen sind fossil am schlechtesten belegt. 1968 schreibt H. Wurmbach dazu: „Über das Aussehen und die Lebensweise der allerersten Organismen ist nichts bekannt. Am Beginn des Kambriums waren schon so hochentwickelte Tierformen vorhanden, dass zu ihrer Entstehung Hunderte von Millionen Jahren notwendig gewesen sein dürften."[9] An der Bewertung dieser Situation hat sich bis heute nicht viel geändert: „Wir sind von der vollständigen Erklärung dieser Ereignisse [der „kambrischen Explosion"] immer noch weit entfernt. Ihre Gründe bleiben vorerst noch das größte Rätsel der Paläontologie" (S. Conway Morris)[10]. Der berühmte Evolutionsbiologe Steven J. Gould vertritt die Auffassung, dass die Geschichte des Lebens die „Geschichte der massenhaften Beseitigung, gefolgt von einer Differenzierung innerhalb weniger über-

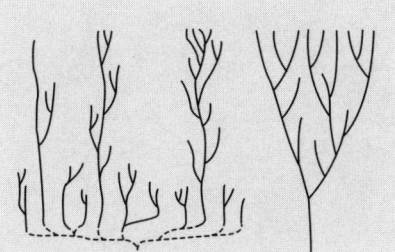

Abb. 73 Einige Beispiele kambrischer Tiere: *Anomalocaris* (oben), *Hallucigenia* (unten), *Dinomischus* (rechts). Die meisten kambrischen Tiere sind fremdartig, aber keineswegs primitiv.

Abb. 74 Der rechte Teil der Abbildung zeigt, wie das Aussehen eines evolutionären Stammbaumes aussehen sollte, wenn – wie die darwinistische Theorie besagt – Änderungen allmählich eintreten. Der linke Teil kommt der Realität erheblich näher: einzelne Tierstämme treten gesondert voneinander im Fossilbericht auf.

lebender Stämme" sei und nicht die „altbekannte Erzählung von stetig zunehmender Leistung, Komplexität und Vielfalt."[11] Abb. 74 verdeutlicht die Problematik.

Von diesem Problem ist in den Schulbüchern übrigens nichts zu finden: „Vor etwa 600 Millionen Jahren [Beginn des Kambriums] beginnt die Entfaltung eines reichen Tier- und Pflanzenlebens."[12] Dieser Satz verdeckt nicht nur das genannte Problem, sondern ist einfach falsch. Mit Beginn des Kambriums ist das Leben *plötzlich* in reichlicher Fülle und in weltweiter Verbreitung vorhanden.

8.9 Der „Urvogel"

Als das berühmteste Beispiel einer vermuteten Übergangsform zwischen Großgruppen von Lebewesen kann der sog. „Urvogel" *Archaeopteryx* (Abb. 75) gelten. An diesem Beispiel kann sehr gut gezeigt werden, dass es sowohl für die evolutionstheoretische als auch für die schöpfungstheoretische Deutung gute Argumente gibt und keine einfache, zwingende Bewertung vorgenommen werden kann.

Abb. 75
Der berühmte „Urvogel" *Archaeopteryx*, der geologisch früheste Vogel, daneben die separat gefundene früheste Feder. (Solnhofener Plattenkalk)

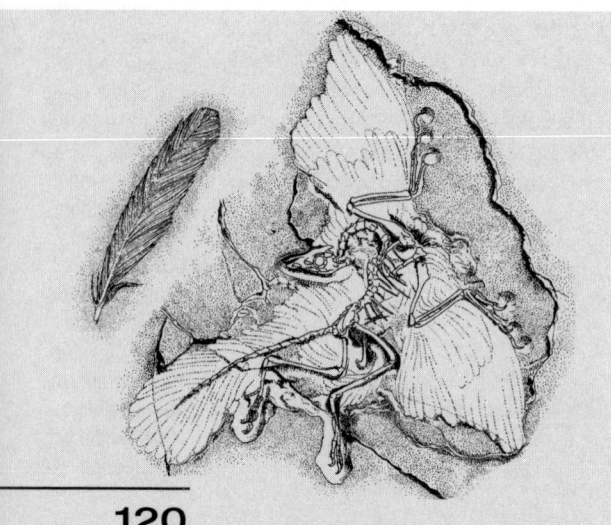

Was spricht für Evolution? 1. Zum einen handelt es sich bei *Archaeopteryx* um eine typische Mosaikform, denn der „Urvogel" besaß nicht nur vogeltypische Merkmale wie die Federn, sondern auch reptilienartige wie die Zähne oder die lange Schwanzwirbelsäule. Beides haben heutige Vögel nicht. Allerdings besaß *Archaeopteryx* zu viele außergewöhnliche Merkmale, um als Ausgangsform der anderen Vögel gelten zu können. Daher wird er nicht als direkter Vorfahr der Vögel angesehen, auf einen blinden Seitenast (Sackgasse) der Evolution gestellt und nur als „übergangsformnah" gewertet.

2. Die geologischen Schichten, in denen die *Archaeopteryx*fossilien gefunden wurden, passen gut zu den Erwartungen der Evolutionslehre, denn *Archaeopteryx* gehört zu den ältesten als Fossilien gefundenen Vögeln. Ältere Funde, die ebenfalls den Vögeln zugerechnet werden, sind in ihrer Deutung umstritten und müssen vorerst außer Betracht bleiben.

3. In den letzten Jahren wurden kleine Dinosaurier gefunden, die federartige Strukturen besitzen. Es wird diskutiert, ob sie als Vorläuferstrukturen für Vogelfedern gelten können. Die Diskussion ist in vollem Gange; es zeichnet sich aber ab, dass die bisherigen Funde von haar- und federartigen Strukturen bei Dinosauriern nicht mit Vogelfedern vergleichbar sind und auch nicht als „einfache Federn" bezeichnet werden können. Da die betreffenden Dinosaurier in jüngeren Schichten als der „Urvogel" gefunden wurden, passen sie nicht in eine Vorfahrenstellung.

Was spricht gegen Evolution oder für Schöpfung? 1. Den Oberjuraschichten, in denen *Archaeopteryx* entdeckt wurde, folgen Schichten (Unterkreide), in denen sehr verschiedene Vogelordnungen gefunden werden. Dazu gehören flamingoartige Vögel, Vögel mit ausgeprägtem Brustbeinkiel (gute Flieger, „hochentwickeltes" Merkmal) und sogar Pinguine, die das Flugvermögen nach dem Erwerb der Flügel wieder eingebüßt haben sollen. In den 1990er Jahren wurden in China zahlreiche Urvogelarten gefunden, die z. T. ausgesprochen „moderne" Merkmale besaßen. So hatte der sog. Konfuziusvogel (*Confuciusornis*) einen Hornschnabel (Abb. 76). (*Archaeopteryx* dagegen besaß einen bezahnten Kiefer.) Auch hier zeigt sich ein Befund wie auch bei anderen größeren Gruppen von Tieren oder Pflanzen: Viele sehr verschiedene Typen tauchen fast gleichzeitig oder in rascher Folge nacheinander auf. Von *Archaeopteryx* wird keine direkte Linie zu den kreidezeitlichen Vögeln gezogen.

2. Der Anschluss an Reptilienvorfahren ist bezüglich einiger Merkmale problematisch. Zwar passen viele Merkmale im Skelettbau zu einem Übergang von zweibeinig laufenden Dinosauriern (sog. Theropoden) zu Vögeln, doch passt beispielsweise der Bau der Dinosaurier-Lunge nicht dazu, denn sie kann aufgrund ihres besonderen Baus nicht in eine Vogellunge umgebaut werden. Weiterhin können die Finger der Dinosaurier nicht mit denen einer Vogelhand gleichgesetzt werden, da unterschiedliche Finger ausgebildet werden (bei den Theropoden: Finger I, II und III; bei den Vögeln: II, III und IV).

Außerdem treten die Theropoden fossil zu spät auf, um als Vorfahren der Vögel interpretiert werden zu können.[13]

3. Der Übergang von der Reptilschuppe zur Feder ist fossil nicht

Abb. 76
Der „Konfuziusvogel" (*Confuciusornis*) besaß wie heutige Vögel einen Hornschnabel, gilt aber in anderen Merkmalen als „urtümlich".
(Senckenbergische Naturforschende Gesellschaft)

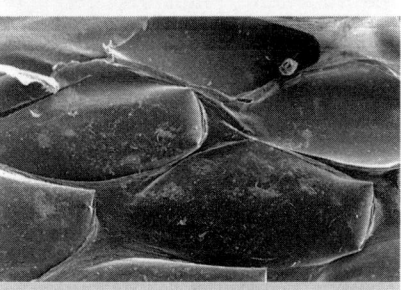

Abb. 77
Von der Reptilschuppe...

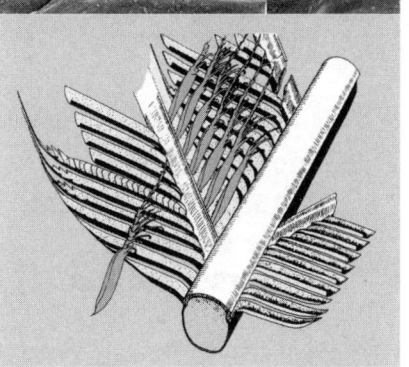

... zur Feder: ein durch Fossilfunde nicht belegter Übergang.

dokumentiert (Abb. 77). *Archaeopteryxfedern* entsprechen den Federn heutiger Vögel bis ins Detail. Da es sich um Hartstrukturen handelt, kann man erwarten, dass Lebewesen mit Übergängen von Schuppe zu Feder als Fossilien erhalten werden konnten. Die Federstruktur allein wäre im übrigen noch viel zu wenig, um fliegen zu können (und viel zu komplex für eine bloße Verbesserung der Wärmeisolierung im Vergleich zu Reptilschuppen). Zum

Fliegen werden außerdem (gleichzeitig) benötigt:

- Der Besitz eines Federkleides (sinnvolle Anordnung der Federn)
- Muskeln. Etwa 200 spezielle Muskeln werden zu Fliegen benötigt.
- Sehnen
- Nerven
- Blutgefäße
- neue Verhaltensweisen
- zusätzliche Gehirnteile (für die Flugkoordination)

Im Rahmen des Evolutionsmodells kann nach bisherigen Erkenntnissen nicht plausibel gemacht werden, wie eine *koordinierte* Änderung komplexer Strukturen auf der Basis der bekannten Evolutionsmechanismen (Mutation, Selektion u. a.) möglich sein könnte. Die neueren Dinosaurierfunde mit federartigen Strukturen helfen hierzu nicht weiter. Bislang ist noch unklar, welche Funktion diese Strukturen ausgeübt haben.[14]

8.10 Mosaikformen – Übergangsformen: eine wichtige Unterscheidung

Das Beispiel des „Urvogels" *Archaeopteryx* ist geeignet, um einen wichtigen Unterschied in den verwendeten Begriffen zu verdeutlichen, nämlich den Unterschied zwischen „Mosaikform" und „Übergangsform".

„Mosaikform" bedeutet: Ein Lebewesen besitzt eine Kombination von Merkmalen, die normalerweise zu verschiedenen Gruppen von Lebewesen gehören. So besitzt wie erwähnt *Archaeopteryx* Reptil- und Vogelmerkmale. Damit wird

zunächst nur *beschrieben*, was man beobachten kann. Eine *Deutung* ist damit noch nicht verbunden. Diese kommt erst ins Spiel, wenn man eine Mosaikform in den Rahmen eines Ursprungskonzepts stellt. Dies geschieht z. B. dadurch, dass eine Mosaikform als *evolutive Übergangsform* interpretiert wird, etwa den *Archaeopteryx* als Bindeglied zwischen Dinosauriern und Vögeln. Dies „sieht" man dem Urvogel nämlich nicht mehr an, sondern ist Ausdruck einer Deutung. Alternativ lassen sich Mosaikformen als eigenständige Grundtypen interpretieren. Bei Fossilien kann man dies natürlich nicht durch Kreuzungen überprüfen, aber in der Regel sind Mosaikformen deutlich von anderen Grundtypen im Gesamt-Erscheinungsbild abgrenzbar.

Aus diesem Beispiel folgt: Mosaikformen sind nicht automatisch evolutionäre Übergangsformen. Im Gegenteil: Oft können Mosaikformen gar nicht als Übergangsformen interpretiert werden. Das wird deutlich am Beispiel des Schnabeltiers (Abb. 78). Dieses seltsame Tier besitzt reptiltypische, säugertypische und einzigartige Merkmale (Tab. 4) – es ist eine Mosaikform *par excellence*. Dennoch kann es keine evolutive Übergangsform sein und wird von Evolutionstheoretikern auch nicht als solche angesehen. Denn eine Übergangsform darf nicht so viele spezielle und „fertige" Merkmale aufweisen. Wollte man das Schnabeltier als Übergangsform zwischen Reptilien und Säugetieren interpretieren, müsste man beispielsweise annehmen, dass zunächst ein bezahnter Kiefer zum eigenartigen Hornschnabel umgebaut wurde, dann aber die weitere Entwicklung in umgekehrter Richtung verlief, so dass der Hornschnabel wieder auf-

Tab. 4 Mosaikmerkmale des Schnabeltiers	
reptiltypisch: Kloake (gemeinsamer Ausgang für Darm und Eier), legt Eier, schwankende Körpertemperatur	
säugertypisch: Haarkleid, Milchdrüsen	
vogelähnlich: Hornschnabel	
weder - noch: Ruderschwanz, Schwimmhäute	

Abb. 78
Das Schnabeltier, eine seltsame Mosaikform (siehe Tab. 4)

gegeben wurde und ein Übergang wieder zum bezahnten Kiefer erfolgte. Das ist völlig unglaubhaft. Dazu kommt noch, dass manche spezielle Merkmale wie der Ruderschwanz nicht in eine Übergangsstellung passen. Das Schnabeltier zeigt beispielhaft: Ob eine Mosaikform als Übergangsform interpretiert werden kann, bedarf einer besonderen Begründung.

Eine Übergangsform muss sozusagen noch „offen" für viele mögliche Abwandlungsrichtungen sein. Doch solche Formen werden nicht gefunden. So stellte der Paläontologe Neil Shubin vor ein paar Jahren fest, dass Fossilien, die aus Zeiten stammen, in denen größere evolutionäre Übergänge erfolgt sein sollen, oft keine Zwischenausprägung von Merkmalen aufweisen, sondern ein „Mischmasch von typischen Merkmalen vieler verschiedener Gruppen" besitzen.

Mosaikformen gibt es in großer Zahl, sowohl unter den fossilen als auch unter den heute lebenden Formen. Sie können im Rahmen der Schöpfungslehre als eigenständige Grundtypen gedeutet werden. Manche können (nicht: müssen) als evolutionäre Übergangsformen interpretiert werden.

Wir können nun besser verstehen, weshalb es über die Existenz von Übergangsformen völlig entgegengesetzte Einschätzungen gibt, wie eingangs dieses Kapitels vermerkt wurde. Der Widerspruch löst sich zu einem großen Teil dadurch auf, dass der Unterschied zwischen „Mosaikform" (oder auch „Zwischenform") als *beschreibendem* Begriff und „Übergangsform" als *deutendem* Begriff beachtet wird. Dann gilt: Es sind zahlreiche Mosaikformen bekannt, aber nur wenige davon sind als Übergangsformen interpretierbar und selbst diese können alternativ auch als eigenständige Grundtypen gedeutet werden.

beschreibend	interpretierend
Mosaikform	Übergangsform
Zwischenform	Bindeglied
vereinigt Merkmale verschiedener Gruppen	Übergänge in Einzelmerkmalen

8.11 Weitere Beispiele

Der Unterschied zwischen Mosaikform und Übergangsform muss auch bei anderen bekannten Fällen behaupteter evolutionärer Übergänge beachtet werden. Wir sprechen einige Beispiele kurz an.[15]

Von den Fischen zu den Vierbeinern.
Der Schritt von Fischen auf das Land würde zahlreiche Änderungen erfordern: eine Lunge müsste entstehen, die Schuppenhaut der Fische müsste zur Drüsenhaut der Amphibien umgebildet werden, das Gliedmaßenskelett müsste erheblich umgebaut und Schulter- und Beckengürtel müssten entstehen. Der Bau der Wirbelsäule, die Muskulatur der Körperwand und vieles andere müsste den Erfordernissen der Fortbewegung auf dem Land angepasst werden. Darüber hinaus ergeben sich für Landtiere neue Anforderungen in der Fortpflanzungsweise, in der Sinneswahrnehmung, in der Ernährungsweise, im Stoffwechsel (z. B. bei der Ausscheidung) und im Wasserhaushalt. Viele Änderungen müssten Hand in Hand erfolgen.

Anhand von Fossilien können die betreffenden Merkmale nur teilweise beobachtet werden, da Weichteile in der Regel nicht erhalten sind. Die Aussagemöglichkeiten über den evolutionstheoretisch

Abb. 79 *Eusthenopteron*, ein ausgestorbener Quastenflosser, der als Modell für einen Vorläufer der Landwirbeltiere gilt.

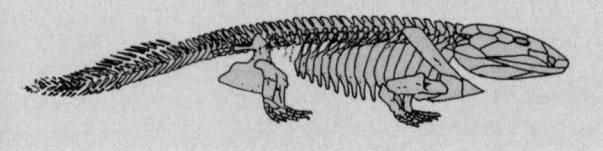

Abb. 80 *Ichthyostega*, gilt als primitives Amphib.

angenommenen Übergang vom Wasser ans Land anhand von Fossilien ist daher eingeschränkt. Als wahrscheinlichste Ausgangsgruppe für die Landwirbeltiere gelten fossile Quastenflosser (Abb. 79). Im Devon (vgl. Abb. 66) sollen periodische Trockenzeiten aufgetreten sein, in deren Verlauf die Quastenflosser austrocknende Gewässer verlassen mussten. Gesteuert durch diesen Selektionsdruck sollen einige Formen kräftige, durch Knochen verstärkte Flossen entwickelt haben, die sie befähigten, sich wenigstens über kurze Landstrecken zum nächsten Gewässer zu retten. Dieses Szenario ist weitgehend nur ein Gedankenmodell, das wissenschaftlich nicht überprüfbar und in der Fachwelt auch umstritten ist. Tatsache ist, dass der einzige heute noch lebende Quastenflosser *Latimeria* in der Tiefsee lebt und keine Hinweise liefert, dass die fleischigen Flossen zum Watscheln oder dergleichen verwendet werden. Tatsache ist weiter, dass alle Formen aus dem Übergangsbereich Fisch – Amphib entweder Fische oder Vierbeiner (z. B. Abb. 80) sind. Auch hier wurden zwar zahlreiche Mosaikformen gefunden, z. B. Fische mit einzelnen amphibienartigen Merkmalen. Es zeigt sich aber, dass ihre Vielfalt nicht in widerspruchsfreier Weise in einen Stammbaum eingebaut werden kann. Das evolutionstheoretische Problem besteht darin, dass die fossilen Formen immer wieder ein Mosaik aus sog. „primitiven" und sog. „fortschrittlichen" Merkmalen haben. So gilt beispielsweise der fossile Quastenflosser *Eusthenopteron* (Abb. 79) als relativ guter Kandidat für einen Vorläufer von Vierbeinern, doch manche Merkmale wie sein Becken sind so gestaltet, dass sie eher zu einem Vorläufer anderer Fische und nicht der

Amphibien passen. Die Flosse weist dagegen derartige Sonderanpassungen auf, dass man *Eusthenopteron* auch schwerlich als Vorläufer der Vierfüßer betrachten kann. Insgesamt wieder ein typisches Beispiel für eine Mosaikform, die nicht als evolutive Übergangsform interpretiert werden kann.

Entstehung der Wale. Mitte der 1990er Jahre und neuerdings im Jahr 2001 machten bemerkenswerte Funde walartiger Säugetiere von sich reden, die den Übergang von Landsäugetieren zu den Walartigen dokumentieren sollen. So wurde 2001 ein Vierbeiner der Gattung *Ichthyolestes* mit komplett entwickelten Gliedmaßen gefunden, der im Schädelbereich walartige Merkmale hat (Abb. 81). Klar, das ist eine Mosaikform. Aber damit ist keineswegs belegt, dass sich diese Form auf einem evolutiven Weg zum dauerhaften Leben im Waser befand. Andere Formen scheinen deutlich ans Wasserleben angepasst zu sein, besitzen jedoch einzelne Merkmale, die typisch sind für manche Landsäugetiere. Auch hierbei handelt es sich um Mosaikformen.

Pakicetus (Abb. 82) gilt als ältester fossiler Wal, er soll aber amphibisch gelebt haben. Im Schädelbereich gibt es einige Hinweise auf ein mindestens zeitweises Leben im Wasser. Neue Fossilreste erwiesen diese Gattung ebenfalls als Vierbeiner, der vermutlich amphibisch gelebt hat. Von einer anderen Gattung, *Ambulocetus*, sind ebenfalls viele Fossilreste überliefert: Teile des Schädels, des Achsenskeletts, sowie der Vorder- und Hintergliedmaßen. Große und kräftige Vorder- und Hinterbeine lassen eine Fortbewegung an Land, die vielleicht derjenigen der heutigen Walrosse entspricht, vermuten. Über die Fortbewegung im Wasser lässt sich nur spekulieren, da die für eine entsprechende Interpretation entscheidenden Teile des Skeletts nicht erhalten sind. So fehlt vom Becken jede Spur, und von der Wirbelsäule sind nur je ein Wirbel des Bauch- und des Schwanzbereichs erhalten (Abb. 83). Eine sichere Aussage über die Fortbewegungs- und Lebensweise ist damit praktisch unmöglich; die Deutung als mögliche Übergangsform ist daher unsicher.

Es gibt noch weitere Fossilien mit anderen Mosaikmerkmalen. Sie vermitteln den Gesamteindruck einer beachtlichen Fülle von Formen, die mehr oder weniger zahl-

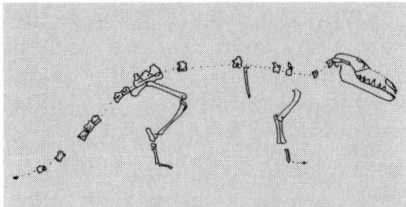

Abb. 81 „Urwal" *Ichthyolestes* – war das überhaupt ein Wal?

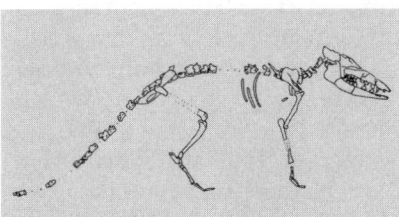

Abb. 82 Auch *Pakicetus*, der ca. 1,5m lange „Wal aus Pakistan", gilt wegen Schädelmerkmalen als Wal, obwohl er ein Vierbeiner war.

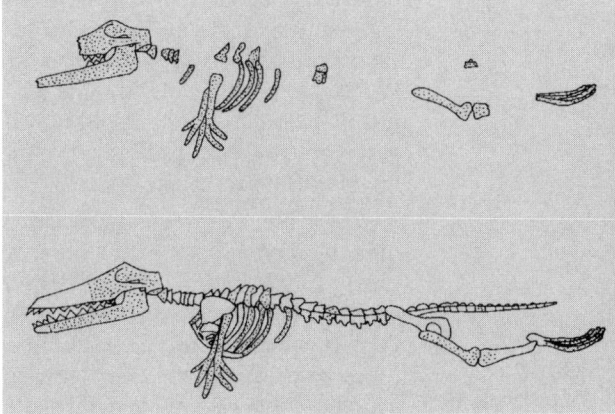

Abb. 83 *Ambulocetus*. Diese Gattung ist aufgrund des Fehlens wichtiger Skeletteile (oben) nur bedingt rekonstruierbar (unten); ob es sich um einen echten Wal gehandelt hat, muss offen bleiben.

reiche Walmerkmale haben. In diesem Sinne kann man sie als Indizien für eine evolutive Interpretation werten, zumal sie in solchen Schichten fossil überliefert sind, in denen man evolutionäre Übergangsformen erwarten kann. Allerdings ist es auch hier nicht möglich, die Formen in einen widerspruchsfreien Stammbaum einzuordnen, das heißt: je nachdem, welche Merkmale bevorzugt zugrundelegt werden, ergeben sich verschiedene Stammbäume. Diese Situation kann als Indiz dafür gewertet werden, dass die einzelnen Gattungen als eigenständige geschaffene Grundtypen angesehen werden können. Demnach gab es eine Zeit, als aufgrund passender Lebensbedingungen eine erheblich größere Formenvielfalt als heute leben konnte.

Trotz der zahlreichen Fossilformen bleiben Fragen nach der Art und Weise der erforderlichen gewaltigen Umbildung auf dem Weg ins Wasser offen. Auch hier muss man sich wie beim umgekehrten Weg – vom Wasser aufs Land – klar machen, dass ein solcher Übergang tiefgreifende Veränderungen im Bau und im Stoffwechsel der Tiere erfordert, die ineinander greifen müssen.

Die „Pferdereihe". Eines der bekanntesten Beispiele für Evolutionsabläufe, die durch Fossilfunde begründet werden, ist zweifellos die Pferdereihe (Abb. 84). Eine Reihe von Fossilien soll einen schrittweisen Übergang von kleinen vierzehigen über verschiedene Ausprägungen von größeren dreizehigen bis schließlich zu einzehigen Formen belegen. Neben manchen anderen Merkmalen im Körperbau soll sich parallel das Gebiss geändert haben (Abb. 85): von niederkronigen Zähnen, die zum Laubfressen geeignet waren, hin zu hochkronigen Zähnen mit spezialisiertem Zahnschmelz – geeignet zum Fressen und Zermahlen von Gras, welches durch Silikateinlagerungen vergleichsweise hart ist und die Zähne viel mehr beansprucht als Laub oder Obst.

Doch die Pferdereihe ist keine Abfolge allmählicher Veränderungen. Es gibt eine Fülle von fossilen Pferden, die häufig zeitgleich überliefert sind, so dass teilweise verschiedene Ausprägungen nebeneinander gelebt haben (vermutlich in verschiedenen Lebensräumen). Die Fossilien lassen sich daher eher buschartig darstellen. Geht man einzelnen Ästen dieses Busches entlang, stellt sich heraus, dass es manchmal Rückwärtsentwicklungen gibt, etwa wenn jüngere Formen nicht größer, sondern wieder kleiner werden. In anderen Fällen

Abb. 84
Die berühmte Pferdereihe. Von rechts: *Hyracotherium*, *Mesohippus*, *Merychippus*, *Pliohippus*, Grevy-Zebra.
(Staatliches Museum für Naturkunde, Karlsruhe)

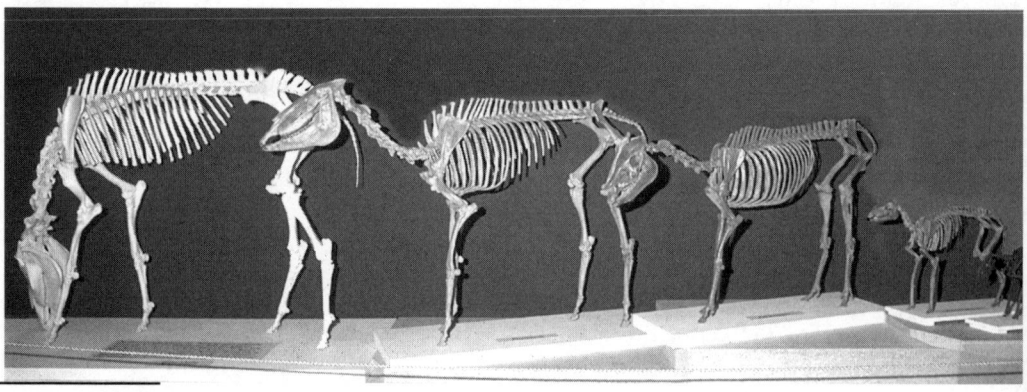

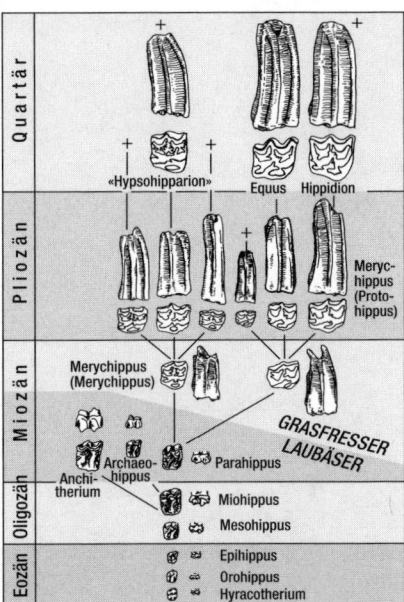

Quartär
Pliozän
Miozän
Oligozän
Eozän

«Hypsohipparion» Equus Hippidion

Merychippus (Protohippus)

Merychippus (Merychippus)

GRASFRESSER
LAUBÄSER

Archaeo-hippus Parahippus
Anchi-therium
Miohippus
Mesohippus
Epihippus
Orohippus
Hyracotherium

Abb. 85 Gebisse von Pferdeartigen der Pferdereihe. Zwischen den Laubäsergebissen und den Grasfressergebissen klafft ein deutlicher Unterschied im Bau der Zähne.

schwankt die Anzahl der Rippen unregelmäßig. Weiter ist zu beachten, dass es keine allmählichen Übergänge zwischen den verschiedenen Bein- und Zahntypen gibt, sondern deutliche Sprünge. Innerhalb der Bein- und Zahntypen gibt es durchaus Variabilität, die als Variation innerhalb von Grundtypen interpretiert werden kann (vgl. Kapitel 2). Möglicherweise lassen sich die vielen verschiedenen fossilen Pferdeartigen zwei oder drei Grundtypen zuordnen.

8.12 Zusammenfassung

Stammbäume, die den Namen „Baum" verdienen, existieren nicht. Die Darstellung der Fossilfunde in (evolutionstheoretisch orientierten) paläontologischen Lehrbüchern sind ausgeprägt buschartig, wobei die unteren grö-

ßeren Zweige und Äste fehlen (d. h. entsprechende Formen sind fossil nicht belegt). Das bedeutet: Es ist möglich, unter den Fossilien Grundtypen zu erkennen, d. h. einzelne Gruppen von Lebewesen sind nach fossil erhaltenen Merkmalen deutlich voneinander abgrenzbar. Dem widerspricht das zahlreiche Vorkommen von Mosaikformen nicht. Mosaikformen können genauso wie andere Lebewesen als geschaffene Arten interpretiert werden. In manchen Fällen erlauben Mosaikformen allerdings auch eine Interpretation als evolutionäre Übergangsformen. In diesen Fällen stehen sich die Grundtypdeutung und die evolutionären Deutungen als Konkurrenten gegenüber. Gleiche Daten – verschiedene Deutungen.

Fragen

Wie passen die Dinosaurier ins Schöpfungsmodell?

Die Dinosaurier (Abb. 86) erregen unter den Fossilien immer wieder besondere Aufmerksamkeit; sie wurden wegen ihrer bemerkenswerten Formenfülle und oftmals enormen Größe auch schon einmal als „Popstars der Paläontologie" bezeichnet. Paläontologisch gesehen kann zu ihnen Ähnliches gesagt werden wie zu anderen Fossilien. Die verschiedenen Grundtypen treten einerseits deutlich getrennt voneinander auf (es gibt auch hier keine allmählichen Stammbaumverzweigungen). Das spricht gegen Evolution. Andererseits sind die Gesteine, in welchen Dinosaurierfossilien vorkommen, älter als die Schichten, in denen solche Säugetiere überliefert sind, die auch heute noch vorkommen. Dieser Befund passt nicht befriedigend zur Schöpfungslehre und besser zur

Abb. 86
Einige Dinosaurier.
Linke Spalte: *Dei-
nonychus*, *Tricera-
tops*, *Plateosaurus*,
rechte Spalte:
Tyrannosaurus rex,
Stegosaurus
(jeweils von oben)

Abb. 87
Berühmtes Bei-
spiel eines
„lebenden Fos-
sils": der Qua-
stenflosser *Lati-
meria*. Er schien
vor 80 Millionen
Jahren ausge-
storben zu sein,
wurde dann aber
1938 bei Mada-
gaskar entdeckt.

Evolutionslehre (siehe Abschnitt
8.3). Denn dort wird angenommen,
dass es vor dem hauptsächlichen
Auftreten der Säugetiere ein Repti-
lienzeitalter (speziell auch ein Dino-
saurier-Zeitalter) gab. Das häufige
Vorkommen von Dinosauriern in
Schichten des sog. Mesozoikums
könnte aus schöpfungstheoretischer Sicht damit zusammenhängen, dass zu jener Zeit (vielleicht in
einer Wiederbesiedlungsphase
nach der Sintflut) die Lebensräume
für die Dinosaurier besonders groß
waren, während die Lebensräume
für die Säugetiere noch kaum entwickelt waren, so dass es damals
zahlenmäßig wenige Säugetiere
gab. Häufig vorkommende Organismen werden eher fossilisiert als sel-
tene. Doch kann es sich dabei nur

um eine mögliche Antwortrichtung
handeln, da wichtige Fragen offen
bleiben.

Sprechen „lebende Fossilien" gegen Evolution?

Manche Lebewesen, die als Fossilien überliefert sind, leben auch
heute (Beispiel: Abb. 87). Man nennt
sie daher „lebende Fossilien", was
eigentlich paradox ist. Lebende Fossilien haben sich – im Rahmen des
Evolutionsmodells argumentiert –
über riesige Zeiträume nicht nen-
nenswert verändert. Manche sollen
über viele Zehner oder sogar Hunderte von Millionen Jahren weitgehend unverändert geblieben sein.
Dennoch kann aus der zahlreichen
Existenz lebender Fossilien kein
zwingendes Argument gegen Evolution abgeleitet werden, denn es
wird evolutionstheoretisch argumentiert, dass ein Teil der Nachkommenschaft dieser Formen sich
verändert (weiterentwickelt) habe,
ein anderer Teil aber gleich geblieben sei (z.B. weil sich deren Umwelt
nicht geändert haben soll). Ob es
freilich möglich ist, für den konkreten Fall Lebensbedingungen zu

rekonstruieren, unter denen sich ein Teil einer bestimmten Art verändert hat, ein anderer dagegen nicht (und so zu lebenden Fossilien wurde), steht auf einem anderen Blatt.

Kann auf die Lückenhaftigkeit des Fossilberichts verwiesen werden, um das Fehlen von Übergangsformen zu begründen?

Schon Charles Darwin war sich des in Abschnitt 8.4 erläuterten durchgängigen Fehlens von Übergangsformen bewusst und war der Auffassung, dass seine Evolutionstheorie nicht haltbar sei, wenn diese Lücken nicht gefüllt werden könnten. Er verwies damals auf die Möglichkeit, dass einfach noch viel zu wenig Fossilien gefunden worden seien. Heute wird dieses Argument von Evolutionstheoretikern kaum noch gebraucht. Außer in besonderen Fällen ist es auch nicht glaubhaft angesichts von mindestens 250.000 gefundenen fossilen Arten und Milliarden fossiler Individuen. Durch die Vielzahl neuer Funde konnten manche Lücken zwar verkleinert werden; im Gesamtbild treten die Lücken jedoch vielfach noch deutlicher hervor als früher.

Warum behaupten manche Evolutionstheoretiker, es gebe zahlreiche Übergangsformen?

Es ist eine Bewertungsfrage, wann eine Form als Übergangsform angesprochen werden kann. Wie soll „Übergangsform" genau definiert werden? Das ist kaum in objektiver Weise möglich. Hier kann daher keine kurze Antwort gegeben werden. Vielmehr kommt man nicht darum herum, im Einzelfall die Datenlage genau zu prüfen. Ist etwa der „Urvogel" eine Übergangsform? Insofern, als er eine Mosaikform darstellt (mit vogel- und reptilienty-pischen Merkmalen) – ja. Insofern aber, als zwischen ihm und anderen Vogelgruppen deutliche Lücken klaffen oder dass es keine Übergangsformen zwischen Reptilschuppen und Federn gibt – nein.

Anmerkungen

[1] Niles Eldredge, In: A. Hallam (Hg.) Patterns of evolution as illustrated by the fossil record. New York, 1977.

[2] Mark Ridley, Who doubts evolution? New Scientist No. 90, 25. 6. 1981, S. 830-832.

[3] So z. B. Duane Gish in: Fossilien – Stumme Zeugen der Vergangenheit. Bielefeld, 1992.

[4] Die *absolute* Zeitstellung wird in Kapitel 11 thematisiert. Hier geht es nur um relative Zeitgleichheit.

[5] Dies wird an vielen Beispielen detailliert gezeigt in: R. Junker: Evolution früher Landpflanzen. Eine kritische Diskussion fossiler Funde. Studium Integrale. Neuhausen-Stuttgart, 1996; sowie in: R. Junker: Samenfarne, Bärlappbäume, Schachtelhalme. Studium Integrale. Holzgerlingen, 2000.

[6] zitiert nach W.-E. Lönnig, Kann der Neodarwinismus durch biologische Tatsachen widerlegt werden? Köln, 1991, S. 25.

[7] Nach R. Junker & S. Scherer: Entstehung und Geschichte der Lebewesen, Gießen, 1992, S. 154.

[8] Nähere Begründung siehe: R. Junker: Prozesse der Artbildung. In: S. Scherer (Hg.): Typen des Lebens. Berlin, 1993, S. 31-45.

[9] H. Wurmbach: Lehrbuch der Zoologie, Bd. II, Spezielle Zoologie, 1968, S. 45.

[10] S. Conway Morris: Die Burghess Shale-Fauna und die frühe Evolu-

tion der Tiere. Biologie in unserer Zeit 22 (1994), S. 263.

[11] S. J. Gould: Zufall Mensch. München, 1991, S. 23.

[12] Linder Biologie, hgg. v. H. Bayrhuber & U. Kull, Stuttgart, 20. Aufl. 1989, S. 459.

[13] Kritische Anmerkungen zum Übergang Dinosaurier – Vögel finden sich in: A. Weller: Vögel – gefiederte Dinos? *Studium Integrale Journal 9* (2002), S. 37-39; T. Rossmann: Befiederte oder behaarte Dinosaurier? *Studium Integrale Journal 9* (2002), S. 39-40.

[14] Näheres dazu ebenfalls in den in Anm. 13 genannten Artikeln.

[15] Ausführlichere Informationen zu diesen Beispielen finden sich in R. Junker & S. Scherer: Evolution – ein kritisches Lehrbuch. Gießen 2001, Kap. VI.13.3 und VI.13.7 sowie in: F. Zimbelmann: Amphibische Vorstufen der Walartigen? *Studium Integrale Journal 3* (1996), S. 26-29.

Weiterführende Literatur

- R. Junker & S. Scherer: Evolution – ein kritisches Lehrbuch. Gießen 2001, Kap. VI.12-13; VII.17.1
- R. Junker: Evolution früher Landpflanzen. Eine kritische Diskussion fossiler Funde. Studium Integrale. Neuhausen-Stuttgart, 1996. *(Es wird gezeigt, daß die Formenvielfalt der ältesten fossil überlieferten Landpflanzen nicht gut in Stammbaumform dargestellt werden kann. Fachlich anspruchsvoll.)*
- R. Junker: Samenfarne, Bärlappbäume, Schachtelhalme. Studium Integrale. Holzgerlingen 2000. *(Die fossil überlieferte Pflanzenwelt des Karbons zeigt im Großen und Ganzen keine deut-*

lichen Belege für Makroevolution. Fachlich anspruchsvoll.)

- M. Stephan: Neuere Forschungen zur Lebewelt im Kambrium und Jung-Präkambirum – ein Überblick. *Studium Integrale Journal 1* (1994), S. 4-11.
- F. Zimbelmann: Amphibische Vorstufen der Walartigen? *Studium Integrale Journal 3* (1996), S. 26-29.
- J. Fehrer & F. Zimbelmann: Neues über alte Vögel. *Studium Integrale Journal 5* (1998), S. 31-33.
- A. Weller: Vögel – gefiederte Dinos? *Studium Integrale Journal 9* (2002), S. 37-39.
- T. Rossmann: Befiederte oder behaarte Dinosaurier? Studium Integrale Journal 9 (2002), S. 39-40.

Medienhinweise

- „Fossilien, Evolution und Schöpfung". Unterrichtsentwurf zum Thema „Fossilien" für Schüler im Alter von ca. 13-18 Jahren. (SG Wort und Wissen, Artikel *B24*)
- „Geschaffene Grundtypen oder Evolution?" Unterrichtsentwurf zur Grundtypenbiologie für Schüler im Alter von ca. 13-16 Jahren. Das Thema „Fossilien" wird auch aufgegriffen. (SG Wort und Wissen, Artikel *BR23*)
- „Dinosaurier – faszinierende Geschöpfe". Vielfältige Unterrichtsideen für Kinder im Alter von 8-12 Jahren, vielseitig einsetzbar. (SG Wort und Wissen, Artikel *BS5*)
- Diaserie „Fossilien". Wichtige Beispiele von mutmaßlichen Übergangsformen sowie eine Reihe lebender Fossilien und einige Beispiele von Stammbaumdarstellungen. (SG Wort und Wissen, Artikel *D11, leihweise erhältlich*)

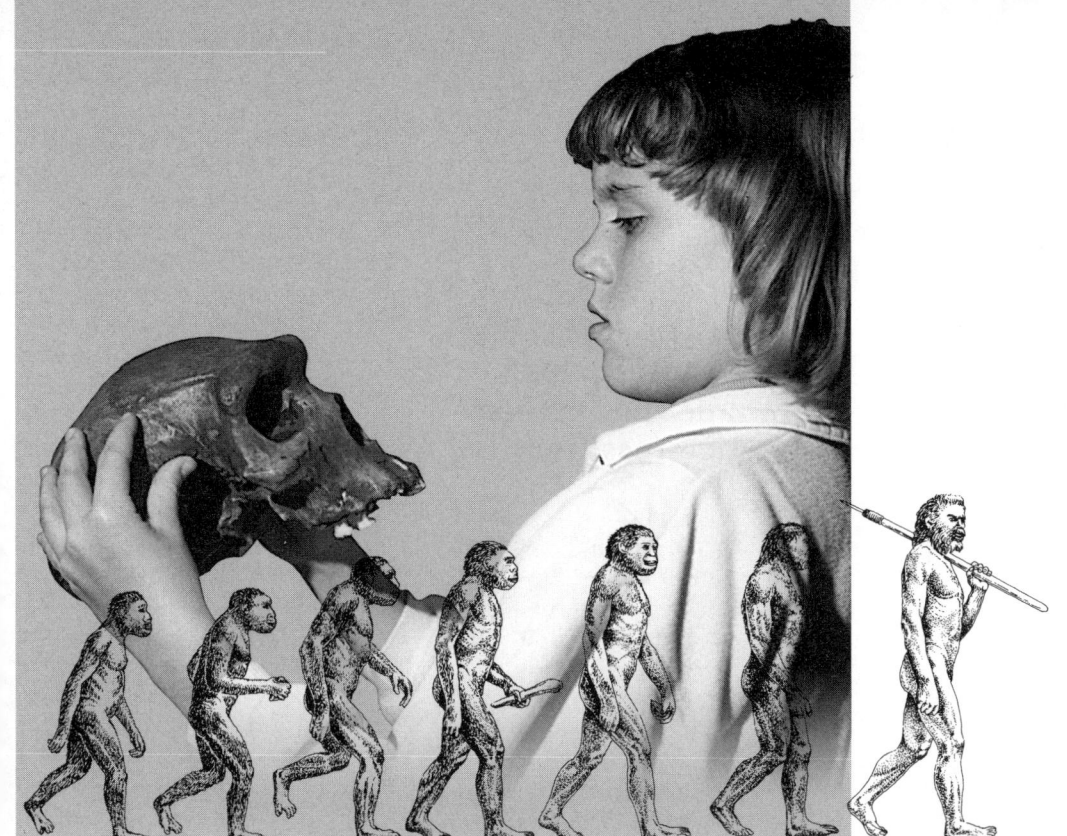

9. Kannte Adam den Neandertaler?

Die Auseinandersetzung um die Schöpfungsthematik wird oft besonders brisant, wenn es um den Menschen geht. Dann wird deutlich, dass wir persönlich betroffen sind – oder sein könnten, und es fällt oft nicht leicht, die Thematik mit innerem Abstand anzugehen. Umso wichtiger ist es, sorgfältig zwischen den objektiven Daten und den Interpretationen zu unterscheiden.

In diesem Kapitel geht es noch einmal um Fossilien, und zwar um solche Funde, die von Menschen stammen oder die sich nach den Vorstellungen von Evolutionstheoretikern sozusagen auf dem Weg vom Tier zum Menschen befinden.

9.1 Was ausgegraben wurde – menschenartige Fossilien

Wichtige Indizien zur Erhellung der Herkunft des Menschen sind zweifellos Fossilien (vgl. Kapitel 8). Fossilfunde gibt es auch von Menschen und Menschenaffen. Und die Evolutionstheoretiker sind überzeugt, dass es darüber hinaus auch Übergangswesen zwischen Menschenaffen und Menschen gegeben habe – „Affenmenschen". Für viele gilt die Existenz von Affenmenschen als fossil gut belegt.

Wir konzentrieren uns im folgenden auf diejenigen Fossilformen, die in der aktuellen Diskussion als die heißesten Kandidaten für eine solche Übergangsstellung zwischen Affen und Menschen gelten. Hier sind einerseits die Gruppe der *Australopithecus*-Arten und ähnliche Gattungen zu nennen, zum anderen menschliche Formen, die wie wir den Gattungsnamen *Homo* (Mensch) tragen (vgl. Abb. 88).

9.2 Die „Südaffen"

Für *Australopithecus* (Abb. 89, 90) gibt es keinen eingebürgerten deutschen Namen. Übersetzt bedeutet er ganz einfach „Südaffe". Diese Affengruppe erhielt ihren Namen nach der geographischen Region, in der der erste Fund gemacht wurde, nämlich Südafrika (1924 durch den Paläontologen Raymond Dart). In den Schulbüchern werden diesen Formen menschliche Merkmale zugeschrieben, vor allem der aufrechte Gang und ein menschenähnliches Becken, oder auch ein teilweise menschenähnliches Gebiss (Abb. 91). Zum Teil wird bei ihnen sogar Werkzeuggebrauch behauptet, doch das ist in der Fachwissenschaft nicht allgemein anerkannt, abgesehen von sehr einfachen Werkzeugen (geringfügig bearbeitete Gerölle). Tatsächlich sind diese Formen (man unterscheidet mittlerweile ca. zehn Arten) dem Menschen ähnlicher als die heute lebenden Menschenaffen – ein für die Evolutionslehre sprechendes Argument, das anerkannt werden muss. Auf der anderen Seite besitzt diese Gruppe so viele affentypische Merkmale (z.B. die Gehirnstruktur, Schnauze, Brustkorb, Schulterblatt, gekrümmte Zehen- und Fingerknochen), dass die Deutung als „Affenmensch" nicht gerechtfertigt ist. Dazu kommt, dass zahlreiche Merkmale in einer Ausprägung vorkommen, wie sie weder bei Menschenaffen noch beim Menschen vorkommen (Tab. 5). Diese Daten kommen in Schulbüchern und Museen kaum zur Sprache, werden aber in der Fachwelt intensiv diskutiert. *Australopithecus* befindet sich also nicht auf einem Weg vom Affen zum Menschen, sondern steht sozusagen abseits davon. Ein einfacher Einbau in einen gedachten Stammbaum vom Affen zum Menschen gelingt nicht. Das wird auch von manchen Evolutionstheoretikern eingeräumt, die deshalb nach geeigneteren Übergangsformen zwischen Menschenaffen und dem Menschen suchen (s. u.).

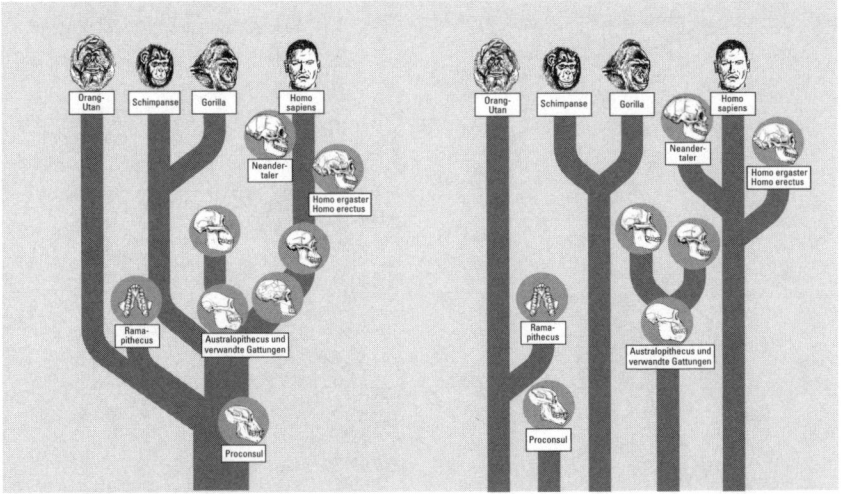

Abb. 88 Links: Vereinfachte Darstellung evolutionärer Abfolgen von Menschenaffen und Menschen; rechts: Abgrenzung der fossilen und heute lebenden Formen als (geschaffene) eigenständige (unverbundene) Grundtypen. Nach dem Grundtypmodell der Schöpfungslehre hatten die geschaffenen Grundtypen ursprünglich ein großes Potential für unterschiedliche Spezialisierungsrichtungen (vgl. Kapitel 2). Ob Schimpanse und Gorilla zum selben Grundtyp gehören, ist nicht bekannt.[1] Der Neandertaler und *Homo ergaster / erectus* sind nach dem Grundtypmodell echte Menschen und keine primitiven Vorstufen oder Übergangsformen.

Inzwischen hat sich auch herausgestellt, dass der zweibeinige Gang von *Australopithecus* nicht schreitend wie beim Menschen war, sondern sich deutlich davon unterschied. Möglicherweise stellte er nur eine gelegentliche Fortbewegungsweise dar. So sprechen die schon erwähnten Krümmungen der Finger- und Zehenknochen und Merkmale des Schultergürtels deutlich für eine Fortbewegung im Geäst (Abb. 92). Eine Übergangsstellung zwischen Affen und Menschen ist also mit dieser Fossilgruppe nicht erwiesen. Man kann vielmehr

Tab. 5 Zusammenstellung von Merkmalen von *Australopithecus*-Arten. In ihrer Gesamtheit passen sie nicht in eine evolutive Übergangsstellung zwischen Menschenaffen und Menschen.

menschenähnlich	affenähnlich	weder - noch
Form des Darmbeins	Gehirnstruktur	Breite des Beckens
	Schnauze	große Backenzähne
intermediär	Brustkorb	kleine Schneidezähne
relative Gehirngröße	Schulterblatt	kräftige Jochbögen
Kieferform	gekrümmte Finger- und	zweibeiniger Gang (anders als b. Menschen)
Proportionen der Gliedmaßen	Zehengrundglieder	

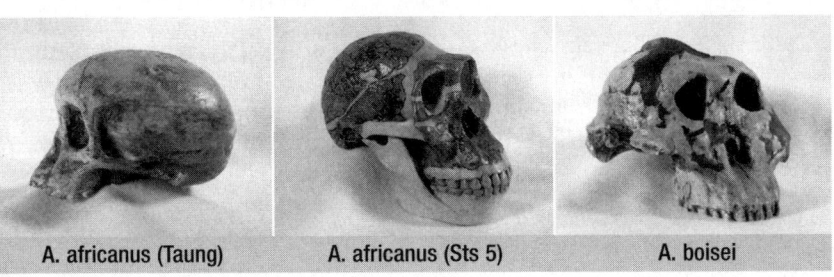

A. africanus (Taung)   A. africanus (Sts 5)   A. boisei

Abb. 89
Zwei Arten der ausgestorbenen Menschenaffen-Gattung *Australopithecus* (A.).

Abb. 90
Ein in den 1970er Jahren berühmtes *Australopithecus*-Fossil: die sog. „Lucy" (*Australopithecus afarensis*). Die aufrechte Rekonstruktion ist in der Fachwelt aber umstritten. Wahrscheinlich ging *Australopithecus* nur gelegentlich zweibeinig. Seine Fortbewegungsweise kann insgesamt kaum als Vorstufe zum schreitend aufrechten Gang des Menschen angesehen werden.

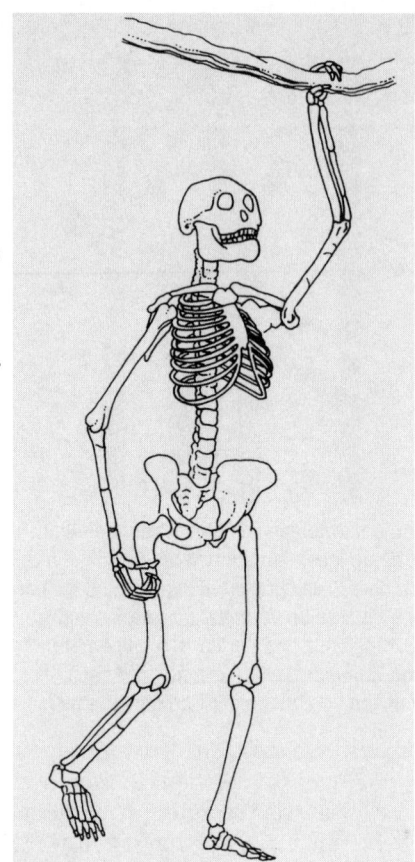

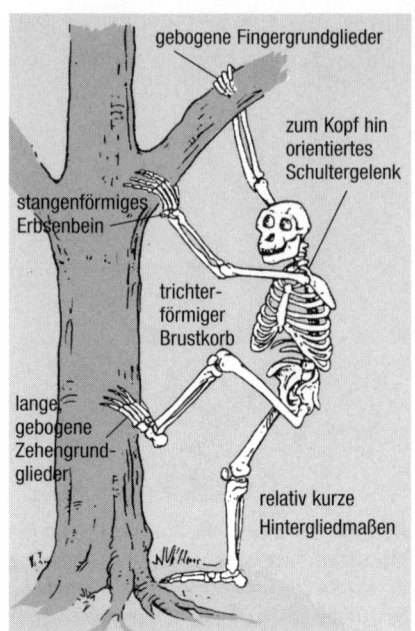

Abb. 92 Mögliche kletternde Fortbewegung bei *Australopithecus afarensis* und Merkmale, die für diese Fortbewegungsweise sprechen.

einen deutlichen Unterschied zum Menschen erkennen. Der Name „Südaffe" ist daher berechtigt, und im Schöpfungsmodell kann die gesamte Gruppe als eigenständiger ausgestorbener Grundtyp ohne Abstammungszusammenhang mit dem Menschen interpretiert werden.

9.3 Neue Funde: Vom Stammbaum zu „Grundtyp-Sträuchern"?

Neue „Urmenschen"-Funde bewegten die Fachleute zu Beginn des neuen Jahrtausends und haben zu bemerkenswerten Stellungnahmen in der Tages- und Wochenpresse geführt. Zu ihnen gehört der sog. „Millenium-Mensch" (Gattungsname *Orrorin*),

Abb. 91 Oberkiefer von *Australopithecus*. Die Kiefer*form* passt zwar in etwa in eine Zwischenstellung zwischen Menschenaffen (U-förmig) und Menschen (parabolisch), die Bezahnung jedoch nicht: man beachte, dass die Backenzähne sehr breit (Mahlzähne) und die Eckzähne sehr klein sind. Die Backenzähne sind breitkroniger als bei anderen Menschenaffen und beim Menschen, die Eckzähne kleiner als bei diesen Formen. Insgesamt ist das Gebiss einzigartig und kann nicht als Übergangsform interpretiert werden.

Labels in Abb. 92:
gebogene Fingergrundglieder
zum Kopf hin orientiertes Schultergelenk
stangenförmiges Erbsenbein
trichterförmiger Brustkorb
lange gebogene Zehengrundglieder
relativ kurze Hintergliedmaßen

der seinen Namen der Entdeckung im Jahre 2000 verdankt, und ein weiteres im Jahr 2001 veröffentlichtes Fossil mit dem neuen Gattungsnamen *Kenyanthropus* („Kenya-Mensch") (Abb. 93).

In beiden Fällen ist die Bezeichnung „Mensch" aufgrund des Körperbaus – soweit fossil bekannt – allerdings nicht gerechtfertigt und wird auch von evolutionstheoretischen Forschern sehr kritisch beurteilt. Hier muss man sich dessen bewusst sein, dass (fast) alles, was sich aus evolutionstheoretischer Sicht auf dem Weg zum Menschen befinden könnte, kurzerhand als „Urmensch" bezeichnet wird – insbesondere in Museen, in der Tagespresse und in populärwissenschaftlichen Fernsehsendungen.

In auffälligem Kontrast zur vermeintlichen Sicherheit, der Mensch stamme vom Affen ab, geriet das „Wie" schon seit den 1990er Jahren mehr und mehr ins Schwimmen. Schon damals führten neue Funde aus der Gruppe der sogenannten Australomorphen (*Australopithecus* und ähnliche Gattungen) dazu, dass der relativ einfache evolutionstheoretische Stammbaum vom Tier zum Menschen immer mehr „verbuschte" (Abb. 94). Die bekannten Fossilien ließen sich nicht recht in eine widerspruchsfreie Linie zum Menschen einordnen; bei jeder Art kommen Merkmale vor, die den jeweiligen Stammbaumdarstellungen widersprechen.

Die Vielfalt der Australomorphen lässt sich schon seit einiger Zeit im Sinne eines eigenen, sehr vielfältigen (geschaffenen) Grundtyps deuten. Das heißt: Der Grundtyp besitzt schöpfungsgemäß ein Repertoire an Merkmals-Ausprägungsmöglichkeiten, das sich durch Ausbreitung und Spezialisierungen in verschiedene Richtungen „stern-

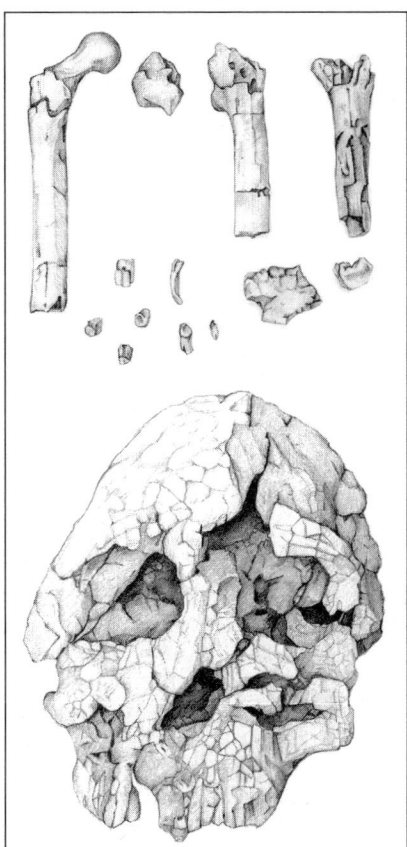

Abb. 93
Fossile Reste des „Millenium-Menschen" (*Orrorin*, oben) und des „Kenya-Menschen" *Kenyanthropus* (unten). In beiden Fällen ist die Bezeichnung „Mensch" nicht gerechtfertigt.

förmig" entfaltet (Mikroevolution; vgl. Kapitel 2 und 3). Beim Versuch, Stammbäume mit diesen vielen Formen zu entwerfen, äußert sich das in Merkmalswidersprüchen. Das heißt: Je nach Gewichtung der verschiedenen Merkmale ergeben sich unterschiedliche Stammbaum-Rekonstruktionen, und wenn man alle gleich gewichtet, resultiert daraus eine busch- oder sternförmige Darstellung (Abb. 95).

Die erwähnten neuen Funde machen das Gestrüpp sozusagen noch dichter, indem sie weitere neue Merkmalskombinationen präsentieren. Zudem rütteln sie aufgrund ihres Alters an konventionellen Vorstellungen zur Evolution des Menschen. Der auf 6 Millionen Jahre datierte „Millenium-Mensch" wäre viel älter als alle bisherigen

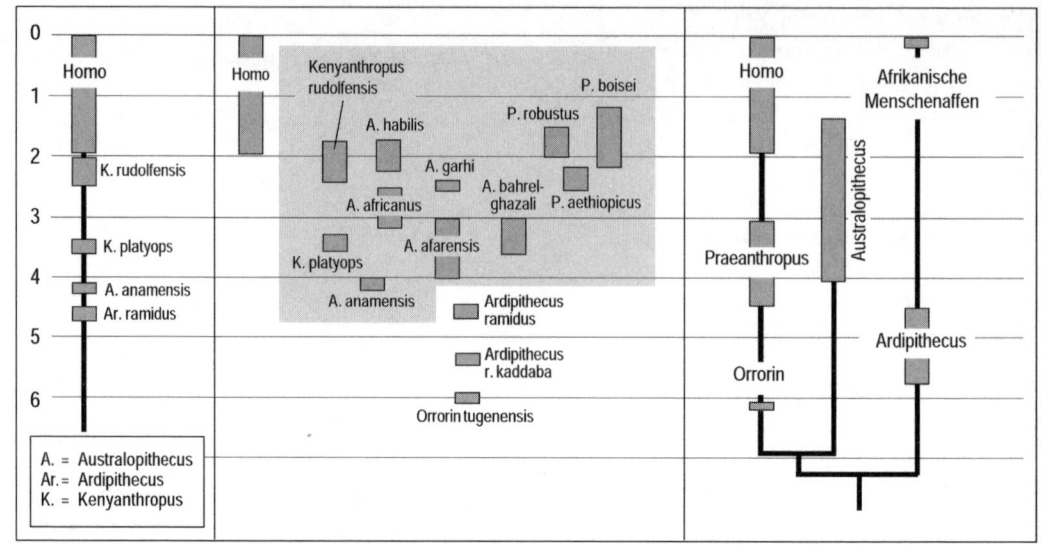

Abb. 94 Mitte: Die Vielfalt der Formen ist mittlerweile so groß geworden, dass der Stammbaum der Menschenartigen stark „verbuschte". Je nachdem, welche Einzelmerkmale für die Ermittlung von Abstammungsverhältnissen zugrundegelegt werden, ergeben sich verschiedene Verwandtschaftsbeziehungen; d. h. es zeigen sich Merkmalswidersprüche und zahlreiche Konvergenzen (vgl. Abschnitt 5.3). Alternativ kann diese Vielfalt im Grundtypmodell der Schöpfungslehre als Flexibilität (verschiedene Spezialisierungen) innerhalb des Grundtyps der *Australopithecus*-artigen gedeutet werden (eingerahmter Bereich). Die Stellung von *Orrorin* und *Ardipithecus* ist unsicher.

Links und rechts: Verschiedene evolutionstheoretische Abstammungsvorstellungen. Man beachte, dass die einstmals unangefochtene Übergangsform *Australopithecus* in der rechten Variante weitgehend auf einen ausgestorbenen Seitenzweig gestellt wird.

Abb. 95 Deutung der Vielfalt der Australomorphen als Grundtypaufspaltung. Ausgangsgruppe ist danach der geschaffene Grundtyp der Australomorphen, welcher eine große genetische Flexibilität besaß, die sich in zahlreichen unterschiedlichen Merkmalskombinationen zeigt. *(A. = Australopithecus)*

Formen aus dem Kreis der australomorphen Vorfahrenkandidaten und würde deshalb nicht die Linie Australomorphe – Mensch stützen. Auch *Kenyanthropus* wird mit 3,5 Millionen Jahren nach üblichen Datierungen als überraschend alt angesehen angesichts seiner spezialisierten („höherentwickelten") Merkmale, die man seitens der Evo-lutionstheoretiker erst für jüngere Formen erwartet hätte. (Auf die Datierungsproblematik gehen wir in Kapitel 11 ein.)

Angesichts dieser Situation schreibt der Wissenschaftler Henry Gee[2]: „Es wird immer deutlicher, dass die althergebrachte Vorstellung von der Menschheitsevolution

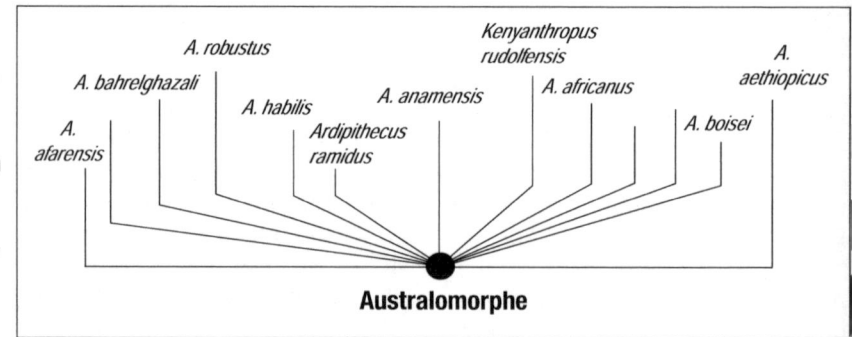

nicht der Realität entspricht. Eine Schritt für Schritt nachvollziehbare Wandlung von einem Affenwesen über immer menschlichere Zwischenstufen bis hin zum modernen Menschen hat vermutlich nicht stattgefunden – zumindest nicht in geordneter Reihenfolge. Stattdessen hat es offenbar anatomische Parallelentwicklungen bei den verschiedenen Linien der Vorfahren gegeben, und das auch noch zu verschiedenen Zeiten. Die Zuordnung neuer Skelettfunde wird für die Experten immer schwieriger."

Und Aiello & Collard kommentieren im renommierten Wissenschaftsjournal *Nature*: „Wahrscheinlich ist es vorerst am besten, die Benennung von Vorfahren zu vermeiden und eine einfache Teilung vorzunehmen: nämlich eine Teilung zwischen menschenähnlichen Formen mit altertümlichen Aspekten und solchen mit modernen Aspekten (*Homo sapiens* und die anderen *Homo*-Arten).

Diese Zweiteilung wurde von seiten der Schöpfungstheoretiker seit vielen Jahren vorgeschlagen: Die Australomorphen sind ein eigenständiger, sehr variabler (d. h. im Schöpfungsmodell: mit großer Variationsfähigkeit geschaffener) Grundtyp.[3] Dieser Grundtyp ist deutlich getrennt vom ebenfalls variablen Grundtyp des Menschen (*Homo*).

Dass *Kenyanthropus* trotz seines menschlichen Namens zu den Australomorphen gehört, ist wahrscheinlich, während *Orrorin* auch ein Vertreter eines anderen Grundtyps innerhalb der Menschenaffen sein könnte.

9.4 Der Neandertaler und der „aufrecht gehende Mensch"

Kommen wir zur anderen eingangs dieses Kapitels genannten Gruppe, den *Homo*-Arten. Auch hier werden verschiedene Ausprägungen unterschieden. Am bekanntesten ist zweifellos der Neandertaler (Abb. 96, 97), der wie wir den Namen *Homo sapiens* trägt (mit dem Unterart-Zusatz *neanderthalensis*; „Unterart" hat nichts mit „Untermensch" zu tun, sondern ist eine biologische Feineinteilung).

Der Neandertaler zeichnet sich durch eine Reihe von Merkmalen aus, die ihn von den heutigen Menschen in der Regel unterscheiden: Er hatte ein robustes Skelett, eine gedrungene Körperstatur, ein vorspringendes Mittelgesicht, ein relativ großes Gehirn und eine relativ langgestreckte Schädelform. Viele Zeitgenossen verbinden mit dem Neandertaler immer noch die Vorstellung von einem geistig unter-

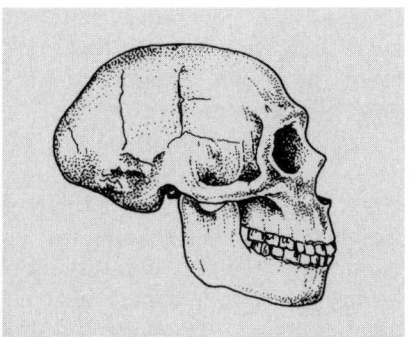

Abb. 96 (links) Neandertaler-Schädel

Abb. 97 Durchaus ernst gemeinte Rekonstruktion eines Neandertalers.

137

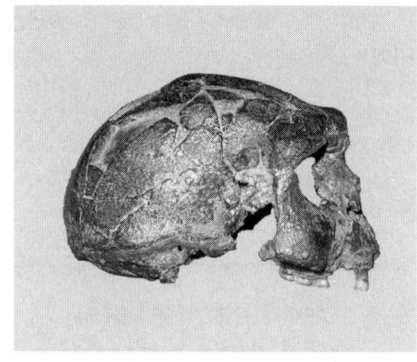

Abb. 98 Schädel von *Homo erectus*: Auffallend sind die Überaugenwülste, die flache Stirn, das fliehende Kinn, die etwas vorstehende Mundpartie und der relativ kleine Schädel.

Abb. 99 Gehirnvolumina von Gorilla, Schimpanse, *Australopithecus*, *Kenyanthropus* und dem Menschen (*Homo*).

entwickelten und bucklig gehenden Wesen. Doch diese Vorstellung ist schon lange überholt und wird auch unter Evolutionstheoretikern heute nicht mehr geteilt. Vielmehr ist inzwischen durch umfangreichen Formenvergleich gezeigt worden, dass die Körpermerkmale des Neandertalers vereinzelt auch bei heutigen Menschenformen vorkommen, wenn auch nicht in der typischen Neandertaler-*Kombination*. Es gibt keinen Beweis dafür, dass der Neandertaler „weniger entwickelt" gewesen wäre als der heutige Mensch. Manches spricht dafür, dass sein eigentümlicher, robuster Körperbau im Zusammenhang mit dem kalten Eiszeitklima steht, in dem der Neandertaler gelebt hat. Da der Neandertaler z. T. in gleichen Schichten vorkommt wie der „moderne" *Homo sapiens sapiens* und nicht älter datiert wird, schei-

det er auch aus diesem Grund als Übergangsform zwischen Affen und Menschen aus.

Etwas schwieriger ist die Situation bei *Homo erectus*, dem „aufrechtgehenden Menschen" (Abb. 98). Er hat eine ungewöhnlich kleine Durchschnittsgehirngröße, und manche anatomischen Merkmale sind in einer Weise ausgeprägt, wie sie bei heutigen Menschen nicht vorkommen (z. B. kräftige Überaugenwülste, fliehendes Kinn, vorspringende Kieferpartie, flache Stirn). Wie kann man diese Formen im Rahmen der Schöpfungslehre deuten? Zunächst muss berücksichtigt werden, dass die geschaffenen Arten und mit ihnen auch der Mensch nicht völlig unveränderlich waren (vgl. das über Grundtypen im 2. Kapitel Gesagte). Die Bibel sagt, dass alle Menschenformen von Adam und Eva bzw. nach der Sintflut von der Noahfamilie abstammen. Also wurde im Laufe der Zeit eine erhebliche Vielfalt ausgeprägt, wobei die Menschen natürlich immer Menschen waren. Wie diese Vielfalt entstehen konnte, wurde im 2. und 3. Kapitel erläutert. In diesem Sinne lässt sich auch *Homo erectus* deuten: als bestimmte Variante im Spektrum der Ausprägungsmöglichkeiten des Menschen. Das heißt: Die körperlichen Unterschiede zum heutigen Menschen oder auch zum Neandertaler sind nicht als evolutionäre Abstufungen oder Höherentwicklungen zu deuten, sondern als Ausdruck einer gewissen Flexibilität des geschaffenen Menschen.

Welche Indizien können wir für diese Sichtweise anführen? Zum einen liegen die Gehirngrößen des *Homo erectus* weitgehend in der Bandbreite heutiger Gehirngrößen (Abb. 99). So ungewöhnlich klein ist das Gehirn von *Homo erectus* also

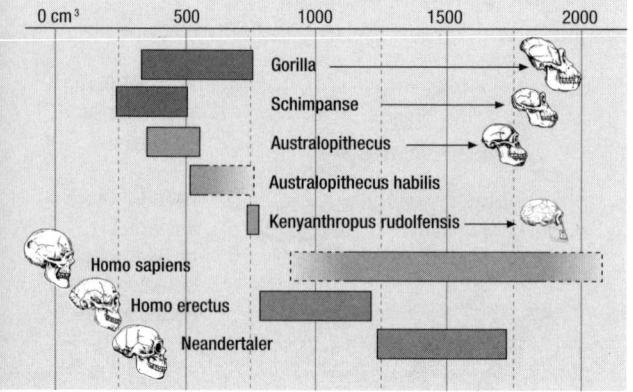

gar nicht. Möglicherweise steht die relativ geringe Gehirngröße im Zusammenhang mit klimatischen Verhältnissen, doch das ist nicht gesichert. Bemerkenswert ist weiter, dass die Gehirn*struktur* im Wesentlichen den Merkmalen der des heutigen Menschen gleicht (Abb. 100). Von diesen Daten her kann eine evolutionär tiefere Stellung des *Homo erectus* gegenüber dem heutigen Menschen nicht bewiesen werden. Ähnlich kann bei anderen Merkmalsunterschieden zum heutigen Menschen argumentiert werden: Die bei *Homo erectus* auftretenden von *Homo sapiens* abweichenden Merkmale wie Überaugenwülste, zurückstehendes Kinn, flache Stirn, vorstehende Mundpartie und andere finden sich in etwas schwächerer Ausprägung auch bei manchen heutigen Menschenformen, z. B. bei den australischen Ureinwohnern (Aborigines; Abb. 101). Es handelt sich also nicht um ganz unterschiedliche Merkmale, sondern um verschieden extreme Zustände derselben Merkmale. Daher ist die Vorstellung begründet, dass diese Unterschiede gar nichts mit Evolution im Sinne einer Höherentwicklung zu tun haben, sondern nur Variation auf der Grundlage des Erschaffenen darstellen.

Schließlich muss noch *Homo habilis* erwähnt werden, der sog. „fähige Mensch". Von dieser Form sind nur wenig Fossilien bekannt. Die Deutungen der oft schlecht erhaltenen Funde (vgl. Abb. 102) gehen in der Fachwelt weit auseinander. Daher war die Berechtigung der Existenz von *Homo habilis* immer umstritten. Im Jahre 1999 wurde diese Art schließlich offiziell bei *Australopithecus* eingeordnet – ebenso auch *Homo rudolfensis*, der später dann in die Gattung *Keny-*

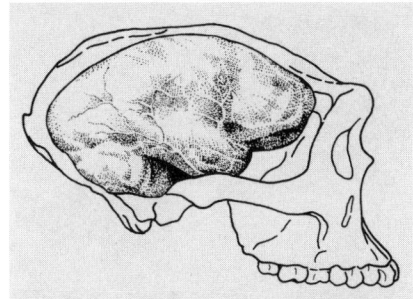

Abb. 100 Auf diesem Ausguss von einer Hirnschale eines *Homo erectus* sind die Eindrücke der Blutgefäße und der Gehirnwindungen zu erkennen. Sie erlauben in günstigen Fällen gewisse Rückschlüsse auf den Bau des Gehirns und damit auf bestimmte Fähigkeiten (z. B. Sprache).

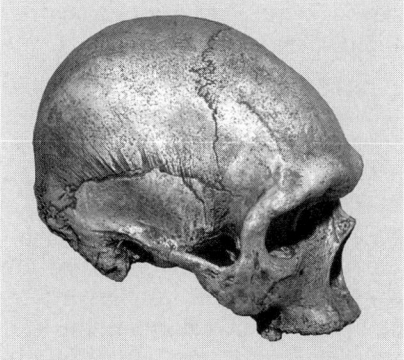

Abb. 101 Schädel eines australischen Ureinwohners mit Merkmalsanklängen an *Homo erectus* (vergleiche diese Abb. mit Abb. 98). Die Aborigines sind nicht weniger intelligent als andere Menschen.

anthropus verschoben wurde (s. o.). Die Ausgliederung dieser Formen aus der Gattung *Homo* war von Schöpfungstheoretikern schon vorgeschlagen worden[4]; sie kommt dem Grundtypmodell entgegen.

9.5 Die Menschenfossilien und die Zeit nach der Sintflut

Wie sind nun die vorgestellten Fossilfunde im Rahmen der biblischen Urgeschichte zu verstehen? Wie kann ein Zusammenhang mit dem Sündenfall und der Sintflut hergestellt werden?

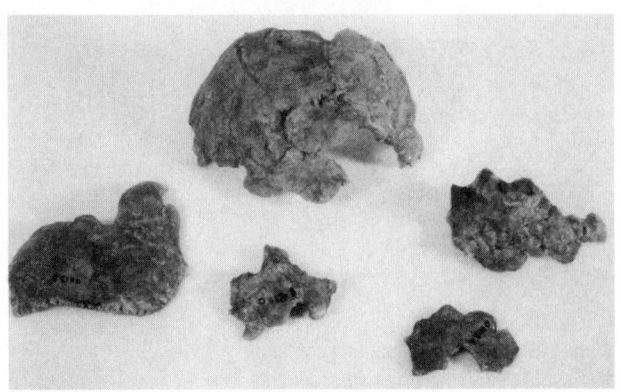

Abb. 102 Schädelteile des Fundes OH 13, der früher zu *Homo habilis* gestellt wurde (heute *Australopithecus habilis*).

Zunächst: Weder vom Paradies, noch von der Welt vor der Flut sind Überreste vorhanden; durch die Flut wurden das Land und seine Bewohner offenbar so sehr zerstört, dass davon keine Hinterlassenschaften mehr vorhanden sind.

Homo erectus, Neandertaler und alle anderen fossil bekannten Formen des Menschen sind als Nachkommen der Noahfamilie zu betrachten. Dagegen gehören die *Australopithecus*-Arten einem anderen geschaffenen Grundtyp an. Menschenfossilien werden in Gesteinsschichten gefunden, die vermutlich erst einige Jahrhunderte nach der Sintflut bei lokalen oder regionalen Katastrophen gebildet wurden. Möglicherweise handelt es sich bei den besonderen *Homo erectus*- und Neandertaler-Merkmalen um Sonderanpassungen an extreme klimatische Verhältnisse. So gilt der Neandertaler schon lange als kälteangepasst, während *Homo erectus* möglicherweise an ein heißes Klima angepasst war.

Die Reihenfolge der Fossilablagerungen (unten *Homo erectus*, weiter oben *Homo sapiens* und Neandertaler) kann im Rahmen der biblischen Urgeschichte als Folge verschiedener Ausbreitungswellen vom Nahen Osten aus (nach der Sintflut) gedeutet werden (vgl. Abb. 103). Die verschiedenen Formen

kann man wie folgt einordnen. In einer frühen Phase, vielleicht einige hundert Jahre nach der Sintflut, möglicherweise noch vor dem Versuch des Turmbaus zu Babel, wanderten erste kleinere Menschengruppen aus dem Nahen Osten Richtung Asien und Afrika aus. (Dies wird in der biblischen Turmbauerzählung zwar nicht ausdrücklich gesagt, doch ist die Motivation für den Turmbau gewesen, ein Zerstreuen der Menschheit zu verhindern, wie aus 1 Mose 11,4 hervorgeht. Demnach könnten schon einige Gruppen ausgewandert sein.) Sie lebten unter den nachflutlichen Bedingungen unter unwirtlichen Verhältnissen, die es ihnen nicht gestatteten, Hochkulturen aufzubauen. Es war ihnen nur möglich, Steinkulturen zu pflegen. Mehr und mehr wird deutlich, dass die kulturellen Leistungen des Menschen nicht von seinen geistigen Fähigkeiten abhängen, sondern von den Umweltbedingungen. Daher sollte man nicht von „Steinzeit" und „Steinzeitmenschen", sondern eben von „Steinkultur" sprechen. Steinkulturen gibt es bis heute, insofern gilt: „Steinzeit ist jederzeit."

Anatomisch (vom Körperbau her) wurden die nach Asien und Afrika zuerst abgesprengten Gruppen unter den dortigen Klimabedinungen zu den *Homo erectus*-Menschen, die uns aufgrund lokaler Katastrophen als Fossilien überliefert wurden. (Der Körperbau hat hier nichts mit geistiger Leistungsfähigkeit oder verschiedenen „Stufen" des Menschseins zu tun!)

Später (wohl nach dem gescheiterten Turmbau zu Babel) wanderten größere Gruppen wiederum nach Afrika und Asien, wo sie auf dort ansässige *Homo erectus*-Menschen trafen und sich mit ihnen vermischten; dadurch kam es zu

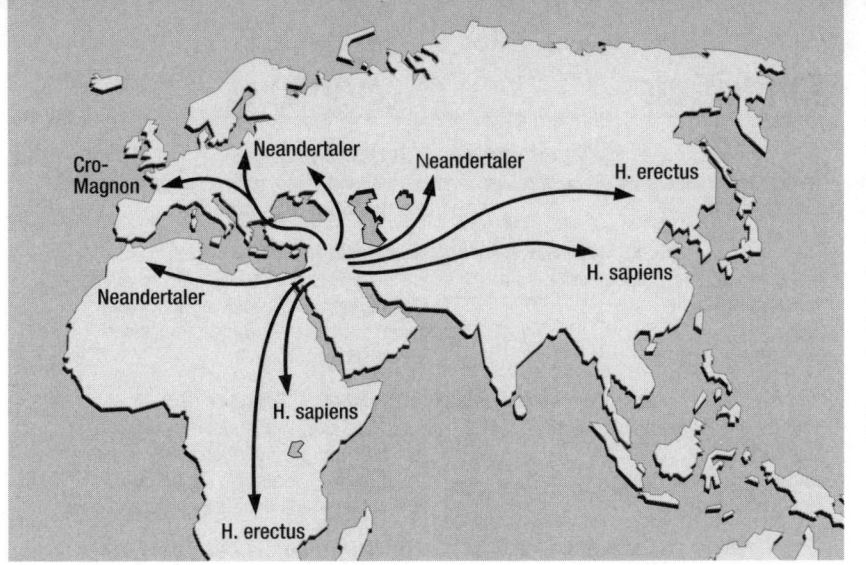

Abb. 103 Ausbreitungsrichtungen der nachsintflutlichen Menschheit. Vermutlich sind zeitlich gestaffelt Ausbreitungsströme in die angezeigten Richtungen gewandert. Kürzere Pfeile zeigen spätere Wanderungen an.

den „Mischformen". Auch diese späteren Auswanderer wurden gelegentlich katastrophisch verschüttet, sodass auch von ihnen Überreste gefunden werden.

Das Nacheinander der Schichtenabfolge ergibt sich also durch ein Nacheinander von Auswanderungswellen, nicht durch Auseinanderentwicklung im Sinne der Evolutionslehre.

Dem Nacheinander der anatomisch verschiedenen Menschentypen (*erectus / sapiens*) entspricht auch eine Abfolge von Werkzeugen. Auch dieses Nacheinander hat nach dieser Deutung nichts mit Höherentwicklung zu tun, sondern rührt daher, dass die *erectus*-Menschen – wie bereits erwähnt – aufgrund schwieriger Lebensbedingungen keine höherstehende Kultur verwirklichen konnten, während die späteren Einwanderer bessere Bedingungen vorfanden und daher technisch und kulturell mehr leisten konnten und auch Muße hatten, sich künstlerisch zu betätigen.

In diesem biblisch orientierten Deutungsrahmen kann auch der Neandertaler als vermutlich kälteangepasste Menschenform verstanden werden, die in nördliche Gebiete ausgewandert ist (man kennt Neandertaler aus Europa, Westasien, dem Nahen Osten und Nordafrika). Später ist er aus unbekannten Gründen ausgestorben.

9.6 Zusammenfassung

Die Formenvielfalt der menschenaffenartigen und menschlichen Fossilien lässt eine Abgrenzung von Menschen und nichtmenschlichen Formen zu. Überzeugende Bindeglieder zwischen Menschenaffen und Menschen wurden nicht gefunden. Die Gruppe der Australomorphen, die evolutionstheoretisch lange Zeit als heiße Kandidaten für eine Übergangsstellung zwischen Tier und Mensch interpretiert wurden, kann aufgrund ihres besonderen Merkmalsspektrums als variabler Grundtyp abgegrenzt werden. Neue Funde zu Beginn unseres Jahrtausends lassen selbst im Rahmen der Evolutionstheorie fragwürdig erscheinen, ob *Australopithecus* als Bindeglied zum Menschen hin interpretiert werden kann. Doch überzeugendere Formen für diese

Evolution	Schöpfung
Homo sapiens („Jetztmensch")	
Vorläufiges Ende der Evolution vom Tier zum Menschen	Die zahlenmäßig häufigste Ausprägung des Grundtyps Mensch
Homo sapiens neanderthalensis (Neandertaler)	
Seitenast auf dem evolutiven Weg vom Tier zum Menschen	Spezielle Form des Menschen; an ein kaltes Klima angepasst; Nachkommen Noahs; gehen auf erste Auswanderer aus dem Nahen Osten zurück
Homo erectus („Aufrechtgehender Mensch")	
Schon ziemlich menschliche Übergangsform; auf dem evolutiven Weg vom Tier zum Menschen	Spezielle Form des Menschen; vermutlich an ein heißes Klima angepasst; Nachkommen Noahs, gehen auf erste Auswanderer aus dem Nahen Osten zurück
Homo rudolfensis (1999 in Australopithecus rudolfensis und 2001 in Kenyanthropus rudolfensis umbenannt)	
Noch nicht sehr menschliche Übergangsform auf dem evolutiven Weg vom Tier zum Menschen	Gehört zum Grundtyp der Australomorphen (s. dort); nicht abstammungsverwandt mit dem Menschen
Homo habilis (1999 in Australopithecus habilis umbenannt)	
Noch nicht sehr menschliche Übergangsform; auf dem evolutiven Weg vom Tier zum Menschen	Gehört zum Grundtyp der Australomorphen (s. dort); nicht abstammungsverwandt mit dem Menschen
Australopithecus-Arten und ähnliche Formen (sog. „Australomorphe"; ca. 10 Arten)	
Oft (ungerechtfertigterweise!) als „Urmenschen" bezeichnet oder als „Affenmenschen" interpretiert; mittlerweile werden die meisten Formen jedoch auf einen evolutiven Seitenzweig und nicht mehr in die Vorfahrenlinie zum Menschen gestellt.	Vielseitiger, variabler ausgestorbener Menschenaffen-Grundtyp; nicht abstammungsverwandt mit dem Menschen
Kenyanthropus („Mensch aus Kenya")	
Neuer Kandidat für eine mögliche Übergangsstellung zwischen ausgestorbenen Menschenaffen und dem Menschen	Gehört zum Grundtyp der Australomorphen (s. dort) und ist kein Mensch (Name ist irreführend)
Orrorin („Millenium-Mensch")	
Neuer Kandidat für eine mögliche Übergangsstellung zwischen ausgestorbenen Menschenaffen und dem Menschen; da nur bruchstückhaft bekannt, bleibt Deutung vorerst relativ unsicher	Möglicherweise ein eigener ausgestorbener Grundtyp; da nur bruchstückhaft bekannt, bleibt Deutung auch hier vorerst relativ unsicher

Position gibt es auch nicht. Auch unter den eindeutig menschlichen Fossilien gibt es eine erhebliche Variabilität (*Homo sapiens*, Neandertaler, *Homo erectus* und andere), die als unterschiedliche Spezialisierungen des geschaffenen Grundtyps Mensch gewertet werden kann. *Homo erectus* und der Neandertaler könnten auf erste aus dem Nahen Osten nach der Sintflut ausgewanderte Gruppen von Menschen zurückgehen, die unter extremen klimatischen Bedingungen besonders spezialisierte Merkmale herausbildeten.

Sind nicht viel zu wenig Funde bekannt, um Rückschlüsse über das Aussehen fossiler Formen ziehen zu können?

Von *Australopithecus*, *Homo erectus* und dem Neandertaler ist jeweils eine ganze Reihe von Funden gemacht worden, z. T. an zahlreichen Lokalitäten in Afrika, Europa, dem Nahen und dem Fernen Osten; es handelt sich vor allem um Schädelteile, die am ehesten erhalten bleiben. Vom Neandertaler und von *Homo erectus* sind einige (fast) vollständige Skelette bekannt. Fossilien gibt es auch von *Homo sapiens*, welcher heutigen Formen am meisten gleicht. Der Körperbau kann daher recht sicher rekonstruiert werden.

Ist es möglich, dass aufgrund von Krankheiten und Missbildungen Fehlschlüsse gezogen werden?

Das ist zwar in der Tat möglich und wird bei einem Neandertaler-Fund auch vermutet, doch sind menschliche Fossilfunde zahlreich genug, dass die Aussagen über das Aussehen durch Daten genügend belegt sind. Mit dem Hinweis auf mögliche Missbildungen kann man nicht gegen Evolution argumentieren.

Kann das Aussehen der fossilen Formen überhaupt rekonstruiert werden?

Der Knochenbau ist je nach Erhaltungszustand u. U. sehr genau rekonstruierbar. Fehlende Teile können gemäß der vorliegenden Teile symmetrisch ergänzt werden, oder es ist möglich, durch Vergleich mit ähnlich gebauten heute lebenden Formen fehlende Teile zu ergänzen – ein Verfahren, das sich bewährt hat und bei dem in der Regel wenig Unsicherheiten bleiben. Ebenfalls kann der erfahrene Wissenschaftler Muskeln und Sehnen ergänzen, nicht jedoch Bindegewebe und Haut. Spekulativ bleiben Hautfarbe, Behaarung und Haarfarbe und der Gesichtsausdruck.

Spielt bei den Rekonstruktionen nicht die Phantasie eine größere Rolle als die Fakten?

Im Einzelfall mag das der Fall sein, wenn etwa nur wenig Fundmaterial vorliegt. Generell kann man aber nicht sagen, dass Rekonstruktionen stark von der Phantasie abhängen oder dass etwa Beweise erfunden werden, wo keine gefunden wurden.

Wurde nicht einiges gefälscht?

Außer dem bekannten Betrug mit dem „Piltdown-Menschen" (ein Menschenschädel wurde mit einem Affenunterkiefer zusammengesetzt) spielen Fälschungen in der Forschungsgeschichte keine erwiesene Rolle. Auch hier lassen sich keine Argumente gegen Evolution konstruieren, und mit Vermutungen oder gar Unterstellungen sollte man zurückhaltend sein.

Weshalb werden Menschenfossilien nur in den obersten Schichten gefunden?

Nach der biblischen Schilderung sind alle Lebewesen praktisch gleichzeitig (in der Schöpfungswoche) erschaffen worden. Daher stellt sich die Frage, weshalb verschiedene Gruppen von Lebewesen nacheinander, gestaffelt in der geologischen Schichtenfolge fossil überliefert sind (vgl. dazu Abschnitt 10.2), insbesondere, weshalb Menschenfossilien nur in den obersten Schichten gefunden wurden. Dazu folgende Überlegungen: Ist die Erwartung überhaupt sachgemäß, der überwiegende Teil der Lebewesen-Gruppen müsste fossil in den meisten Schichten zu finden sein? Es gibt Gründe aus der Sedimentologie (Bildung von Schichtgesteinen), dass nur ein Teil der Organismengruppen die Chance hatte, fossilisiert zu werden. Das gilt besonders für Landlebewesen und erst recht für den Menschen. Frühere erdgeschichtliche Katastrophen führten zum Aussterben vieler Arten, die nun als Fossilien vorliegen. Die heute lebenden Arten könnten diese Katastrophen in geschützten Lebensräumen überstanden haben. Erst danach wanderten sie in ihre heutigen Biotope ein. So lautete die um 1830 aufgestellte Hypothese von G. Cuvier, dem Begründer der Paläontologie. Dieses Konzept der fossil nicht überlieferten Lebensräume wird auch heute in der Geologie aufgegriffen, allerdings nur in besonderen Fällen.

Das späte fossile Erscheinen des Menschen könnte auf diese Weise erklärt werden. Demnach gab es den Menschen zwar schon, seit es Leben gibt (seit der Schöpfungswoche), doch wurde er, da er zunächst in kleinen Populationen in geographisch eng umgrenzten, vor Katastrophen geschützten Gegenden lebte, nicht fossilisiert. Erst später kam es durch klimatische Veränderungen zu ausgedehnten Savannenbildungen. Dadurch wurden weite Wanderungsbewegungen und Beutezüge des Menschen leichter möglich. Durch die Ausbreitung stieg auch die Wahrscheinlichkeit, dass Menschen bei Katastrophen umkamen und fossilisiert wurden.[5]

Sind primitive Werkzeuge Belege dafür, dass der Mensch früher nicht so hoch entwickelt war?

Ist ein Faustkeil ein „primitives" Werkzeug? Wer einmal versucht, ein solches Gerät herzustellen, wird feststellen, dass dem nicht so ist. Welche Art von Werkzeugen die Menschen in der Frühzeit ihrer Geschichte hergestellt haben, hing nicht notwendigerweise von ihren geistigen Fähigkeiten ab, sondern von den Möglichkeiten, die die damaligen Lebensbedingungen boten. Auch heute gibt es Menschen mit Steinkultur, die derjenigen von sog. „Steinzeitmenschen" erstaunlich ähnelt. Steinkulturen existieren parallel und zeitgleich zur hochtechnisierten Welt. „Steinkultur" ist nicht in erster Linie eine Frage der Zeit, sondern der Lebensumstände und kultureller Eigenheiten.

Weiter muss bei der Beurteilung von Werkzeugen bedacht werden, wofür sie verwendet wurden: handelt es sich um einen spontanen Einmalgebrauch oder ist ein Werkzeug für Dauergebrauch angefertigt worden? Natürlich können die Werkzeuge entsprechend sehr verschieden aussehen. Das ist heute nicht anders.

Wie sind die menschlichen Fossilien wie der Homo erectus in die biblische Urgeschichte einzuordnen?

Aus geologischen Gründen (Näheres dazu in Kapitel 10) sind alle menschlichen Fossilien aus biblischer Sicht in die Zeit nach der Sintflut einzuordnen. Man kann vermuten, dass die Neandertaler sich aus frühen Auswanderern entwickelt haben, die in nördlichen Regionen in kalten Klimazonen gelebt haben (Spezialisierung nach Art der in den Abschnitten 2.3 und 2.5 beschriebenen Vorgänge). Formen wie *Homo erectus* könnten als Anpassungen an heiße Klimata interpretiert werden. Die nachsintflutliche Menschheit war genetisch noch recht variabel (vgl. Kapitel 2), so dass sich daraus auf mikroevolutivem Wege im Gefolge von Abwanderungswellen aus dem Nahostgebiet die verschiedenen Formen bilden konnten.

Woher nahm Kain seine Frau?

Die Bibel erwähnt, dass Adam und Eva außer den namentlich genannten Nachkommen, Kain, Abel und Seth noch „Söhne und Töchter" hatten (1. Mose 5,4). Wie viele es waren, wird nicht gesagt; es können viele gewesen sein. Aus ihnen oder aus deren Nachkommen konnte Kain seine Frau bekommen. Das Inzuchtproblem (Verwandtenehen) gab es damals noch nicht, da das Erbgut sicher noch keine nennenswerten Schäden hatte, so dass Verwandtenehen biologisch gesehen keine Gefährung für die Gesundheit des Nachwuchses bedeuteten. Heute ist das wegen vieler mittlerweile angesammelter Erbschäden anders. Das biblische Inzuchtverbot wurde erst viel später gegeben.

Die Bibel gibt keine näheren Zeitangaben darüber, wann Kain geheiratet hat und wann er eine Stadt gründete. Letzteres erfolgte offenbar zu einer Zeit, als sich die Menschheit schon stark vermehrt hatte. Man muss in diesem Zusammenhang bedenken, dass die Menschen damals sehr lange lebten, so dass eine Bevölkerungszunahme besonders schnell erfolgen konnte. Damit kommen wir zur nächsten Frage.

Sind die hohen Menschenalter, die die Bibel überliefert, biologisch denkbar?

Bis heute ist ungeklärt, weshalb der Mensch (und mit ihm alle Geschöpfe) altert. Zwar ist bekannt, dass das Altern z. B. darauf zurückzuführen ist, dass irgendwann die Körperzellen sich nicht mehr teilen und damit nicht mehr ersetzt werden können. Aber warum ist das so eingerichtet? Könnte es nicht ein anderes Altersprogramm geben? Niemand kann das wirklich beurteilen, aber auch nicht ausschließen. Biologisch gesehen gibt es keinen zwingenden Grund dagegen, dass der Mensch mit einer anderen Konstitution annähernd tausend Jahre alt werden konnte, wie die Bibel es bezeugt. Weshalb aber die Menschen vor der Sintflut so alt wurden, ist unbekannt. Alle Vorschläge, die dazu gemacht wurden (z. B. andere atmosphärische Bedingungen vor der Sintflut), sind spekulativ, weil sie nicht überprüft werden können.

Anmerkungen

[1] Der Zwergschimpanse besitzt mit dem Gorilla viele gemeinsame Merkmale (kleine Ohren, Himmelfahrtsnase, großer Bauch, kürzere Zehen). Dies weist auf eine Abstammungsgemeinschaft mit dem Gorilla hin. Es gibt sogenannte Koola-Kambas, von denen vermutet wird, daß sie Mischlinge von Gorilla und Schimpanse oder von Schimpanse und Zwergschimpanse sind, auf jeden Fall aber keinem der drei Afrikanischen Großaffen zuzuordnen sind.

[2] In: „DIE ZEIT", Ausgabe 13/2001. Siehe dazu auch: S. Hartwig-Scherer: Haben die Australopithecinen ausgedient? *Kenyanthropus* und *Orrorin* rütteln am Stammbaum. *Studium Integrale Journal 8* (2001), 85-88.

[3] Dies wurde z. B. schon in früheren Auflagen von „Evolution – ein kritisches Lehrbuch" vorgeschlagen.

4 In der 4. Auflage von „Evolution – ein kritisches Lehrbuch", die 1998 erschien, wurden *„Homo" habilis* und *„Homo" rudolfensis* in Anführungszeichen gesetzt, um die Problematik dieser Formen zum Ausdruck zu bringen.

5 Eine ausführliche Darstellung und eingehende Begründung dieses Konzepts bietet: M. Stephan: Der Mensch und die geologische Zeittafel. Warum kommen menschliche Fossilien nur in den obersten Schichten vor? Holzgerlingen, 2002.

Weiterführende Literatur

- R. Junker & S. Scherer: Evolution – ein kritisches Lehrbuch. Gießen 2001, Kap. VI.14. *(Detaillierte Begründung der hier präsentierten Deutungen menschenartiger Fossilien.)*

- R. Junker: Stammt der Mensch von Adam ab? Holzgerlingen, 7. Auflage 2002. *(Die wichtigsten Fossilien von Menschen und Menschenaffen werden relativ ausführlich und allgemeinverständlich präsentiert)*

- M. Stephan: Der Mensch und die geologische Zeittafel. Warum kommen menschliche Fossilien nur in den obersten Schichten vor? Holzgerlingen, 2002. *(Die Frage nach dem Fehlen menschlicher Fossilien in tieferen Schichten wird ausführlich behandelt.)*

- S. Hartwig-Scherer: Ramapithecus – Vorfahr des Menschen? Studium Integrale. Berlin, 1989. *(Ramapithecus galt lange als ältestes menschenähnliches Fossil. In diesem Buch wird erläutert, wie es zum Undenken kam. Fachlich anspruchvoll.)*

- M. Brandt: Der Ursprung des aufrechten Ganges. Studium Integrale. Neuhausen-Stuttgart, 1995.

(Hier wird detailliert gezeigt, dass eine Evolution vom Vierbeiner zum Zweibeiner nicht anhand der Fossilfunde abgelesen werden kann. Fachlich anspruchsvoll.)

- M. Brandt: Gehirn – Sprache – Artefakte. Studium Integrale. Holzgerlingen, 2000. *(Eine Evolution des Gehirns und des Werkzeuggebrauchs beim Menschen ist anhand des fossilen Materials kaum belegbar. Fachlich anspruchsvoll.)*

- S. Hartwig-Scherer: Haben die Australopithecinen ausgedient? *Kenyanthropus* und *Orrorin* rütteln am Stammbaum. *Studium Integrale Journal 8* (2001), 85-88.

- M. Brandt: Bewegte sich der „Vormensch" auch auf allen Vieren? Wie der Hominidenstatus der Australopithecinen schwindet. *Studium Integrale Journal 9* (2002), S. 15-27.

Medienhinweise

- „Herkunft des Menschen." Unterrichtsentwurf zur Entstehung des Menschen mit Gegenüberstellungen Schöpfung / Evolution für Schüler im Alter von ca. 11-13 Jahren. (SG Wort und Wissen, Artikel *BR11*)

- „Menschenaffen und Affenmenschen." Unterrichtsentwurf zur Entstehung des Menschen mit Gegenüberstellungen Schöpfung / Evolution für Schüler im Alter von ca. 15-19 Jahren. (SG Wort und Wissen, Artikel *B25*)

- Diaserie „Herkunft des Menschen." Dias über fossile Menschen und Menschenaffen; sehr gut passend zur Broschüre „Stammt der Mensch von Adam ab?" (s. o.). (SG Wort und Wissen, Artikel *D10, nur leihweise erhältlich*)

146

10. Biblisch-urgeschichtliche Geologie und die Sintflut

10

Die Bibel berichtet von einer weltweiten Sintflut, bei der durch eine gewaltige Überflutung alles Leben auf dem Land umgekommen ist. Welche Spuren hat die Sintflut auf der Erde hinterlassen? Finden Geologen Indizien einer weltweiten Flut? Wie kann die Fossilüberlieferung mit der Sintflut oder auch mit vor- und nachflutlichen Ereignissen zusammengebracht werden?

In den bisherigen Kapiteln ging es vor allem um die Frage, ob und inwieweit die Evolutionsanschauung durch Beobachtungsdaten begründet ist, welche Belege für eine allgemeine Evolution vorgebracht werden und wie stichhaltig diese sind. Außerdem wurden alternative Deutungsmöglichkeiten aus der Sicht der biblischen Schöpfungslehre dargestellt. Dabei blieb der Faktor „Zeit" weitgehend außer Betracht.

Der Zeitfaktor ist sowohl aus biblischer Sicht als auch im Rahmen der Evolutionsanschauung von großer Bedeutung. Und beim Zeitfaktor sind beide Sichtweisen extrem weit auseinander, denn es stehen sich ein Kosmosalter von einigen Milli-arden Jahren im Rahmen der Evolutionslehre und ein Alter von größenordnungsmäßig 10.000 Jahren nach der Bibel gegenüber.

Eine allgemeine Evolution der Lebewesen (Makroevolution) ist nur denkbar, wenn es unermesslich große Zeiträume gegeben hat. Könnte bewiesen werden, dass die Erde z. B. nur 1 Million Jahre alt sei, wäre Makroevolution faktisch widerlegt. Nicht einmal 100 Millionen Jahre würden reichen. Die Bedeutung langer Zeiträume aus evolutionstheoretischer Sicht ist damit offenkundig.

Aus biblischer Sicht stellt sich die Sache genau andersherum dar. Aufgrund des (auch zeitlichen) Zusammenhanges zwischen dem ersten Menschen, Adam, und dem Erlöser, Jesus Christus, muss eine kurze *Menschheitsgeschichte* angenommen werden – auch wenn die Bibel nicht ausdrücklich sagt, wie alt die Menschheit oder wie alt die Erde ist. Da außerdem die Tier- und Pflanzenwelt mit der Geschichte des Menschen gekoppelt ist, ergibt sich auch für die Geschichte der Lebewesen insgesamt ein kurzer Zeitrahmen. Darüber hinaus gibt es aus biblischer Sicht gute Gründe dafür, dass auch die Erde und das gesamte Weltall genauso jung sind wie die Lebewesen. Wäre das Leben viele Milliarden Jahre alt und gäbe es die Menschheit schon seit mindestens zwei Millionen Jahren, könnten grundlegende biblische Zusammenhänge nicht aufrechterhalten werden. Kurz: Die Botschaft der Bibel wäre unverständlich und unglaubwürdig, wenn bewiesen werden könnte, dass die Menschheit Millionen von Jahren und die Lebewesen insgesamt bis zu einige Milliarden Jahre alt wären. Diese Zusammenhänge werden in Kapitel 13 genauer erläutert.

Abb. 104
Die geologischen Systeme von Präkambrium (nur teilweise angedeutet) bis zum Quartär. Die Zahlen geben das Alter in Millionen Jahren nach radiometrischen Datierungen an (siehe dazu aber Kapitel 11).

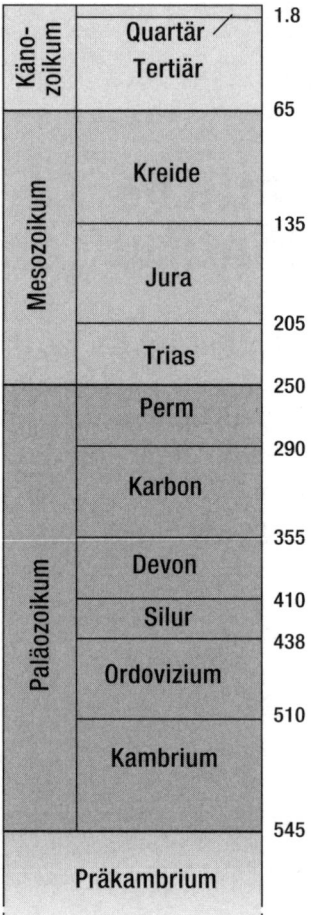

Känozoikum	Quartär	1.8
	Tertiär	65
Mesozoikum	Kreide	135
	Jura	205
	Trias	250
Paläozoikum	Perm	290
	Karbon	355
	Devon	410
	Silur	438
	Ordovizium	510
	Kambrium	545
	Präkambrium	

10.1 Mehr Fragen als Antworten

Im 19. Jahrhundert wurde ein umfangreiches System der sog. „Historischen Geologie" aufgebaut, das auf einem Langzeitkonzept fußt (vgl. Abb. 66, 104). Viele geowissenschaftliche Daten passen in dieses System, und an diesem Gebäude wird ständig weitergearbeitet. Wir haben allerdings gelernt, dass stimmige Theorien nicht stimmen müssen. Es handelt sich immer nur um *mögliche* Deutungen (vgl. Kapitel 1). Das gilt auch hier. Auch die großen Zeiträume sind nicht einfach bewiesen und können wie alle anderen Vorstellungen, die auf Naturbeobachtungen beruhen, hinterfragt werden.

An dieser Stelle muss allerdings ohne Umschweife eingeräumt werden, dass es bislang nicht möglich ist, ein junges Erdalter im Bereich von Jahrtausenden oder allenfalls Jahrzehntausenden anhand von Beobachtungsdaten aus Geologie, Geophysik oder Astronomie zu begründen. Es gibt allerdings doch eine Reihe von Befunden, die gegen die üblichen großen Zeiträume sprechen oder doch zumindest erheblich kürzere Zeiträume nahelegen als gewöhnlich angenommen wird. Wir werden dazu einige Beispiele kennen lernen.

Argumente für große Zeiträume kommen aus verschiedenen Wissensgebieten, vor allem aus verschiedenen Disziplinen der Geowissenschaften und aus der Astronomie. Zunächst wenden wir uns der Geologie zu. Im darauffolgenden Kapitel geht es dann um die Datierungsmethoden und schließlich um Befunde aus der Astronomie.

10.2 Die Geologische Zeittafel

Große Zeiträume von vielen Millionen Jahren werden beispielsweise mit den mächtigen Abfolgen geologischer Schichten (Sedimentgesteine) verbunden. Gewöhnlich lernt man diese Abfolgen zusammen mit Angaben von Jahrmillionen kennen. Zum Beispiel heißt es, dass das Tertiär vor ungefähr 65 Millionen Jahren begonnen habe oder dass die Karbonzeit etwa 350 Millionen Jahre zurück zu datieren sei. Hier ist zunächst der Hinweis wichtig, dass diese Altersangaben nicht den Schichten selber unmittelbar entnommen werden können. Schichtgesteine sind normalerweise nicht datierbar; ihr Alter wird indirekt ermittelt, zum Beispiel durch eingelagerte vulkanische Lagen oder andere geeignete Gesteine (damit befassen wir uns in Kapitel 11). Das heißt also: Die Identifikation und Benennung von Gesteinsabfolgen hat an sich nichts mit ihrem Alter zu tun. Wenn wir also im folgenden vom Tertiär oder von anderen geologischen Formationen (Kreide, Jura, Trias, Perm usw.; vgl. Abb. 104) sprechen, so verbinden wir damit kein absolutes Alter, auch kein ungefähres Alter, sondern nur relative Abfolgen, die man an vielen Stellen auf der Erde direkt beobachten kann. Wir werden an einigen Beispielen zeigen, dass die Schichten selber keine großen Zeiträume erkennen lassen (Abschnitt 10.7). Die „geologische Zeittafel" ist also nur im Sinne relativer Abfolgen (unten ist älter als oben) zu verstehen.

Die geologischen Schichten und die in ihnen eingeschlossenen Fossilien treten weltweit in ähnlichen Abfolgen auf. Davon war in Kapitel

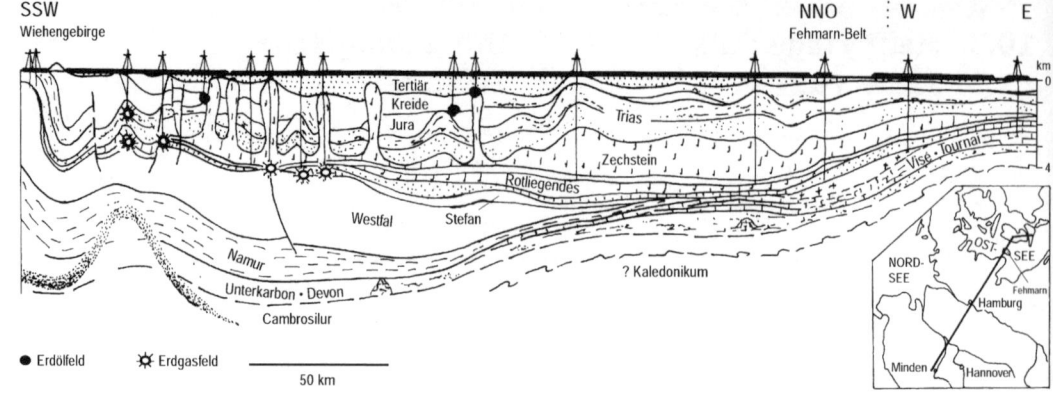

SSW | NNO | W | E
Wiehengebirge | Fehmarn-Belt | |

Erdölfeld Erdgasfeld ———— 50 km

Abb. 105 Ein Beispiel, das zeigt, dass die Schichtenfolge ein Geländebefund und keine Deutung ist. Schematischer Schnitt durch die geologische Schichtenfolge im Untergrund Norddeutschlands bis zu den dänischen Ostseeinseln (vgl. Nebenkarte). Über dem (salzführenden) Rotliegenden liegen die kilometermächtigen Salzlager des Zechsteins (beide bilden das Perm; vgl. Abb. 104). Da Salz spezifisch leichter ist als die überlagernden Trias-, Jura-, Kreide- und Tertiärschichten, sind Teile des Salzlagers an mehreren Stellen weit nach oben aufgedrungen (Salzstockbildung). Durch zahlreiche Erdöl- und Erdgasbohrungen (einige sind mit Bohrtürmen eingezeichnet) sind die Schichtfolgen der geologischen Zeittafel in Norddeutschland zumindest bis zur Steinkohlenformation des Oberkarbons (Namur-, Westfal- und Stefan-Stufe) recht detailliert bekannt. Einzelne Bohrungen wurden aber bis in noch tiefere Schichten niedergebracht (Unterkarbon = Visé + Tournai sowie Devon). Die noch weiter unten liegenden Schichtfolgen (Cambrosilur = Kambrium, Ordovizium und Silur) sind in größerer Tiefe nur lokal als gefaltete Einheiten bekannt (= ?Kaledonikum). Unter der Ostsee (rechts) wurden diese ältesten fossilführenden Schichten unter geringmächtigerer Überdeckung erbohrt, und in Schweden (ganz rechts, außerhalb des Schnitts) liegen sie flach übereinander an der Erdoberfläche.

8 bereits die Rede. Die Abfolge der Schichtgesteine und der darin enthaltenen Fossilien wurde bereits vor dem Aufkommen der Evolutionstheorie erkannt und stützt sich auf viele Geländebefunde. Viele Geologen, die diese Beobachtungen gemacht haben, standen seinerzeit, als diese Zusammenhänge entdeckt wurden, in ihrem Denken durchaus der Schöpfungslehre nahe.

Früher wurde von Evolutionskritikern häufig behauptet, die Anhänger der Evolutionslehre würden die Abfolge der Schichtgesteine (und damit deren relatives Alter) mit Hilfe der darin enthaltenen und evolutionär gedeuteten Fossilien bestimmen („primitiv" = alt, „hochentwickelt" = jung). Umgekehrt sei dann die Abfolge der Fossilien und ihr relatives Alter mit Hilfe der evolutionär angeordneten Schichtgesteine ermittelt worden. Ein solches Verfahren würde sich im Kreise drehen und wäre ein nichtssagender Zirkelschluss. Diese Vorstellung von der gegenseitigen Abhängigkeit von Fossilien- und (relativen) Gesteinsdatierung entbehrt jedoch bis auf spezielle Ausnahmefälle der Grundlage (Abb. 105). Die relativen Abfolgen der Gesteine mit ihren unterschiedlichen Fossilinhalten beruhen auf Beobachtungen, die direkt im Gelände gemacht wurden, und haben mit Evolution zunächst gar nichts zu tun. Das gilt auch für die weltweiten Entsprechungen der Schichtgesteine.[1] (Die sogenannten „absoluten Datierungen" werden in Kapitel 11 besprochen.)

10.3 Geschaffenes Alter, scheinbares Alter?

Hin und wieder wird argumentiert, dass bestimmte geologische (oder auch kosmische) Phänomene älter *erscheinen* könnten als sie in Wirklichkeit sind. Insbesondere durch die schöpferische Tätigkeit Gottes könnten Dinge ins Dasein gerufen worden sein, die ein „erschaffenes Alter" aufwiesen. Wie alt sah Adam aus, als er erschaffen wurde? Wie alt sahen die Bäume aus, die Gott geschaffen hat? Usw.

Diese Überlegung hat durchaus in manchen Fällen ihre Berechtigung. Wir werden uns in einem anderen Zusammenhang noch mit ihr befassen (Frageteil in Kapitel 12). In der hier anstehenden Fragestellung der Abfolge der Schichtgesteine und der darin enthaltenen Fossilien hilft diese Überlegung jedoch nicht weiter, mindestens, wenn man auf biblischem Grund steht. Denn nach dem biblischen Zeugnis gab es den Tod in der Schöpfung nicht schon in der Schöpfungswoche, sondern er kam erst in die Schöpfung hinein, als der Mensch in Sünde fiel (siehe dazu Kapitel 13). Sofern Gesteine also Fossilien enthalten, können sie nicht als Zeugnisse des *Schöpfungshandelns* Gottes verstanden werden, denn Gott hat keine Fossilien als solche geschaffen. Und der Tod passt nicht zu Gottes Schöpfungshandeln. Kurz: Der Tod hat in der Schöpfungswoche keinen Platz, sondern ist Folge der Sünde des Menschen und Ausdruck des Gerichtshandelns Gottes (vgl. Röm. 5,12ff.; Röm. 8,19ff.; 1. Mose 1,29f.; siehe Kapitel 13). Damit aber müssen die fossilführenden Gesteine – biblisch gesehen – in den kurzen zeitlichen Zusammenhang der Menschheitsgeschichte gestellt werden (vgl. Abb. 106). Die Altersangaben *von Gesteinen, die Fossilien enthalten*, können daher nicht durch „scheinbare Alter" aufgrund des Schöpfungshandelns Gottes erklärt werden. Die Kritik der hohen Alter muss anders begründet werden (Kapitel 11).

Abb. 106
Die fossilführenden Schichtgesteine ab dem oberen Präkambrium (fossile Überlieferung von Tieren) können nicht als Ergebnis der ursprünglichen Schöpfung angesehen werden, da Gott nicht durch den Tod geschaffen hat (vgl. dazu Kapitel 13). Erst nach dem Sündenfall kommen Gewalt und Tod in die Schöpfung. Aus biblischer Sicht stellt sich daher die Frage, wie die Fossilabfolge in die Zeit nach dem Sündenfall „eingepasst" werden kann und welche Rolle die Sintflut bei der Entstehung der Fossilien spielt.

10.4 Welche Schichten entsprechen der Sintflut?

In Kapitel 8 haben wir bereits darauf hingewiesen, dass die Fossilabfolge *im Groben* recht gut zur Evolutionsanschauung passt. (Zur Erinnerung: Eine passende Erklärung ist nicht automatisch die richtige Erklärung.) Der Schöpfungslehre stellt sich die Aufgabe, für die Fossilabfolge eine andere

Abb. 107
Verschiedene Flutmodelle in der Übersicht.

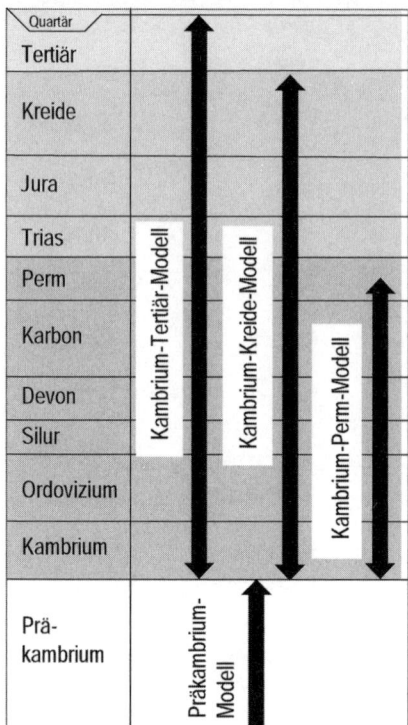

	Kambrium-Tertiär-Modell	Kambrium-Kreide-Modell	Kambrium-Perm-Modell	Präkambrium-Modell
Quartär				
Tertiär				
Kreide				
Jura				
Trias				
Perm				
Karbon				
Devon				
Silur				
Ordovizium				
Kambrium				
Prä-kambrium				

Erklärung zu finden. Da die Bibel eine weltweite Sintflut schildert, bei der alle damals landlebenden Tiere umgekommen sind, stellt sich natürlich die Frage, ob die Sintflut in einem Zusammenhang mit den fossilführenden Schichtgesteinen gebracht werden kann (Abb. 106). Hierzu gibt es unter biblisch orientierten Forschern verschiedene Auffassungen (Abb. 107).

Das „klassische" Sintflutmodell wurde 1961 von John C. Whitcomb und Henry M. Morris in „The Genesis Flood" (deutsch: „Die Sintflut, 1977) präsentiert. Nach den Vorstellungen dieser beiden Wissenschaftler soll nahezu die gesamte Schichtenabfolge ab dem Kambrium (wo erstmals in nennenswerter Zahl Tierfossilien vorkommen; s. Abb. 66) während des Sintflutjahres entstanden sein. Unter den englischsprachigen Schöpfungsforschern vertreten bis heute viele diese oder eine etwas abgewandelte Vorstel-

lung, wonach die Sintflutgrenze am Ende der Kreide liegen würde. Das Tertiär wäre dann nachsintflutlich einzuordnen und durch nachflutliche Ereignisse entstanden.

Nach dem in Abschnitt 8.5 bereits vorgestellten Modell, das im deutschsprachigen Raum vor allem durch Joachim Scheven in christlichen Kreisen bekannt wurde, ist das Flutende viel tiefer in der geologischen Säule anzusetzen, nämlich etwa im Perm. Der Beginn der Flut wird wie bei Whitcomb und Morris mit dem Beginn des Kambriums gleichgesetzt.

Andere Vorstellungen haben in der internationalen Diskussion bislang wenig Beachtung erlangt und sollen hier außer Betracht bleiben.[2]

Alle Sintflutmodelle haben mit schwerwiegenden Problemen zu kämpfen, die derzeit ohne Umschweife als ungelöst zu betrachten sind. (Der wichtigen Frage, wie man damit umgehen kann, ohne die biblische Basis zu verlassen, widmen wir uns eigens in Kapitel 14.) Was sind das für Probleme?

1. Nach beiden oben genannten Sintflutmodellen sind große Schichtsysteme während eines einzigen Jahres entstanden, wobei nach dem ersten Modell (Whitcomb und Morris) etwa doppelt so viel während der Sintflut abgelagert wurde als nach dem zweiten Modell. Für schnelle Ablagerungen und gewaltige, flächendeckende Katastrophen gibt es in der Tat unzählige Indizien aus der Geologie (von welchen wir beispielhaft einige in Abschnitt 10.7 kennen lernen werden). Die Schwierigkeiten bestehen jedoch darin, dass in den betreffenden Schichten (also zwischen Kambrium und heute bzw. Kambrium und Perm) auch geologische

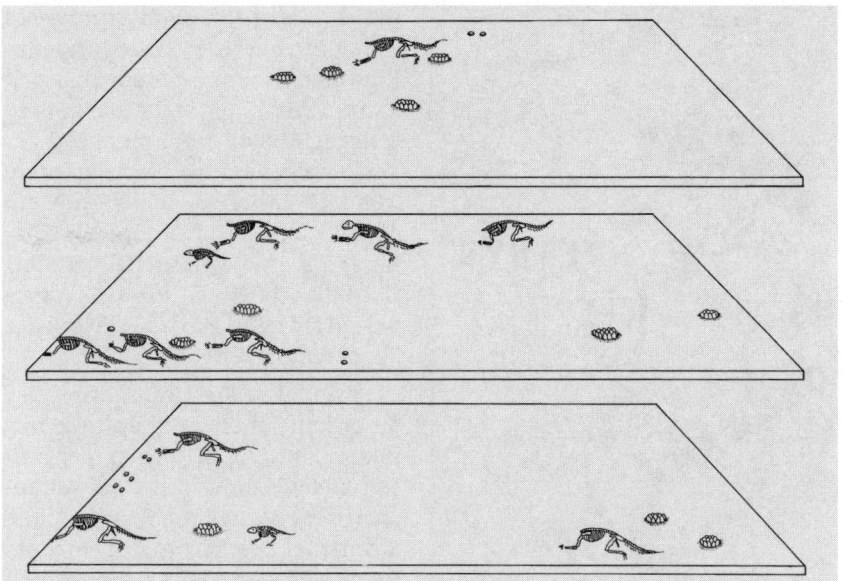

Abb. 108 Eines von unzähligen Beispielen, die zeigen, dass die Fossilablagerungen nicht in einem einzigen Jahr (dem Sintflutjahr) entstanden sein können: Die Abbildung zeigt drei Schichtlagen (die in Wirklichkeit dichter übereinander liegen) mit Dinosaurier-Skeletten und Dinosaurier-Nestern. Nach der Entstehung der drei Schichten sind jedes Mal (erstmals oder von neuem) die Dinosaurier eingewandert und haben eine Zeitlang gebrütet, bevor sie überschüttet wurden. Dies hat sich dreimal hintereinander abgespielt. Die drei Schichtflächen müssen mehrere Wochen oder Monate ungestört geblieben sein. Dies alles kann sich kaum direkt während des Sintflutjahres abgespielt haben. Der zeitliche Bogen muss weiter gespannt werden.

Indizien zu finden sind, die auf größere Zeiträume hinweisen, vor allem (aber nicht nur) nach dem Perm. Dazu gehören zum Beispiel Schichtoberflächen mit versteinerten Trockenrissen (wie bei eingetrockneten Pfützen) und Fußspuren. An diesen Stellen muss die Oberfläche zeitweilig trocken gewesen sein. Das kann in begrenztem Maße auch während der Flut phasenweise der Fall gewesen sein; solche Vorgänge benötigen aber Zeit; erst recht, wenn es zu Besiedlungen (Fußspuren u.a.!) gekommen ist (vgl. Abb. 108).

Ein anderes Beispiel für zeitverbrauchende Vorgänge ist das Vorkommen von Dinosauriernestern, die an manchen Stellen in mehreren Schichtlagen übereinander vor-

kommen (Abb. 108). Die Dinosaurier brauchten mindestens Zeit, in die trockengefallenen Gebiete einzuwandern und die Nester anzulegen – und das mehrmals hintereinander. Klar, dass durch solche Abfolgen schnell ein Jahr (der Zeitraum der Sintflut) überschritten wird. Beispiele wie diese führten zur „Verkürzung" des Bereichs der Sintflut auf die Abfolgen vom Kambrium nur bis zum Perm (Sintflutgeologie von Joachim Scheven), da solche zeitraubenden Vorgänge vor allem ab dem Perm überliefert sind.

Ein drittes Beispiel: In die Zeit der Sintflut fällt nach dem Whitcomb-Morris-Modell das Auseinanderdriften der Kontinente (Plattentektonik; vgl. Abb. 109). Dass es eine gewaltige Kontinentalver-

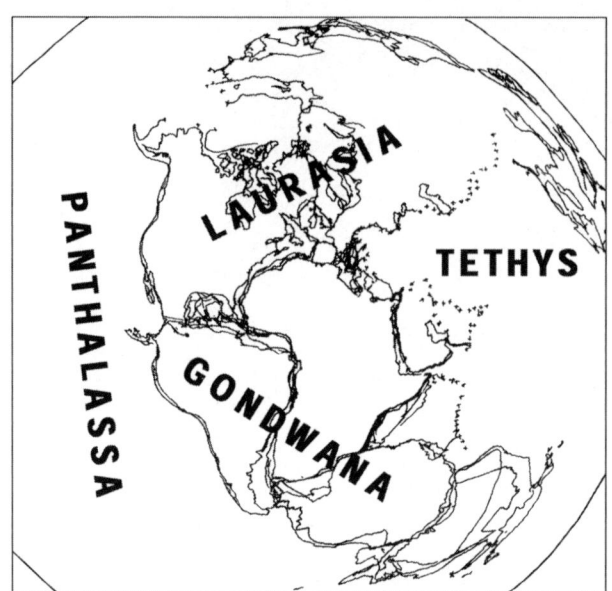

Abb. 109 Lage der Kontinente nach plattentektonischen Befunden am Ende der Trias. Die Kontinente bilden zu dieser Zeit einen einheitlichen Großkontinent (genannt *Pangäa*). Eindrucksvoll ist die „Passform" von Südamerika und Afrika. Die Südkontinente werden als *Gondwana* und die Nordkontinente als *Laurasia* bezeichnet. Sie spalteten sich dann in die heutigen Einzelkontinente auf. Aus dem schmalen Spalt zwischen Amerika und Europa/Afrika entstand durch die Kontinentalverschiebung der Atlantische Ozean. Die indische Platte stieß nach ihrer Nordwanderung (im Bereich des damaligen Tethys-Meeres) mit Asien zusammen, wobei sich das Himalaja-Gebirge bildete. Der riesige *Panthalassa*-Weltozean ist der Vorläufer des heutigen Pazifischen Ozeans.

schiebung in der Vergangenheit gab, ist durch zahlreiche Indizien begründet, für die es derzeit keine andere Erklärung gibt. Dazu gehört z. B. das auffällige „Zusammenpassen" von Südamerika und Afrika. *Wie* allerdings diese Bewegungen erfolgten und in welchem Zeitraum, das ist eine andere Frage. Nach dem Whitcomb-Morris-Modell müssten die Kontinente allein während des Sintflutjahres in gewaltigem Ausmaß verschoben worden sein. Wie das in so kurzer Zeit vor sich gehen kann, ist unbekannt und erscheint nach heutigen Kenntnissen unmöglich (Abb. 109).

Aber auch in jeder anderen Konzeption, die von einer kurzen Erdge-

schichte ausgeht, stellt sich dieses Problem, wie die Bewegung der Kontinente sehr schnell ablaufen kann. Allerdings steht nach dem Scheven-Modell dafür mehr Zeit zur Verfügung, nämlich bis zu mehrere hundert Jahre, da nach diesem Modell die Kontinentalverschiebung erst in die Zeit nach der Sintflut fällt. Aber auch für diesen größeren Zeitraum ist das Problem der Geschwindigkeit nicht gelöst.

Simulationsrechnungen des amerikanischen Schöpfungsforschers John Baumgardner, der sich seit vielen Jahren mit dem Abtauchen der ozeanischen Kruste in den Erdmantel beschäftigt, zeigen, dass beim raschen, katastrophischen Absinken ozeanischer Kruste in den Mantel an der Front der abtauchenden Platte eine so hohe Temperatur entsteht, dass der Reibungswiderstand herabgesetzt wird und die Zähigkeit des umgebenden Mantelmaterials drastisch abnimmt. Dadurch taucht die Platte umso schneller ab. Man kann das Ganze als einen sich selbst verstärkenden Prozess ansehen. Im Erdmantel werden dadurch intensive Konvektionsprozesse (Strömungsprozesse) angetrieben. Möglicherweise kann auf diese Weise ein Mechanismus für eine schnelle Kontinentalverschiebung plausibel gemacht werden.[3]

Als viertes Beispiel für zeitraubende Prozesse sei noch die Entstehung von Riffen genannt (Abb. 110). Riffe entstehen unter heutigen Bedingungen sehr langsam. Große Riffkörper benötigen also große Zeiträume zu ihrer Bildung. Fossile Riffe kommen in vielen geologischen Schichten vor und es stellt sich auch hier die Frage, wie sie in einem Kurzzeitrahmen zu verstehen sind. In vielen Fällen finden sich deutliche Indizien dafür, dass die fossilen Riffkörper transportiert worden sind, also nicht an Ort und Stelle ihrer Ablagerung gewachsen sind. Im Rahmen von Sintflutmodellen könnten sie möglicherweise in der Zeit vor der Sintflut gewachsen und durch die Turbulenzen der Flut verfrachtet worden sein. Es gibt jedoch auch fossile Riffkörper, bei denen deutliche Hinweise auf ein Wachstum an Ort und Stelle vorliegen und deren Wachstum aufgrund der geologischen Einordnung erst in einer Zeit begonnen haben kann, in der nach den meisten Sintflutmodellen bereits die Sintflut begonnen hatte.[4] Damit hätten sie viel zu wenig Zeit zum Wachstum gehabt – gemessen an dem, was man heute über das Wachstum von Riffen weiß.

2. Ein zweiter Problembereich für sintflutgeologische Vorstellungen ist die bereits erwähnte Regelhaftigkeit der Fossilreihenfolge (vgl. Abb. 66) – ein Befund, der durch viele Beobachtungen gestützt ist und keineswegs als Erfindung von Evolutionstheoretikern gelten kann (s. o.). Sintflutmodelle oder andere Theorien zur biblisch orientierten Erdgeschichte müssen erklären, wie diese Ordnung der Fossilablagerungen zustande gekommen ist – und zwar angesichts unvorstellbar katastrophaler Vorgänge von Überschwemmungen, Erosion (Abtragung) und Ablagerungen. Gerade das katastrophale Geschehen würde eine chaotische Abfolge von eingebetteten Lebewesen erwarten lassen. Im Kleinen gibt es das auch – aber nicht aufs Ganze gesehen.

Als Erklärung für die Fossilreihenfolge wurde z. B. eine Sortierung nach der Sinkgeschwindigkeit in Erwägung gezogen. Doch die Abfolgen der Fossilien passen dazu in der Regel nicht. Denn es finden sich in gleichen Schichten vielfach Fossilien sehr unterschiedlicher Größe bzw. Fossilien mit vergleichbaren Sinkgeschwindigkeiten in sehr verschiedenen Schichten.

Als anderes Sortierkriterium wurde der Lebensraum vorgeschlagen. Lebewesen, die auf dem Land leben, sollten demnach später eingebettet worden sein, als solche, die an Küsten oder im Meer leben. Diese Erklärung könnte teilweise zutreffen, aber als generelle Erklärung passt sie nicht. So gibt es auch an Küsten und im Meer lebende Säugetiere, die aber dennoch erst in höher gelegenen Schichten zusammen mit anderen Arten dieser Lebensräume fossil überliefert sind. Man sollte erwarten, dass Lebewesen gleicher Lebensräume *normalerweise* auch zusammen als Fossilien gefunden werden.

Diese Einwände gelten auf der Basis heutiger Lebensräume. Es mag sein, dass früher (vor der Sintflut) ganz andere ökologische Verhältnisse herrschten. Zum Teil war es sicher so, denn offenbar sind ganze Lebensräume unwiederbringlich ausgelöscht worden (vgl. die Ausführungen über die Karbonwälder in Abschnitt 10.7). Vielleicht also waren die Lebewesen früher in ganz andere Lebensgemeinschaften gegliedert, so dass die heute vorgefundenen Abfolgen im Fossilbericht

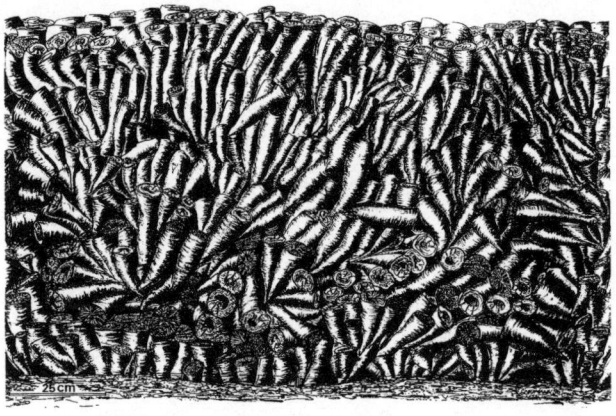

Abb. 110 Riff-Körper von 1,80 Meter Höhe aus der Oberkreide von Zentral-Oman, der ausschließlich aus *einer* Rudisten-Art (Muschel) aufgebaut wurde. Sie sind in diesem Riff – abgesehen von einigen umgestürzten Exemplaren – praktisch komplett in Lebensstellung überliefert. Solche Lebensgemeinschaften, die nur aus einer Art bestehen, kommen bei Rudisten häufig vor. Sie hatten demnach oft konkurrenzlose, optimale Lebensbedingungen und könnten entsprechend rasch gewachsen sein. (Nach D. Schumann & T. Steuber, Senckenberg. Naturforsch. Gesellschaft)

Wann entstehen Fossilien?

1. Reste von Lebewesen können nur dauerhaft als Versteinerungen (Fossilien) erhalten bleiben, wenn sie bald nach dem Tod mit Sediment überdeckt werden und wenn der Untergrund sich absenkt, so dass das einbettende Gestein nicht wieder abgetragen oder durch Strömungen immer wieder umgelagert wird. Sind diese Voraussetzungen nicht gegeben, ist zumeist irgendwann auch der letzte Überrest eines toten Organismus durch Verwesung, Fäulnis, Beseitigung durch Aasfresser oder mechanische Zertrümmerung und Abrieb verschwunden. Eine rasche Absenkung des Untergrunds kommt zwar auch heute vor, ist aber recht selten (z.B. bei Seebeben). Rasche Absenkung des Untergrunds wird aber im Rahmen geologischer Sintflut- und Katastrophenmodelle für die geologische Vergangenheit angenommen. Nur dadurch ist gewährleistet, dass das Sediment mit den eingebetteten Organismenresten Umlagerungs- und Zerstörungsprozessen dauerhaft entzogen wird.

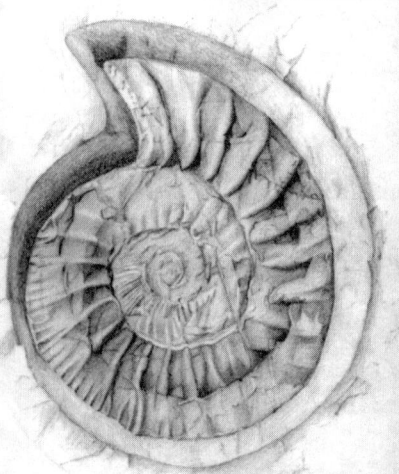

2. Nicht selten werden auch die Hartteile, also Muschelschalen oder Knochen, im Sediment komplett durch Lösungsvorgänge beseitigt. Dann bleibt unter Umständen keine Spur des Lebewesens erhalten. Manchmal bleiben aber wenigstens *Außenabdrücke* im Sediment oder mit (erhärtetem) Schlamm ausgefüllte Schaleninnenräume übrig (sog. *Steinkernbildung*). Diese sehr häufigen Abdruck-Erhaltungsformen zählen ebenfalls zu den Fossilien. Schichtgesteinsfolgen mit solchen Fossilien sind oft durch Wühl- und Graborganismen durchpflügt und von Strömungen umgelagert worden. In oft kurzer Zeit (höchstens in wenigen Tagen) hat deshalb jede dickere Sedimentbank ihre Feinschichtung durch diese Wühltätigkeit verloren. Ebenso rasch haben die grabenden Räuber und Aasfresser die Weichteile der eingebetteten Organismen komplett beseitigt (s.u., 4). Schon aus diesen Gründen ist der einfache Hinweis, diese sehr zahlreichen Schichtfolgen mit ihren Fossilien seien direkt im Sintflutjahr entstanden, nicht haltbar.

3. Beim eigentlichen Versteinerungsprozess (= Fossilisation) werden ganz überwiegend nur Hartteile toter Lebewesen, also Außenskelette (z.B. Muschelschalen) oder Innenskelette (z.B. Knochen) überliefert. Im allgemeinen wird dabei auch die Substanz von Knochen oder Schalen durch Lösungs- und Umbauprozesse verändert bzw. wird gegen andere mineralische Substanzen ganz oder teilweise ausgetauscht.

4. Die in Museen vielfach bestaunte „Weichteilerhaltung" wunderbar erhaltener Ganzkörperfossilien (z.B. komplette Fischsaurier mit „Hauterhaltung" oder Säugetiere mit „Fellschatten" und Mageninhalt) tritt nur in bestimmten Sedimenttypen auf. Sie werden Konservat-Fossillagerstätten genannt. Voraussetzung für die dauerhafte Bildung solcher „konservierter" Fossilien ist nicht nur ihre schnelle Einbettung. Wichtig ist vor allem, dass das Sediment nicht durch Strömungen immer wieder umgelagert (Absenkung des Untergrunds) und nicht von Sedimentbewohnern und Aasfressern durchwühlt und umgepflügt wird (s.o., 2). Letzteres war aber, wenigstens für kurze Zeit, in sehr vielen Sedimenten der Fall. Dort sind deshalb nur Abdrücke, also Steinkerne (s.o., 2) oder fossile Hartteile von Lebewesen erhalten (s.o.,3).[5]

eher verständlich gemacht werden können. Wenn dem so war, kann aus wissenschaftlicher Sicht nichts dazu gesagt werden, da uns eine evtl. anders geartete vorflutliche Welt nicht mehr zugänglich ist. Wir stehen hier an einer Grenze der Erforschbarkeit, die in der Natur der Sache liegt.

Denkbar ist auch, dass früh eingebettete Landlebewesen nachfolgend durch Erosion (Abtragung) wieder zerstört wurden, doch wurde hierzu noch kein genaueres Szenario entwickelt.

Die Regelhaftigkeiten der Fossilablagerungen sind einer der Gründe, die das Megasukzessions-Modell (nach Scheven) motivierten, wonach bei weitem nicht alle Fossilablagerungen dem Sintflutjahr zugeordnet werden. Ab dem Perm wird nach diesem Modell die Fossilabfolge im Rahmen einer Wiederbesiedlung (Sukzession) nach der Flut gedeutet (vgl. Abschnitt 8.5).

3. Das Megasukzessionsmodell löst zwar einige Probleme, indem nicht (fast) alle Fossilablagerungen direkt mit der Sintflut in Verbindung gebracht werden, dafür aber handelt es sich andere ein. Denn wenn das Ende der Sintflut ins Perm verlegt wird, bedeutet dies, dass es danach noch gewaltige regionale Katastrophen gegeben hat, die zur Bildung der geologischen Schichten vom Perm bis heute geführt haben (siehe Abb. 66, 104 und 107). Solche Schichten sind auch im Nahen Osten entstanden, so dass sich die Frage stellt, wie die sich wieder ausbreitende Menschheit in solchen geologisch höchst gefährdeten Umgebungen überleben konnte. Nach dem Megasukzessionsmodell sind jedenfalls diejenigen Ablagerungen, auf denen die Menschheit nach dem Zeugnis der Bibel nach

der Sintflut zuerst siedelte (das Land Sinear im Zweistromland, 1. Mose 11,2), ziemlich spät, d. h. erst einige Zeit nach der Sintflut entstanden. Wo hielten sich die Menschen bis dahin auf? Eine Frage, die bisher nicht befriedigend beantwortet werden konnte.

Die Liste der offenen Fragen könnte noch erheblich verlängert werden. Es wird deutlich, dass es einen erheblichen Klärungsbedarf gibt. Im Rahmen der Schöpfungforschung wartet noch viel Arbeit.

10.5 Biblisch-urgeschichtliche Geologie statt Sintflutgeologie

Die Schilderungen der Bibel über die Sintflut enthalten keine Angaben über die *geologischen Folgen* dieses gewaltigen Ereignisses. Natürlich ist zu erwarten, dass eine weltweite Zerstörung der Landoberflächen weitreichende Auswirkungen auf die Gestalt der Erdoberfläche hat, doch können *aus der Bibel* hierzu keine näheren Angaben entnommen werden. Weiterhin bleibt von der Bibel her offen, ob auch schon vor der Sintflut größere Katastrophen abgelaufen sind, evtl. im Zusammenhang mit dem Sündenfall (vgl. Abb. 111). Jedenfalls ist durch die Sünde der Tod mit all seinen Begleiterscheinungen in die Schöpfung gekommen (vgl. Kapitel 13). Es würde daher der Bibel nicht widersprechen, schon vor der Sintflut (aber nach dem Sündenfall) z. B. die Bildung von fossilführenden Schichten anzunehmen. Dass dies auch für die Zeit *nach* der Sintflut gilt, wurde bereits angesprochen. Vor

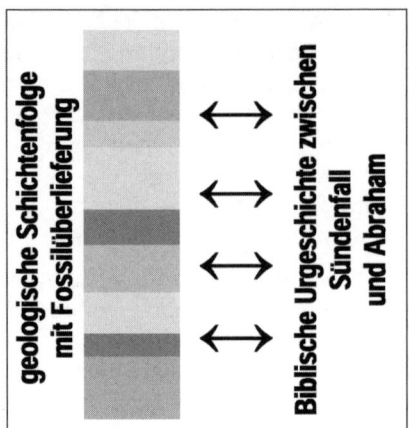

Abb. 111

Nicht nur die Sintflut, sondern auch Ereignisse vor der Sintflut (jedoch erst nach dem Sündenfall) und Ereignisse danach können erhebliche geologische Folgen mit Fossilentstehung gehabt haben. Die biblisch-urgeschichtliche Geologie lenkt den Blick auf die gesamte Zeitspanne zwischen Sündenfall und der Zeit Abrahams (spätestens zu dieser Zeit kann man mit stabilen geologischen Verhältnissen rechnen).

geologische Schichtenfolge mit Fossilüberlieferung

Biblische Urgeschichte zwischen Sündenfall und Abraham

diesem Hintergrund und angesichts der Schwierigkeiten, die gesamte Fossilabfolge ins Sintflutjahr zu „packen" (was die Bibel nicht fordert!), ist es ratsam, den Blick einer biblisch orientierten erdgeschichtlichen Rekonstruktion nicht auf die Sinflut zu beschränken.

Entsprechend wurde vorgeschlagen, von einer „biblisch-urgeschichtlichen Geologie" statt nur einer Sintflut-Geologie zu sprechen. Während die Sintflut-Geologie im engeren Sinn die Ablagerung der Schichtgesteine möglichst in das Sintflutjahr selbst legt, zieht eine biblisch-urgeschichtliche Geologie also auch den weiteren Zeitrahmen der biblischen Urgeschichte (1. Mose 1-11) heran. Der Schöpfungsbericht (1. Mose 1 und 2) wird dabei ausgeschlossen, da die Fossilien als Zeugnisse des Todes vor dem Sündenfall (1. Mose 3) nicht entstanden sein können (vgl. Kapitel 13). Und nach der Urgeschichte (ab 1. Mose 11,27) sind nur noch geringe geologische Aktivitäten anzunehmen, da die Erzväter Israels, beginnend mit Abraham (ca. 2000 v. Chr.), in der stabilen Umwelt des uns archäologisch bekannten Alten Orients lebten. Das schließt lokale oder regionale geologische Ereignisse wie den

Untergang der Städte Sodom und Gomorra nach 1. Mose 19 nicht aus.

Der von der Bibel her anzunehmende *Zeitrahmen* ändert sich durch die Ausweitung im Sinne einer biblisch-urgeschichtliche Geologie allerdings nicht. Auch die weiter gefasste biblisch-urgeschichtliche Geologie rechnet mit einem Gesamt-Zeitrahmen von größenordnungsmäßig einigen Jahrtausenden bis ca. 10.000 Jahre für die Erdgeschichte, ist also dem Zeithorizont der biblischen Urgeschichte verpflichtet. (Eine Ausweitung auf größenordnungsmäßig 10.000 Jahre beruft sich auf die Auslegungsmöglichkeit, dass die Stammbäume in 1. Mose 5 und 11 unvollständig sind. Die damit verbundenen Auslegungsfragen sollen hier nicht besprochen werden.[6])

Wie die weltweite Sintflut-Debatte unter biblisch orientierten Wissenschaftlern gezeigt hat, wurde ohnehin von mehreren Modell-Vertretern bereits die Zeit vor oder nach der Flut für die Entstehung von Teilen der geologischen Zeittafel gefordert, da viele geologische Befunde einer Bildung aller Schichtfolgen im Flutjahr entgegenstehen (s. oben). In diesem Sinne weitet eine biblisch-urgeschichtliche Geologie den Blick für die Möglichkeit der Sedimentbildung im weiteren Rahmen der Urgeschichte. Sintflutgeologie im engeren Sinn wäre also ein Sonderfall innerhalb einer biblisch-urgeschichtlichen Geologie. Die Entstehung von Gesteinseinheiten im Sintflutjahr selbst ist damit natürlich nicht ausgeschlossen, doch wird eine Sicht eröffnet für weitere Möglichkeiten, ohne den biblisch vorgegebenen Zeitrahmen zu verlassen oder zu missachten.

10.6 Gottes Eingreifen und die Grenzen der Wissenschaft

Unter biblisch denkenden Wissenschaftlern wurde schon lange diskutiert, ob die Flut als göttliches Strafgericht ausschließlich ein Wunder sei oder ob sie zusätzlich auch, wenigstens teilweise, durch natürliche Vorgänge verstanden werden könnte. Im ersten Fall wären unter Umständen keine erforschbaren „Überreste" des Flutjahres in Gestalt von Schichtgesteinen oder Fossilien zu erwarten, d.h. die Flut hinterließ möglicherweise keine Spuren. Ihre Auswirkungen wären dann – wie auch sonst die Auswirkungen vieler biblischer Wunder – in erster Linie dem Glauben, weniger aber der Wissenschaft zugänglich. Nur im zweiten Fall sind Spuren des Flutjahres zu erwarten. Oder es wäre unmöglich, anhand der heute beobachtbaren geologischen Indizien Rückschlüsse auf die Vorgänge während der Flut zu ziehen. Wissenschaft kann sich nur mit regelhaften Phänomenen befassen, bei denen es mit natürlichen Dingen zuging. Bei der Sintflut kann genau dies nicht vorausgesetzt werden; mindestens bleibt es offen, inwieweit Gott in besonderer Weise gehandelt hat. Genauso wenig wie das Schöpfungshandeln Gottes nachvollzogen werden kann (nur die *Ergebnisse* der Schöpfung können untersucht werden) wären Geschehnisse im Zusammenhang mit der Sinflut anhand von Daten rekonstruierbar. Möglicherweise gibt es also prinzipielle Grenzen für die Wissenschaft, die sich an die biblische Überlieferung hält.

10.7 Hinweise auf gewaltige Katastrophen und schnelle Ereignisse

Die Ausführungen der letzten Abschnitte haben gezeigt, dass es bislang nicht gelungen ist, eine schlüssige Zuordnung des Sintflutjahres zu geologischen Ablagerungen vorzunehmen. Man kann aber danach fragen, ob es Hinweise auf gewaltige Katastrophen in der Erdgeschichte gibt, auch wenn deren Zuordnung zur Sintflut vorerst offen bleibt. Solche Hinweise existieren tatsächlich in großer Zahl.

Schrägschichtungen, Gradierungen. In unzähligen Fällen lassen geologische Schichten direkt klare Indizien auf schnelle Bildung erkennen. Dazu gehören Schrägschichtungen (Abb. 112), die nur bei rascher Ablagerung von Sediment unter Wasser entstehen. Ein untrügliches Zeichen auf schnelle Ablagerung bieten auch Gradierungen, das sind Größensortierungen von Ablagerungskörpern. Dabei werden grobe Partikel weiter unten abgelagert als die feineren (Abb. 113). Eine solche

Abb. 112
Schräggeschichteter Mittlerer Buntsandstein (Untere Trias). Bad Liebenzell (Nordschwarzwald).

Abb. 113 Gradierter Eiszeitschotter (Quartär). Gossau bei Zürich. Das Foto zeigt mehrere gradierte (größensortierte) Einheiten, die mit gröberem Kies beginnen und nach oben feinkörniger werden. Jede gradierte Lage ist das Ergebnis einer einzigen, rasch ablaufenden Schüttung. Bildhöhe: ca. 2,5 m.

Abb. 114 Mehrere Dezimeter mächtiges Steinkohlenflöz (dunkles Band) im Ruhrgebiet, von Sandsteinen über- und von Tonsteinen unterlagert.

haupt Zeit stecken kann. So müsste sich an den Strukturen der Schichtoberflächen bemerkbar machen, dass sie längere Zeit an der Erdoberfläche waren (z. B. durch Besiedlungsspuren, Bodenbildung usw.). Solche Spuren fehlen aber oder sie belegen nur eine kurzzeitige Unterbrechung der Sedimentation.

Karbonwälder. Ein gut untersuchtes Beispiel eines schnell verschütteten Lebensraumes sind die Karbonwälder, die in Form zahlreicher Kohlenflöze fossil überliefert sind. Solche Kohlenflöze werden vor allem in der geologischen Formation des Karbons (vgl. Abb. 66) angetroffen, daher der Name „Karbonwälder". An vielen Stellen sind zahllose Flöze übereinander abgelagert (Abb. 114). Sie sind in riesigen „Trögen" abgelagert worden, offenbar infolge Absenkung des Untergrundes. Wenn die übereinander abgelagerten Flöze jeweils Wälder repräsentieren, die *nacheinander* gewachsen sind, wird viel Zeit benötigt, bis die gesamte Abfolge gebildet wurde.

Die Bäume dieser Wälder und auch das meiste Unterholz sind ausgestorben; es handelte sich um Baumtypen (vor allem Bärlappbäume), die es in dieser Form heute nicht mehr gibt. Viele Merkmale im Bau der Bärlappbäume sind jedoch sehr eigenartig (vgl. Abb. 115): Die Stämme waren hohl, richtige Wurzeln gab es nicht, sondern die flach ausgebreiteten Verzweigungen im unteren Bereich – als Stigmarien bezeichnet – waren ähnlich gebaut wie die Luftzweige und ebenfalls hohl; das trifft auch für die Anhänge der Stigmarien zu. Man nennt sie Appendices; auch sie waren hohl, allseitig angeordnet (flaschenbürstenartig) und konnten wie Laubblätter abgeworfen werden; dabei

Größensortierung kann nur bei Wassertransport und während einer einzigen Schüttung entstehen.

Dass viele geologische Schichten schnell und katastrophisch gebildet wurden, wird in der Geologie durchaus in vielen Fällen allgemein anerkannt. Oft heißt es, die Schichten selber seien zwar in kurzer Zeit entstanden; größere Zeiträume lägen jedoch *zwischen* der Entstehung zweier Schichten. Wie im vorigen Abschnitt bereits erwähnt, muss jedoch eigens begründet werden, dass in den Schichtlücken überbildeten sich Trennstellen ähnlich wie bei Laubblättern. Die Baumkronen waren meist sehr klein, die Blätter sehr schmal (grasartig). Die Stämme waren mit sog. Blattpolstern bedeckt, die zur Photosynthese befähigt waren. Ein Großteil der Photosynthese geschah durch die Stammoberfläche und nicht so sehr durch die Blätter, die überdies recht bald abfielen.[7]

Alle Indizien des Baus dieser seltsamen Bäume zusammengenommen deuten darauf hin, dass die Bäume „im Wasser wurzelten", also eine Schwimmvegetation bildeten. Insbesondere der Bau der Stigmarien mit den Appendices ist kaum anders zu erklären, vor allem, wenn man ihn mit heutigen Wasserpflanzen vergleicht. Dazu kommen noch geologische Indizien. Die Stigmarien „wurzeln" nämlich nicht in typischen Böden mit Bodenstrukturen, sondern sind häufig in Sediment eingebettet, das keine Störungen durch Wurzelwachstum oder Aktivität von Bodentieren aufweist. Wären die Stigmarien in die Böden hineingewachsen, hätten sie die Schichtung zerstört, und die Tätigkeit von bodenlebenden Mikroorganismen hätte das ihre noch dazugetan. Die Tatsache, dass gar keine Böden unter den Flözen zu finden sind, sondern ungestörtes Sediment, spricht dafür, dass das Sediment erst nachträglich – bei der Einbettung der Bäume – eingelagert wurde. Das heißt aber nichts anderes, als dass die Stigmarien mit ihren Anhängen vorher im Wasser hingen.

Insgesamt ergibt sich, dass die Abfolge vieler Kohleflöze übereinander in der Schichtenfolge des Karbons nicht eine Abfolge von nacheinander gewachsenen Wäldern repräsentieren kann. Denn sonst

Abb. 115 Hypothetische Rekonstruktion der Schwimmvegetation der Steinkohlenwälder. Viele Stigmarien und Appendices („Wurzelröhren" mit bleistiftdünnen, starr abstehenden hohlen Anhängen), mit denen die gesamte torfähnliche Matte (abgestorbene Pflanzenteile) völlig durchwuchert war, wurden weggelassen, damit einige wichtige Details besser dargestellt werden können. Man kann davon ausgehen, dass diese miteinander verflochtenen, weitgehend hohlen Wurzeln eine infolge des enormen Auftriebs schwimmfähige Waldmatte bildeten, auf der z.B. Riesenschachtelhalme gedeihen konnten, während als schwimmfähige Biotopträger die Bärlappbäume fungierten. Damit lag der etwas schwammige „Waldboden" *oberhalb* des Wasserspiegels. Da die Stigmarien (10 bis 20 m lang) luftgefüllt waren, schwamm der ganze Wald auf der Wasseroberfläche. Die Bäume waren aufgrund ihrer besonderen Konstruktion verhältnismäßig leicht.

müssten unter den Flözen fossile Böden zu finden sein, was aber – wie gezeigt – nicht der Fall ist. Da die zwischen den Flözen abgelagerten Sandsteinschichten (und andere Schichten) Zeichen schneller

Sedimentation zeigen (z. B. Schräg-schichtung oder Gradierung, s. o.), kann man folgern, dass die Karbon-schichten (Flöze und zwischengela-gerte Sedimente) insgesamt sehr rasch gebildet wurden. Die heute übereinander liegenden Flöze könn-ten durch ruckartiges, vielfaches Absenken des Untergrundes nach und nach in die Tiefe gezogen wor-den sein. Die ursprünglich zu-sammenhängenden Schwimmwäl-der wurden dabei auseinander gerissen und „portionsweise" Schicht um Schicht eingebettet. Dieser Vorgang könnte insgesamt in kurzer Zeit abgelaufen sein.

Der Ausbruch des Mount St. Helens: Die Ausbrüche des Mount St. Helens ab 1980 waren im Ver-gleich zu anderen Vulkanausbrü-chen zwar relativ unbedeutend. Was sie für die Geowissenschaftler so interessant machte, war die Mög-lichkeit, die Auswirkungen detail-liert untersuchen zu können, weil die Geologen den Ausbruch schon erwartet hatten. So konnten sie die Vorgänge direkt beobachten und

die entstandenen Folgen bestimm-ten Ereignisse während des Aus-bruchs genau zuordnen. Mehrere Prozesse griffen innerhalb einer kurzen Zeitspanne ineinander. Beeindruckend sind die von den Schlammströmen geschaffenen Strukturen und Ablagerungen. Sie wirken auf den ersten Blick so, als seien sie in vielen Jahrtausenden entstanden. Tatsächlich wurden sie in kürzester Zeit gebildet. Bis zu 40 Meter tiefe Canyons wurden inner-halb von Stunden geformt (Abb. 116). Hartes Gestein wurde in kür-zester Zeit bis zu 30 m Tiefe abge-tragen. Das Beispiel zeigt, dass Abla-gerungen und Erosionen, für deren Entstehung unter „normalen" Ver-hältnissen tausende, zehntausende oder mehr Jahre veranschlagt wer-den, in kürzester Zeit ablaufen kön-nen, wenn katastrophale Verhält-nisse herrschen. Viele Täler in ande-ren Gebieten dieser Erde zeigen in Grundzügen ähnliche Strukturen. Hier stellt sich die Frage, ob auch sie in kurzer Folge entstanden sind. Ganz konkret: Flüsse haben die Täler nicht geschaffen, sondern sie fließen in den Tälern, nachdem sie auf katastrophale Weise (durch regionale Überschwemmungen) entstanden sind.[8]

Abb. 116 Abtragung durch Schlammströme, die sich durch den Ausbruch des Mt. St. Helens gebildet haben. Links der sog. Little Grand Canyon, rechts der Engineers Canyon, die an einem einzigen Tag gebildet wurden. Die Felswände sind ca. **30 m hoch.** (© Institute for Creation Research, El Cajon)

Colorado-Plateau und Grand Cany-on: Schnelle Erosion. Der Colorado-River fließt auf 440 km Länge in dem 900 bis 1800 m tiefen Grand Canyon durch den südwestlichen Rand des viele tausend Quadratkilo-meter großen Colorado-Plateaus (Abb. 117). Seltsamerweise durch-scheidet der Colorado River Höhen-züge (z.B. die Kaibab Upwarp) und die jungen Vulkangebirge, statt um sie herumzufließen. Der Fluss hätte längst angelegte Täler benutzen oder mit dem natürlichen Gefälle nach Osten fließen sollen. Beim

„Durchfressen" des Colorado-Plateaus wurde allein im Bundesstaat Arizona ein Gesteinsvolumen von ca. 4000 km³ ausgeräumt. Zeitgleich wurden von einer gewaltigen Fläche der Plateaus nördlich des heutigen Grand Canyon bis zu 2000 Höhenmeter Gestein abgetragen (vgl. Abb. 118). Die Suche nach den abgetragenen Gesteinsmassen blieb weitgehend erfolglos. Im Grand Canyon fehlen diese unterhalb der Schluchthänge. Ebenso fehlen Indizien für einen sich allmählich einschneidenden Colorado River wie Terrassen in verschiedenen Höhenlagen (als Ebenen ehemaliger Flussbetten). Stromabwärts, in Richtung Golf von Kalifornien, existieren zwar verschiedene Beckenfüllungen und Deltas, aber deren Volumen sind zu klein. Auch weisen diese Sedimente auf eine schnelle Ablagerung zu der Zeit hin, als die Erosion im Grand Canyon begann.

Eine langzeitliche, allmähliche Entwicklung der Landschaft durch Wind, Wetter und Wasser erscheint angesichts dieser Indizien unglaubhaft. Der amerikanische Geologe Steven Austin weist auf ehemalige große Seen östlich der dammartigen Höhenzüge der Kaibab Upwarp hin und nimmt einen Dammbruch an, in dessen Vorfeld der Grand Canyon durch die ausbrechenden Wassermassen gewaltsam und in kurzer Zeit ausgeräumt wurde. Die Landschaftsgeschichte des Colorado Plateaus und die Erosion des Grand Canyons, die nach radiometrischen Datierungen viele Millionen Jahre dauerten, könnten damit zu einer kurzen Episode zusammenschmelzen.[9]

Leben im „Dornröschenschlaf".
Hinweise auf eine viel kürzere Erdgeschichte als gewöhnlich ange-

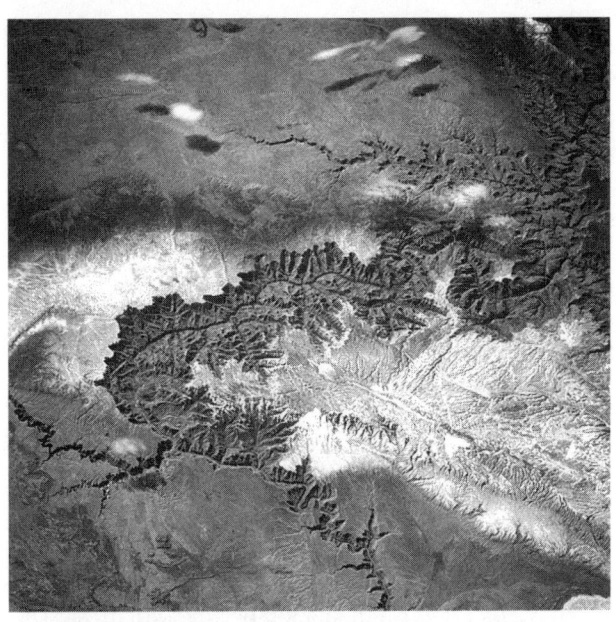

Abb. 117 Der bis zu 1,8 km tiefe Grand Canyon durchtrennt den schneebedeckten Höhenzug der Kaibab Upwarp am Südwestrand des Colorado Plateaus (Arizona, USA). Im Vergleich zu den aktuellen geologischen Prozessen muss der Grand Canyon entgegen dem natürlichen Gefälle des Colorado Plateaus und der Kaibab Upwarp in sehr kurzer Zeit durch Wassermassen geschnitten worden sein. (NASA)

Abb. 118
Blick in den Grand Canyon von der South Rim von Grand Canyon Village aus in Richtung NNW.

nommen kommen auch von ganz anderer Seite. Es wurden nämlich in unzähligen Gesteinen, die bis zu mehrere hundert Millionen Jahre alt sein sollen, Dauerstadien von Mikroorganismen gefunden, die noch lebensfähig waren. Ihr Stoffwechsel konnte reaktiviert werden, so dass diese Formen gleichsam aus einem „Dornröschenschlaf" erwachten. Solche Phänomene sind schon seit Jahrzehnten bekannt, wurden aber mit Kontaminationen (nachträglicher Verunreinigung mit heutigen Keimen) abgetan. Doch in den letzten Jahren mehrten sich die Befunde dieser Art, und die Vorsichtsmaßnahmen, um Kontaminationen vorzubeugen, gelten allgemein als hieb- und stichfest. Die Zahl der gut dokumentierten Fälle von Reaktivierungen von Mikroorganismen geht mittlerweile in die Dutzende. Das Phänomen lässt sich daher kaum mehr abstreiten. Doch wie ist es möglich, dass Organismen über viele Millionen Jahre – wenn auch in eingeschränktem Zustand – lebensfähig bleiben? Die Biochemiker haben darauf keine Antwort, denn die Zerfallsmechanismen hätten in solchen Zeiträumen längst zum Tod führen müssen. Es stellt sich daher durchaus die Frage, ob die großen Zeiträume „angetastet" werden müssen. Sollten diese Mikroorganismen nur einige tausend Jahre alt sein, wäre ihre Lebensfähigkeit verstehbar.[10]

10.8 Zusammenfassung

Eine mit den wesentlichen geologischen Daten stimmige Zuordnung bestimmter geologischer Schichten mit der Sintflut ist bisher nicht gelungen. Alle bislang entwickelten Sintflutmodelle weisen derart schwerwiegende Probleme auf, dass eine redliche Schlussfolgerung daraus ist, derzeit kein bestimmtes Sintflutmodell zu vertreten. Eine der Bibel verpflichtete Geologie sollte den Blick allerdings nicht nur auf die Sintflut konzentrieren, da aus biblischer Sicht gewaltige geologische Veränderungen auch vor der Sintflut (jedoch nach dem Sündenfall) und danach nicht ausgeschlossen sind. Um dem Rechnung zu tragen, sprechen wir von einer „biblisch-urgeschichtlichen Geologie", in deren Rahmen die biblische Sintflut ein Teilaspekt ist.

In der geologischen Forschung sind zahlreiche Beobachtungen gemacht worden, die gewaltige Katastrophen in der Vergangenheit belegen. Viele umfangreiche Schichtpakete weisen Indizien einer schnellen Entstehung auf, so dass die großen geologischen Zeiträume in den Ablagerungen selber nicht nachweisbar sind. Aber auch die Schichtlücken weisen vielfach Indizien auf, die für nur kurze Ablagerungspausen sprechen. Insgesamt ist aufgrund der Ablagerungen eine kurze Erdgeschichte durch geologische Daten begründbar.

Fragen

Hängen die Fossilienabfolge und die relative Gesteinsdatierung gegenseitig voneinander ab?

Geologische Schichtfolgen liegen keineswegs unsystematisch übereinander; im Gegenteil: es ist möglich, durch regionale und globale Entsprechungen relative Abfolgen von Sedimentgesteinen zu begründen. Neben dem Fossilinhalt werden weitere, von den Fossilien unabhängige Befunde herangezogen, z. B. die über große Flächen nachweisbaren Spuren von Vulkanausbrüchen. Mit der Regelhaftigkeit der Schichtenfolge und ihren Fossilien muss man sich auseinandersetzen, man kann und darf sie nicht leugnen.

Ist die geologische Zeittafel eine Erfindung der Evolutionisten?

Diese Behauptung wurde gelegentlich aufgestellt. Sie ist aber unbegründet. Denn die wesentlichen Beobachtungen, die zur Erstellung der geologischen Zeittafel führten, wurden lange vor dem Aufkommen der Darwinschen Evolutionslehre gemacht. Es waren viele Forscher beteiligt, die dem Evolutionsgedanken ablehnend gegenüberstanden. Die Abfolge der geologischen Schichten mit unterschiedlichen Fossilinhalten muss nach dem gegenwärtigen Kenntnisstand als durch unzählige Daten begründete Realität angesehen werden. Zwar gibt es die gesamte Abfolge nirgends vollständig, und es gibt überall mehr oder weniger große Lücken. Es ist jedoch möglich, die kompletten Abfolgen durch weltweiten Vergleich und entsprechende Zuordnungen zu begründen. Die Schöpfungsforschung muss die Aufgabe annehmen, diesen Befund alternativ zu evolutionstheoretischen Deutungen zu erklären, anstatt ihn zu leugnen.

Gibt es Schichten in der verkehrten Reihenfolge und stellen diese die geologische Zeittafel in Frage?

Schichten, die entgegen der in der geologischen Zeittafel üblichen Abfolge liegen, kommen in der Tat vor. Doch finden sich in diesen Fällen auch Indizien dafür, dass es nach der Bildung der Schichten spätere tektonische Störungen wie Faltungen und Überschiebungen von Gesteinspaketen über jüngere Schichten gegeben hat. Daher kann aus dem Befund der „verkehrt gelagerten" Schichten kein Argument gegen die Realität der geologischen Zeittafel gemacht werden.

Kommen Dinosaurierspuren zusammen mit Menschenspuren vor?

Verschiedentlich wurde bis in jüngster Vergangenheit behauptet, es seien an verschiedenen Orten in USA versteinerte menschliche Fußspuren zusammen mit Dinosaurierspuren entdeckt wurden. Mindestens ein Teil dieser Spuren hat sich als Fehldeutung erwiesen. Durch das Freilegen der betreffenden Sedimente setzten Erosionsvorgänge ein, durch welche die Spuren, die zunächst menschlich wirkten, sich veränderten und sich als Saurierspuren entpuppten. In diesen Fällen waren nach der Freilegung der betreffenden Schicht zunächst nur die Mittelzehe eines Sauriers sichtbar, die menschlichen Fußspuren ähneln. Durch die Verwitterung tauchten dann aber zwei Seitenzehen auf. So wurde klar, dass die Spuren auf einen Saurier zurückgehen.

Nicht bei allen solchen behaupteten Funden hat sich die Situation in diesem Sinne eindeutig geklärt. Hier ist aus der Ferne ein sicheres Urteil nicht möglich. Wünschenswert wäre eine unabhängige Kontrolle (wie das in der Wissenschaft üblich ist); doch das wäre recht aufwendig und erfordert viel Sachverstand zur Interpretation von fossilen Spuren und zur korrekten Einordnung geologischer Schichten. Hinzu kommt, dass gelegentlich neue Spurenfunde gemeldet werden.

Man sollte in diesem Zusammenhang folgendes bedenken: Solche spektakulären Funde würden zwar das Evolutionsgebäude ins Wanken bringen und gewaltige „Umbauten" notwendig machen, doch änderten sie nichts an der sonstigen Regelhaftigkeit der Fossilablagerungen (vgl. Abschnitte 8.3 und 10.2). Für die Schöpfungsforschung wären solche Funde kein Durchbruch zum Verständnis der Reihenfolge der Fossilablagerungen, sondern nur ein Indiz dafür, dass es für diese Reihenfolge eine nicht-evolutionäre Erklärung geben dürfte. Wenn Menschenspuren neben Dinosaurierfährten „offiziell" Anerkennung fänden, würde die Evolutionslehre annehmen, dass der Mensch und seine Vorfahren sich schon zur Zeit der Dinosaurier entwickelt hätten.

Wie konnten Süßwasserfische die Sintflut überleben?

Durch eine globale Überschwemmung während der Sintflut musste es zu Durchmischungen von Süß- und Salzwasser gekommen sein. Dies würde heute für viele Wasserlebewesen lebensgefährlich werden, da sie meist nur an bestimmte Salzgehalte angepasst sind. Ein Überleben ist dennoch möglich, wenn wenigstens eine der folgenden Voraussetzungen gegeben ist:

1. Die Wassertiere sind bezüglich der Toleranz des Salzgehaltes des Wassers sehr flexibel. Das trifft heute für viele Wasserlebewesen zu, die sowohl in Süß- als auch in Salzwasser leben können. Möglicherweise gehörte die Fähigkeit, flexibel auf verschiedene Salzgehalte reagieren zu können, zur ursprünglichen Ausstattung der meisten Grundtypen. (Es sei hier an die Ausführungen von Kapitel 2 erinnert: die geschaffenen Grundtypen waren ursprünglich sehr flexibel und genetisch vielseitig.) Die Tatsache, daß heute viele Wasserlebewesen an bestimmte Salzgehalte angepasst sind, kann als Spezialisierung (sozusagen als einseitige Festlegung), die erst nach der Sintflut eintrat, interpretiert werden.

2. Es muss nicht überall zu Durchmischungen gekommen sein. Viele an *bestimmte* Salzgehalte angepasste Tiere könnten u. U. durchaus in nicht durchmischten Bereichen überleben, während andere der Durchmischung zum Opfer gefallen sein mögen. So könnten einige Vertreter der einzelnen Arten überlebt und damit den Erhalt der jeweiligen Arten gesichert haben.

Wie kann man sich die Verteilung der Tiere nach der Sintflut bis zu anderen Kontinenten erklären?

Die Antwort auf diese Frage hängt damit zusammen, wie man die Fossilienabfolge und die geologischen Befunde genau mit der Sintflut zusammenbringen könnte. Dazu gibt es unter bibeltreu arbeitenden Wissenschaftlern wie in Abschnitt 10.4 dargestellt ziemlich verschiedene Auffassungen. Weiter muss bedacht werden, dass die Kontinente früher geographisch anders angeordnet waren als heute. Sehr vieles spricht dafür, dass es einmal einen einzigen großen Kontinent, die Pangäa, gab. Je nachdem, mit welchen geologischen Schichten man das Ende der Sintflut verknüpft, ergibt sich daraus, ob zu dieser Zeit die Kontinente noch zusammen waren (Pangäa) oder schon auseinandergedriftet sind (Kontinentaldrift, Plattentektonik). (Im Rahmen der biblisch-urgeschichtlichen Geologie wird mit einer schnellen Plattendrift bzw. Kontinentverschiebung gerechnet, wobei derzeit viele Frage offen bleiben, vgl. Abschnitt 10.4.) Zur Zeit der Pangäa, als die Kontinente noch zusammen waren, war ein Ausbreiten geographisch gesehen kein Problem. Und dass Tiere sich schnell und effektiv ausbreiten können, ist aus Beispielen jüngster Vergangenheit gut dokumentiert. Aber auch mit dieser Erklärung bleibt noch die Frage offen, warum manche Tiere nur auf diesen, andere nur auf jenen Kontinenten beheimatet sind. Das kann nur von Fall zu Fall beurteilt werden, und zwar unter Berücksichtigung des Fossilberichts, da viele Tiere fossil weiter verbreitet sind als heute.

Wurde die Arche Noah gefunden?

Es gibt zahlreiche Berichte darüber, dass die Arche Noah gefunden worden sei. Manche klingen recht abenteuerlich, andere einigermaßen seriös. Allen gemeinsam ist jedoch, dass das Belegmaterial dafür, dass es sich bei den berichteten Funden wirklich um Noahs Arche handelt, dürftig und mehrdeutig ist oder sogar gänzlich fehlt. Oft heißt es, es seien durch unglückliche oder gar mysteriöse Umstände die Belegstücke verlorengegangen. Man muss hier auch bedenken, dass in den verschiedenen Berichten meistens verschiedene Fundorte erwähnt werden. Das heißt aber, dass alle Berichte bis auf einen falsch sind – dann kann es genauso sein, dass allesamt falsch sind bzw. nichts mit der Arche Noah zu tun haben. Es gab ja schließlich nur *eine* Arche.

Damit soll nicht ausgeschlossen werden, dass die Arche gefunden werden könnte. Sehr wahrscheinlich ist ein solcher Fund jedoch nicht, da es viele Gründe dafür gibt, dass die Arche mittlerweile restlos zerstört und nicht mehr identifizierbar sein dürfte. Damit ist auch klar: Wenn die Arche nicht gefunden wird, hat das keinen Einfluss auf die Glaubwürdigkeit der Sintfluterzählung. Ob es sinnvoll ist, viel Geld, Zeit und Kraft in die Suche nach der Arche zu stecken, kann bezweifelt werden.

Gibt es außerbiblische Schilderungen von einer weltweiten Flut?

Bereits 1869 hat Lüken in großer Zahl außerbiblische Schilderungen von Völkern aus verschiedensten Regionen der Erde zusammengetragen, die auffällige Gemeinsamkeiten mit dem biblischen Sintflutbericht aufweisen.[11] 1925 veröffentlichte Riem 268 Sintflutberichte und 21 Regenbogensagen aus aller Welt und wertete diese aus.[12] Er kam dabei zum Ergebnis, dass einige der Überlieferungen so viele Parallelen zum biblischen Bericht aufweisen, dass ein unmittelbarer Zusammenhang bestehen muss. Seine vergleichenden Auswertungen ergaben z. B., dass die Sintflut 77-mal als Flut und 80-mal als Überschwemmung bezeichnet wird (in den anderen Fällen ist von verheerenden Bränden, Erdbeben u.a. die Rede). Immerhin 72-mal geschah die Rettung durch ein Fahrzeug; 53-mal wird als Ursache das Verschulden der Menschen genannt. Die Übereinstimmungen sind so auffallend, dass es schwer fällt, an eine vielfach unabhängige Entstehung der Erzählungen zu denken. Die plausibelste Deutung für die Übereinstimmungen ist die Annahme, dass eine weltweite Flut stattgefunden hat, die sich fest in die Erinnerung der von der Noahfamilie abstammenden Menschheit eingegraben hat.

Zwei außerbiblische Sintfluterzählungen

Chaldäa (Babylonien): Dem vorsintflutlichen König Xisuthros offenbart Kronos, dass am 15. des Monats Däsios die Menschen durch eine große Wasserflut umkommen sollten und befiehlt ihm, die vorhandenen Schriften in Sippara zu vergraben, ein Schiff zu bauen, mit seinen Verwandten und Freunden hineinzugehen, Speisen und Getränke mitzunehmen, auch Vögel und vierfüßige Tiere darin aufzunehmen. Xisuthros baut das Schiff 15 Pfeilschüsse (= Stadien) lang und zwei Pfeilschüsse breit und geht mit Frau, Kindern und Freunden hinein. Die Flut kommt, nimmt aber bald wieder ab. Xisuthros entlässt einige kundschaftende Vögel, die aber, weil sie nichts zu fressen und keinen Ruheplatz finden, zurückkehren. Nach einigen Tagen sendet er abermals Vögel aus, die auch zurückkommen, aber Schlamm zwischen den Füßen haben. Als er sie zum drittenmal aussendet, kehren sie nicht mehr zurück. Nun öffnet Xisuthros das Dach des Schiffes und sieht, dass letzteres auf einem Berge feststeht; er steigt mit seiner Frau, einer Tochter und dem Steuermann des Schiffes aus, betet, baut einen Altar und bringt den Göttern Opfer dar, darauf verschwindet er mitsamt den übrigen Ausgestiegenen. Die im Schiffe Zurückgebliebenen hören ihn später vom Himmel her sagen: „Ihr sollt die Götter ehren. Wir sind wegen unserer Frömmigkeit von den Göttern in den Himmel gerufen worden. Wo ihr euch jetzt befindet, ist Armenien. Geht nun zurück nach Babylon, baut Städte und Tempel und grabt die Schriften wieder aus!" Die Zurückgebliebenen taten, wie es ihnen Xisuthros befohlen hatte. Von dem Schiffe aber sieht man noch jetzt (gemeint ist die Zeit um 260 vor Christus) auf dem Gebirge der Kordyäer in Armenien Reste, und das von dem Schiffe abgekratzte Pech dient als Heilmittel.

Südsee (Maori): Weil die Menschen nicht mehr an die alten Berichte vom Gott Tane und an die übrigen Überlieferungen glauben wollten, sondern die Priester verhöhnten, bauten diese ein Floß mit einem Hause, das Nahrungspflanzen, Hunde und einige Menschen trug. Dann goss der Regen in Strömen herab, und alle ungläubigen Menschen wurden ersäuft. Das Floß fuhr über das Meer und kam nach sieben Monaten unter vielen Opfern und Gebeten zu Tane endlich an Land. Es war Hawaiki. Sie fanden das Land zertrümmert und die Menschen tot. Sie waren die einzigen Überlebenden. Bei ihrer Landung war ihre erste Tätigkeit Gebete und Verehrungszeremonien für alle Götter. Nachdem dies vollendet war, zeigte sich ihnen der Regenbogen und ein anderes Glückszeichen am Himmel. Da traten ihnen die Götter versöhnt entgegen, die auf ihre Gebete hin den Regen, die Flut und die Zerstörung der Menschen veranlasst hatten und nun unten am Ende des Himmels wohnten, wo sie Ebbe und Flut hervorbringen, die wir täglich sehen.

Anmerkungen

[1] Lediglich in manchen Fällen, in welchen die relative Position des untersuchten Gesteins im Gesamtsystem nicht bestimmbar ist, kommt es vor, dass die Altersstellung des Gesteins alleine aufgrund des Fossilinhalts vorgenommen wird. Solche Fälle müssen kritisch betrachtet werden, sie ändern aber am Gesamteindruck nichts Wesentliches. Details dazu in: M. Stephan & T. Fritzsche, „Sintflut und Geologie" (Holzgerlingen 2000), Kapitel 5. Die in diesem Kapitel geschilderten Sintflutmodelle und ihre Probleme und offenen Fragen werden in diesem Buch ausführlich erläutert.

[2] Sintflut u. Geologie (Anm. 1), S. 83.

[3] Sintflut und Geologie (Anm. 1), S. 91f.

[4] Sintflut und Geologie (Anm. 1), S. 130ff.

[5] Sedimente mit „Weichteilerhaltung" bestehen zumeist aus feinkörnigen, unverwühlten Schichten, die (nahezu) sauerstofffrei gewesen sein dürften. Denn hier wurden die Weichteile des eingebetteten Lebewesens nicht umgelagert und nicht von Aasfressern oder Sedimentwühlern beseitigt, sondern durch chemische Prozesse und durch Mikroorganismen, die ohne Sauerstoff leben können, ab- und umgebaut. Die Weichteile blieben also auch hier nicht unverändert erhalten, sondern wurden durch Ab- und Umbauprozesse in nichtorganische Substanzen verwandelt und auf diese Weise „konserviert". Manchmal sind in der umgebauten Substanz sogar noch Strukturen ehemaliger Körperzellen zu erkennen!

[6] Hierzu kann auf das Buch „Die Bibel und das Alter der Erde" von Richard Wiskin (Hänssler-Verlag Neuhausen-Stuttgart, 1999) verwiesen werden.

[7] Den Bau und die Lebensweise der karbonischen Bärlappbäume schildert Reinhard Junker in: Samenfarne, Bärlappbäume, Schachtelhalme. Studium Integrale. Holzgerlingen, 2000.

[8] Eine ausführliche Dokumentation der Ereignisse am Mt. St. Helens bietet eine Diamappe der Studiengemeinschaft Wort und Wissen (140 Dias und ausführliche Erläuterungen).

[9] In der Zeitschrift Studium Integrale Journal wird in einem zweiteiligen Aufsatz (Ausgaben 1/2001 und 2/2001) die Geschichte des Grand Canyon in diesem Sinne von Thomas Herzog und Achim Zimmermann geschildert.

[10] Einen Überblick über solche Befunde gibt Harald Binder in Studium Integrale Journal 8 (2001), S. 51-55.

[11] H. Lüken: Die Traditionen des Menschengeschlechts. Münster, 1869.

[12] J. Riem: Die Sintflut in Sage und Wissenschaft. Hamburg, 1925.

Weiterführende Literatur

- M. Stephan & T. Fritzsche: Sintflut und Geologie. Holzgerlingen 2000. *(In diesem Buch wird auf allgemeinverständlichem Niveau die Problematik von Sintflutmodellen ausführlich anhand der gegenwärtigen internationalen Diskussion dargestellt.)*

- F. Hartmann: Der Turmbau zu Babel. Neuhausen-Stuttgart, 2002. *(Das Buch enthält einen Anhang über Sintflutsagen aus aller Welt.)*

- R. Junker: Samenfarne, Bärlappbäume, Schachtelhalme. Studium Integrale. Holzgerlingen 2000. *(Ein Kapitel dieses Buches stellt Pflanzen der Karbonwälder vor; vgl. Abschnitt 10. 7. Fachlich anspruchsvoll)*

Medienhinweise

- Diaserie „Der Ausbruch des Mt. St. Helens und die Folgen". 140 Dias und ausführliche Erläuterungen über ein „Experiment im geologischen Minilabor". Didaktisch hervorragend aufbereitet. (SG Wort und Wissen, Artikel *D14*, *auch leihweise erhältlich*)

- „Die Sintflut." Unterrichtsentwurf zum Thema Sintflut für Schüler im Alter von ca. 11-13 Jahren. (SG Wort und Wissen, Artikel *R12*)

11. Wie alt ist die Welt?

In der Auseinandersetzung zwischen Evolutionslehre und biblischer Schöpfungslehre spielt die „Zeitfrage" eine wichtige Rolle. Einem Zeitrahmen von knapp 10.000 Jahren, den die Bibel nahelegt (siehe dazu Abschnitt 13.6), steht die 4,5 Milliarden Jahre alte Erde der allermeisten Wissenschaftler gegenüber. Worauf gründen die in den Geowissenschaften ermittelten Alter? Was wird wie datiert und welche Voraussetzungen fließen in die Datierungen mit ein? Besteht die Möglichkeit, die zugrundeliegenden Daten im Rahmen eines Kurzzeitmodells zu interpretieren?

U m Zeit messen zu können, benötigen wir Vorgänge, die gleichmäßig ablaufen. Eine einfache Uhr, die heute noch beim Eierkochen oder beim Zähneputzen benutzt wird, ist beispielsweise die Sanduhr. In einem bestimmten Zeitraum rieselt dort eine bestimmte Menge Sand durch die Engstelle des eingeschnürten Glases. Je mehr Sand durchgerieselt ist, desto mehr Zeit ist verflossen. Dieser Zusammenhang lässt sich graphisch einfach darstellen (Abb. 119). Die Sanduhr ist aber nur aussagekräftig, wenn sichergestellt ist, dass zu Beginn der Sand nur in der oberen Hälfte des Glases war. Bestünde zudem die Möglichkeit, dass Sand von außen zugeführt werden kann, könnte ein solcher Vorgang das Ergebnis verfälschen. Das System, welches als Uhr genutzt wird, muss also von bestimmten äußeren Einflüssen abgeschirmt sein.

Bei der Sanduhr können wir zuschauen, was passiert. Wir können garantieren, dass das System nicht von außen beeinflusst wird und wir können den gleichmäßigen Gang direkt beobachten. Wenn wir dagegen etwas über Zeiträume herausfinden wollen, die in ferner Vergangenheit verflossen sind, steht uns eine vergleichbare *direkte* Beobachtungsmöglichkeit nicht zur Verfügung. Für einige tausend Jahre haben wir noch historische und archäologische Zeugnisse zur Verfügung. Aber selbst für Ereignisse vor der Zeitenwende gehen die Meinungen der Fachleute manchmal schon deut-

lich auseinander, wenn es um die zeitliche Einordnung von Geschehnissen geht.

11.1 Die radiometrischen Datierungen

W erden Gesteinsalter von vielen Millionen oder gar Milliarden Jahren angegeben, so wurden diese Zahlen meist mit Hilfe der radiometrischen Datierungen gewonnen. Hierbei wird der zeitlich konstante Zerfall instabiler Atome genutzt (vgl. Abb. 120). Datierungen von Gesteinen sind nur möglich, wenn entsprechend geeignete Atome darin enthalten sind. Eine bekannte Methode ist die Kalium/Argon-Methode. Dabei kennzeichnet der Name vor dem Schrägstrich, Kalium, die instabile „Muttersubstanz" und der Name dahinter, in diesem Falle Argon, das stabile End- oder „Tochterprodukt" (vgl. Tab. 8, S.171). Misst man in einem Gestein die Konzentrationen an Muttersubstanz und Tochterprodukt und kennt man zudem die Zerfallsrate, lässt sich unter einer Reihe von Voraussetzungen das Alter des Gesteins ermitteln.

Noch bekannter ist die Radiokarbon- oder C14-Methode. Sie zählt ebenfalls zu den radiometrischen Verfahren und beruht auf dem Zerfall des in der äußeren Atmosphäre produzierten Kohlenstoffs C14 (andere Schreibweise: ^{14}C; vgl. Abb. 121). Der Anwendungsbereich konzentriert sich auf Proben mit vermuteten Altern zwischen wenigen hundert bis rund 40.000 Jahren. Bekannte Beispiele für Radiokarbon-Datierungen sind die Untersuchungen des Turiner Grabtuches oder des Gletschermenschen „Ötzi".

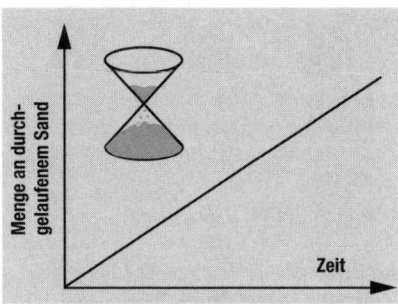

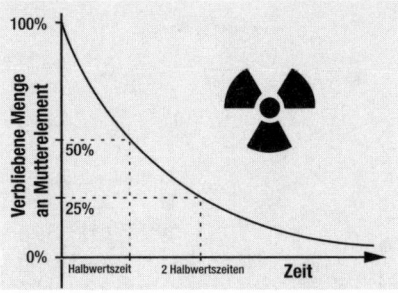

Abb. 119 Bei einer Sanduhr gibt es einen einfachen, linearen Zusammenhang zwischen der Menge an durchgelaufenem Sand und der verflossenen Zeit.

Abb. 120 Beim radioaktiven Zerfall gibt es zwar keinen so einfachen, linearen, aber dennoch einen im Prinzip leicht berechenbaren Zusammenhang zwischen einem Vorgang (hier: dem radioaktiven Zerfall) und der verflossenen Zeit. Ein radioaktives chemisches Element (Mutterelement, z. B. ^{87}Rb; Rb=Rubidium) zerfällt in ein Tochterelement (hier: ^{87}Sr; Sr=Strontium). Nach 1 Halbwertszeit ist noch die Hälfte der ursprünglichen Menge des Mutteratoms vorhanden (so wird die Halbwertszeit bestimmt), nach 2 Halbwertszeiten noch ein Viertel, nach 3 Halbwertszeiten noch ein Achtel usw. Daraus ergibt sich die im Bild gezeigte Zerfallskurve. Anhand dieser Kurve kann *bei bekannter Ausgangssituation* an der Menge der verbliebenen Mutteratome die verflossene Zeit abgelesen werden. Außerdem muss garantiert sein, dass keine Einflüsse von außen auf die Uhr eingewirkt haben.

In Tab. 7 (S. 170) sind einige Elemente zusammengestellt, die bei radiometrischen Datierungen eine Rolle spielen.

Im Folgenden sollen nur die radiometrischen Methoden betrachtet werden, nach denen hohe Gesteinsalter von vielen Millionen Jahren ermittelt werden. Das Beispiel Kohlenstoff wird nochmals aufgegriffen, um die Isotope eines Elements zu beschreiben.

11.2 Einige Grundlagen

Nach dem einfachen Atommodell besteht ein Atom im Kern aus Protonen und Neutronen. Um den Kern herum bewegen sich die Elektronen. Die Protonen im Kern besitzen eine positive Ladung, die Elektronen eine negative Ladung und die Neutronen sind elektrisch neutral. Ein

Isotope: Atome desselben Elements mit verschiedenen Neutronenzahlen. Bei ein und demselben Element ist zwar die Anzahl der Protonen immer gleich, die Anzahl der Neutronen kann aber unterschiedlich sein.

bestimmtes Element, wie z.B. der Kohlenstoff, besteht aus Atomen, die jeweils 6 Protonen im Kern haben (Abb. 122). Eisenatome haben jeweils 26 Protonen im Kern, Uranatome deren 92. Die Zahl der Protonen legt also fest, um welches Element es sich handelt.

Hingegen kann die Zahl der Neutronen bei ein und demselben Element unterschiedlich sein. So gibt es Kohlenstoffatome mit 6, 7 oder 8 Neutronen im Kern, so dass die Atome insgesamt 12, 13 oder 14 Kernbausteine haben können (Abb. 122). In allen Fällen handelt es sich um Kohlenstoffatome, denn das Element wird ja durch die Protonenzahl bestimmt. Auf die typischen chemischen Eigenschaften von Kohlenstoff hat die unterschiedliche Neutronenzahl keinen Einfluss.

Um ein Atom eines Elements mit einer bestimmten Neutronenzahl zu bezeichnen, spricht man von einem **Isotop**. So besteht Koh-

173

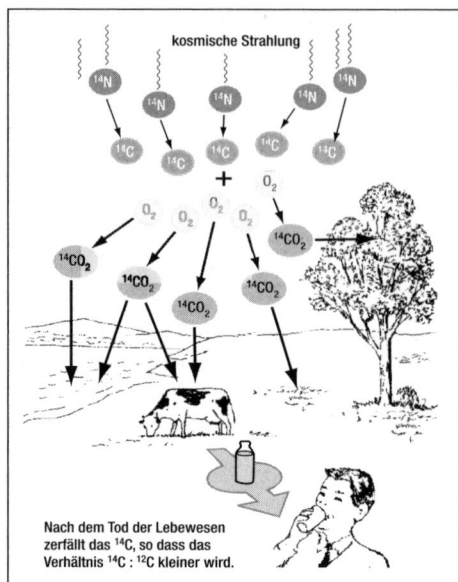

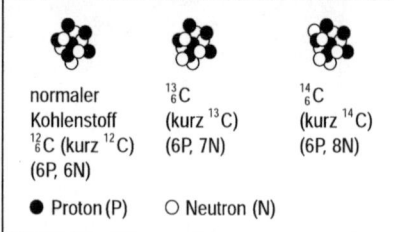

Abb. 122 Die drei Isotope des Kohlenstoffs. Die Anzahl der Protonen ist gleich (durch die Protonenzahl werden die Elemente bestimmt); die Anzahl der Neutronen ist unterschiedlich.

Abb. 121 Verteilung des radioaktiven Kohlenstoffs ^{14}C auf der Erde. ^{14}C entsteht in der oberen Atmosphäre dadurch, dass kosmische Strahlung den atmosphärischen Stickstoff (^{14}N) in ^{14}C verwandelt. ^{14}C gelangt zusammen mit dem normalen ^{12}C über das Kohlendioxid (CO_2) der Luft in die Pflanzen und von dort über die Nahrung in Tiere und den Menschen. In den Lebewesen stellt sich ein Gleichgewicht ^{14}C/^{12}C ein: ^{14}C zerfällt zwar, es kommt jedoch auch neues ^{14}C durch das CO_2 der Luft bzw. durch die Nahrung hinzu. Nach dem Tod des Lebewesens verschiebt sich das ^{14}C/^{12}C-Verhältnis zugunsten von ^{12}C, da das ^{14}C zerfällt, ohne ersetzt zu werden. Aus dem veränderten ^{14}C/^{12}C-Verhältnis lassen sich Schlussfolgerungen über den Sterbezeitpunkt und damit das Alter ableiten.

lenstoff zu 98,89 % aus dem ^{12}C-Isotop, zu 1,11 % aus ^{13}C und zu einem sehr geringen Teil aus ^{14}C. Das chemische Symbol für Kohlenstoff ist C (von lat. carbo = Kohle). Will man ein bestimmtes Kohlenstoffisotop kennzeichnen, schreibt man die Massenzahl (= Anzahl der Protonen + Anzahl der Neutronen) oben links neben das Symbol, die Protonenzahl steht links unten. Die Isotope des Kohlenstoffs lauten dann: $_{6}^{12}$C, $_{6}^{13}$C und $_{6}^{14}$C. Der Einfachheit halber wird die Protonenzahl meist weggelassen (siehe Tab. 7).

11.3 Der radioaktive Zerfall und die Datierungsmethoden

Die 84 in der Natur vorkommenden Elemente haben 339 natürliche Isotope; von diesen sind 70 radioaktiv.[1] „Radioaktiv" heißt, dass die Atome nach und nach in Tochteratome zerfallen. Dies geschieht bei jedem radioaktiven Isotop unterschiedlich schnell. Die Geschwindigkeit des Zerfalls wird durch die Halbwertszeit angegeben. In dieser Zeit zerfällt die Hälfte der Mutteratome. Nach zwei Halbwertszeiten ist noch 1/4 übrig (weil wieder die Hälfte der übriggebliebenen Hälfte zerfallen ist) usw.

Tab. 7 Einige Elemente, die bei radiometrischen Datierungen als Mutter- oder Tochterelement eine Rolle spielen.

Element	chem. Symbol	wichtige Isotope	radioaktiv
Kohlenstoff	C	^{12}C ^{13}C ^{14}C	^{14}C
Argon	Ar	^{36}Ar ^{39}Ar ^{40}Ar	
Kalium	K	^{39}K ^{40}K ^{41}K	^{40}K
Strontium	Sr	^{86}Sr ^{87}Sr	
Rubidium	Rb	^{87}Rb	^{87}Rb
Thorium	Th	^{230}Th ^{232}Th	^{232}Th
Blei	Pb	^{204}Pb ^{205}Pb ^{206}Pb ^{207}Pb	
Uran	U	^{235}U ^{238}U	^{235}U ^{238}U
Neodym	Nd	^{143}Nd	
Samarium	Sm	^{147}Sm	^{147}Sm

(Abb. 120). Der Zerfall erfolgt statistisch, d.h. jedes Atom hat die gleiche Wahrscheinlichkeit zu zerfallen, es kann aber nicht vorhergesagt werden, welches Atom als nächstes zerfällt. Vorhersagbar ist nur der Prozentsatz der Atome, die in einem bestimmten Zeitabschnitt zerfallen.

Die Datierungsmethoden. Eine Reihe von Datierungsmethoden beruht auf dem soeben beschriebenen radioaktiven Zerfall instabiler Atome. Bei den Uran/Blei-Methoden zerfallen ^{238}Uran- und ^{235}Uran-Isotope über Zwischenprodukte bis zu den stabilen Endprodukten ^{206}Pb und ^{207}Pb (Pb = Blei) (Abb. 123). Das stabile Bleiisotop ^{208}Pb ist das Endprodukt des ^{232}Th-Zerfalls (Th = Thorium). Die Kalium/Argon-Methode wurde bereits erwähnt. Es gibt noch weitere Methoden (Tab. 8).

Was wird datiert? Mit Hilfe der genannten Methoden lässt sich eine breite Palette an Gesteinen, Mineralen, Erzen, Meteoriten, Mondgestein und Gläsern datieren. Damit überhaupt sinnvolle Alter für die Entstehungszeit der Gesteine erhalten werden ist selbstverständlich erforderlich, dass Mutter- und Tochtersubstanz in genügender Menge im Gestein enthalten sind. Sedimentgesteine sind deshalb in der Regel weniger geeignet. Zum einen enthalten sie oft zu wenig datierbare Substanz. Zum anderen kommt es nach der Ablagerung zu Veränderungen, meist unter dem Einfluss wässriger Lösungen, wo-

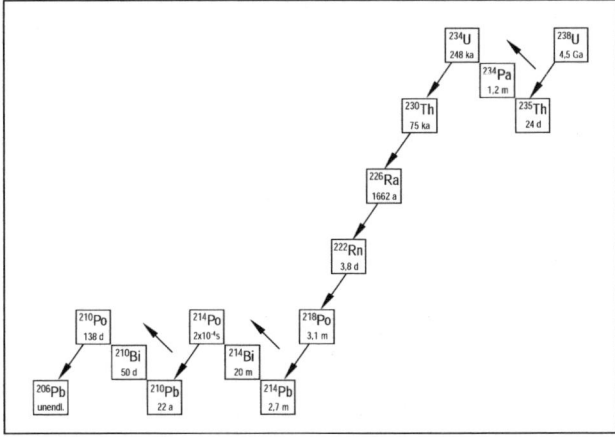

Abb. 123
Die Zerfallsreihe von ^{238}U. Über zahlreiche Zwischenstufen wird schließlich das stabile ^{206}PB erreicht. Pfeil nach unten: α-Zerfall; Pfeil nach oben: β-Zerfall. Unter den Isotopen sind die Zerfallszeiten angegeben (a = Jahre, ka = 1000 Jahre, Ga = Milliarden Jahre, d = Tage, m = Minuten, s = Sekunden).

Tab. 8 Die wichtigsten radiometrischen Datierungsverfahren. Ga = Giga annum = 1 Milliarde Jahre; Ma = Mille annum = 1 Million Jahre

abgekürzt	Halbwertszeit
^{238}U/^{206}Pb	4,5 Ga
^{235}U/^{207}Pb	700 Ma
^{232}Th/^{208}Pb	13,9 Ga
^{87}Rb/^{87}Sr	14,8 Ga
^{40}K/^{40}Ar	1,3 Ga
^{147}Sm/^{143}Nd	106 Ga

durch Substanzen herausgewaschen oder eingeschwemmt werden. Fossilien lassen sich meist nicht radiometrisch datieren.

11.4 Ist die Zerfallsrate konstant?

Die entscheidende Größe bei der Datierung ist die Zerfallsrate, die auch über die Halbwertszeit ausgedrückt werden kann. Voraussetzung für absolute Datierungen ist genauer gesagt die Konstanz dieser Rate, also eine gleichförmige Zerfallsgeschwindig-

Radioaktiver Zerfall: Radioaktiver Zerfall erfolgt, wenn Atome nach und nach in Tochteratome zerfallen.

Halbwertszeit: Zeit, in der die Hälfte der Mutteratome in Tochteratome zerfällt. Nach zwei Halbwertszeiten ist noch 1/4 des Mutteratoms übrig usw.

keit. Eine Reihe von Untersuchungen hat gezeigt, dass die Zerfallsgeschwindigkeit radioaktiver Elemente allenfalls geringfügig durch äußere Einflüsse (Druck, Temperatur etc.) verändert werden kann. Weil auch unter extremen Bedingungen und dann auch nur für eine Zerfallsart geringfügige Veränderungen der Zerfallsrate beobachtet werden, kann die Rate unter heutigen Bedingungen insgesamt als unveränderlich betrachtet werden. Ob das in der Vergangenheit anders gewesen sein könnte, wird weiter unten diskutiert.

11.5 Weitere Voraussetzungen

Grundsätzlich ist festzuhalten, dass bei einer Messung nur Isotopenhäufigkeiten oder -verhältnisse bestimmt werden. Das Alter kann prinzipiell nicht direkt gemessen werden. Überspitzt gesagt: Niemand war mit einer Stoppuhr dabei, um eine Zeitspanne zu ermitteln. Die Ermittlung eines Gesteinsalters erfordert eine Umrechnung gemessener Isotopenhäufigkeiten oder -verhältnisse; dabei muss ein für die jeweilige Methode entwickeltes Modell zugrunde gelegt werden; für einige Methoden gibt es mehrere Modelle.

Selbstverständlich kann die Tochtersubstanz schon in unbekannter Menge bei der Bildung des Gesteins vorhanden sein. Um dieser Menge auf die Spur zu kommen gibt es für jede Methode spezielle Überlegungen, die helfen, diese anfänglichen Konzentrationen zu ermitteln. Daneben muss jede Datierungsmethode eine Reihe spezifischer Voraussetzungen erfüllen, damit ein gültiger Alterswert angegeben werden kann.

Voraussetzungen am Beispiel der K/Ar-Methode

Im Lehrbuch von Faure[2] wird eine Liste von Punkten für das System K/Ar genannt, die erfüllt sein müssen, damit der errechnete Wert wirklich das Alter des Gesteins wiedergibt:

1. Das durch den Zerfall von ^{40}K erzeugte ^{40}Ar hat das Mineral seit seinem Bestehen nicht verlassen.

2. Das Mineral bildete gegenüber dem ^{40}Ar unmittelbar nach seiner Bildung ein geschlossenes System. Es muss also nach der Kristallisation rasch abgekühlt sein, sofern es nicht bei niedrigen Temperaturen gebildet wurde.

3. Das Mineral hat weder zum Zeitpunkt seiner Bildung noch während eines späteren metamorphen Ereignisses (einer Umwandlung) ^{40}Ar aufgenommen.

4. Das atmosphärische ^{40}Ar wird angemessen berücksichtigt.

5. Das Mineral bildete hinsichtlich des Kaliums ein geschlossenes System, d.h. kein Kalium kam hinzu oder diffundierte heraus.

6. Die isotopische Zusammensetzung des Kaliums im Mineral entspricht dem normalen Wert. Sie wurde nicht durch Fraktionierungsprozesse[3] verändert, nur der Gehalt an ^{40}K hat durch den radioaktiven Zerfall abgenommen.

7. Die Zerfallskonstante des ^{40}K ist genau bekannt und hat sich seit der Entstehung der Erde nicht durch physikalische oder chemische Bedingungen verändert.

8. Die Konzentrationen von ^{40}K und ^{40}Ar wurden genau bestimmt.

Es ist leicht zu erkennen, dass diese Annahmen ungewiss sind und in den seltensten Fällen zutreffen können. Eine Immunität des einzelnen Minerals gegenüber seiner Umwelt über die betrachteten Zeiträume von Millionen von Jahren hinweg kann nur den Idealfall kennzeichnen; es sind zahlreiche Abweichungen zu erwarten. Wichtig für eine Datierung ist deshalb, die Störfaktoren zu kennen und sie bei der Auswertung angemessen zu berücksichtigen. So ist beim System K/Ar anzunehmen, dass atmosphärisches Ar an den Mineralgrenzen adsorbiert (angelagert) ist. Eine Erwärmung der Probe wird dieses Ar zuerst verdampfen lassen; erst bei noch weiterer Erwärmung wird das Ar innerhalb der Probe freigesetzt und seine Menge kann nun bestimmt werden.

Eine Datierung wird nicht ungültig, nur weil eine Störung vorlag. Die Frage ist, ob sich der Einfluss einer Störung zahlenmäßig erfassen lässt. Erst wenn dies nicht gelingt oder wenn die ermittelten Alter aus unbekannten Gründen verdächtig erscheinen, wird man das errechnete Alter nicht akzeptieren.

11.6 Unterschiedliche Methoden – gleicher Alterswert

Radiometrische Datierungen haben den Vorteil, dass verschiedene Methoden manchmal auf das gleiche Gestein angewendet werden können. Erweist es sich, dass an einem bestimmten Gestein mit mehreren Methoden das gleiche Alter ermittelt wird, spricht das zugleich für die Zuverlässigkeit dieser Methoden.

Im System der Uran/Thorium-Blei-Methoden stehen allein vier verschiedene Datierungsverfahren zur Verfügung, die jeweils den Zerfall von Uran bzw. Thorium zu unterschiedlichen Bleiisotopen nutzen. Ist das eine Garantie für übereinstimmende Alter? Im Grundlagenwerk von Faure[2] ist das einführende Beispiel zur Anwendung dieser Methoden gleich eines, bei dem die ermittelten Alter nicht übereinstimmen. Für die Zirkone im Boulder Creek Batholith in Colorado wurden die folgenden Alter errechnet: Nach ^{232}Th-^{208}Pb: 1284 Ma, nach ^{238}U-^{206}Pb: 1404 Ma, nach ^{235}U-^{207}Pb: 1523 Ma und nach ^{207}Pb-^{206}Pb: 1682 Ma. Die Ursachen für diese Abweichungen sind letztlich unbekannt.

Zwar dient dieses Lehrbuchbeispiel dazu, eine weitere Möglichkeit der Auswertung von Isotopenmessungen einzuführen, doch lassen sich viele solcher Abweichungen auch mit komplexeren Lösungsansätzen nicht aufklären. Die beteiligten Substanzen reagieren auf physikalische und chemische Änderungen unterschiedlich, so dass es oftmals keinen Sinn macht, alle Methoden anwenden zu wollen oder aber anzunehmen, dass die eine oder andere Isotopenuhr „verstellt" wurde.

11.7 Radiometrisches Alter = tatsächliches Alter?

Selbst eine mit aller Sorgfalt durchgeführte Datierung, die alle geologischen Voraussagen erfüllt, muss nicht das tatsächliche Alter des Gesteins liefern. Wird beispielsweise durch verbesserte Messmethoden die Zerfallsrate eines Isotops korrigiert (im Jahr 1977 wurde die Zerfallsrate des Rb-Isotops per Konvention neu festgelegt), so sind alle vorherigen Datierungen davon betroffen. Will man

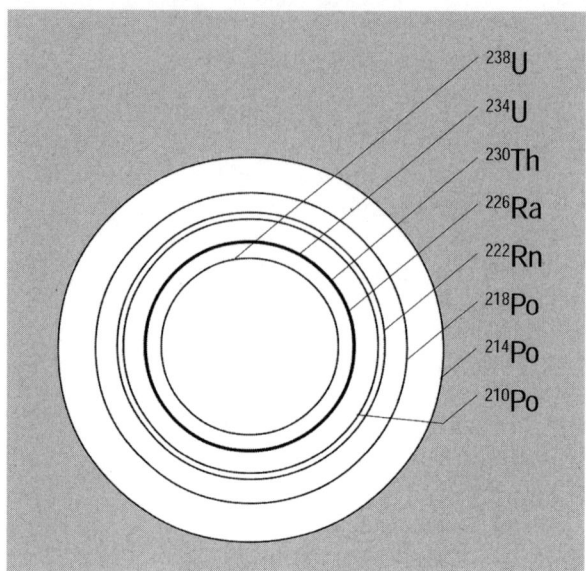

Abb. 124
Schematische
Zeichnung von
^{238}U-Strahlungs-
höfen, das sind
kugelförmige
Strahlenschäden
in einem Kristall-
gitter, die einen
radioaktiven Kern
umgeben. Diese
Höfe entstehen
beim Zerfall nen-
nenswerter Men-
gen an radioakti-
ven Atomen der
^{238}U über mehrere
Zwischenstufen
(vgl. Abb. 123).

^{238}U
^{234}U
^{230}Th
^{226}Ra
^{222}Rn
^{218}Po
^{214}Po
^{210}Po

auf ältere Ergebnisse zurückgreifen, muss erst mit Hilfe des aktuellen Wertes umgerechnet werden. Eine ähnliche Situation herrscht bei der C14-Methode, wo die Halbwertszeit heute mit 5730±40 Jahre angegeben wird, per Konvention wird aber mit dem älteren Wert 5568±30 Jahren gerechnet. Eine Anpassung an den aktuellen Wert hätte zu viele bereits veröffentlichte Datierungen betroffen.

Wie am Beispiel K/Ar verdeutlicht weist jede Methode ihre Besonderheiten auf, die bei der Interpretation der Isotopen-Messungen berücksichtigt werden müssen. Ist ein Vergleich mit einer anderen Methode nicht möglich, weil das Gestein oder Mineral nur nach einer einzigen Methode brauchbare Ergebnisse zulässt, so bleibt hinter dieser einzelnen Datierung ein Fragezeichen.

Um den Modellcharakter der Datierungen zu verdeutlichen, werden die Begriffe „Modellalter" oder „wahres Modellalter" verwendet. Damit soll ausgedrückt werden, dass alle denkbaren Voraussetzun-

gen erfüllt sind, das Ergebnis jedoch mit Hilfe eines interpretierenden „Modells" über die Entstehungsweise und die nachfolgende Geschichte der datierten Gesteinsprobe gewonnen wurde. In der Praxis begegnet man diesen eher philosophischen Überlegungen selten. Die Resultate radiometrischer Datierungen werden außer in begründeten Einzelfällen als tatsächliche Alterswerte betrachtet, wobei ein mehr oder weniger großer Fehler berücksichtigt wird.

Im jüngsten Werk amerikanischer Schöpfungsforscher (Vardiman und Mitarbeiter[4]) wird hervorgehoben, warum ein hohes Erdalter aus physikalischen Überlegungen heraus zunächst begründet ist. In Mineralen finden sich nämlich deutliche Hinweise auf radioaktiven Zerfall. Zwei wichtige Kennzeichen sind Spaltspuren (strahlengestörte Kanäle) und die sog. pleochroitischen Strahlungshöfe, das sind kugelförmige Strahlenschäden im Kristallgitter, die einen radioaktiven Kern umgeben (Abb. 124). Diese Schäden können nur dann auftreten, wenn nennenswerte Mengen an radioaktiven Atomen tatsächlich zerfallen sind. Gemessen an heutigen radioaktiven Zerfallsraten könnten sich diese Phänomene nur über sehr lange Zeiträume hinweg ausbilden. Allein solche physikalischen Indizien weisen auf ein Erdalter von vielen Millionen oder gar Milliarden Jahren. Damit finden auch die hohen Gesteinsalter, die man mit Hilfe unterschiedlichster Datierungsverfahren ermittelt, eine natürliche Erklärung – immer gemessen an den heute beobachtbaren Zerfallsraten!

Zu einem hohen Erdalter passt auch der Befund, dass die Muttersubstanzen nur noch in relativ geringen Mengen vorhanden sind. Wenn die Gesteine noch jung wären, könnte man erwarten, dass diese radioaktiven Muttersubstanzen in viel größeren Mengen vorhanden sind. Solche chemische Elemente, die eine niedrige Halbwertszeit (unter 1 Million Jahre) haben, sind nur noch in Spuren vorhanden.

11.8 Erstes Fazit

Die Gesetzmäßigkeit des radioaktiven Zerfalls legt seine Verwendung zu Datierungszwecken nahe. Gründe für den Einsatz sind die konstante Zerfallsrate, die nur unter extremsten Bedingungen geringfügige Veränderungen aufweist, die Gewinnung gleicher Resultate mit unterschiedlichen Methoden und die Ermittlung einer Altersfolge, die die tatsächliche Gesteinsfolge widerspiegelt. Mit Hilfe der radiometrischen Datierungsmethoden werden regelmäßig hohe Alter von Gesteinen bestimmt. Dies kann als gutes Argument für ein hohes Erdalter gelten.[5]

Die genannten Befunde beweisen zwar nicht unmittelbar ein hohes Erdalter, sind aber starke Indizien dafür, dass es ein erhebliches Ausmaß an radioaktivem Zerfall gab, der – gemessen an heutigen Zerfallsraten – viel mehr Zeit benötigt als nur einige tausend Jahre.

Die hohen Gesteinsalter erscheinen daher als gut begründet und es wird oft der Eindruck erweckt, als gebe es keine Möglichkeiten mehr, sie zu hinterfragen. Es gibt derzeit in der Tat nur vorläufige Ansätze zur Kritik, die weiterer Prüfung bedürfen. Darum soll es im Folgenden gehen.

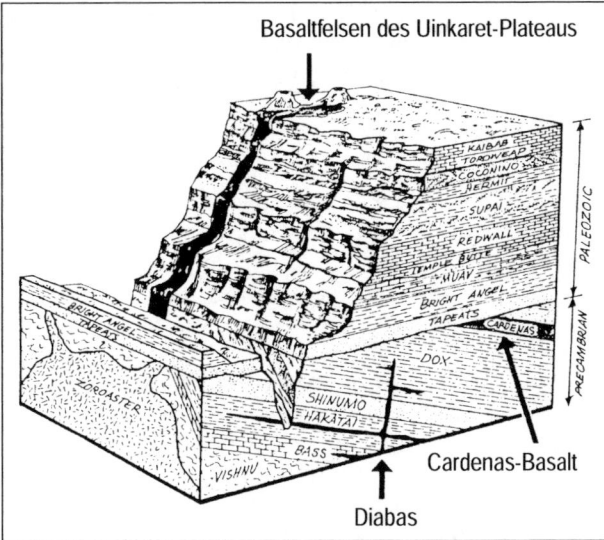

Abb. 125 Datierungen von Lavagesteinen unterschiedlichen Alters im Grand Canyon-Gebiet. Ein Großteil der Datierungsergebnisse liefert „unpassende" Alter (z. B.: tiefer liegende Gesteine können nicht jünger sein als höher gelegene), und die Ergebnisse verschiedener Methoden stimmen nicht überein. Die Wissenschaftler suchen nach Ursachen für solche „Ausreißer". Die Datierungs*methoden* werden durch solche Problembefunde an sich nicht in Frage gestellt. (Näheres im Text)

11.9 „Falsche" Altersbestimmungen – ein Gegenargument?

Es gibt eine große Anzahl von Datierungsergebnissen, die zu nicht passenden Altern führen. Beispielsweise gibt es zahlreiche Datierungen von Lavagesteinen im Grand Canyon, die viel zu hoch sind[6] – z. T. um mehrere Größenordnungen – gemessen an der allgemein akzeptierten geologischen Säule (Abb. 125). In vielen Fällen finden die Geologen allerdings Indizien an den Gesteinen, die auf nachträgliche Veränderungen hinweisen (vgl. das oben Gesagte). Dann ist eine nicht passende Datierung nicht verwunderlich und eignet sich damit auch nicht als grund-

179

sätzlicher Einwand gegen die Brauchbarkeit der Datierungsmethoden. Wenn aufgrund geologischer oder mineralogischer Indizien plausibel gemacht werden kann, dass es nach der Bildung des Gesteins z. B. durch Aufschmelzen, Vermischungen mit anderen Gesteinen, durch Ein- oder Auswandern von Mutter- oder Tochterelementen usw. zu „Verstellungen" der radiometrischen Uhr gekommen ist, ist die einzelne Datierung damit u. U. unbrauchbar. Die Methode an sich ist aber nicht in Frage gestellt.

Es gibt aber auch zahlreiche Fälle wie das o. g. Beispiel der Lava im Grand Canyon, bei denen unbekannt ist, weshalb ganz „falsche" Alter ermittelt werden, da keine Hinweise auf nachträgliche Veränderungen des Gesteins gefunden wurden. Ein solcher Befund kann evtl. als Indiz dafür gewertet werden, dass es andere Ursachen als die verflossene Zeit geben könnte, die zu den heute gemessenen Isotopenverteilungen geführt haben.

Doch diese Befunde ändern nichts daran, dass ein größerer Teil der Altersbestimmungen in sich stimmig ist und zu hohen Gesteinsaltern passt. Man argumentiert dann, dass es immer irgendwelche unerkannten Störfaktoren geben könne, daher müsse man nicht passende Datierungen verwerfen.

Ein Fragezeichen bleibt aber in diesem Zusammenhang: Wie groß ist der Anteil der nicht passenden Datierungen? Dies ist der Öffentlichkeit unbekannt, auch der wissenschaftlichen Öffentlichkeit. Es gibt in der Wissenschaft die verständliche Tendenz, passende Daten mehr zu beachten als nicht passende und erstere natürlich auch eher zu veröffentlichen. (Das geschieht nicht aus Böswilligkeit.) Doch aus der Unkenntnis über die genaue Situation kann man kein Argument machen. Wer die Glaubwürdigkeit der Datierungsergebnisse an sich in Frage stellt, muss selber groß angelegte eigene Datierungsserien durchführen, also sozusagen ein umfangreiches „Kontrollexperiment" machen. Einstweilen gibt es keine andere Möglichkeit, als mit den Daten zu argumentieren, die veröffentlicht sind. Und diese Daten legen – unter der Annahme einer Konstanz der Zerfallsrate – insgesamt hohe Alter nahe. Die Kritik daran muss vermutlich grundsätzlicher ansetzen, nämlich an den physikalischen Voraussetzungen der Datierungsmethoden. Bevor wir im übernächsten Abschnitt darauf eingehen, kommen wir nochmals auf das bereits in Abschnitt 10.3 aufgeworfene Argument des „scheinbaren Alters" zurück.

11.10 Noch einmal: scheinbares Alter?

In Abschnitt 10.3 hatten wir die Möglichkeit angesprochen, dass manche Naturphänomene, die alt erscheinen, in Wirklichkeit jung sein könnten, weil sie erschaffen wurden, und dadurch älter wirken. (Wie alt sahen die Bäume aus, die Gott geschaffen hat? usw.) Wir hatten auch darauf hingewiesen, dass diese Argumentation nur in bestimmten Fällen glaubhaft ist.

Auch bei den radiometrischen Datierungen kann man die Frage nach einem scheinbaren Alter stellen. Könnte es ein, dass die Gesteine bei der Erschaffung in ihrer Isotopenzusammensetzung bereits am Anfang so beschaffen waren, dass bei radiometrischen Altersbestimmungen ein hohes Alter herausgekommen wäre, obwohl die Gesteine gerade erst entstanden waren? Eine solche Ausgangskonstellation kann zwar nicht logisch ausgeschlossen werden, hat aber mindestens folgende schwerwiegende Probleme:

• Manche Zerfallsprozesse laufen stufenweise ab, d. h. der Weg vom Mutterelement zum Tochterelement verläuft über mehrere Zwischenstufen. So zerfällt das ^{238}U über Isotope u. a. von Thorium, Polonium und Wismut zu ^{206}Pb (Abb. 123). Diese Zerfallsschritte können anhand von Isotopenzusammensetzungen im heutigen Gestein nachvollzogen werden. Es sieht also so aus, als ob die Zerfälle wirklich passiert wären. Hätte nun Gott diese Isotopenzusammensetzung schon bei der Schöpfung so arrangiert (was theoretisch möglich ist), liefe das auf eine Täuschung hinaus. Die Isotopensignatur (= Zusammensetzung der Isotopen im Gestein) sähe so aus, als ob ein wirklicher Vorgang abgelaufen wäre, der in Wirklichkeit aber nie stattgefunden hätte. Wir werden auf diese Art von Argument auch noch im Kapitel über Astronomie zurückkommen. Die Struktur dieses Arguments ist kaum verschieden von der Behauptung, Gott habe tote Fossilien in den Sedimentgesteinen geschaffen, die gar nie gelebt hätten, sondern *als* Fossilien erschaffen worden seien. Diesen Weg der Deutung gehen wir hier ausdrücklich *nicht*. Ein täuschender Gott (und daran käme man nicht vorbei) ist nicht der Gott, der dem Menschen den Auftrag gab, als seine Stellvertreter die Erde zu verwalten (1 Mose 1,28), und der sagt (Ps. 111,2): „Groß sind die Werke des Herrn, erforschenswert für alle, die Freude daran haben."

• Diese Argumentation ist aber noch aus einem ganz anderen Grund problematisch: Sie läuft darauf hinaus, dass überhaupt keine wissenschaftlich begründete Aussage möglich ist. Denn *alle* Daten, wie immer sie aussehen mögen, könnte man dem unergründlichen Schöpfungshandeln Gottes zuschreiben. Natürlich muss die Schöpfungslehre immer auf das Schöpfungshandeln Gottes verweisen, das sich der Erforschbarkeit entzieht. „Schöpfung" bedeutet immer: Es gibt Grenzen der Nachvollziehbarkeit oder der Rekonstruktionsmöglichkeit mit wissenschaftlichen Methoden. Solche Grenzen haben auch evolutionstheoretisch orientierte Forscher, an denen *diese* sich mit der Annahme behelfen, in der Vergangenheit seien irgendwelche heute nicht mehr erforschbare Dinge abgelaufen, die zu den heute beobachteten Phänomenen führen. Darin liegt nicht das Problem. Die Angelegenheit wird erst dann problematisch, wenn sie auf Willkür hinausläuft, und das ist beim täuschenden Gott der Fall. Denn gleichgültig, was beobachtet wird, könnte man dann immer sagen, Gott habe hier eingegriffen. Wissenschaft würde damit sinnlos. Auch diesen Weg gehen wir hier nicht.

Greifen wir als Beispiel auf die Grundtypenbiologie (Kapitel 2) zurück. Danach gehen die heute erkennbaren Grundtypen auf erschaffene Formen zurück. Doch dies ist kein willkürliches Konzept, denn es kann konkret getestet werden: Gibt es eine brauchbare Grundtyp-Definition? Erlaubt diese Definition, Grundtypgrenzen zu erkennen? Gibt es Indizien dafür, dass Grundtypen nur begrenzt veränderlich sind? usw. Hier gibt es auch beobachtbare Hinweise auf die Existenz abgrenzbarer Grundtypen. Im Falle einer „geschaffenen Isotopensignatur" oder von „geschaffenen Fossilien" würden die vorhandenen Hinweise komplett in die Irre führen – jeder Bezug zu wissenschaftlichem (d. h. systematischem) Vorgehen wäre Illusion.

Die Isotopenverteilungen in den Gesteinen müssen im biblischen Kurzzeitrahmen eine andere Deutung finden.

11.11 Schnellerer Zerfall bei der Schöpfung, beim Sündenfall oder im Zusammenhang mit der Sintflut?

Im vorletzten Abschnitt hatten wir erwähnt, dass die radiometrischen Datierungen neben vielen Details auch von der Zerfallsgeschwindigkeit der Mutterelemente abhängen, die für die Datierungen zugrunde gelegt werden. Unter heutigen Bedingungen sind zwar keine nennenswerten Änderungen der Zerfallsgeschwindigkeiten bekannt, doch ob das auch immer für die Vergangenheit gilt, ist nicht von vornherein klar; das lässt sich auch nicht direkt prüfen. Die Zerfallsgeschwindigkeit kann durch Forschung direkt nur für die heutige Situation bestimmt werden. Es mag naheliegend sein, die heutigen Verhältnisse (also eine Konstanz) auch für die Vergangenheit festzuschreiben, beweisbar ist das nicht.

Gehen wir nun ausdrücklich von Schöpfung aus, so ist ohnehin klar, dass die Schöpfertätigkeit Gottes, wie sie im Sechstage-Bericht der Genesis geschildert wird, mit heutigen Prozessen nicht beschrieben werden kann. Man kann vielmehr sagen, dass die geschilderten Vorgänge sozusagen *„im Zeitraffer"* abliefen. Könnte diese Deutung auch auf den radioaktiven Zerfall angewendet werden, der in den Gesteinen offenbar abgelaufen ist? Diese Idee verfolgt seit einigen Jahren die oben bereits erwähnte amerikanische Forschergruppe um Larry Vardiman, die zu dieser Thematik im Jahr 2000 eine erste umfangreiche Publikation herausgebracht hat[4], der noch weitere folgen sollen.

Dieses Konzept scheint allerdings auf den ersten Blick dieselben Probleme zu bergen wie die im vorigen Abschnitt genannten: Täuscher-Gott und wissenschaftliche Willkür. Doch dem ist nicht so – und zwar aus folgenden Gründen:

• Das Konzept eines beschleunigten Zerfalls ist prüfbar. Wie das geht, erläutern wir beispielhaft im folgenden Abschnitt. Wann und weshalb der Zerfall erfolgte, ist dabei zweitrangig. Wichtig ist, dass diese Hypothese Schlussfolgerungen ermöglicht, die nachgeprüft werden können.

• Es wird hier nicht angenommen, dass ein vergangener Ablauf nur vorgetäuscht würde. Die Indizien, die für einen tatsächlichen Vorgang sprechen, werden ernstgenommen und als aussagekräftig gewertet. Sie werden jedoch in einen bislang ungewohnten Deutungsrahmen gestellt. Von Täuschung kann hier daher nicht die Rede sein. Denn die Annahme, dass heute ablaufende Vorgänge früher schneller, evtl. viel schneller abgelaufen sind, ist statthaft, da wir die vergangenen Abläufe ohnehin nicht direkt untersuchen können. Es sei vermerkt, dass auch die evolutionsorientierte Wissenschaft für die Vergangenheit Prozesse annimmt, die heute unbekannt sind. In der Ursprungsfrage stößt offenbar Wissenschaft immer an Grenzen, an welchen deutlich wird, dass mit heutigen Vorgängen die Entstehung nicht erklärt werden kann (vgl. Abschnitt 12.5).

Möglich ist auch, dass der Sündenfall ein Einschnitt war, durch den auch die physikalische Welt umbruchsartig Änderungen erfuhr. Die Bibel macht hierzu vage Andeutungen, wenn sie davon spricht, dass nun das Gebären Schmerzen bereitet. Vorher wäre das offenbar anders gewesen. Hat sich vielleicht die Beschaffenheit der Materie irgendwie geändert? Der auferstandene Jesus konnte leibhaftig durch geschlossene Türen gehen. Die Evangelien bezeugen ohne Zweifel, dass Jesus nach seiner Auferstehung einen (neuen) *Leib* hatte. Aber er hatte offensichtlich eine andere materielle Beschaffenheit, als die, die wir kennen. Könnte es entsprechend sein, dass die materielle Beschaffenheit der Welt vor dem Sündenfall anders war als danach? Und könnten Änderungen auch die Prozesse des radioaktiven Zerfalls verändert haben? Solche Überlegungen sind freilich spekulativ, da sich die Bibel nicht genauer äußert. Wichtig ist aber, dass die Sündenfall-Grenze auch eine Grenze für den forschenden Menschen bedeuten dürfte, der die Vergangenheit rekonstruieren will.

Ähnliche Einschnitte und damit verknüpfte Einschränkungen könnte es auch im Zusammenhang mit der Sintflut geben, da auch dieses Ereignis als besonderes Eingreifen Gottes geschildert wird.[7]

11.12 Hinweise auf schnelleren Zerfall

Im bereits erwähnten Buch von Vardiman und Mitarbeitern[4] wird an einer jungen Erdgeschichte und einer insgesamt jungen Welt festgehalten. Gibt es Hinweise darauf, dass die heute messbaren radioaktiven Zerfallsraten früher höher waren? Eine wichtige Beobachtung ist der relativ hohe Helium-Gehalt in der Erdkruste. Das ^{4}He (Helium) entstammt dem radioaktiven Zerfall von Uran und Thorium. Da es als Edelgas keine chemische Bindung eingeht, sollte es bei den angenommenen Millionen von Jahren längst aus der Erdkruste in die Atmosphäre entwichen sein. Ein hoher Helium-Gehalt in der Erdkruste passt gut zu der Vorstellung, die Zerfallsrate sei vor nicht allzu langer Zeit höher gewesen; das Helium ist also erst dabei, zu entweichen. Auch der hohe Wärmefluss in kontinentalen Gesteinen, die in geringen Konzentrationen radioaktive Elemente enthalten, passt zu dieser Überlegung, da radioaktiver Zerfall Wärme produziert.

Ein früher viel schnellerer Zerfall würde auch alternativ zur Vorstellung von einer alten Erde erklären, weshalb die Isotope mit kürzeren Halbwertszeiten in der Erdkruste weitgehend oder vollständig fehlen.[8]

11.13 Zweites Fazit

Zahlreiche Altersbestimmungen mittels Radiometrie führen zu unpassenden Altern; d. h. die Gesteine erscheinen (viel) zu alt oder manchmal zu jung. In vielen Fällen können anhand von Indizien an den datierten Gesteinen Spuren nachträglicher Veränderungen ausfindig gemacht werden, die verständlich machen, weshalb die Datierung nicht passt. Solche Fälle stellen die Radiometrie an sich nicht in Frage. Das gilt auch für unpassende Datierungen, für die keine Ursachen gefunden wurden, denn es bleibt der Befund, dass ein erheblicher Anteil der Datierungen in sich stimmig ist. Der „in sich stimmige Anteil" der Datierungen verlangt nach einer Erklärung. Für biblisch motivierte Kurzzeitkonzepte stellt sich die Frage, wie die stimmigen Datierungen alternativ – also nicht als Belege für große Zeiträume – erklärt werden können. Eine auch durch Indizien gestützte Hypothese geht von einem früher (in der Schöpfungswoche bzw. vor dem Sündenfall) viel schnelleren radioaktiven Zerfall aus, der zu den heutigen Isotopenverteilungen führt. Die heutigen Messungen erfahren dadurch eine ganz andere Deutung und lassen die Möglichkeit zu, die Befunde im Rahmen eines Kurzzeitmodells zu deuten.

Grobe Altersabschätzungen werden auch mit Hilfe astronomischer Daten durchgeführt. Darauf kommen wir im folgenden Kapitel zu sprechen.

Fragen

Sind die Datierungsmethoden nicht willkürlich, wenn viele Datierungsergebnisse verworfen werden?

Die Datierungsmethoden liefern im Großen und Ganzen in sich recht schlüssige Ergebnisse, die auf hohe Alter hindeuten. Es gibt zwar Datierungen, die evolutionär „unpassen-

de" Alter ergeben wie z. B. die oft zitierte 200 Jahre alte Lava auf Hawaii, die auf Millionen von Jahren datiert wurde. Solche Datierungen treten in der Tat auf. Allerdings kann eine ganze Reihe (jedoch nicht alle) dieser „Fehldatierungen" durch erkannte „Störfaktoren" schlüssig erklärt werden. Außerdem müssen sämtliche vorhandenen Daten der Geochronologie zur Kenntnis genommen und erklärt werden. Dann zeigt sich, dass ein Großteil der verfügbaren Daten sich durchaus im Sinne hoher Alter interpretieren lässt. Damit sind alternative Deutungen im Sinne einer jungen Schöpfung jedoch keineswegs ausgeschlossen. Nur: Die einfache Argumentation, dass radiometrische Altersbestimmungen grundsätzlich unbrauchbar seien, weil es zahlreiche falsche Datierungsergebnisse gibt, ist nicht haltbar.

Beweisen „endliche" Radiokarbonalter vermeintlich vor Jahrmillionen entstandener Kohlevorkommen nicht, dass die Erde in Wirklichkeit jung ist?

Wie jeder andere auf Messungen beruhende physikalische Ansatz weist die Radiokarbondatierung eine bestimmte Auflösegrenze auf, oberhalb derer sinnvolle Aussagen nicht mehr möglich sind. Diese Grenze liegt bei dem Verfahren je nach Apparatur zwischen 40.000 und 50.000 ^{14}C-Jahren. Oberhalb dieses Wertes werden die Messfehler aufgrund des Hintergrundrauschens so groß, dass keine sinnvollen Altersangaben mehr möglich sind. Man spricht von „unendlichen" Altern, was im Grunde nur bedeutet, dass die Probe unbestimmt älter ist als die Auflösungsgrenze des Verfahrens. Als gegen

Ende der 1970er Jahre mit der Einführung der AMS-Technik begonnen wurde, bei welcher der ^{14}C-Gehalt einer Probe im Teilchenbeschleuniger bestimmt wird, waren die Forscher optimistisch, die Auflösegrenze weit über die bis dahin erreichten 40.000 ^{14}C-Jahre hinausschieben zu können. Die theoretische Grenze wurde bei etwa 100.000 Jahren angesetzt und 70-80.000 Jahre wurden als realisierbar angesehen. Zur Austestung der neuen Apparaturen wurden dann unter anderem Kohleproben verwendet, da für diese aufgrund ihres geologischen Kontextes von „unendlichen" Altern auszugehen war. Umso überraschter war man, als man fast durchweg ^{14}C-Alter um die 40.000 Jahre, also vermeintlich „endliche" Alter erhielt. Dies könnte auf den ersten Blick als Hinweis dafür gewertet werden, dass mit dem Radiokarbonverfahren grundsätzlich etwas nicht in Ordnung ist; die „endlichen" Alter könnten ein Indiz für eine junge Erde darstellen. Doch dieses Indiz ist „weich". Zunächst wiederholte man die Versuche mit anderen Materialien wie Kalkstein, Anthrazit (sehr alte Steinkohle), Erdöl und Erdgas und erhielt vergleichbare Alter in der Größenordnung von 35.000-50.000 Jahren mit einem deutlichen Schwerpunkt um 40.000 Jahre. Nur in einem Fall maß eine Graphitprobe knapp 70.000 Jahre. Das bedeutete, dass für die meisten Anlagen die Auflösegrenze offensichtlich niedriger lag als erwartet. Die gemessenen ^{14}C-Alter der Kohleproben entsprachen in etwa denen des Kalksteins, der hinsichtlich der Radiokarbonmethode per Definition „unendlich" alt sein musste, da anorganisches Material über kein eigenes ^{14}C verfügen kann. Das gemessene ^{14}C konnte also nicht aus dem Kalkstein stammen. Dass die verschiedenen Messdaten teilweise deutlich auseinander lagen, konnte damit erklärt werden, dass die Auflösegrenze nicht nur durch die Gegebenheiten der Anlage bestimmt ist. So kann bei der Probenpräparation eine geringe Verunreinigung mit ^{14}C-reichem Fremdkohlenstoff nicht gänzlich vermieden werden. Ein Indiz dafür ist, dass Proben, die mehrfach verwendet wurden, mit jeder Messung jüngere Alter lieferten. Was die Kohleproben anbelangt, so kommt sehr wahrscheinlich als weiterer Störfaktor eine geringfügige Verunreinigung bereits in der Lagerstätte hinzu, die durch Pilzkulturen und Mikroben bewirkt wird. Das in der Überschrift angesprochene Argument ist daher nicht tragfähig.

Anmerkungen

[1] Angaben nach: G. B. Dalrymple: The age of the earth. Stanford University Press, 1991.

[2] G. Faure: Principles of isotope geology. John Wiley, New York, 1986, S. 67.

[3] Fraktionierung ist eine Veränderung der chemischen Zusammensetzung einer Gesteinsschmelze durch die physikalische Abtrennung von Kristallen oder die Abtrennung einer Schmelze aus einem Gestein durch teilweises Aufschmelzen.

[4] L. Vardiman (Hg.): Radioisotopes and the age of the earth. St. Joseph, 2000.

[5] L. Badash: Der lange Streit um das Alter der Erde. Spektrum der Wissenschaft, Okt. 1989, S. 120-126.

M. A. Geyh: Einführung in die Methoden der physikalischen

und chemischen Altersbestimmung. Darmstadt, 1980.

J. Rey: Geologische Altersbestimmung. Stuttgart, 1991.

G. A. Wagner: Altersbestimmung an jungen Gesteinen und Artefakten. Stuttgart, 1995

I. Wendt: Radiometrische Methoden in der Geochronologie. Clausthaler Tektonische Hefte 23. Clausthal-Zellerfeld, 1986

[6] S. A. Austin: Grand Canyon. Monument to catastrophe. Santee, Ca, 1994.

[7] Ein beschleunigter Zerfall hätte gravierende Folgen, denn er bedeutet Gefahr für Leib und Leben durch zuviel Strahlung. Daher kann man einen um Größenordnungen höheren Zerfall nur für die ersten drei Schöpfungstage, für den Umbruch im Zusammenhang mit dem Sündenfall (vgl. Kapitel 13) und für die Zeit der Sintflut annehmen. Gemeinsam ist diesen Abschnitten ein besonderes Handeln Gottes, sei es durch sein schöpferisches oder durch sein richtendes Wort. Hier kann Wissenschaft ohnehin nicht von regelhaft ablaufenden Vorgängen ausgehen. Das besondere Handeln Gottes durch sein schöpferisches oder sein richtendes Wort setzt der wissenschaftlichen Erforschung strenge Grenzen.

[8] Gegen die Möglichkeit eines beschleunigten radioaktiven Zerfalls in der Vergangenheit wurden Einwände erhoben: Zum einen würde dadurch die Wärmeproduktion zu hoch (beim radioaktioven Zerfall entsteht Wärme), zum anderen müssten sich Änderungen bei den in Abschnitt 11.7 erwähnten Strahlungshöfen einstellen, die aber nicht beobachtet werden. Im Sammelband von Vardiman und Mitarbeiter (Anm. 4) wird auf diese Einwände eingegangen. Die entsprechenden Details können hier nicht wiedergegeben werden; daher sei auf das Buch von Vardiman hingewiesen. Eine Übersetzung des Buches ist in Arbeit.

Weiterführende Literatur

- T. Fritzsche: Millionenverluste: Das Kambrium schrumpft. *Studium Integrale Journal 8* (2001), S. 22-27.

- L. Vardiman (Hg.): Radioisotopes and the age of the earth. St. Joseph, 2000.

- U. Zerbst: Die Datierung archäologischer Proben mittels Radiokarbon (^{14}C). Artikelserie in *Studium Integrale Journal* Jahrgänge 5 und 6 (1998 und 1999) (Jg. 5, S. 17-28, 57-69; Jg. 6, S. 19-31, 51-68).

NASA

12. Am Anfang der große Knall?

Zu den evolutionstheoretischen Ursprungsvorstellungen gehören auch Hypothesen über den Anfang des physikalischen Kosmos. Woher kommt die Materie, weshalb ist die Materie gerade so beschaffen, wie wir sie vorfinden, wie sind die Strukturen im Kosmos entstanden, die Sterne und Sternsysteme (Galaxien), aber auch die Planeten mit ihren Monden und Ringen und die Kometen?

Auch auf diese Fragen wird eine evolutionstheoretische Antwort mit wissenschaftlichem Anspruch gegeben: Das Weltall sei demnach durch einen „Urknall" entstanden. Damit ist gemeint, dass alle Materie des uns bekannten Universums anfangs in unvorstellbar hoher Dichte auf kleinstem Raum konzentriert war und nach einer Urexplosion sich auszubreiten begann. Physiker versuchen diesen Vorgang modellmäßig zu erfassen. Bekannt wurde Steven Weinbergs Buch „Die ersten drei Minuten", in welchem er versuchte, auf populärem Niveau dieses Anfangsereignis und die ersten Augenblicke danach, vor allem in Bezug auf die Entstehung der Elemente, zu schildern.

12.1 Das Urknallmodell

Wie entstand der Kosmos mit seinen unzähligen Sternen, seinen Galaxien und Galaxienhaufen? Die Wissenschaft versucht hier, die allerersten Anfänge zu ergründen. Während die anderen Fachrichtungen wie Biologie, Paläontologie (Fossilforschung) oder auch Archäologie auf schon Vorhandenem aufbauen und danach fragen, wie etwas, das schon da war, sich weiter entwickelte, geht es in der Kosmologie unter anderen auch darum, wie überhaupt die Materie entstand. Darüber hinaus interessieren sich die Forscher dafür, wie die heute beobachtbaren Strukturen des Kosmos entstanden sind, nachdem die Materie bereits im Dasein war.

Machen wir uns klar, was die Astronomen und Astrophysiker erklären müssen. Das Weltall tritt uns in einer erstaunlichen Ordnung entgegen: Schon unser Planetensystem mit der Sonne als Zentralgestirn und den umlaufenden Planeten, Monden und Kometen ist kein ungeordnetes Chaos (Abb. 126, 127, 135). Die Planeten umrunden die Sonne in der gleichen Richtung; sie bewegen sich außer dem Sonder-

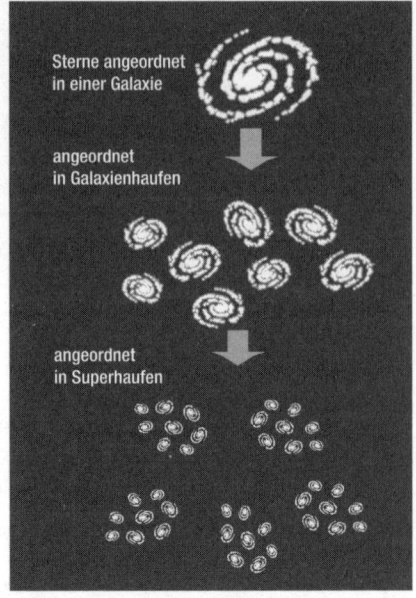

Abb. 127 Erstaunlicherweise sind die Galaxien im Weltall nicht chaotisch angeordnet, sondern gruppieren sich in mehrere Hierarchiestufen.

ling Pluto ungefähr in einer Ebene; ihre Abstände zur Sonne folgen einem eigenartigen Gesetz (Titius-Bode-Reihe, s.u.) usw. Auch in den Weiten des Weltraums finden wir kein wildes Durcheinander von Sternen, kosmischen Nebeln oder sonstiger Materie, sondern eine auffällige Ordnung: Sterne sind in Galaxien zusammengefasst, die wie im Falle der Spiralnebel ästhetisch schön geformt sein können (Abb. 126). Weiter lassen sich Gruppen von Galaxien wiederum in übergeordnete Galaxienhaufen zusammenfassen und gegen andere solche Haufen abgrenzen usw. (Abb. 127). Warum ist das so? Man könnte sich ja auch ein Universum denken, in welchem die Materie gleichverteilt ohne irgendwelche markanten Strukturen ausgebreitet ist. Nach einem Urknall könnte man doch eher ein chaotisches, ungeordnetes Universum erwarten. Kann die Ordnung im Kosmos und die mit

Abb. 126
Wunderbare Spiralnebel bietet das Universum. Das Bild zeigt NGC 4414. (STScI)

Schönheit und Raffinesse ausgestattete Natur als Hinweis auf einen Urheber gelten?

Da die Naturwissenschaft jedoch natürliche Erklärungen ohne Eingriffe „von außen" sucht, ergeben sich für sie andere Vorstellungen. Über die Ursachen des Anfangs äußern sich allerdings viele Wissenschaftler zurückhaltend und räumen ein, dass hier eine Grenze für den forschenden Menschen gesetzt ist.

Wie dieser Anfang ausgesehen haben soll, darüber gibt es einen breiten Konsens: Die Welt begann demnach mit einem „big bang" – einem „Urknall". Nach der Urknallvorstellung war alle Materie des uns bekannten Universums anfangs in unvorstellbar hoher Dichte auf kleinstem Raum konzentriert und begann sich nach einer Urexplosion auszubreiten (vgl. Abb. 128). Damit musste gleichzeitig der Raum aufgespannt werden. Die Urknallvorstellung hat sich als

wirkliches Abbild ins Bewusstsein der Bevölkerung ähnlich fest eingegraben wie die Vorstellung, dass der Mensch vom Affen abstamme. In beiden Fällen dürften aber nur wenige Zeitgenossen Genaueres darüber wissen, wie diese Hypothesen begründet werden.

Auf Details des hypothetischen Urknall-Szenarios einzugehen würde den Rahmen dieses Buches bei weitem sprengen. Es kann hier aber – ungeachtet der Plausibilität oder Fragwürdigkeit dieser Vorstellungen – zunächst festgehalten werden, dass es sich dabei notwendigerweise nur um theoretische Szenarien handeln kann. Es sind Vorstellungen darüber, wie der Anfang des Weltalls unter Anwendung naturwissenschaftlicher Gesetze und zumindest widerspruchsfreier Hypothesen ausgesehen haben *könnte*. Denn der Ursprung der Welt ist für uns nicht beobachtbar. Wir sehen nur das, was heute daraus geworden ist.

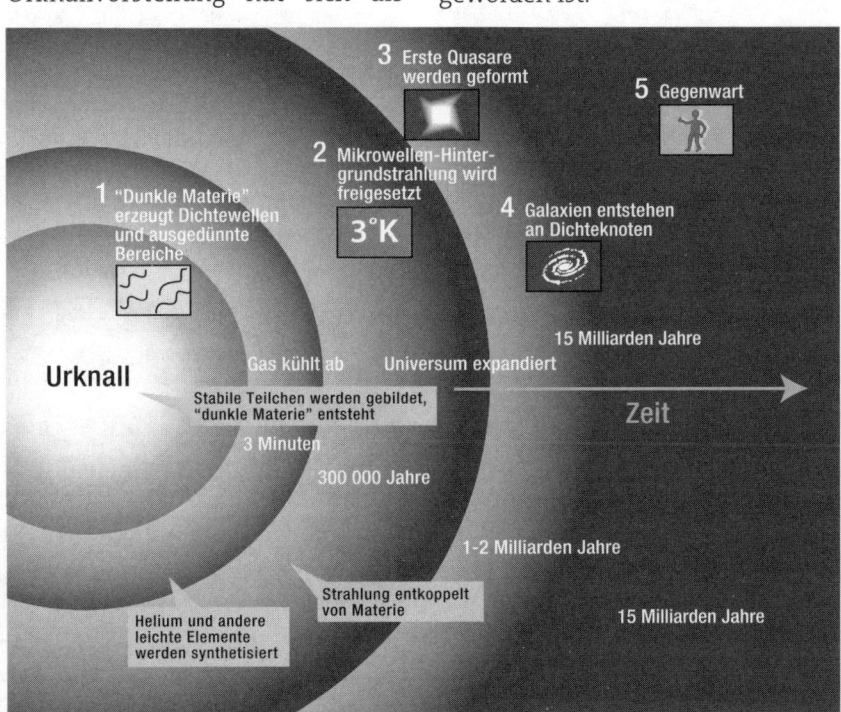

Abb. 128
Aus der Urknalltheorie werden Modellvorstellungen über die Geschichte des Kosmos abgeleitet.

Solche Anfangsszenarien wie das Urknallkonzept können nur andeutungsweise aus astrophysikalischen Indizien *abgeleitet* werden. Schon gar nicht erzwingen die den Astronomen zur Verfügung stehenden Daten eine Urknallvorstellung. Vielmehr ist es so, dass die Daten in dieses *vorgegebene* Konzept eingefügt werden (bzw. werden können, aber nicht *müssen*). Die Situation des Verhältnisses von Daten und Deutungen ist hier nicht anders als in der Evolutions- bzw. Schöpfungsbiologie (vgl. Kapitel 1). Das heißt: Die Daten aus der Astronomie stehen grundsätzlich auch anderen Deutungen offen.

12.2 Indizien, die für einen Urknall sprechen könnten

Die Urknallvorstellung ist von den Wissenschaftlern natürlich nicht aus der Luft gegriffen worden. Es gibt manche Indizien, die den Anstoß zu diesem Konzept gegeben haben. Die drei wichtigsten davon sind:

• Die Rotverschiebung der Sternlichtspektren,

• die kosmische Hintergrundstrahlung und

• die Verteilung von Helium und Deuterium im Kosmos.

Diese drei Indizien schauen wir uns im folgenden näher an.

Rotverschiebung. Das Sternenlicht bzw. Licht von fernen **Galaxien** lässt sich durch ein Spektrometer wie beim Regenbogen in seine **Spektralfarben** zerlegen. Das kontinuierliche Farbspektrum wird darin durch sog. Absorptionslinien unterbrochen (Abb. 129, 130). Diese entstehen dadurch, dass Gase, welche die Sterne umhüllen, einen Teil des Lichtspektrums „abfangen" (absorbieren). Es zeigt sich, dass diese Absorptionslinien gegenüber Eichspektren verschoben sind. Bei allen Sternen außerhalb unserer Galaxie und ihrer näheren Umgebung sind die Linien zum Roten hin verschoben. Dieser Befund gehört zu den *Daten* (vgl. Kapitel 1) der Astronomie. Wie können diese Daten gedeutet werden?

Eine Möglichkeit ist, dass die Verschiebung der Linien auf Bewegungen der Himmelskörper zurückzuführen sind. Eine **Rotverschiebung** würde demnach durch eine Fluchtbewegung entstehen.[1] Da die meisten kosmischen Objekte in ihren Spektren eine Rotverschiebung zeigen, würde im Rahmen dieser Deutung daraus folgen, dass

Abb. 129 Wenn bestimmte Wellenlängenbereiche des Lichts durch Elemente in der Atmosphäre des beobachteten Sterns „verschluckt" werden, entstehen Absorptionslinien. Diese Linien können gegenüber Eichspektren verschoben sein, was gewöhnlich auf Bewegungen der kosmischen Objekte zurückgeführt wird.

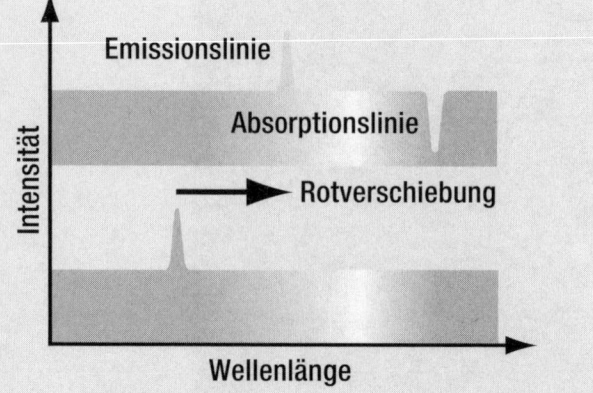

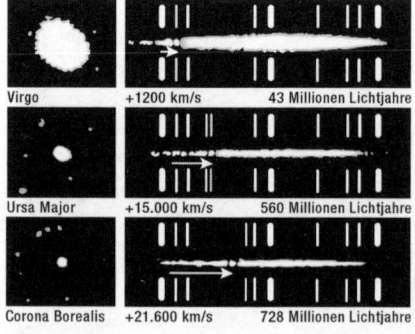

Abb. 130 Drei unterschiedlich stark rotverschobene (Pfeil) Spektrallinien in Sternlichtspektren; vgl. Abb. 129. (Hale Observatories)

sich die Objekte in den allermeisten Fällen von uns weg bewegen. Daraus kann wiederum geschlossen werden, dass sich das ganze Universum ausdehnt. Jetzt ist der gedankliche Weg zu einer Urknalltheorie nicht mehr weit: Wenn sich die Objekte im heutigen Kosmos voneinander weg bewegen, dann waren sie früher näher beieinander. Gehen wir gedanklich nur weit genug in der Zeit zurück, so könnten wir schließlich zu einem Zeitpunkt gelangen, an welchem alle Materie noch dicht beieinander war: „alles auf einem Haufen" – wir sind beim Urknall angelangt.

Doch woher wissen wir, wie weit wir in die Vergangenheit zurückrechnen können? Streng genommen wissen wir das nicht. Das Zurückrechnen an sich ist eine mathematische Angelegenheit. Ob aber beim Zurückrechnen in die Vergangeheit die tatsächlichen Ereignisse rekonstruiert werden, hängt davon ab, ob die zugrunde gelegten Vermutungen über die Vergangenheit richtig sind. Doch welche Kräfte und Gesetzmäßigkeiten in der Vergangenheit wirksam oder nicht wirksam waren, kann nur modellmäßig vorgegeben werden. Allenfalls können also durch Rückrechnen heutiger Abläufe *Möglichkeiten* einer Geschichte des Kosmos abgetastet werden, nicht aber die wirkliche Geschichte unzweifelhaft rekonstruiert werden.

Dazu kommt die Frage, ob die Rotverschiebungen wirklich auf Fluchtbewegungen zurückgehen. Das ist eine Deutung, die auch Kritik erfahren hat. Beispielsweise gibt es kosmische Objekte mit deutlich verschiedener Rotverschiebung, die aber durch Materiebrücken verbunden zu sein scheinen. Sie müssten daher relativ eng beieinander stehen und gleiche Rotverschiebungswerte haben. Die Ursache für die Rotverschiebung muss hier (auch) eine andere als die Fluchtbewegung sein.

Seltsam ist auch die Beobachtung, dass die Werte für die Rotverschiebung nicht gleichmäßig verteilt, sondern bevorzugt *stufenweise* gestaffelt sind. Das ist so, als würde man bei umfangreichen Radarkontrollen feststellen, dass alle Autos nicht alle möglichen Geschwindigkeiten stufenlos zwischen 0 und der Höchstgeschwindigkeit hatten, sondern beispielsweise nur exakt 20, 30, 40, 50 km/h gefahren sind. Sollten die Rotverschiebungswerte auf abgestufte Fluchtgeschwindigkeiten hinweisen, wäre dieser Befund höchst merkwürdig. Man sollte in einem Urknallszenario einigermaßen gleich verteilt stufenlos unterschiedliche Rotverschiebungswerte erwarten. Woher diese Abstufung der Werte kommt, ist unklar. Jedenfalls könnte sie ein Hinweis darauf sein, dass uns das Licht mit der Rotverschiebung einen Streich spielt. Dann aber würde ein wichtiges Indiz für einen Urknall wegfallen. Jedenfalls muss die Rotverschiebung nicht unbedingt von einem Urknall herrühren. Andere Erklärungen für die Rotverschiebungen werden in der Fachwelt gelegentlich diskutiert; deren Darstellung würde den Rahmen dieses Buches sprengen. Es genügt hier die Feststellung, dass die Rot-

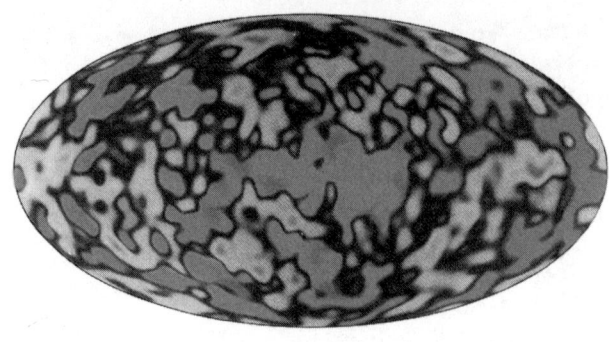

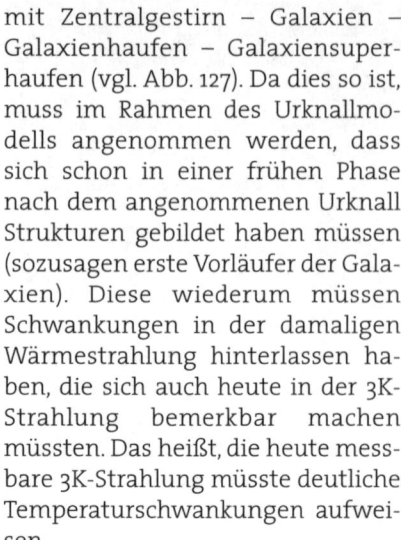

Abb. 131 Diese Darstellung zeigt Schwankungen der Temperatur der 3K-Hintergrundstrahlung. Sie sind jedoch kaum aussagekräftig und nur statistischer Natur. (Näheres im Text)

Abb. 132 Cobe-Satellit, der die 3K-Strahlung im Weltraum untersucht.

verschiebungen kein eindeutiges Indiz für die Realität eines Urknalls sind.

Wie steht es um die anderen Indizien?

Hintergrundstrahlung. Aufgrund theoretischer Überlegungen erwarten die Astronomen, dass ein Urknallereignis so etwas wie ein Echo oder Nachleuchten hinterlässt. Es sollte in der Frühphase des Universums nach dem Urknall zur Freisetzung elektromagnetischer Strahlung gekommen sein, die bis heute das Universum durcheilt (vgl. Abb. 128). Durch die starke Ausdehnung des Universums (nach dem Urknallmodell) sollten sich die Wellen dieser Strahlung ebenfalls extrem ausgedehnt haben und damit heute eine sehr niedrige Temperatur repräsentieren. Als im Jahre 1965 eine solche Strahlung im Kosmos entdeckt wurde (3K-Strahlung; d. h. 3°C über dem absoluten Temperaturminimum), die aus allen Richtungen aufgefangen werden kann, galt dies als hervorragende Bestätigung für die Urknalltheorie.

Aber die Daten passen dennoch nicht so recht. Schuld daran sind die ausgeprägten Strukturen im Kosmos. Oben wurde schon erwähnt, dass uns die Materie im Universum in erstaunlicher Ordnung und hochgradig strukturiert entgegentritt. Der Kosmos scheint sogar hierarchisch aufgebaut zu sein: Planeten

mit Zentralgestirn – Galaxien – Galaxienhaufen – Galaxiensuperhaufen (vgl. Abb. 127). Da dies so ist, muss im Rahmen des Urknallmodells angenommen werden, dass sich schon in einer frühen Phase nach dem angenommenen Urknall Strukturen gebildet haben müssen (sozusagen erste Vorläufer der Galaxien). Diese wiederum müssen Schwankungen in der damaligen Wärmestrahlung hinterlassen haben, die sich auch heute in der 3K-Strahlung bemerkbar machen müssten. Das heißt, die heute messbare 3K-Strahlung müsste deutliche Temperaturschwankungen aufweisen.

Doch es wurden nur ganz unbedeutende Temperaturunterschiede gemessen; die maximale Differenz beträgt nur ein 13 Millionstel Grad (vgl. Abb. 131). Zu wenig, gemessen an den Erwartungen, und es ist auch nicht sicher, ob die gemessenen Schwankungen überhaupt aus den Weiten des Weltalls stammen und Störquellen zuverlässig ausgeschaltet wurden (was nicht einfach nachzuweisen ist).

Der Nachweis, dass die 3K-Hintergrundstrahlung Spuren früher Strukturen im Kosmos zeigt, ist damit bislang nicht zuverlässig gelungen. Damit stellt sich die Frage, ob die 3K-Strahlung überhaupt als „Echo des Urknalls" interpretiert werden kann. Weitere räumlich hochauflösende Untersuchungen mittels Höhenballons und Satelliten müssen hier für Klärung sorgen. Es wurden schon andere Ursachen für die Hintergrundstrahlung vorgeschlagen, z. B. Streuung von Sternenlicht an Metallteilchen aus Sternexplosionen, die den interstellaren Raum durchsetzen. Folglich könnte auch dieses zweite Indiz für einen Urknall eventuell eine andere Erklärung finden.

Verteilung von Helium und Deuterium im Kosmos. Für das Vorkommen des Edelgases Helium und von Deuterium (schwerer Wasserstoff) im Universum können Prozesse aus der allerersten Zeit nach dem hypothetischen Urknall verantwortlich gemacht werden. Jedenfalls hätten die im Urknallmodell zu erwartenden hohen Dichten und Temperaturen die Bildung dieser Elemente besonders gefördert. Eine andere *ausreichende* Quelle für die im Weltraum messbaren Mengen von Helium und Deuterium ist unbekannt; die gemessenen Mengen können nur teilweise durch Prozesse im Inneren von Sternen entstanden sein. Dieses Indiz scheint daher zur Urknallvorstellung zu passen. Wie jedes Indiz ist es kein Beweis, denn es mag andere noch unentdeckte Gründe für die Häufigkeiten von Helium und Deuterium geben. Das Argument, man kenne als Ursache für die Häufigkeit dieser beiden Elemente nur die extremen Verhältnisse in der Frühphase nach dem angenommenen Urknall, gilt nur, wenn das Urknallszenario bereits *vorausgesetzt* wird. Ein zwingender Beleg für ein Urknallszenario kann daraus nicht abgeleitet werden.

Das Argument der Materieverteilung wird zudem dadurch geschwächt, dass die Existenz sog. „dunkler Materie" im Kosmos angenommen werden muss, um bestimmte kosmische Phänomene zu erklären (s. u.). Diese „dunkle Materie" soll über 90 % des Universums ausmachen. Sollte diese Materie wirklich existieren, würden die Helium- und Deuteriummengen im Kosmos einen viel geringeren prozentualen Anteil der Materie ausmachen, womit das Argument von deren Häufigkeit im Kosmos entfallen würde.

12.3 Probleme der Galaxienentstehung nach dem Urknallmodell und die „dunkle Materie"

Neben den durchaus nicht zwingenden Indizien für eine Urknallvorstellung widersetzen sich viele Beobachtungen im Kosmos einem solchen Szenario:

• Die oben erwähnten Abstufungen von Rotverschiebungswerten sind im Urknallmodell unerwartet und unverstanden. Würde die Rotverschiebung als Indiz einer Fluchtbewegung (s. o.) und damit als Maß der Entfernung interpretiert, hieße das, dass in regelmäßigen Abständen deutliche Häufungen von Galaxien auftreten (Abb. 133). Wie kann das sein, wenn alle Materie einem Urknall entspringt, was eigentlich eine gleichmäßige Verteilung erwarten ließe?

• Die klumpenbildende Wirkung der **Gravitation** (Anziehungskraft

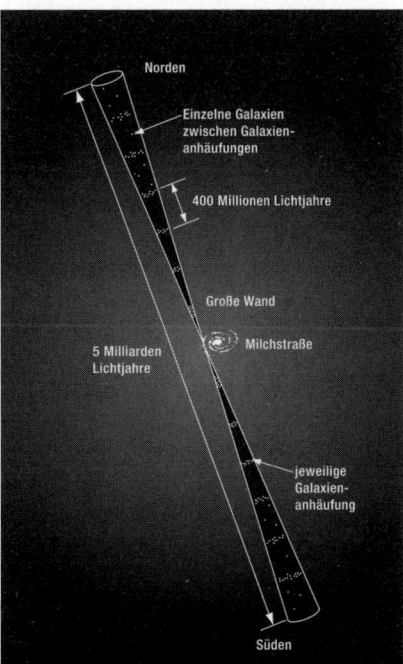

Norden

Einzelne Galaxien zwischen Galaxienanhäufungen

400 Millionen Lichtjahre

Große Wand

Milchstraße

5 Milliarden Lichtjahre

jeweilige Galaxienanhäufung

Süden

Abb. 133
Galaxien werden in regelmäßigen Abständen auffällig häufiger im Weltraum angetroffen als im Durchschnitt. Man könnte geradezu von einer „kosmischen Sprossenleiter" sprechen.

der Materie) benötigt viel mehr Zeit und mehr Materie, damit kosmische Strukturen (Galaxien und Galaxienhaufen) in der nach dem Urknallmodell zur Verfügung stehenden Zeit gebildet und stabilisiert werden können. Die Galaxien sind aber in einer großen Formenfülle da und sind offensichtlich bereits sehr früh entstanden. Dieses Problem führte neben anderen zur Suche nach der oben bereits erwähnten **dunklen Materie**, die für uns bislang unsichtbar ist. Sie soll sowohl für die Strukturbildung als auch für die Langzeitstabilität der Galaxien verantwortlich sein (vgl. Abb. 134). Gäbe es neben der sichtbaren Materie noch einmal 10- bis 100mal mehr dieser seltsamen dunklen Materie, könnten manche offenen Fragen vielleicht eher gelöst werden. Da man sie bislang nicht nachgewiesen hat, muss sie als Hypothese gelten.

• Es wurden in großer Entfernung – und das hieße in großer zeitlicher Nähe zum Urknall – Galaxien mit schweren Elementen entdeckt. In einer so frühen Zeit nach dem Urknall dürfte es beides nicht geben.

Warum gibt es also Zusammenballungen in Form von Galaxien? Diese Frage ist im Rahmen des Urknallmodells ungelöst. Insbeson-

dere ist unklar, weshalb sich Spiralgalaxien (vgl. Abb. 126 und 134) nicht längst aufgelöst haben, wenn große Zeiträume zugrunde gelegt werden. Auch hier erhoffen sich die Urknallkosmologen Antworten durch die Einführung dunkler Materie (s. o.), die quasi als unsichtbarer „Klebstoff" die Spiralgalaxien in Form halten soll.

Doch die Existenz „dunkler Materie" ist bislang nur eine Mutmaßung, die ungelöste Fragen einer Urknallkosmologie lösen soll. Alle Versuche, sie ausfindig zu machen, sind bislang gescheitert. Sie gilt als eines der drängendsten Probleme der Kosmologie.

Sollte es andererseits diese dunkle Materie tatsächlich geben, stünden unsere Vorstellungen über den Ursprung und die Geschichte des Kosmos „auf dünnem Eis", nämlich auf dem bruchstückhaften Wissen über maximal 5-10% des sichtbaren Kosmos.

12.4 Materie und Antimaterie

Das Urknallmodell hat noch mit einem besonderen Problem zu tun. Dazu müssen wir kurz ausholen: Nach der Quantentheorie kann jedem Teilchen der Materie ein Anti-Teilchen zugeordnet werden (z. B. Elektron und Positron). Solche Anti-Teilchen haben

Dunkle Materie: Materie des Universums, welche aus bislang unbekanntem Material besteht und bisher nicht nachweisbar ist, sondern aufgrund verschiedener theoretischer Probleme vermutet wird.

Gravitation: Die allgemeine Anziehung zwischen Materieteilchen.

jeweils die gleiche Masse, aber entgegengesetzte Ladung (das Elektron ist negativ geladen, das Positron positiv). Antimaterie wurde in „Nachweisgeräten" (sog. Detektoren) der Teilchenphysiker häufig entdeckt. Sie entsteht, wenn Photonen (masselose und elektrisch neutrale Elementarteilchen) durch Wechselwirkung mit einem Atomkern in Elektron und Positron verwandelt werden. Nach den Vorstellungen der Urknalltheorie sollten am Anfang in gleichem Umfang Materie- und Antimaterie-Teilchen entstanden sein, und das auf engstem Raum. Kurz nach einem Urknall herrschte damit ein Gleichgewicht zwischen Photonen und Teilchen-Antiteilchen-Paaren. Die Begegnung dieser Paare hat Zerstrahlung zur Folge – die Materie verschwindet, Licht (Photonen) bleibt übrig – beim Urknall das naheliegendste Szenario. Warum blieb überhaupt Materie übrig; weshalb besteht unser Kosmos nicht einfach nur aus Licht? Man behilft sich mit der Annahme, es habe eine „Symmetriebrechung" gegeben, also ein anfänglicher Überschuss von Materieteilchen zuungunsten der Antimaterie. Woher soll dieser gekommen sein? Kein Forscher weiß das.

12.5 Zwischenergebnis

Die offenen Fragen der Urknallvorstellung und die nicht zu ihr passenden astronomischen Befunde zeigen, dass von einer gesicherten Theorie über den Anfang und den Werdegang des Weltalls nicht die Rede sein kann. Damit ist allerdings noch kein alternatives Schöpfungsmodell begründet. Vieles spricht dafür, dass unsere Kenntnisse, die wir ja nur aus den heutigen Beobachtungen ableiten können, vielleicht gar nicht ausreichen, um kosmische Ursprungsvorstellungen mit Beobachtungsdaten begründen können. Möglicherweise hüllt sich das Weltall in ein Geheimnis, das nicht gelüftet werden kann.

12.6 Unser „kosmischer Hinterhof"

Bislang haben wir in die Weiten des Weltraums geblickt. Es hat sich gezeigt, dass wesentliche Fragen bezüglich des Ursprungs ungeklärt sind. Wenn wir im Folgenden das Augenmerk auf unsere nähere kosmische Umgebung richten (Abb. 135), könnte man auf den Gedanken kommen, dass hier das Verständnis über Entstehungsvorgänge leichter sein sollte,

Abb. 135 Überblick über die Planeten unseres Planetensystems, von innen nach außen (in der Abbildung von oben nach unten). Der äußerste Planet Pluto ist nicht abgebildet. Die Größen und Entfernungsverhältnisse sind nicht maßstabsgerecht. Beispielsweise ist der Durchmesser von Jupiter ca. 10 mal so groß wir der Durchmesser der Erde. Die vier inneren Planeten Merkur bis Mars sind jedoch maßstabsgerecht. (NASA)

denn wir sind hier ja viel näher dran. Wir können sämtliche Objekte mit den Mitteln der Raumfahrt direkt vor Ort untersuchen, während wir für Sterne ausschließlich auf das bei uns ankommende Licht als einzigen Informationsträger angewiesen sind. Zahllose Weltraumsonden lieferten Unmengen von Daten, von denen die Astronomen vor wenigen Jahrzehnten nur träumen konnten. Hier stehen den Astronomen Fotos von vielen Details der benachbarten Himmelskörper zur Verfügung.

Aber mehr wissen heißt nicht unbedingt mehr zu verstehen. Diese Einsicht haben schon viele Wissenschaftler auf den unterschiedlichsten Gebieten gewonnen; sie gilt auch hier. Das Planetensystem, unser „kosmischer Hinterhof" gibt den Astrophysikern jedenfalls einige harte Nüsse zu knacken. Dazu ein paar Beispiele:

• Die Planeten sind sehr unterschiedlich gebaut: die inneren Planeten (Merkur, Venus, Erde, Mars) sind relativ klein, haben schwach ausgebildete Atmosphären, geringe Rotationsgeschwindigkeiten und feste Oberflächen. Die äußeren Planeten dagegen sind Gasriesen mit dichten Atmosphären aus Wasserstoff, Helium und Methan und rotieren sehr schnell. Wie kommt es zu dieser scharfen Zweiteilung durch natürliche Entstehungsprozesse? Zudem wurde inzwischen klar, dass andere Planetensysteme im Weltall ganz anders aufgebaut sind. Ist deshalb unser System eine Ausnahme?

• Auch die Monde sind teilweise sehr unterschiedlich. Das gilt vor allem für die vier großen Jupitermonde (Abb. 136). Der innerste dieser Monde, Io weist aktive Vulkane auf, der nächste Mond, Europa, besitzt einen gewaltigen Eispanzer mit Rissen und wenigen Einschlagskratern. Ganymed zeigt Stränge überdimensionaler Furchen, die auf geologische Aktivitäten hinweisen, und der vierte, Kallisto, hat eine vernarbte Oberfläche, wie wir sie auch vom Erdmond kennen. Wieder stellt sich die Frage, wie so unterschiedliche Körper in nächster Nähe zueinander entstehen konnten. Auch die Entstehung unseres Erdmondes ist ungeklärt. Die von den meisten Wissenschaftlern bevorzugte Theorie, er sei durch eine Kollision eines großen Körpers

Abb. 136
Die vier Jupitermonde Io, Europa, Ganymed und Kallisto (von oben). (NASA)

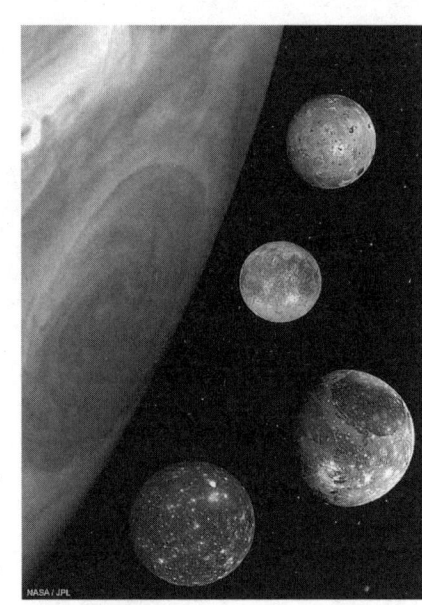

Tab. 9
Die Entfernung der Planeten von der Sonne ist auffällig regelmäßig (Titius-Bode-Reihe).

Vergleich Titius-Bodesche Reihe mit wahrer Entfernung

Planet	Entfernung nach Titius-Bode in AE		wahre Entfernung in AE	Unterschied in %	Inklination zur Ekliptik in Grad
Merkur	0,4+	0x 0,3=0,4	0,387	3,3	7,004
Venus	0,4+	1x 0,3=0,7	0,723	3,2	3,394
Erde	0,4+	2x 0,3=1	1	0	0
Mars	0,4+	4x 0,3=1,6	1,523	5,0	1,850
Kleinplaneten	0,4+	8x 0,3=2,8	ca. 2,9	ca. 3,4	–
Jupiter	0,4+	16x 0,3=5,2	5,21	0,05	1,308
Saturn	0,4+	32x 0,3=10,0	9,539	4,8	2,488
Uranus	0,4+	64x 0,3=19,6	19,2	2,1	0,774

mit der Erde entstanden, lässt schwerwiegende Fragen offen.

• Die Entfernungen der Planeten von der Sonne zeigen eine auffallende und seltsame Regelmäßigkeit. Setzt man nämlich den mittleren Abstand des Merkur von der Sonne mit der relativen Entfernung von 4 gleich, dann ist der Abstand des zweiten Planeten, Venus, 4+3. Die Erde folgt mit 4+6 (4+2×3) und Mars hat 4+12 (4+4×3). Die Kleinplaneten zwischen Mars und Jupiter, die möglicherweise aus einem verunglückten Planetenbildungsvorgang hervorgegangen sind, finden sich im Durchschnitt bei 4+24 (4+8×3), Jupiter dann bei 4+48 (4+16×3) usw. bis Uranus (Tab. 9). Auch Pluto passt in diese Reihe, Neptun dagegen fällt heraus. Wie kommt es zu dieser auffallenden Regelmäßigkeit, wenn das Planetensystem, wie man annimmt, durch natürliche Vorgänge aus einem rotierenden Gasnebel entstanden ist?

• Entstehungstheorien müssen manche andere auffällige oder auch seltsame Beobachtungen erklären, so die Tatsache, dass alle Planeten bis auf Pluto nur geringe Bahnneigungen gegenüber einer gedachten Scheibe der Erdbahn bilden. Alle Planeten rotieren im gleichen Umlaufsinn um ihre Achse, allerdings mit Ausnahme der Venus. Einige Monde bewegen sich quasi als Geisterfahrer umgekehrt zum allgemeinen Umlaufsinn um ihre Planeten. Und die Rotationsachse des Uranus ist fast um 90° geneigt, so dass er sich auf seiner Bahn fast wie eine Kugel abrollt. Dies alles durch eine natürliche Entstehungstheorie zu erklären ist bisher nicht bis ins Detail gelungen. Auch hier stellt sich die Frage, ob wir nicht viel zu wenig wissen, um die Ursprünge überhaupt ergründen zu können.

12.7 Wie wird das Kosmosalter bestimmt?

Altersbestimmungsmethoden haben wir bereits in Kapitel 11 kennengelernt. Dort ging es um das Alter von Gesteinen, die mit Hilfe radiometrischer Methoden bestimmt werden können (mit allen Vorbehalten, die in Kapitel 11 angesprochen wurden). Mit dem Urknallkonzept werden auch bestimmte Altersvorstellungen verbunden. Maßgebliche Grundlage für Altersbestimmungen im kosmischen Bereich ist die Rotverschiebung in den Sternlichtspektren, die wir schon als Indiz für einen Urknall vorgestellt und kritisch diskutiert haben.

Natürlich kann an den Rotverschiebungen der Spektren direkt keine Zeit abgelesen werden. Sehr vereinfacht gesagt erfolgt die Zeitbestimmung dadurch, dass über einige theoretische Zwischenstufen den Rotverschiebungswerten Entfernungen zugeordnet werden; diese wiederum entsprechen einem bestimmten Zeitabschnitt (Abb. 137). Die Galaxien sind sozusagen Markierungen, die Entfernungen im Raum angeben. Deren Bewegung kann mit Hilfe des Rotverschiebungswertes bestimmt werden (sofern diese als Indiz für eine Fluchtbewegung richtig interpretiert ist, s. o.). Da nach dem Urknallmodell einmal alle Materie an einem Punkt konzentriert war, kann nun die „Reisezeit" der Galaxie dadurch bestimmt werden, dass man ihre Entfernung durch die Geschwindigkeit dividiert. Die „Reisezeit", also die Zeit vom Urknallereignis bis zur heutigen Position der betreffenden Galaxie, ist nach dem Urknallmodell gleichzusetzen mit dem Kosmosalter. Dies gilt aber

Abb. 137
Erst über mehrere „Interpretationsstufen" gelangt man von Messergebnissen zu Aussagen über das Alter des Kosmos.

Rotverschiebung *(messbar)*

▼ *Interpretation*

Fluchtgeschwindigkeit

▼ *Interpretation*

Entfernung

▼ *Interpretation*

Alter

Zur Abstützung der Zeit- und Entfernungsvorstellungen haben die Astronomen noch sog. „Standardkerzen" wie die sog. Cepheiden oder Supernovae Typ IIA eingeführt, deren maximale absolute Gesamthelligkeit als jeweils gleich groß angesehen wird.

nur dann, wenn die Geschichte der Fluchtbewegung bekannt ist; d. h., wenn sicher ist, dass die Fluchtbewegung immer gleich bleibt. Heute gibt es jedoch entgegen aller Erwartungen Hinweise auf eine beschleunigte Fluchtbewegung, für die man die sog. „dunkle Energie" eingeführt hat.

Diese Vorgehensweise basiert bei näherer Betrachtung auf vielen weiteren Faktoren und theoretischen Überlegungen, deren Darlegung den Rahmen dieses Buches erneut sprengen würden. Aber davon abgesehen ist klar, dass diese Art der Zeitbestimmung unter anderem auf der Interpretation der Rotverschiebung als Fluchtbewegung beruht. Sollte diese Interpretation falsch sein – mögliche Hinweise darauf wurden oben genannt – ist auch die damit verknüpfte Altersbestimmungsmethode in Frage gestellt.

Bestimmungen von Zeiträumen, die unseren Erfahrungshorizont immens übersteigen, beruhen in irgendeiner Weise immer auf gewaltigen Ausweitungen heute beobachtbarer Vorgänge in die ferne Vergangenheit. Von wenigen Jahren der Beobachtungsmöglichkeit schließt man auf Vorgänge, die über 15 Milliarden Jahre hinweg abgelaufen sein sollen. Was dabei herauskommt, kann deshalb prinzipiell immer nur ein theoretisches Szenario sein, nicht aber ein Ergebnis direkter Messungen. Je nach Wissensstand können solche Szenarien auf ihre Stimmigkeit mit den Beobachtungsdaten getestet werden. Ob die Zeiträume, über die hinweg in die Vergangenheit „hochgerechnet" wird, wirklich verflossen sind, ist eine Voraussetzung dieser Verfahrensweise, nicht aber ein Beobachtungsergebnis, was es auch gar nicht sein kann. Dies ist trotz aller Unsicherheit jedenfalls das Beste, was Physik leisten kann.

Supernova: Gewaltige Sterneexplosion

Abb. 138
Mondkrater (NASA)

12.8 Altersbestimmungen mittels Beobachtungen im Planetensystem?

Ein zweites Mal wollen wir unseren Blick von den Weiten des Alls auf unseren kosmischen Hinterhof lenken. Finden sich in unserem eigenen Planetensystem Hinweise, aus denen Altersangaben abgeleitet werden können?

Abb. 139
Das ästhetische
Ringsystem des
Saturn. (NASA)

Die kraterübersäte Oberfläche unseres Mondes (Abb. 138) oder auch des innersten Planeten Merkur und vieler anderer Objekte im Planetensystem (manche Monde anderer Planeten und Kleinplaneten) werden als Belege für hohe Alter gewertet. Denn die Krater werden meist als Folgen eines Aufpralls interpretiert, das heißt auf Einschläge von Gesteinsbrocken aus dem Weltraum zurückgeführt; nur ein kleiner Teil wird als Vulkankrater interpretiert. Da solche Einschläge selten erfolgen, sollte viel Zeit – viele Jahrmillionen – verflossen sein, um die Fülle der Einschläge zu bilden.

Andererseits gibt es auch Phänomene im Planetensystem, die in einem alten Kosmos unverstanden sind und eher auf ein junges Planetensystem hinweisen. Drei Beispiele seien genannt:

Planetenringe. Schon lange sind die wunderbar gestalteten Ringe um den Planeten Saturn bekannt. Unzählige haus- bis berggroße Materiebrocken als Stein- und Eiskörper formen diese Gebilde, die in der feineren Auflösung, die uns die Raumsonden beim Vorbeiflug ermöglicht haben, wie eine Schallplatte mit ihren Rillen aussehen (Abb. 139). Die Planetenerkundung durch die Raumsonden hat neben viel detaillierteren Daten aber auch ganz neue Erkenntnisse über die Ringstrukturen um die Planeten gebracht: Es hat sich gezeigt, dass alle äußeren großen Planeten von Jupiter bis Uranus Ringe besitzen. Jupiters dünner Staubring wurde durch die Raumsonde *Voyager* im Jahre 1979 entdeckt. Dass Uranus auch Ringe hat, wurde schon vorher aus Sternbedeckungen erschlossen; auch bei Neptun gab es Andeutungen für Ringe, die ebenfalls durch *Voyager* als „Ringsegmente" endgültig bestätigt wurden.

Was haben die Ringe mit dem Alter zu tun? Nach allem, was man über die Natur der Ringe weiß, handelt es sich um kurzlebige Gebilde. Sollten die Ringe zusammen mit den Planeten entstanden sein, dürfte es in einem alten Planetensystem keine Planetenringe geben, weil sie wegen ständigen Materialverlusts relativ schnell zerfallen. Um überhaupt die theoretische Möglichkeit eines älteren Planetensystems aufrechtzuerhalten, muss man annehmen, dass die Ringe immer wieder mit neuem Material gespeist werden oder später entstanden sind. Die Astronomen vermuten bei Jupiter als Quelle einen Materialauswurf durch Vulkane auf dessen Mond Io und durch Einschläge auf

199

anderen Monden. Doch diese Quellen sind auch begrenzt. Die Existenz der Planetenringe ist für ein altes Planetensystem ein Rätsel. Die Ringe müssen zwar nicht gleichzeitig mit den Planeten entstanden sein; sie könnten sich viel später gebildet haben. Das wäre aber auch nicht leicht verstehbar, und die Existenz der Ringe bliebe dennoch rätselhaft, weil die Planetenringe trotz Kurzlebigkeit *gleichzeitig* existieren – gerade dann, wenn wir sie mit modernen technischen Mitteln beobachten können. Für das Ringmaterial müssten viermal unabhängig verschiedene Nachschubquellen gefunden werden. Wollte man annehmen, dass die Ringe in einem Millionen Jahre alten Planetensystem erst vor kurzem neu entstanden sind, wäre unverständlich, weshalb diese Neuentstehung gleichzeitig und unabhängig auftritt. Insgesamt liefert dieses Phänomen also deutliche Hinweise darauf, dass das Planetensystem jung ist.

Vulkanismus in den kalten Weiten des Planetensystems. In einem früheren Abschnitt hatten wir bereits erwähnt, dass der Jupitermond Io die Astronomen mit einem ausge-

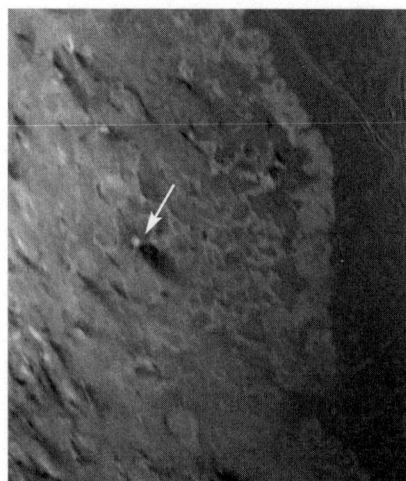

Abb. 140
Neptunmond Triton mit einem aktiven Vulkan (Pfeil).
(NASA)

prägten Vulkanismus überraschte. Warum ist das überraschend? Io soll schon seit Milliarden von Jahren in großer Entfernung von der Sonne seine Bahn ziehen. Nach so langer Zeit sollte in diesem relativ kleinen Körper (3640 km Durchmesser) Vulkanismus aufgrund der lang anhaltenden Abkühlung längst erloschen sein; die Eigenwärme könnte sich höchstens 10.000-15.000 Jahre halten. Stattdessen aber erweist sich Io als der vulkanisch aktivste Körper, der je im Planetensystem entdeckt wurde. Auch hier muss man sich mit Zusatzannahmen behelfen, wenn man ein altes Planetensystem voraussetzt. Es wird eine Energiequelle benötigt, die Io immer wieder aufheizt. Dafür wird das immense Gravitationsfeld des Jupiter und dessen Wechselwirkung mit den benachbarten Monden verantwortlich gemacht. Es soll wie Gezeitenkräfte wirken und Io beständig verformen und auf diese Weise durch innere Reibung als Energiequelle den Vulkanismus auslösen. Warum dies nur auf Io zutrifft, ist jedoch unklar.

Io ist nicht der einzige Körper, der unerwarteten Vulkanismus zeigt. Auch der Neptunmond Triton (Abb. 140) besitzt aktive Vulkane – trotz Oberflächentemperaturen von weit unter minus 200 Grad Celsius und obwohl eine vergleichbare Wechselwirkung mit einem großen Planeten und benachbarten Monden entfällt. Hier stellt sich die Frage noch schärfer, woher ein kleiner Mond in noch weit größerer Entfernung von der Sonne als Io die Energie erhält, um vulkanisch aktiv zu sein. Für den Triton-Vulkanismus fällt in einem Langzeitmodell jede Begründung schwer.

Kurzlebige Kometen. Zu den faszinierendsten Objekten in unserem

Planetensystem gehören zweifellos die Kometen (Abb. 141). Früher als Unheilsboten gefürchtet erregen sie heute nur noch Neugier, denn sie bringen eine nicht alltägliche Abwechslung auf die Himmelsbühne. Das „Aufregende" an den Kometen sind ihre Schweife, die sich allerdings erst in Sonnennähe infolge Aufheizung durch die Sonne und Einwirkung des Sonnenwindes bilden. Die Kometen bestehen aus einem festen Kern, der typischerweise wenige Kilometer Durchmesser hat, von dem durch Einwirkung der Sonnenstrahlung in Sonnennähe einige Meter pro Umlauf um die Sonne abgetragen werden, was zur Bildung des Schweifs aus Gasen und Staub führt (Abb. 142). Die Kometen laufen auf teilweise extrem elliptischen Bahnen, auf denen sie der Sonne sehr nahe kommen können, so dass sie unter Umständen die Erdbahn kreuzen (was dann auch gefährlich werden kann). Nach dem Besuch in Sonnennähe verschwinden die Kometen wieder für viele Jahre, Jahrzehnte oder noch länger in den Weiten des Planetensystems, um teilweise immer wieder in regelmäßigen Abständen aufzutauchen.

Bei jedem Umlauf um die Sonne verlieren die Kometen also Material. Da sie nicht sehr groß sind, reicht ihr Material nur für einige hundert Sonnenumrundungen. Schließlich zerbröseln sie und hauchen ihr „Leben" aus. Vor einigen Jahren wurden wir Zeuge davon, wie zerbröselte Kometenbruchstücke in den Jupiter rasten. (Allerdings handelte es sich dabei um einen jungen Kometen.) Zudem sind die Kometenbahnen instabil, da sie immer wieder Planetenbahnen kreuzen und von deren Gravitation beeinflusst werden. Das kann dazu führen, dass die Kometen das Planeten-

system verlassen oder auch in die Sonne stürzen. Die sog. kurzperiodischen Kometen haben aus diesen Gründen nur eine sehr begrenzte Lebensdauer vom maximal einigen zehntausend Jahren. Weshalb gibt es sie dann noch in einem Milliarden Jahre alten Planetensystem?

Wie bei den Planetenringen oder den vulkanisch aktiven Mon-

Abb. 141
Komet Hale-Bopp. Vor einigen Jahren war dieser Komet mit bloßem Auge gut zu erkennen.
(Foto: Peter Stättmayer, Volkssternwarte München)

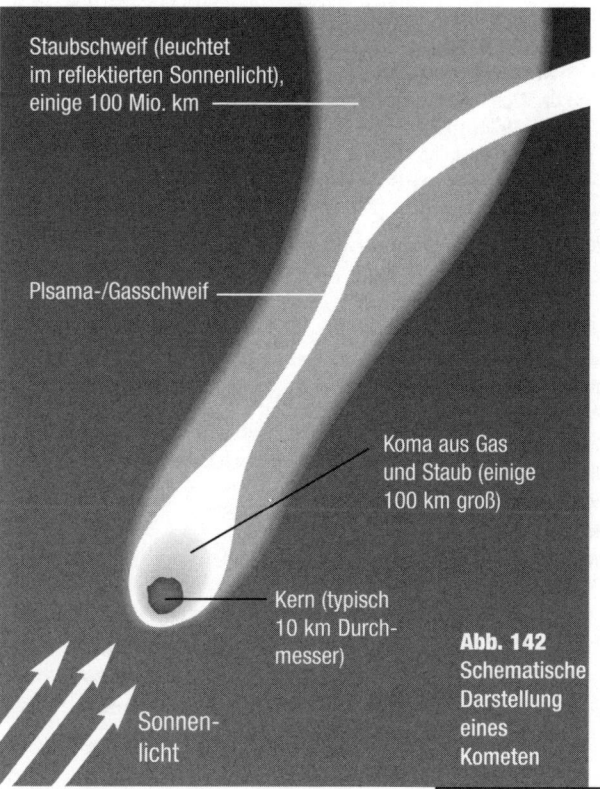

Staubschweif (leuchtet im reflektierten Sonnenlicht), einige 100 Mio. km

Plsama-/Gasschweif

Koma aus Gas und Staub (einige 100 km groß)

Kern (typisch 10 km Durchmesser)

Sonnenlicht

Abb. 142
Schematische Darstellung eines Kometen

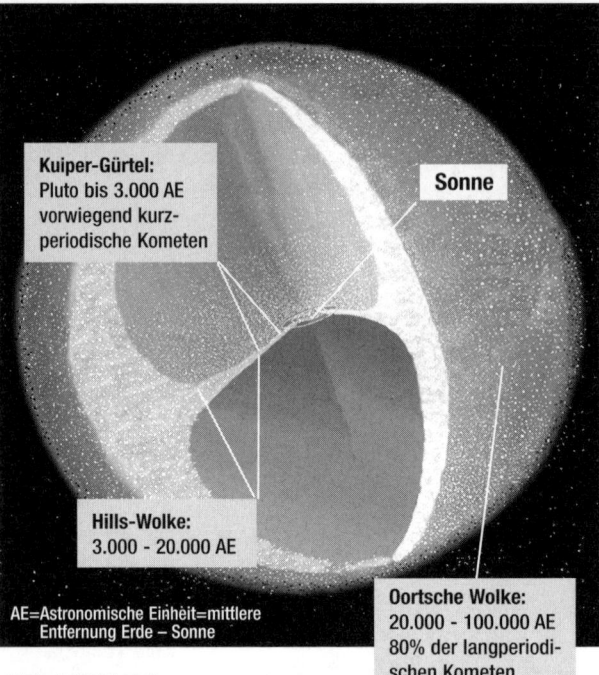

Kuiper-Gürtel:
Pluto bis 3.000 AE
vorwiegend kurz-
periodische Kometen

Sonne

Hills-Wolke:
3.000 - 20.000 AE

AE=Astronomische Einheit=mittlere
Entfernung Erde – Sonne

Oortsche Wolke:
20.000 - 100.000 AE
80% der langperiodi-
schen Kometen

Abb. 143 Modellhafte Vorstellungen über Kometenreservoirs in Form des Kuiper-Gürtels, der Hills-Wolke und der Oortschen Wolke. Objekte, die zum Kuiper-Gürtel gehören könnten, wurden mittlerweile entdeckt, dagegen ist die Existenz der Oortschen Wolke hypothetisch. Sie wird vermutet, weil eine Nachschubquelle für die Kometen benötigt wird, wenn man von einem alten Planetensystem ausgeht.

den lautet die Antwort: Es gibt Nachschub bzw. es muss ihn geben. Aber auch hier ist die Nachschubquelle nicht sicher bzw. nur indirekt nachgewiesen. Im Falle der Kometen vermuten die Astronomen ein riesiges Reservoir in den äußersten Bezirken unseres Planetensystems: die sog. Oortsche Wolke (benannt nach dem holländischen Astronomen Jan Oort; Abb. 143). Diese Wolke kleiner Objekte ist so weit von uns entfernt, dass sie unbeobachtbar ist. Durch Störungen benachbarter Sterne sollen diese Objekte in ihren Bahnen abgelenkt werden, so dass sie zu langperiodischen Kometen werden, die sehr lange Umlaufzeiten haben. Doch diese können kaum zu kurzperiodischen Kometen werden, da letztere sich ungefähr in einer Ebene (Ebene der Ekliptik) bewegen, während die langperiodischen Kometen alle möglichen Bahnneigungen aufweisen.

Als Übergangsbereiche zwischen der Oortschen Wolke und dem Bereich der Planeten werden die Hills-Wolke und der Kuiper-Gürtel angenommen. Es wurden tatsächlich auch schon manche Objekte entdeckt, die dem Kuiper-Gürtel zugerechnet werden können. So gesehen ist die Idee von diesem Kometenresevoir nicht ohne Anhaltspunkte in Form von Beobachtungsdaten. Doch das eigentliche Reservoir, die Oortsche Wolke, ist nicht beobachtbar und nicht direkt nachweisbar (die Objekte sind dafür zu klein). Das Konzept des Kometenreservoirs steht daher auf schwachem Fundament. Es kann allerdings umgekehrt kaum widerlegt werden. Dazu müsste man in die Weiten des Raums reisen können, um „nachzusehen", was sich dort an Himmelskörpern wirklich findet. Ob die Existenz der Oortschen Wolke wirklich plausibel ist, kann daher nur mit Modellrechnungen beurteilt werden. Ob es sie tatsächlich gibt, darüber können Simulationen jedoch keine Aussage machen. Aber selbst wenn der Nachweis der Oortschen Wolke gelänge, bleibt das Problem, dass langperiodische Kometen, die der Oortschen Wolke entstammen sollen, kaum die Quelle für die kurzperiodischen sein können (s. o.). Die Existenz kurzperiodischer Kometen in einem alten Universum ist daher unverstanden.

12.9 Schlussfolgerungen

In unserem Planetensystem, also dort, wo wir vergleichsweise im Weltraum „nahe dran" sind, finden sich einige Phänomene, die eher mit geringen Altern vereinbar sind. Damit ist ein geringes Alter aber nicht bewiesen, denn mit Zusatzannahmen über irgendwelche mutmaßliche Prozesse oder unentdeckte Objekte kann die Schlussfolgerung auf ein junges Planetensystem umgangen werden. Dieser Weg steht den Wissenschaftlern im Grunde genommen immer offen.

Umgekehrt aber ist ein hohes Alter des Universums auch nicht bewiesen, obwohl verschiedene Beobachtungsdaten dafür sprechen. Denn in diesem Fall besteht ebenso die Möglichkeit, mit Annahmen über noch unerkannte Ursachen zu argumentieren.

12.10 Zusammenfassung

Eine Reihe von Beobachtungen in der Astronomie lassen sich im Rahmen einer Urknallvorstellung deuten, wonach das Weltall durch eine Art Urexplosion extrem verdichteter und auf einen Punkt konzentrierter Materie seinen Anfang nahm. Die für einen Urknall sprechenden Indizien wie Rotverschiebung in den Sternlichtspektren und die 3K-Hintergrundstrahlung sind jedoch zum einen nicht zwingend, zum anderen wurden einige Beobachtungen gemacht, die nicht ohne Weiteres zum Urknallszenario passen.

Im kosmischen Nahbereich unseres eigenen Planetensystems finden sich zahlreiche Phänomene, die im Rahmen eines jungen Kosmos leicht verständlich sind, in einem alten Kosmos jedoch Erklärungsschwierigkeiten bereiten. Viele Vorgänge und Konstellationen in unserem Planetensystem sind bezüglich ihrer Entstehung unverstanden. Vielleicht sind die Möglichkeiten der Erforschung im Kosmos viel zu begrenzt, um daraus ein schlüssiges Bild über seinen Ursprung und seine Geschichte entwi-

ckeln zu können. Selbst wenn die Naturwissenschaft ein in sich schlüssiges Konzept der Entstehung des Kosmos hätte, wäre die Frage offen, ob es sich so zugetragen hätte.

Fragen

Müsste es auf dem Mond eine dicke Staubschicht geben, wenn das Universum Milliarden von Jahren alt wäre?

Das „Mondstaubargument" lautet wie folgt: Aus dem Weltraum wird die Oberfläche des Mondes (und der anderen Körper im Planetensystem) ständig bombardiert. Der aus Kraterprozessen und direkt aus dem Weltraum angefallene Staub bedeckt die Mondoberfläche. Dessen Menge pro Zeiteinheit ist messbar. Rechnet man diese Mengen auf einige Milliarden Jahre hoch, so sollte sich eine meterdicke Staubschicht auf dem Mond angesammelt haben. Tatsächlich sind es aber nur wenige Zentimeter losen Staubes. Aus dieser Sicht scheint der Mond viel jünger zu sein. Dieses Argument schien einige Zeit ein tragfähiges Indiz gegen ein hohes Mondalter und damit auch gegen ein hohes Alter unseres Planetensystems zu sein. Inzwischen ist es aber auch von Schöpfungstheoretikern vorerst zurückgenommen worden.[2] Es gab übrigens auch unter den Evolutionstheoretikern Wissenschaftler, die nicht viel Mondstaub erwarteten, als die Dicke erstmals bei den Mondlandungen gemessen wurde. Heute liegen Theorien vor, die plausibel machen können, wie und warum der Mondstaub sich größtenteils verfestigt hat. Vorerst sollte man dieses Argument nicht gegen ein hohes Mondalter einsetzen. Ein geringes Alter wird damit allerdings auch nicht ausgeschlossen.

Das Licht von den fernsten Objekten im Kosmos benötigt teilweise viele Milliarden Jahre, um uns zu erreichen. Muss das Universum genauso alt sein, weil wir dieses Licht ja sehen können?

Aus der Interpretation der Rotverschiebung als Fluchtbewegung ergeben sich große Entfernungen für Sterne mit stark zum Roten hin verschobenen Spektren. Wie kann es sein, dass wir deren Licht sehen, wenn das Universum nur wenige tausend Jahre alt ist? Dieses Argument spricht in der Tat für einen alten Kosmos. Um es zu entkräften, wurden verschiedene Argumentationsstrategien vorgeschlagen:

• Geschaffene Lichtbrücken. Nach dieser Vorstellung hat Gott zusammen mit den Sternen und Galaxien auch das Licht geschaffen, das sich auf dem Weg von diesen Objekten zu uns befindet. Dieses Argument läuft aber darauf hinaus, dass Gott Ereignisse im Weltraum vortäuscht, die es nie gegeben hat. Denn das bei uns eintreffende Licht zeigt Veränderungen und deutet auf Prozesse hin, die abgelaufen sind. Wenn wir heute z. B. einen Supernova-Ausbruch beobachten, den ein Stern in einer z. B. 2 Millionen **Lichtjahre** entfernten Nachbargalaxie erlebt hat, dann heißt dies, dass sich vor 2 Millionen Jahren eine solche Explosion ereignet hat. Denn das Licht benötigt 2 Millionen Jahre, um die Distanz von 2 Millionen Lichtjahren zu überbrücken. Wenn das Universum dagegen nur ca. 10.000 Jahre alt wäre, könnte es diese Supernova-Explosion gar nicht gegeben haben. Sie könnte sich nur „in der

Lichtjahr: Strecke, die ein Lichtstrahl in einem Jahr zurücklegt (ca. 10 Billionen Kilometer).

geschaffenen Lichtbrücke ereignet" haben. Das hieße also: Gott hätte einen Lichtstrahl geschaffen und darin eine Supernova-Explosion „hineingelegt", die es nie gegeben hätte. Das ist Täuschung – oder? Ein solches Vorgehen wäre vergleichbar mit der Vorstellung, Gott habe Fossilien als solche in den Sedimentschichten erschaffen. Diese Lösung ist daher nicht akzeptabel (vgl. dazu das in Abschnitt 11.10 Gesagte).

• Die großen Entfernungen werden vor allem durch die Rotverschiebungen in den Sternlichtspektren begründet. Nur die Entfernungen der allernächsten Objekte (bis einige hundert Lichtjahre) können direkt astrometrisch aufgrund der Bewegung der Erde bestimmt werden. Der Abstand aller entfernteren Objekte kann nur durch Vorschalten mehr oder weniger komplizierter Theorien ermittelt werden. Sollte jedoch die Rotverschiebung ganz andere Ursachen haben als eine Fluchtbewegung, könnte das Folgen für die Entfernungsvorstellungen und damit auch für Altersvorstellungen haben. Allerdings werden die großen kosmischen Entfernungen auch noch auf andere Weise begründet, die innerhalb der Fehlergrenzen mit anderen Methoden verträglich sind, so dass dieser Ansatz, die Entfernungsskala grundsätzlich zu hinterfragen, letztlich unbefriedigend ist und keine überzeugenden Anhaltspunkte hat.

• Höhere Lichtgeschwindigkeit. In den letzten 20 Jahren wurde von manchen Schöpfungsforschern die Möglichkeit in die Diskussion gebracht, dass die Lichtgeschwindigkeit früher viel höher gewesen sein könnte – und zwar um viele

Größenordnungen höher. In diesem Fall bräuchte das Licht viel weniger Zeit, um von Objekten zu uns zu gelangen, die viele Millionen Lichtjahre von uns entfernt sind. „Schöpfung" könnte bedeuten, dass Vorgänge wie im Zeitraffer ablaufen. Die Prozesse, die wir beobachten, sind also tatsächlich geschehen, aber nicht auf „natürliche Weise". Für eine Veränderlichkeit der Lichtgeschwindigkeit gibt es zwar bislang keine überzeugenden Belege, allerdings kann über die frühere Lichtgeschwindigkeit aus heutiger Sicht auch keine sichere Aussage getroffen werden. Wenn wir das Schöpfungshandeln Gottes ernst nehmen, müssen wir die Möglichkeit ganz andersartiger Prozesse im Vergleich zu heutigen Abläufen offen halten. An dieser Stelle liegt eine Grenze wissenschaftlich begründeter Aussagemöglichkeiten im Rahmen der Schöpfungsforschung, die Andersdenkende nicht akzeptieren werden.

Bevor die Möglichkeit andersartiger Prozesse aufgrund der Schöpfungstätigkeit Gottes von Kritikern abgetan wird, sollte bedacht werden, dass auch im Urknallszenario mit unanschaulichen Vorgängen und heute nicht vorkommenden Prozessen operiert werden muss. Auch eine geringe Veränderung der Lichtgeschwindigkeit wird in diesem Zusammenhang gelegentlich diskutiert. Offenbar muss jedes Ursprungskonzept auf ungewöhnliche Abläufe zurückgreifen, um das heute Beobachtete verstehen zu können, weshalb es grundsätzlich unbelegbar bleibt.

Kann es ein „geschaffenes Alter" im Kosmos geben?

Wenn man wie in der Antwort auf die vorige Frage „Schöpfung" als ein Geschehen im Zeitraffer versteht, würde daraus in der Tat ein „geschaffenes Alter" folgen. Die Vorgänge, die wir im Universum beobachten, wären wirklich geschehen, doch könnten wir durch Rückrechnen der heutigen Vorgänge auf frühere Zeiten die tatsächliche Geschichte des Kosmos und die wirklichen Zeitabstände nicht erfassen, wenn wir nur heute beobachtbare Erscheinungen zugrundelegen.

Ein Schöpfungshandeln Gottes kann mit unseren Altersbestimmungsmethoden nie datiert werden, denn die Altersbestimmungen beruhen immer auf irgendwelchen gleichförmigen, regelhaft ablaufenden Vorgängen oder Entwicklungen. Schöpfung als Eingriff von außen ist im Konzept der Naturwissenschaften nicht vorgesehen. Schöpfung aber geht darüber prinzipiell hinaus, hinterlässt jedoch Spuren in unserer Welt. Diese Spuren erlauben aber keine „Rückrechnung". Somit setzt das Schöpfungshandeln dem forschenden Menschen grundsätzliche Grenzen. Menschen, die ein souveränes Handeln Gottes nicht akzeptieren oder „methodisch" ausblenden (obwohl sie es nicht ausschließen können), werden diese Einschränkung nicht akzeptieren, vielmehr Anstoß daran nehmen und sie als „Erkenntnisverzicht" brandmarken.

Hatte der Sündenfall kosmische Folgen?

Diese Frage ist schwer zu beantworten, da sich die Bibel darüber ziemlich bedeckt hält. Jedenfalls ist der Tod in die Welt eingetreten – das Element des Zerfalls schlechthin. Es gibt noch weitere Hinweise. So wird in 1. Mose 3 gesagt, dass als Folge des Sündenfalls die Geburt unter Schmerzen erfolgen soll. Offenbar wäre das Gebären schmerzfrei gewesen, wenn der Mensch nicht in

Sünde gefallen wäre. Eine schmerzfreie Geburt wäre wohl möglich, wenn es eine andere Art der Leiblichkeit gegeben hätte. Vielleicht war die Materie vor dem Sündenfall anders beschaffen. Das sei mit aller Vorsicht gesagt, da der Bibeltext hier nur Andeutungen macht. Interessant ist aber in diesem Zusammenhang, dass Jesus als Auferstandener auch eine andere Leiblichkeit besaß, denn er konnte durch geschlossene Türen gehen. Diese Art von Leiblichkeit – so real sie war und von den Jüngern gesehen und betastet werden konnte – ist unserem Zugriff entzogen. Sie ist uns nur durch die Bibel bezeugt.

Das Entropie-Prinzip, wonach es in der Welt – sehr vereinfacht gesagt – eine Zerfallstendenz und eine Abnahme der Ordnung gibt, könnte ebenfalls eine Folge des Sündenfalls sein, welche ein kosmisches Ausmaß hatte. Vielleicht ist unsere heutige Physik eine andere als die Physik der sehr guten Schöpfung am Anfang. Vielleicht setzt der Einschnitt des Sündenfalls auch unerbittliche Grenzen beim Versuch, die Ursprünge zu enträtseln.

Bemerkenswert ist, dass auch die letzte Zeit mit gewaltigen kosmischen Ereignissen einhergeht. So bezeugt es das Buch der Offenbarung. Da die Bibel manche Entsprechungen zwischen Urzeit und Endzeit zeichnet, kann daraus ebenfalls – wieder in aller Vorsicht – ein Hinweis darauf entnommen werden, dass auch der Sündenfalleinschnitt ebenfalls kosmische Folgen gehabt haben könnte. Dieser Einschnitt bedeutet möglicherweise auch eine Grenze, über die hinweg heutige Vorgänge nicht „zurückgerechnet" werden können. Vieles von dem, was wir heute nicht oder kaum verstehen, könnte damit zusammenhängen.

Anmerkungen

[1] Die Erklärung für dieses Phänomen wird darin gesehen, dass durch die Fluchtbewegung die Lichtstrahlen sozusagen gedehnt werden, was zu größeren Wellenlängen und damit zu Verschiebungen der Absorptionslinien in den Sternlichtsprektren führt. Dieses Phänomen wurde bei *Schall*wellen als „Doppler-Effekt" beschrieben: Der Ton einer entgegenkommenden Schallquelle ist höher als der Ton einer unbewegten Schallquelle. Entfernt sich die Schallquelle, wird der Ton durch Dehnung der Schallwellen tiefer.

[2] D. A. Snelling & D. E. Rush: Moon Dust and the Age of the Solar System. *Creation ex nihilo Technical Journal* 7 (1993), S. 2-42.

Weiterführende Literatur

- N. Pailer: Neue Horizonte der Planetenerkundung. Neuhausen-Stuttgart, 1999. *(Viele Phänomene unseres eigenen Planetensystems sind in einem Evolutionskosmos unverstanden. Es zeigen sich auch manche Hinweise auf ein junges Planetensystem.)*

- N. Pailer: Geheimnisvolles Weltall. Hypothesen und Fakten zur Urknalltheorie. Neuhausen-Stuttgart, 1999. *(Die wichtigsten Indizien zur Urknalltheorie und Kritik dazu werden dargestellt.)*

- N. Pailer: Faszination Weltraum. Neuhausen-Stuttgart, 1998. *(Bildband mit informativen Texten)*

- N. Pailer: Im Zeichen der Schöpfung. Vom innersten des Atoms bis zu den fernsten Galaxien. Holzgerlingen, 2000. *(Eine spannende Reise durch die Dimensionen. Bildband.)*

13. Schöpfung oder Evolution – was steht auf dem Spiel?

Die Evolutionslehre stellt die Existenz Gottes nicht notwendigerweise in Frage. Daher halten viele Christen die biblische Schöpfungslehre und Heilsgeschichte für vereinbar mit der Evolutionsanschauung. Eine kritische Auseinandersetzung mit der Evolutionstheorie erscheint dann überflüssig. Doch die Evolutionstheorie betrifft weit mehr als die Frage, wie Gott durch sein Wort die Welt ins Dasein bringt. Es geht auch darum, wie es dazu kam, dass der Mensch Sünder ist und daher Jesus als Erlöser braucht. Es geht um die Frage, weshalb es den Tod in der Schöpfung gibt und wie das Sterben und die Auferstehung Jesu vor diesem Hintergrund verstanden werden können. Letztlich zeigt sich, dass die Evolutionslehre die Botschaft des Neuen Testaments grundlegend in Frage stellt.

Die kritische Auseinandersetzung mit der Evolutionslehre ist nicht einfach; sie erfordert Sachkenntnis in unterschiedlichsten Wissensgebieten. Da die Forschung nicht stehenbleibt, ist es notwendig, sich ständig auf dem Laufenden zu halten. Dazu kommt, dass eine ganze Reihe schwerwiegender Fragen im Rahmen einer biblisch-urgeschichtlichen Geologie ungelöst ist (vgl. Kapitel 10 und 11) und große Anstrengungen vieler Mitarbeiter erforderlich wären, um hier entscheidend voranzukommen – und fachlich qualifizierte christliche Mitarbeiter sind Mangelware. Weshalb sollen Christen überhaupt diese Mühen auf sich nehmen? Besteht keine Möglichkeit, sich irgendwie mit dem Evolutionsgedanken zu arrangieren?

In diesem Abschlusskapitel soll gezeigt werden, dass aus biblischen Gründen in der Tat kein Weg daran vorbei führt, die Evolutionslehre zurückzuweisen, wenn die Botschaft des Neuen Testaments nicht verlorengehen soll. In aller Deutlichkeit gesagt: Wir können Jesus Christus nicht verstehen, wenn der Mensch evolutiven Ursprungs und ein umgewandeltes Tier ist. Dies gilt auch und gerade dann, wenn Gott als Urheber und Lenker der Evolution angesehen wird. Weshalb dies so ist, soll in diesem abschließenden Kapitel entfaltet werden.

13.1 „Theistische Evolution"

Konzepte, wonach Gottes Schöpferwirken mit dem Vorgang der Evolution harmonisiert werden soll, nennen wir „theistische Evolution". „Theistisch" bedeutet „göttlich" und meint hier „von Gott bewirkt". Im Einzelnen wurden hierzu verschiedene Vorstellungen geäußert, aber alle Konzepte einer theistischen Evolution beruhen darauf, dass eine allgemeine Evolution der Lebewesen einschließlich des Menschen zugrunde gelegt wird. An der „Realität" einer Makroevolution und eines Übergangs vom Tier zum Menschen wird also kein Abstrich gemacht. Im Gegensatz zu einer atheistischen Evolution (Evolution ohne Gottes Wirken) soll dieser Vorgang jedoch nur deshalb funktionieren, weil Gott ihn durch sein schöpferisches Wirken ermöglicht oder irgendwie steuert. Nur ganz selten wird allerdings gesagt, wie man sich das Wirken Gottes im Evolutionsprozess vorstellen soll. Klar ist allerdings, was „Makroevolution" bedeutet. Und davon ausgehend ergeben sich für Vorstellungen von einer theistischen Evolution eine Reihe sehr grundsätzlicher Fragen, auf die wir nun zu sprechen kommen.

Abb. 144
Nach der Evolutionstheorie war Konkurrenz und der Kampf ums Überleben eine wesentliche Triebfeder für die Höherentwicklung. Hat auf diesem Wege Gott den Menschen erschaffen, wie das aus dem Konzept einer „Schöpfung durch Evolution" folgt?

13.2 Die „Schöpfungs-methode" Gottes

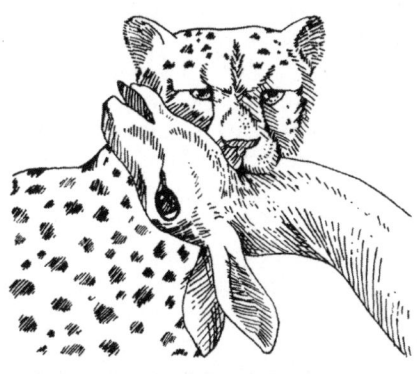

Schöpfung durch Evolution heißt: Schöpfung durch blinde Mutationen und durch Auslese der Bestangepassten. Denn ohne diese Mechanismen kann Evolution nicht funktionieren, auch eine theistische Evolution nicht. Was für ein Gott aber stünde hinter einem

SCHÖPFUNG	EVOLUTION atheistisch	EVOLUTION theistisch
nicht aus dem Vorhandenen	aus vorhandener Materie	aus vorhandener Materie
augenblicklich	in sehr langer Zeit	in sehr langer Zeit
durch das Wort	durch Zufall	scheinbar durch Zufall, aber doch göttlich gesteuert
durch Geist	durch Mutation (richtungslos)	durch Mutation (richtungslos)
durch Wille	durch Selektion (mit „Ausschuss")	durch Selektion (mit „Ausschuss")
durch Weisheit	durch weitere Faktoren	durch weitere Faktoren
„in Jesus Christus"	durch Selbst-organisation	(auch) durch Selbstorganisation
geplant gewollt zielorientiert sinngebend	*ungeplant ohne Wille ziellos sinnlos*	*Zielorientierung und Sinngebung nicht erkennbar, fragwürdige „Methode"*

solchen als Schöpfung interpretierten Evolutionsgeschehen? Wäre die stammesgeschichtliche Evolution die Schöpfungsmethode Gottes, hieße das beispielsweise, dass der Schöpfer auf der frühen Erde eine „Ursuppe" Hunderte von Millionen Jahren existieren ließ, um ein erstes Bakterium zu erschaffen, oder dass er Mord und Kannibalismus benutzte, um affenähnliche Wesen in Menschen zu transformieren (Abb. 144). Er hätte sich des Selektionsvorgangs (Auslese) bedient, um die Arten, auch den Menschen, zu erschaffen (vgl. dazu Abschnitt 3.3). Auch wenn die Selektionstheorie in der Biologie nicht unbedingt das „Recht des Stärkeren" einschließt, so folgt aus ihr doch, dass eine allmähliche Höherentwicklung nur durch den Tod ungezählter Individuen und Arten (Aussterben) möglich war. Ohne diesen zahlenmäßig weit überwiegenden „Ausschuss" wäre eine Evolution höher organisierter Organismen nicht abgelaufen. Auch der Mensch wäre sonst nicht entstanden. Denn zum Selektionsprinzip gehört die Überproduktion von Nachkommen und eine Auslese der am besten Angepassten auf Kosten der weniger gut Angepassten (vgl. Abb. 145).

Biblische Charakterisierungen des Schöpfungshandelns Gottes betonen dagegen Gottes Weisheit, Einsicht, Kraft und Größe in seinem schöpferischen Wirken (Spr 3,19; Jer 27,5; Röm 1,19f. u. a.). Das Selektionsgeschehen – als Schöpfungvorgang gedacht – könnte mit diesen Begriffen nicht umschrieben werden. Außerdem erkennen wir an Jesu Handeln, dass die Schwachen, die Verachteten, die Menschen ohne Zukunft seine besondere Zuwendung erhielten – in völligem Gegensatz zu den Gesetzen der Selektion. Somit wird deutlich, dass das Selektionsgeschehen im biblischen Sinne kein Schöpfungsprinzip sein kann (vgl. Abb. 146).

Um einem Missverständnis vorzubeugen: Es wird nicht bestritten, dass Selektionsprozesse existieren (vgl. Abschnitt 3.3). In einer von der Sünde gezeichneten Welt ist Selektion jedoch nur ein regulierender, kein kreativer Faktor (siehe dazu auch Abb. 147).

Das schaffende Handeln Gottes kann man sich nicht anschaulich vorstellen. An den Vollmachtstaten Jesu ist jedoch das Schöpfungshandeln Gottes durch das Wort beispielhaft erkennbar, etwa in der in Mk 1 berichteten Heilung des Aussätzigen. Die Wiederherstellung von Gliedern und die Neuschaffung einer gesunden Haut ist gleichermaßen ein Wunder wie die Erschaffung der Sterne. An diesem Handeln erkennt man, dass Schöpfung aus dem Wort keine evolutiven Zeitspannen erfordert und dass Gott in seinem Wirken nicht durch die biologischen, chemischen oder physikalischen Gesetzmäßigkeiten eingeschränkt ist (wenn er sich ihrer auch bedienen kann).

Die Schöpfungslehre versucht nicht, den Schöpfungsakt selbst zu erforschen (Gottes Handeln bleibt ein Geheimnis), sondern sie beschäftigt sich mit der Geschichte

„Darum, gleichwie durch einen Menschen die Sünde in die Welt hineingekommen ist, und durch die Sünde der Tod, und so der Tod zu allen Menschen hindurchgedrungen ist, weil sie ja alle gesündigt haben -...

Also: Wie es durch eine einzige Übertretung für alle Menschen zum Verdammungsurteil gekommen ist, so kommt es auch durch eine einzige Rechttat für alle Menschen zur lebenwirkenden Rechtfertigung. Wie nämlich durch den Ungehorsam des einen Menschen die Vielen als Sünder hingestellt worden sind, ebenso werden auch durch den Gehorsam des Einen die Vielen als Gerechte hingestellt werden."   Römer 5,12.18.19

EVOLUTIONSLEHRE

- besser angepasste Formen
- größere Vielfalt
- größere Komplexität

Konkurrenzkampf,
Auslese, Tod, Aussterben
(= Mittel der
Höherentwicklung)

einfache Formen

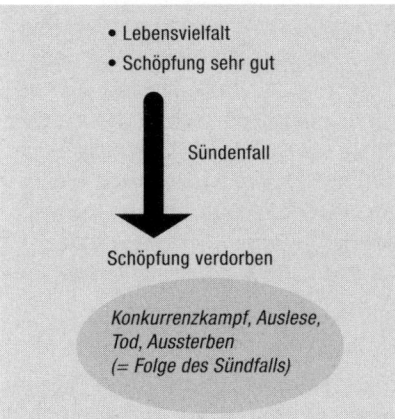

SCHÖPFUNGSLEHRE

- Lebensvielfalt
- Schöpfung sehr gut

Sündenfall

Schöpfung verdorben

Konkurrenzkampf, Auslese,
Tod, Aussterben
(= Folge des Sündfalls)

Abb. 147 Gegensätzliche Beurteilung der „Kehrseiten" der Schöpfung: Im Rahmen der Evolutionslehre ist das „Destruktive" positiv zu werten als Voraussetzung der Höherentwicklung und damit der Entfaltung des Lebens. Nach der biblischen Lehre dagegen ist es negativ – ein Zeichen des Verdorbenseins der Schöpfung.

der Lebewesen nach ihrer Erschaffung, und versucht zu zeigen, dass die Schöpfung nicht durch „Selbstorganisation" entstanden ist.

Die Bibel sagt, dass die Schöpfung vom Schöpfer selbst als sehr gut beurteilt wurde (1Mo 1,31). Eine sehr gute (perfekte) Schöpfung macht aber Evolution (im Sinne von Makroevolution = Höherentwicklung) unmöglich, denn an welcher Stelle des Evolutions-Szenarios ließe sich sagen, die Schöpfung sei „sehr gut"? Viele Evolutionsbiologen behaupten, Evolution führe teilweise zu gravierenden Mängeln der Lebewesen; der Wiener Zoologe Rupert Riedl spricht sogar von „katastrophaler Planung", hätte jemand die Lebewesen geplant. Diese Einschätzung teilt zwar nicht jeder Wissenschaftler; theistische Evolutionsanschauungen müssen sich aber besonders mit ihr auseinandersetzen.

Bei diesen Überlegungen spielt es keine Rolle, ob Gott ein Evolutionsgeschehen nur einmal angestoßen hat, etwa bei einem Urknall, oder ob er weitergehend in den Evolutionsablauf eingegriffen hat. Wenn die Evolutionslehre wahr wäre, hätte Gott z. B. Tausende von

Parasiten *von vornherein* gewollt, ebenso die auf Fressen und Gefressenwerden angelegten ökologischen Zusammenhänge. Nach dem biblischen Zeugnis dagegen hat Gott dem Menschen und den Tieren zunächst ausdrücklich nur pflanzliche Nahrung zugewiesen (1Mo 1,29f.). Der heute zu beobachtende Daseinskampf zwischen den Organismen („Fressen und Gefressenwerden") ist Kennzeichen einer von Gott abgefallenen Schöpfung. Im Schöpfungsmodell wird von einer ursprünglich anderen Ökologie ausgegangen (1Mo 1,29f.).

13.3 Die Bedeutung des Todes

Ohne den Tod wäre Evolution nicht möglich. Stellvertretend zitieren wir dazu den Biologen Hans Mohr: „Gäbe es keinen Tod, so gäbe es kein Leben. Der Tod ist nicht ein Werk der Evolution. Der Tod des einzelnen ist vielmehr die Voraussetzung für die Entwicklung des Stammes. ... Wenn wir also die Evolution des Lebens als ein in der Bilanz positives Ereignis, als die

> Denn das sehnsüchtige Harren des Geschaffenen wartet auf das Offenbarwerden der Söhne Gottes. Denn der Nichtigkeit ist die ganze Schöpfung unterworfen worden – allerdings nicht freiwillig, sondern um dessen willen, der ihre Unterwerfung bewirkt hat –, jedoch auf die Hoffnung hin, dass auch sie selbst, die Schöpfung, von der Knechtschaft der Vergänglichkeit befreit werden wird zur Freiheit, welche die Kinder Gottes im Stande der Verherrlichung besitzen werden. Wir wissen ja, dass die gesamte Schöpfung bis jetzt noch überall seufzt und mit Schmerzen einer Neugeburt harrt.
>
> Römer 8,19-22

'reale Schöpfung', ansehen, akzeptieren wir damit auch unseren Tod als einen positiven und kreativen Faktor.“[1]

Der Tod als notwendige Voraussetzung zum Hervorbringen des Lebens! Nichts könnte weiter von der biblischen Sicht des Todes entfernt sein (Röm 6,23; 1Kor 15,26). Der Tod ist der Feind des Lebens, der von Jesus am Kreuz und durch seine Auferstehung besiegt wurde, und nicht ein lebensspendender Faktor. Hier liegt ein zentraler Grundwiderspruch zwischen theistisch-evolutionistischen Vorstellungen und Inhalten der Bibel. Nach biblischem Zeugnis sind der geistliche sowie der leibliche Tod eine Folge der Sünde (Römer 5,12ff.) und mitnichten ein Schöpfungsmittel. Dass die ganze Schöpfung vom Tod als Sündenfolge betroffen ist, macht besonders Röm 8,19ff. deutlich, wo bezeugt wird, dass die ganze Schöpfung der Vergänglichkeit unterworfen wurde (und zwar nicht freiwillig, das heißt nicht durch eigene Schuld, sondern aufgrund der Ungehorsamstat des ersten Menschenpaares). Sie seufzt darunter und wartet wie die Christen auf Erlösung. Auch die theistisch geprägte Evolutionsvorstellung vom Tod ist also das genaue Gegenteil zur biblischen Lehre.

13.4 Der Sündenfall und heilsgeschichtliche Zusammenhänge

Die Vorstellung, der Mensch habe sich langsam aus dem Tierreich emporentwickelt, ist mit dem biblischen Zeugnis des historischen Sündenfalls unvereinbar. Worin sollte der Sündenfall bestanden haben? Alles, was der Mensch und seine angenommenen Vorfahren getan haben, war gut und notwendig für die Höherentwicklung. Sünde und Schuld im biblischen Sinne kann es im Evolutionsdenken nicht geben. Damit könnte der Mensch aber auch nicht für seine Sünde zur Rechenschaft gezogen werden. Die Erlösung durch das Blut Jesu wird dadurch unnötig, ja geradezu sinnlos. Das zentrale Thema der Bibel, Gottes Heilsgeschichte mit den Menschen, ginge an der Wirklichkeit vorbei.

Paulus nennt den ersten Adam, durch den die Sünde in die Welt kam, in einem Atemzug mit dem zweiten Adam, Christus, der die Erlösung von der Sünde bewirkt hat (Röm 5,12-19). Wer war Adam im evolutionären Modell? Im Evolutionsmodell ist Adam als Person schwer vorstellbar. Durch ihn kann also die Sünde mit der Todesfolge nicht in die Welt gekommen sein. Wenn Paulus daher über Adam bildlich gesprochen hätte, warum sollte sich das in seinen Aussagen über Jesus Christus anders verhalten?

Petrus verweist auf einen Zusammenhang zwischen dem Sintflutgericht und dem Endgericht (2Petr 3,3-10). Auch Jesus bestätigt die Historizität der Sintflut (Mt 24,37-39). Jesus selbst beruft sich mehrmals auf die ersten Seiten der Bibel und geht mit ihnen wie mit einem Tatsachenbericht um. So betont er auch die Erschaffung des ersten Menschenpaares und die Ehe als ursprüngliche Schöpfungsordnung Gottes (Mt 19,4f.).

Schließlich: Ist in einer evolutiven Sicht die Erwartung der baldigen Wiederkunft Jesu noch möglich? Eine in Millionen Jahren gezählte Urgeschichte der Menschheit lässt diese Hoffnung leicht in der Ungewissheit ferner Jahrmillionen verblassen, wenn mit einem solchen Ereignis überhaupt noch ernsthaft gerechnet wird. Manche evolutionistischen Zukunftsentwürfe deuten Jesu Wiederkunft völlig in ein Zum-Ziel-Kommen der Evolution um (Teilhard de Chardin), das mit dem biblischen Zeugnis vom göttlichen Gericht und der göttlichen Neuschöpfung von Himmel und Erde nichts mehr zu tun hat.

Diese Beispiele machen deutlich, dass die biblische Urgeschichte mit zentralen Heilsaussagen der gesamten Heiligen Schrift unauflösbar verwoben ist (Abb. 148).

13.5 Hat Gott in die Evolution eingegriffen?

Nach manchen Vorstellungen der theistischen Evolutionslehre wird ein Wirken Gottes angenommen, um Erklärungslücken des Evolutionskonzepts auszufüllen. Gott soll eingegriffen haben, um die Entwicklung auf gewünschte Bahnen zu lenken, insbesondere bei der Menschwerdung. Gott habe z. B. den auf evolutivem Wege aus Affen entstandenen menschlichen Formen irgendwann seinen Geist gegeben, ebenso habe er ihm sein

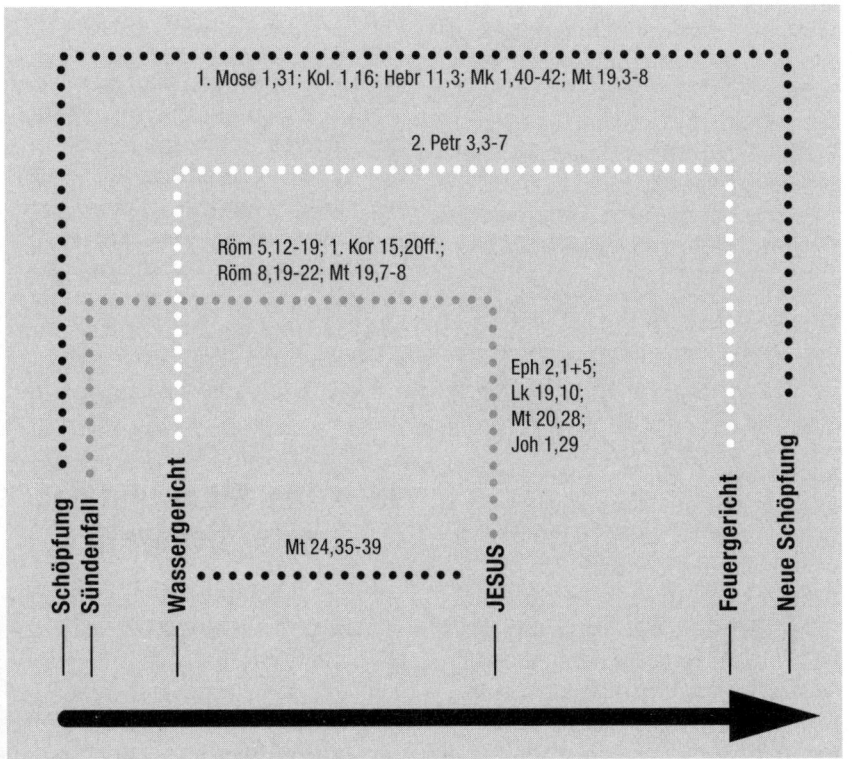

1. Mose 1,31; Kol. 1,16; Hebr 11,3; Mk 1,40-42; Mt 19,3-8

2. Petr 3,3-7

Röm 5,12-19; 1. Kor 15,20ff.;
Röm 8,19-22; Mt 19,7-8

Eph 2,1+5;
Lk 19,10;
Mt 20,28;
Joh 1,29

Mt 24,35-39

Schöpfung
Sündenfall

Wassergericht

JESUS

Feuergericht

Neue Schöpfung

Abb. 148
Zwischen den Ereignissen der biblischen Urgeschichte und dem Neuen Testament bestehen vielfältige Beziehungen. Insbesondere ist das Kommen und Wirken Jesu nur vor dem Hintergrund der biblischen Urgeschichte verstehbar.

> Der HERR ist es, der die Erde durch seine Kraft geschaffen, den Erdkreis durch seine Weisheit fest gegründet und durch seine Einsicht den Himmel ausgespannt hat.
>
> Jeremia 10,12
>
> Der HERR hat durch Weisheit die Erde gegründet und den Himmel durch Einsicht festgestellt.
>
> Sprüche 3,19

Gebot gegeben und eine persönliche Beziehung zum Menschen begonnen. Der Mensch sei damit vollkommen gewesen, habe dann aber gesündigt, mit allen Folgen, so wie es in den biblischen Texten beschrieben wird.

Nach dieser Vorstellung werden gerade an den entscheidenden Stellen (Entstehung des Lebens, Entstehung neuer Baupläne, Entstehung des Menschen) Inhalte der Evolutionslehre zurückgewiesen. Durch diesen Kunstgriff soll die Sonderstellung des Menschen auch im Fluss der Evolution aufrechterhalten werden, um auch im evolutionären Kontext christliche Glaubensinhalte beibehalten zu können. Steht die Sonderstellung des Menschen auf dem Spiel, besteht offenbar eher Motivation, Aussagen der Evolutionslehre zu hinterfragen.

Eine solche Konzeption würde jedoch den entschiedenen Protest der Evolutionsbiologen nach sich ziehen, denn mit der Evolutionsforschung wird das Ziel einer vollständig materialistischen Erklärung der Entstehung *aller* Lebensaspekte verfolgt. Für sie wäre es nicht akzeptabel, wenn ausgerechnet die wesentlichen Schritte im Evolutionsprozess auf Faktoren zurückgeführt werden müssten, die über natürliche Prozesse hinausgehen. Gerade an den entscheidenden Stellen würde das Evolutionsprinzip durchbrochen. Folglich ist eine sol-

che Konstruktion, wonach Gott ins Evolutionsgeschehen eingreift, eigentlich ein Einspruch gegen Evolution und keine „theistische Evolution".

Dazu kommt, dass die seelisch-geistigen und körperlichen Aspekte des Menschen nicht streng voneinander geschieden werden können, da Körper, Seele und Geist eine Einheit bilden. Man kann evolutionär gesehen eine Evolution der Körpermerkmale nicht von einer Evolution der Verhaltensweisen, ethischer Maßstäbe oder sozialer Lebensformen trennen. Die Trennung zwischen körperlicher Evolution und dem Erwerb von Geist und Seele ist nicht möglich, da Geist und Seele nicht unverbunden neben dem Leib existieren.

Schließlich darf nicht übersehen werden, dass die oben erläuterte Problematik der „evolutionären Schöpfungsmethode" und des Todes in der Schöpfung durch solche Konzepte eines eingreifenden Gottes nicht entschärft oder gar gelöst wird. Auch nach diesen Vorstellungen gibt es den körperlichen Tod des Menschen unabhängig von seiner Sünde – entgegen Römer 5,12ff. (s. o.). Und auch hier müssten die Evolutionsmechanismen als Schöpfungsmechanismen interpretiert werden – mit all den damit verbundenen Problemen (s. o.).

13.6 Die Bibel und das Alter der Welt

In den bisherigen Abschnitten wurde herausgestellt, dass die Evolutionslehre sich mit zentralen biblischen Aussagen über Gott und sein Handeln, insbesondere über das Wirken Jesu Christi nicht vereinbaren lässt. Damit ist noch nicht unmittelbar gesagt, ob die üblichen Altersvorstellungen der Geologie und Astronomie der Bibel ebenfalls widersprechen. Denn nicht alle Altersangaben in diesen Disziplinen sind mit der Evolutionslehre gekoppelt. Um die Frage nach dem Alter der Welt aus biblischer Sicht anzugehen, müssen wir ein wenig ausholen.

Die Bibel lehrt, dass der Tod erst durch die Sünde Adams in die Schöpfung kam (Röm 5,12ff.; Röm 8,19ff.; s. o.). Das gilt auch für die Tierwelt (vgl. dazu auch die Frage „Betraf der Tod als Folge der Sünde auch die Tiere?" weiter unten). Die Tierwelt früherer Zeiten ist uns durch Fossilien bekannt (vgl. Kapitel 8). Weil nun mit den Fossilien auch „Tod" in der Schöpfung dokumentiert ist, können die Fossilien erst nach dem Sündenfall und damit auch nach der Erschaffung des Menschen entstanden sein (vgl. Abb. 149). Die in den geologischen Schichten eingeschlossen Fossilien sind – biblisch gesehen – nicht älter als die ersten Menschen.

Weiter ist von der Bibel her klar, dass zwischen Adam und Jesus keine Zeiträume von Hunderttausenden oder gar Millionen Jahren liegen. Vielmehr überliefert die Bibel in 1. Mose 5 und 11 sowie im 1. Chronikbuch Genealogien von Adam bis in die Königszeit. Im Matthäus- und Lukasevangelium wird die Abstammungsfolge bis zu Jesus Christus weitergeführt. Auch wenn diese Chronologien teilweise Lücken enthalten (was in der Matthäus-Chronologie offensichtlich ist), lassen sie sich nicht beliebig weit dehnen.[2] Damit liegt das Menschheitsalter in der Größenordnung von tausenden oder allenfalls ca. 10.000 Jahren. Dieser Zeitrahmen gilt aufgrund des oben Gesag-

ten auch für die Tierwelt. Da ferner die Erschaffung des Kosmos durch das Sechstagewerk mit der Erschaffung der Lebewesen zeitlich gekoppelt ist, gilt dieser knappe Zeitrahmen naheliegenderweise auch für die Welt als Ganze. Jedenfalls ist nicht ersichtlich, an welcher Stelle die Bibel einen Spielraum für wesentlich größere Zeiträume lässt (vgl. dazu einige der unten folgenden Fragen).

Abb. 149
Ein zerbissener Seeigel – Gehört der Tod in der Schöpfung zu den Schöpfungsmethoden Gottes?

13.7 Zusammenfassung

Die Evolutionslehre kann nicht mit der biblischen Urgeschichte harmonisiert werden, auch nicht in theistischer Interpretation („Schöpfung durch Evolution"). Denn die Erschaffung des Menschen und der anderen Lebewesen passt so, wie es die Bibel schildert, nicht zu den Inhalten der Evolutionslehre. Aus der Evolutionslehre folgt weiter, dass es kein erstes Menschenpaar und keinen Sündenfall gegeben hat und dass der Tod lange vor dem Auftreten des Menschen in der Schöpfung war. Daher wäre der Tod nicht Folge der Sünde, wie es die Bibel lehrt. Der Einbruch der Sünde in die Welt durch Adam und deren Folge, der Tod, stehen dem Wirken Jesu Christi gegenüber, wie es im Neuen Testament berichtet wird. Das stellvertretende Leiden und Sterben Jesu könnte ohne den Hintergrund der biblischen Urgeschichte nicht verstanden werden; wesentliche Aussagen des Neuen Testaments würden damit sinnlos werden. Der stellvertretende Sühnetod Jesu macht keinen Sinn mehr, wenn Sünde die Folge von Evolution ist und Evolution als Schöpfung Gottes verstanden wird. Denn dann hätte Gott selber den Menschen *durch die Schöpfung* schon zum Sünder gemacht, womit der Mensch auch nicht zur Rechenschaft gezogen werden könnte und auch keinen Retter bräuchte, der wegen seiner Sünde für ihn in die Bresche springt. Gott wäre in evolutionstheoretischer Perspektive der Urheber der Sünde und er hätte den Tod in die Schöpfung von vornherein hineingelegt, ja mit Hilfe des Todes das Leben erst hervorgebracht. Dies alles spricht klar gegen das biblische Zeugnis.

Da das Schicksal der gesamten Schöpfung mit dem Weg des Menschen gekoppelt ist (auch zeitlich), ergibt sich aus biblischer Sicht, dass die Geschichte des Lebens kurz ist, da die Menschheitsgeschichte sich in Jahrtausenden und nicht in Jahrmillionen bemisst.

13.8 Ausblick

Zweifellos ergeben sich aus der biblischen Sicht von der kurzen Geschichte des Menschen und der Erde viele Fragen naturwissenschaftlicher Art angesichts der üblichen, gewohnten Vorstellungen von einer Erdgeschichte, die einige Milliarden Jahre währen soll, bzw. einer Menschheitsgeschichte von einigen Millionen Jahren. Diese Fragen sind nicht leicht zu beantworten und oft bislang ganz ohne Antwort, wie in den Kapiteln 10-12 zur Erdgeschichte und zur Entstehung des Kosmos deutlich wurde. Diese z. T. schwerwiegenden Probleme lassen viele die Frage stellen, ob man unter Berufung auf das biblische Zeugnis die scheinbar festgefügte evolutionstheoretische Sicht und ihr Langzeitkonzept wirklich ablehnen müsse. Doch für eine bibeltreue Orientierung gibt es keine andere Wahl, denn es geht hier nicht um Randfragen. Es geht um Jesus Christus, um den Hintergrund seines Kommens auf unsere Erde und um die Bedeutung seines Leidens, Sterbens und seiner Auferstehung. Die Spannungen, die sich aus den derzeitigen Widersprüchen ergeben, sind eine Herausforderung, die anstehenden Fragen anzupacken. (Wie man mit dieser Situation umgehen kann, wird im Anhang thematisiert.) Der christliche Glaube fußt auf dem Wort Gottes, nicht darauf, dass alle wissenschaftlichen Fragen gelöst sind. Ein solcher Glaube kann offene Fragen mit einiger Gelassenheit stehen lassen, ohne sie zu ignorieren, aber auch ohne den Zwang, vorschnelle Antworten finden zu müssen. Solche Antworten haben sich oft genug als nicht tragfähig erwiesen.

Betraf der Tod als Folge der Sünde auch die Tiere? Muss der Tod von Tieren nicht vom Tod des Menschen getrennt werden?

Zu dieser Frage gibt ein interessanter Text aus dem 8. Kapitel des Römerbriefs aufschlussreiche Auskunft (s. S. 208). In den Versen 19-22 wird von einer „Knechtschaft der Vergänglichkeit" und einem Seufzen der Schöpfung gesprochen, sowie von einem sehnsüchtigen, gespannten Warten („Harren") auf Befreiung von dieser Situation. Der jetzige Zustand der Schöpfung entspricht nicht dem ursprünglichen: die Schöpfung wurde der Nichtigkeit bzw. der Vergänglichkeit *unterworfen*; sie war also früher anders. Damit wird ein früherer Zustand der Schöpfung vorausgesetzt, der das Kennzeichen der Vergänglichkeit und des Seufzens noch nicht besaß. Dabei ist ausdrücklich von der *ganzen Schöpfung* die Rede.

Mit der Schöpfung ist hier die außermenschliche, vernunftlose Schöpfung gemeint.[3] Es wird nämlich gesagt, dass die Schöpfung „ohne ihren Willen" unterworfen wurde, also nicht schuldhaft, was von den Menschen ja gerade nicht gesagt werden kann. Weiter wartet die Schöpfung sehnsüchtig auf das Offenbarwerden der Söhne bzw. der Kinder (V. 21) Gottes (auf ihre leibliche Erlösung; vgl. V. 23). *Darauf* warten die Nichtglaubenden jedoch keineswegs sehnsüchtig, allenfalls sehnen sie sich nach Unsterblichkeit. Auch dies zeigt, dass mit „Schöpfung" die außermenschliche Kreatur gemeint ist.

Die Unterwerfung ist um des Menschen willen geschehen (V. 20), das heißt also, erst nachdem der Mensch geschaffen war. Das verweist auf die Tat Adams als Auslöser für den Zustand des Unterworfenseins und des Seufzens. Der Unterwerfer selber kann jedoch nur Gott sein, denn nur er kann auf Hoffnung hin unterwerfen. Auch die Verwendung des sog. „göttlichen Passivs" („wurde unterworfen") weist in diese Richtung. (Das „göttliche Passiv" wird im biblischen Sprachgebrauch häufig verwendet, um das Handeln Gottes zu umschreiben.)

Aus Römer 8,19ff. folgt insgesamt, dass die *ganze* Schöpfung ursprünglich wesensmäßig anders beschaffen war als heute. Sie wurde erst nachträglich der Vergänglichkeit unterworfen und besaß somit ursprünglich dieses Merkmal nicht. Folglich hatte sie andere Eigenschaften, die wir uns allerdings nicht vorstellen können. Das gilt umgekehrt genauso für die verheißene zukünftige Schöpfung. Die Sehnsucht nach einer gemeinsamen Erlösung (Röm 8,19.22) wird verstehbar vor dem Hintergrund eines gemeinsamen Falles.

Interessant ist auch noch folgender Zusammenhang: Mensch und Tier sind durch den Auftrag des Menschen, über die übrige Schöpfung zu herrschen (d. h. sie zu verwalten; 1. Mose 1,28), eng verbunden. Das legt auch eine zeitliche Koppelung ihres Schicksals nahe.

Es gibt keine biblischen Hinweise dafür, dass der Zeitpunkt des Unterwerfens der Schöpfung (Röm 8,20) ein anderer als der des Sündenfalls sein könnte. Die gelegentlich geäußerte Vorstellung, dass durch den Fall Satans der Tod in eine vormenschliche Tierwelt kam, findet in der biblischen Überlieferung keine Anhaltspunkte. Es würde bedeuten, dass, während Gott die Schöpfung ins Dasein brachte (durch das Sechstagewerk),

Satan bereits sein zerstörerisches Wirken ausüben konnte. Das ist unglaubhaft, denn der Schöpfungsbericht liefert dafür keinerlei Anhaltspunkte.

Ist eine Welt ohne den Tod überhaupt ökologisch möglich?

Gegen das biblische Zeugnis, dass in der ursprünglichen Schöpfung der Tod noch nicht geherrscht hat (vgl. besonders die Auslegung zu Römer 8,19ff. in der Antwort zur vorigen Frage), wird oft eingewendet, dass es in einer Welt ohne den Tod, ohne Fressen und Gefressenwerden im Tierreich, keine Stabilität geben könne. Notwendigerweise müsse es zur Überbevölkerung kommen und der Tod sei damit unausweichlich, sei also gar nicht Folge der Sünde. Es war ja auch der Auftrag Gottes, dass sich die Lebewesen vermehren und die Erde füllen sollen.

Dieser Einwand gilt nur für *unsere* Welt, für diejenige Ökologie, die unserer Erfahrung zugänglich ist und die erforscht werden kann. Die Welt vor dem Sündenfall, die Welt ohne Sünde und deren Folgen (Leid und Tod) ist uns erfahrungsmäßig nicht zugänglich. Es ist daher nicht möglich, eine Aussage über deren Aussehen und deren Werdegang zu machen. Hier ist uns eine Erkenntnisschranke gesetzt. Wir können daher nicht wissen, welchen Weg die Schöpfung ohne Sünde genommen hätte, wie Gott mit ihr verfahren wäre, wenn der an den Menschen gerichtete Auftrag „Seid fruchtbar und mehret euch" (1Mo 1,28) erfüllt gewesen wäre. Man kann vermuten, dass die Fortpflanzungsrate erheblich geringer war als heute, da die Überproduktion von Nachkommen bereits eine Anpassung an die Existenz des Todes in der Schöpfung ist. Den-

noch wäre auch unter diesen Umständen die Erde irgendwann bevölkert gewesen – der Auftrag, die Erde zu füllen, wäre ausgeführt. Welchen Weg Gott mit der Schöpfung dann gegangen wäre, können wir nicht wissen, da wir durch das Wort Gottes darüber nicht informiert werden.

Auch für die künftige Neuschöpfung von Himmel und Erde ist eine Welt ohne Tod verheißen (Offb 21,1ff.). Allerdings gibt es dort (mindestens bei den auferstandenen Menschen) keine Vermehrung mehr (vgl. Mt 22,30). Da sich die ganze Schöpfung nach der Befreiung von der Vergänglichkeit sehnt (Röm 8,19ff.), gehören zur neuen Schöpfung offenbar auch Tiere und Pflanzen. Wenn Gott für ihr Zusammenleben eine Ökologie ohne Tod, ohne „organisches Recycling" vorgesehen hat, ist Vergleichbares auch für die noch nicht durch die Sünde gezeichnete Ursprungswelt möglich gewesen.

Sind Krankheit, Leid und Tod nicht notwendig, damit vor ihrem Hintergrund das Gute überhaupt erkennbar ist?

Diese Frage beruht auf einer ähnlichen Denkvoraussetzung wie die vorige. Es geht in einem anderen Aspekt im Grunde um dasselbe: „Ist das Böse nicht einfach notwendig, damit die Welt existieren kann?" Ist das Böse nicht eine notwendige Begleiterscheinung des Guten? Letztlich läuft diese Frage darauf hinaus, ob das Böse nicht ein notwendiger Aspekt der Schöpfung schlechthin ist. Die biblischen Zeugen verneinen diese Frage, ohne damit die mit ihr verbundenen Geheimnisse zu lüften. Das Böse gehört nicht zur Schöpfung an sich, sondern ist Ausdruck der Sünde. Gott ist aber niemals Urheber der

Sünde. Die Antwort auf die Frage lautet auch hier: Nur in der Welt der Sünde gilt, dass das Widerwärtige der notwendige Kontrast für das Schöne und Gute ist. Wenn wir meinen, das Leben sei nur lebenswert und spannend, weil es auch Leid gebe, so gilt das eben nur für unsere Erfahrungswelt. Gott aber ist in seinen Ideen und Möglichkeiten daran nicht gebunden. Seine Möglichkeiten reichen entschieden weiter. Bei ihm gibt es erfülltes Leben, auch und gerade, weil Leid und Tod nicht dazu gehören (Joh 10,10b; Jes 65,25; 1Petr 1,6 u. a.).

Jesus aß Fleisch, und er sagte: „Das Weizenkorn muss sterben" – Gehört das Sterben nicht doch zur guten Schöpfung?

Die Tatsache, dass Jesus Christus selber das Passahlamm gegessen hat und damit das Töten von Tieren akzeptiert, ist kein Widerspruch zum biblischen Zeugnis, dass der Tod nicht zur guten Schöpfung Gottes zählt. Denn Jesus hat sich vollständig in die Bedingungen hinabbegeben, unter denen die Menschen existieren müssen, eben in eine Welt, in der der Tod regiert bzw. stark mitregiert: Jesus wurde wie ein Sklave (Phil 2,5ff.) – um des Menschen willen, nicht weil es zum Wesen der Schöpfung gehört, dass sie versklavt ist.

Das Sterben des Weizenkorns meint zum einen das stellvertretende Sterben Jesu für die Sünde der Menschheit: Jesus erlitt den Tod, weil der Tod die Menschen beherrscht und versklavt. Durch sein Sterben führt Jesus die Menschen, die an ihn glauben, aus dieser Sklaverei heraus. Zum anderen ist hier auch angesprochen, dass der einzelne Gläubige sterben muss (im Sinne von Sich-Lossagen von der Herr-schaft des eigenen Ichs): auch dieses Sterben muss vor dem Hintergrund gesehen werden, dass Sünde da ist, sonst wäre es gar nicht erforderlich.

Diese Zusammenhänge schwächen im übrigen in keiner Weise die klaren Aussagen der Heiligen Schrift zur Negativcharakterisierung des Todes als Feind Gottes (1Kor 15,26) und als „Lohn der Sünde" (Röm 6,23).

Kann mit dem Tod, der durch die Sünde in die Welt kam, der „geistliche Tod" gemeint sein?

Häufig wird argumentiert, mit dem Tod, der durch die Sünde Adams in die Welt hineinkam (Röm 5,12ff.), sei der „geistliche Tod" gemeint, also die Trennung des Menschen von Gott. So bezeichnet auch Paulus die Christen zu Ephesus als ehemals „tot in den Sünden und Übertretungen" (Eph 2,1), obwohl sie doch körperlich und psychisch lebten. Trotz dieser Unterscheidung, die das Neue Testament vornimmt, kann in Römer 5,12ff. nur gemeint sein, dass (auch) der *leibliche* Tod Folge der Sünde ist. Dafür können aus dem Bibeltext folgende Gründe entnommen werden: Zum einen bezeichnet Paulus den „geistlichen Tod" als „Sünde". In Röm 5,12 wird der Tod aber der Sünde *gegenübergestellt*; der Tod ist *Folge* der Sünde, nicht dasselbe wie die Sünde. Daher kann nicht gemeint sein, dass nur der geistliche Tod durch die Sünde in die Welt kam. Denn sonst wäre die Aussage „Durch die Sünde (= „geistlicher Tod") kam der Tod (vermeintlich der „geistliche Tod") nichts sagend. Darüber hinaus ist im Zusammenhang von Römer 5,12 ständig vom leiblichen Sterben die Rede; unmittelbar davor nämlich vom Sterben Jesu am Kreuz, das ohne Zweifel leiblich war, und danach vom Sterben der Väter von Adam bis Mose (Röm 5,14).

In diesem Zusammenhang ist auch zu bedenken, welchen Tod Jesus starb. Er starb den Tod in allen seinen Schattierungen, auch leiblich, wie die Evangelien besonders betonen. Jesu Tod ist aber Sühne für die Sünde der Menschen. Jesu leibliches Sterben entspricht damit auch dem leiblichen Tod als Folge der Sünde des Menschen.

Kann es sich bei den Schöpfungstagen auch um größere Zeiträume handeln?

Der im Schöpfungsbericht für „Tag" verwendete hebräische Begriff „jom" wird im Zusammenhang mit einer Aufzählung im Alten Testament fast immer im Sinne eines normalen Erlebnistages verwendet (eine Ausnahme ist eventuell Hosea 6,1). Es ist daher am naheliegendsten, dass „Tag" in 1. Mose 1 einen 24-Stunden-Abschnitt meint. Dies wird noch unterstrichen durch die Verwendung von Tageszeiten (Abend und Morgen). Das meint sonst immer einen normalen Tag und wird in dieser Konstellation im Alten Testament nie bildlich verwendet. Dazu kommt noch, dass bei der Begründung des Sabbatgebots (2Mo 20,11) auf die sechs Tage der Schöpfung Bezug genommen wird.

Auf keinen Fall könnten die „Tage" mit der Evolutionstheorie gekoppelt bzw. „gefüllt" werden. Denn das würde sonst bedeuten, dass während der Schöpfung auch Fossilien entstanden sind, also der Tod schon in der (bildlich verstandenen) Schöpfungswoche da gewesen wäre. Das träfe auch zu, wenn die 6 Tage nur ein Darstellungsmittel wären. Das heißt: Eine Ausdehnung der 6 Tage in 6 Zeiträume hilft

nicht weiter; jedenfalls dann nicht, wenn diese Zeiträume als Zeit der Makroevolution interpretiert werden, weil dann alle Probleme auftauchen würden, die in diesem Kapitel angesprochen wurden. Es würde daher gar nichts zum Verständnis der Fossilüberlieferung helfen, wenn man die Tage dehnen würde, weil die Fossilien auf keinen Fall in die Schöpfungswoche „verlegt" werden können. Umgekehrt: Wenn es in der Schöpfungswoche (wie auch immer man sie deuten wollte) keinen Tod gab (weil der absolut nicht zur sehr guten Schöpfung passt), gibt es davon auch keine Dokumentation in Form von Fossilien. Eine Welt ohne Tod (und damit ohne Fossilien) und ohne Katastrophen hinterlässt keine Spuren, mindestens keine Lebensspuren, unabhängig davon, wie lange diese Welt Bestand hatte.

Für Gott ist ein Tag wie tausend Jahre – Ist das ein Argument für eine alte Schöpfung?

Die Aussage, dass für Gott ein Tag wie tausend Jahre ist und umgekehrt (Ps 90,4), steht nicht im Zusammenhang mit der Erschaffung von Himmel und Erde, sondern drückt Gottes Souveränität über die Zeit aus und zeigt Gott als denjenigen, der über dem flüchtigen Dasein des Menschen steht. In diesem Sinne wird dies in Psalm 90 zum Ausdruck gebracht. Und in ähnlicher Weise wird diese Wendung im 2. Petrusbrief zitiert (2Petr 3,8). Aus menschlicher Sicht scheint die Wiederkunft Jesu lange, zu lange zu dauern, aus Gottes Sicht ist die Zeitspanne dagegen kurz. In beiden Fällen geht es also nicht darum, die Länge der Schöpfungstage zu relativieren. Daher kann die Wendung „tausend Jahre wie ein Tag" nicht als Argument eingesetzt werden, um damit etwas über die Dauer der ursprünglichen Schöpfung auszusagen. Im übrigen werden mit dieser Redewendung die anderen Argumente, die für normale Tage in 1. Mose 1 sprechen, nicht berührt.

Kann es sein, dass vor dem Beginn des Sechstagewerks eine große Zeitspanne liegt?

Die Schilderung des Sechstagewerks setzt im Schöpfungsbericht erst mit dem 3. Vers von 1. Mose 1 ein: „Und Gott sprach: Es werde Licht!" Davor wird gesagt, dass Gott am Anfang Himmel und Erde geschaffen hat und dass die Erde „wüst und leer" war („Tohuwabohu"). Manche Ausleger sehen das Tohuwabohu im Gegensatz zur Schöpfung; und es wird in der Tat an manchen Stellen des Alten Testaments als Gegenbegriff zur Ordnung der Schöpfung gebraucht. Das ist für manche ein Hinweis darauf, dass hier bereits etwas „geschehen" ist, was zum Tohuwabohu nach einem zuvor schon geschehenen Anfang geführt hat. Nach der sogenannten Lückentheorie soll sich dahinter ein Urfall Satans verbergen, der zur Zerstörung der damaligen Erde geführt haben soll. In diesem Sinne wird dann übersetzt: „Die Erde *wurde* wüst und leer." Ab 1. Mose 1,3 werde dann eine *Wiederherstellung* geschildert. Die Erde, die Gott wiederherstellt, könnte demnach schon sehr alt sein.

Doch diese Sicht findet keine Stütze in den Texten. Hier werden gewaltige Ereignisse vermutet, ohne dass es im Text einen klaren Anhaltspunkt gibt. Das ist keine Auslegung, sondern eine Hineinlegung; und das ist nicht statthaft. Zudem lässt die grammatische Struktur des Satzes die Übersetzung „*wurde* wüst und leer" nicht zu.[4] Außerdem wird in 2. Mose 20,11 gesagt, dass Gott Himmel und Erde in sechs Tagen *geschaffen*, nicht aber restauriert habe. Schließlich könnte eine solche Urkatastrophe wohl kaum mit dem Fossilbericht zusammengebracht werden, erst recht nicht, wenn mit ihm große Zeiträume verknüpft werden. Die Lückentheorie würde also, selbst wenn sie vom Text her glaubhaft wäre, das Zeitproblem nicht lösen und die Regelhaftigkeit der Fossilablagerungen nicht erklären. Bezüglich der ungelösten Fragen in der Geologie und Paläontologie aus biblischer Sicht hilft sie also gar nicht weiter.

Manche Ausleger wiederum vertreten die Auffassung, 1. Mose 1,1 („Am Anfang schuf Gott Himmel und Erde") sei Überschrift und nicht der erste Akt der Erschaffung. Dies kann grammatisch nicht ausgeschlossen werden; die ersten beiden Verse der Bibel sind grammatisch nicht in jeder Hinsicht eindeutig konstruiert. (Die Übersetzung „wurde..." ist allerdings ausgeschlossen, s. o.). Auf die komplizierten Details kann hier nicht eingegangen werden.[5] Es kann aber Folgendes gesagt werden:

• Der Text lässt die Möglichkeit offen, dass „Am Anfang schuf Gott Himmel und Erde" Überschrift ist. Dann würde die Schilderung mit der „Tohuwabohu"-Erde zeitlich beginnen. Über deren Herkunft würde dann in 1. Mose 1 nichts ausdrücklich gesagt, was etwas seltsam wäre. (Es ist aber sonst in der Bibel klar, dass Gott alles geschaffen hat.) Die Erde könnte dann aber schon „alt" sein. Das Verständnis von 1. Mose 1,1 als Überschrift vermeidet die Aussage, Gott habe ein

„Tohuwabohu" geschaffen, was aus dem o. g. Grund als problematisch empfunden werden kann.

• Das Verständnis des „Tohuwabohu" im Sinne eines ungefüllten „Rohzustandes" der Erde, als Durchgangsstation des weiteren Erschaffens, ist durchaus möglich. 1. Mose 1,1 wäre dann der erste Akt der Schöpfung, dem im Sechstagewerk weitere folgen.

Anmerkungen

[1] H. Mohr: Leiden und Sterben als Faktum in der Evolution. Herrenalber Texte 44, 1983, S. 9-25.

[2] Siehe dazu: R. Wiskin: Die Bibel und das Alter der Erde. Neuhausen-Stuttgart, 1999, Kapitel 4.

[3] Detaillierte Begründung in R. Junker: Leben durch Sterben? Neuhausen-Stuttgart, 1994; H.-K. Chang: Die Knechtschaft und Befreiung der Schöpfung (Diss.-Theol.). Wuppertal, 2000.

[4] R. Wiskin: Die Bibel und das Alter der Erde. Neuhausen-Stuttgart, 1999, Kapitel 3.

[5] Siehe dazu: Bruce K. Waltke: The Creation Account in Genesis 1:1-3, Part II and Part III. Bibliotheca Sacra 132, 1975, 136-144; 216-228.

Weiterführende Literatur

• R. Junker: Jesus, Darwin und die Schöpfung. Holzgerlingen, 2001. *(Das Thema dieses Kapitels wird in dieser Broschüre genauer behandelt. Leicht zu lesen und prägnant formuliert.)*

• R. Junker: Sündenfall und Biologie. Schönheit und Schrecken der Schöpfung. Holzgerlingen, 2001. *(Weshalb gibt es Fressen und Gefressenwerden in der Schöpfung? Diese Broschüre bringt dazu eine biblische Betrachtung und Überlegungen aus biologischer Sicht.)*

• R. Junker: Leben durch Sterben? Schöpfung, Heilsgeschichte und Evolution. Neuhausen, 1994. *(Die Problematik einer „Schöpfung durch Evolution" wird ausführlich und gründlich behandelt. Relativ anspruchsvoll. Für Bibelkenner dennoch gut lesbar.)*

• W. Gitt: Schuf Gott durch Evolution? Neuhausen-Stuttgart, 1998. *(Neben naturwissenschaftlichen Fragen widmet sich der Autor auch kritisch dem Thema „Schöpfung durch Evolution?")*

ANHANG

1. Vom Umgang mit ungelösten Fragen

In diesem Buch wurde eine Reihe von Fragen aufgeworfen, die im Rahmen einer biblisch-urgeschichtlichen Geologie ungelöst sind (vgl. vor allem Kapitel 8, 10, 11 und 12). Ein Großteil dieser Fragen hängt mit der Erd- und Kosmosgeschichte zusammen und betrifft zum Beispiel die Datierungen oder die Frage der Geschwindigkeit geologischer Prozesse. Wie kann man damit umgehen?

Scheinbares Alter? Auf diesen Lösungsversuch zur Zeitproblematik sind wir an verschiedenen Stellen schon eingegangen. Kurz zusammengefasst kann man dazu sagen: Da zahlreiche scheinbar zeitraubende geologische Phänomene (z. B. die Kontinentalverschiebung) mit der Überlieferung von Fossilien und folglich mit dem Tod in der Schöpfung gekoppelt sind, können sie nicht mit dem Argument eines „scheinbaren Alters" als Folge des *Schöpfungshandelns* in die Schöpfungswoche verlegt werden. In manchen Fällen mag man argumentieren können, dass eine fertige Schöpfung den Anschein eines Alters erweckt, das gar nicht existiert. Beispielsweise sah der geschaffene Adam wohl wie ein Erwachsener aus. Auch Gesteine oder Erscheinungen im Weltall könnten einen Altersanschein erwecken. Diese Argumentation ist aber zum Beispiel dann nicht möglich, wenn die betreffenden Phänomene mit Fossilien gekoppelt sind (z. B. Sedimentgesteine, die Fossilien bergen). Denn Fossilien (Überreste von Lebewesen) zeigen Tod in der Schöpfung; der Tod aber hat in der Schöpfungswoche keinen Platz, sondern ist Folge der Sünde des Menschen (vgl. Röm 5,12ff.; Röm 8,19ff.; 1Mo 1,29f.; vgl. Kapitel 13). Die Altersangaben von Gesteinen, die Fossilien enthalten, können daher nicht durch „scheinbare Alter" aufgrund des Schöpfungshandelns Gottes erklärt werden. Die Kritik der hohen Alter muss anders begründet werden (siehe dazu Kapitel 11).

Die Argumentation mit einem scheinbaren Alter ist auch dann fragwürdig, wenn sie darauf hinausläuft, dass Gott den forschenden Menschen „an der Nase herumführen" würde. Daraus würde ein fragwürdiges Gottesbild resultieren, und Wissenschaft wäre in solchen Fällen unmöglich.

Bibelauslegung anpassen? Unter dem Druck der scheinbar überwältigenden Last der Indizien für eine alte Erde und einen Evolutionskosmos wurde und wird nicht selten versucht, biblische Aussagen dem modernen Weltbild anzupassen. So wurde etwa schon behauptet, der Evolutionsgedanke finde sich im Schöpfungsbericht (G. Lanzenberger[1]) oder die moderne Naturwissenschaft sei als Offenbarung Gottes neben die Bibel zu stellen (H. Ross[2]). Bei näherem Betrachten erweist sich ein solches Vorgehen als Anpassung der Bibelauslegung an heutige naturkundliche und -historische Vorstellungen oder als ein *Hinein*lesen heutiger Theorien in die biblischen Texte.[3] Da ein solcher Weg die Bibeltexte zurecht-biegt, ist er für bibeltreue Christen nicht gangbar. Er würde bedeuten, die Vorrangstellung des Wortes Gottes vor dem Wissen des Menschen aufzugeben. Diese Konsequenz aus den (scheinbar?) vorhandenen Widersprüchen zwischen der Bibel und Naturwissenschaft scheidet aus. Wie können wir stattdessen mit dieser Situation umgehen?

1. Spannungen zwischen Bibel und Wissenschaft stehen lassen. Fakten, die widersprüchlich zu biblischen Aussagen zu sein scheinen, sollen weder totgeschwiegen noch beschönigt werden. Es ist nicht nötig, der biblischen Wahrheit durch Beschönigungen „nachzuhelfen"; ja, wir dürfen das auch nicht tun. Wenn wir als Christen zu zahlreichen Fragen keine Antworten wissen, ist das zwar oft schmerzlich, doch sind wir dafür nicht verantwortlich (mindestens wenn wir tun, was in unserer Macht liegt und unserer Beauftragung entspricht). Es liegt nicht in unserer Verantwortung, wenn Menschen mit dem Hinweis auf Widersprüche den christlichen Glauben ablehnen. Die damit verbundenen Anfechtungen – für Christen ist das kein Fremdwort! – gilt es auszuhalten. Unsere Verantwortung ist es, Zeugnis von Jesus Christus gemäß der Bibel zu geben und im Sinne von 1. Petrus 3,15 und Kolosser 4,6 soweit es uns möglich ist, Rede und Antwort auf kritische Fragen zu stehen.

2. Keine oberflächlichen Lösungen. Es wäre unglaubwürdig, durch oberflächliche Kritik mit willkürlich herausgegriffenen Einzelbefunden eine ungelöste Frage klären zu wollen. Beispielsweise werden häufig unpassende Datierungen angeführt, um Datierungsmethoden generell als unglaubwürdig hinzu-stellen. Ein solches Vorgehen geht an der komplexen Situation in den Geowissenschaften vorbei (vgl. Kapitel 11). Zwar sind die Altersangaben hinterfragbar, doch muss dies systematisch und unter Beachtung des gesamten Kenntnisstandes erfolgen. Das erfordert heutzutage für jede einzelne Datierungsmethode eine nicht zu unterschätzende Mammutaufgabe.[4]

3. Theorien sind keine ehernen Tatsachen. Wenn Forscher behaupten, ihre Vorstellungen zur Erdgeschichte seien *naturwissenschaftlich* begründet, so ist das Grund genug, sie als vorläufig und korrigierbar anzusehen. Denn naturwissenschaftliche, d. h. auf Empirie (Erfahrung) beruhende Theorien können jederzeit durch neue Daten in Frage gestellt werden. Wo das nicht mehr erlaubt oder gewünscht ist, wird Wissenschaft zur Ideologie.

4. Unsere Kenntnisse über die tatsächlichen Daten in den Naturwissenschaften sind grundsätzlich sehr begrenzt. Von der Erdgeschichte besitzen wir nur Momentaufnahmen. Außerdem sind wir mangels anderer Möglichkeiten darauf angewiesen, heutige Vorgänge in die Vergangenheit zu „verlängern". Ob damit die tatsächlichen Abläufe erfasst werden, kann bezweifelt werden. Wird beispielsweise im Zusammenhang mit der Sintflut (und auch mit dem Sündenfall!) ein besonderes Eingreifen Gottes angenommen, können nicht alle Ereignisse mit heute ablaufenden Prozessen verstanden werden. Allerdings bedeutet eine solche Annahme *an den betreffenden Stellen* (nicht generell!) eine Schranke für wissenschaftliches Arbeiten; das muss eingeräumt werden, und das werden Andersdenkende anstößig finden (genauso wie sie den Schöpfungsgedanken ablehnen, weil auch „Schöpfung" eine Grenze für Wissenschaft bedeutet). Für die Schöpfungsforschung heißt das dennoch: Forschen, soweit es geht, aber mit dem Wissen um mögliche Grenzen, die das Handeln Gottes setzt, und in der damit verbundenen Demut.

5. Die Kenntnisse und die Anzahl der Schöpfungsforscher sind begrenzt. Es hat sich immer wieder gezeigt, dass durch ein tieferes Eindringen in die Materie Schwachstellen von Theorien offengelegt werden können, die zuvor festgefügt und kaum angreifbar erschienen. Das Lehrbuchwissen vermittelt in der Regel kaum Angriffspunkte für Kritik, da Problematisches dort zu kurz kommt. Es ist daher notwendig, die Originalveröffentlichungen der Wissenschaftler aufzuarbeiten, was sehr zeitaufwendig ist. Aber auch in deren Arbeiten werden nicht unbedingt die Rohdaten, sondern bereits gedeutete und evtl. ausgewählte Daten präsentiert (und zwar nicht aus bösem Willen, sondern weil man sich auf einen bestimmten Deutungsrahmen verständigt hat, der nicht mehr hinterfragt wird). Das heißt aber: Es wäre vielfach notwendig, in eigenen Labors und durch eigene Feldstudien Daten selber zu gewinnen. Wichtig wäre es z. B., selber Datierungen systematisch durchführen zu können. Doch dafür fehlen bei weitem die finanziellen und personellen Möglichkeiten.

6. Den Spieß umdrehen. Ungelöste Fragen der Schöpfungslehre sind keine Argumente für Evolution. Die Auflistung von Problemen der Schöpfungsforschung könnte von den grundlegenden ungelösten Fragen der Evolutionsforschung ablenken. Um hier keinen einseitigen Eindruck aufkommen zu lassen, ist es notwendig, auch bei der konkurrierenden evolutionären Ursprungsvorstellung auf deren Probleme hinzuweisen.

Paulus sagt im 1. Kapitel des Römerbriefes (Verse 19ff.), dass man an den Werken der Schöpfung Gottes Macht und Größe deutlich erkennen kann. In der Tat gibt es dazu aus vielen Wissensgebieten unzählige Hinweise, auch in der von Sünde und Tod gezeichneten Schöpfung, die den Menschen oft nach dem „Warum?" fragen lässt. Die Bibel sagt aber nichts Vergleichbares, wenn es um die Erdgeschichte geht, im Gegenteil: Manche ihrer Aussagen stellen die Begrenztheit menschlichen Wissens in den Vordergrund. So fragt Gott den mit seinem Geschick hadernden Hiob: *„Wo warst du, als ich die Erde baute? Sprich es aus, wenn Du Bescheid weißt"* (Hi 38,4). Und durch den Propheten Jeremia spricht der Herr: *„So wenig der Himmel droben ausgemessen und die Grundfesten der Erde drunten ausgespäht werden können, so wenig will ich auch die gesamte Nachkommenschaft Israels verwerfen wegen alles dessen, was sie begangen haben"* (Jer 31,37). Unter diesen Vorbehalten geschieht Schöpfungsforschung und dürfen auch manche ihrer ungelösten Fragen gesehen werden.

Anmerkungen

[1] So z. B.: G. Lanzenberger: Schöpfung ist Evolution. Karlsruhe, 1988; vgl. dazu die Buchbesprechung von R. Junker in: W+W-Info Nr. 11, Dez. 1990.

[2] H. Ross: Creation and Time, Colorado Springs, 1994.

[3] M. van Bebber & P. S. Taylor: Creation and Time. A report on the Progressive Creationist Book by Hugh Ross. Meza, Arizona, 1994.

4 Ein Beispiel zeigt die Aufsatzfolge von Uwe Zerbst über die Radiokarbon- und Baumringmethode in *Studium Integrale Journal* (Ausgaben 1/98 - 2/99).

2. Die vier Arten von „Evolutionsbeweisen"

In diesem Buch wurde dargelegt, dass es durchaus eine Reihe von Indizien für Makroevolution gibt – auch wenn der Autor und die Mitarbeiter dieses Buches die Evolutionslehre ablehnen. Es wurde aber gezeigt, dass die zur Evolutonslehre passenden Befunde zum einen keine stichhaltigen Belege für Evolution darstellen, sondern nur Deutungs*möglichkeiten* bieten, zum anderen wurden auch alternative Deutungen aufgezeigt.

In der allgemeinen Lehrbuchliteratur wird jedoch häufig von „Evolutionsbeweisen" gesprochen. Tatsächlich handelt es sich bei diesen „Beweisen" um einseitige Deutungen wissenschaftlicher Ergebnisse, d. h. es wird gewöhnlich gar nicht über Alternativen nachgedacht. Beispielsweise wurde gezeigt (Kapitel 1 und 5), dass die Ähnlichkeiten der Lebewesen nicht nur als Indizien für deren gemeinsame Abstammung gewertet, sondern ebensogut durch Schöpfung erklärt werden können.

Im folgenden sollen vier Arten von „Evolutionsbeweisen", die einem immer wieder in der Literatur oder in den Medien begegnen, kurz erläutert und kritisch beleuchtet werden.

1. Empirische Belege. Häufig wird behauptet, Evolution sei durch direkte Beobachtung im Freiland oder im Labor belegt, also empirisch (durch Erfahrung) begründet. Doch es besteht allgemein kaum Zweifel, dass damit nur mikroevolutive Veränderungen (vgl. Kapitel 3) erfasst werden. Solche Veränderungen gehören aber auch zu den Vorhersagen bzw. Erwartungen des Grundtypmodells, sind mithin also keine ausschließlichen Belege für Evolution und können schon gar nicht als Indizien für Makroevolution gelten. Ein großer Teil der üblichen Lehrbuchbelege für Evolution gehört in diese Rubrik.

2. Analogieschlüsse. Hierbei handelt es sich um Schlussfolgerungen vom Kleinen aufs Große oder allgemeiner von Bekanntem auf Unbekanntes. Darauf wurde in Abschnitt 5.2 hingewiesen. Beispielsweise kann Ähnlichkeit durch Abstammung bedingt sein. Das ist auch beobachtbar: Man kann die Elterngeneration mit den nachfolgenden Generationen vergleichen, Ähnlichkeiten feststellen und diese auf Vererbung zurückführen. Dieses Argument wird nun auch auf nicht beobachtbare Dimensionen ausgeweitet, wenn man z. B. die Ähnlichkeiten zwischen Menschen und Affen genauso auf Abstammung und Vererbung zurückführt. „Ähnlichkeit durch Abstammung" ist jedoch nur beobachtbar *innerhalb* von Grundtypen (weil dort Kreuzungen und unmittelbarer Vergleich der Generationen möglich sind). Wird dieser Rahmen verlassen (wie bei Mensch und Affe), verliert das Argument die empirische Basis und wird zum Analogieschluss: Was innerhalb von Grundtypen gilt, soll auch darüber hinaus gelten. Doch dies ist nicht durch Beobachtung gestützt, sondern nur eine *gedankliche Ausweitung*. Ob diese Ausweitung der Realität entspricht, kann nicht mehr direkt geprüft werden.

Man kann auch Analogieschlüsse ziehen, die im Sinne von Schöpfung eingesetzt werden. Beispielsweise wird im Alltag von Ähnlichkeiten häufig auf gemeinsame Urheber geschlossen (z. B. bei Ähnlichkeiten von technischen Geräten, von Computerprogrammen usw.). In diesem Sinne kann man durch einen Analogieschluss auch die Ähnlichkeiten der *Lebewesen* auf gleiche Urheberschaft, sprich Schöpfung zurückführen (vgl. Abb. 8, S.20). Analogieschlüsse haben in keinem Fall Beweiskraft.

Ein gewaltiger Sprung von Beobachtungstatsachen auf eine evolutionäre „Schlussfolgerung" liegt auch bei der Deutung der Fossilüberlieferung vor. Bekanntlich sind die Fossilien (versteinerte Reste früherer Lebewesen und ihrer Spuren) in einer weltweit ähnlichen Abfolge in Schichtgesteinen abgelagert. Das Übereinander kann im Gelände beobachtet werden (vgl. Kapitel 8 und 10). Es wird evolutionstheoretisch so interpretiert, dass es eine Abstammungsfolge wiederspiegle. Zweifellos liegt hier ein starkes Argument für Makroevolution vor, da die Fossilabfolge grob in ein evolutionäres Szenario passt; dennoch ist eine *Abstammungsfolge* damit nicht beobachtet worden. Dazu kommt, dass die Fossilabfolgen *regelmäßig* markante, oft sogar gewaltige Lücken zwischen verschiedenen Grundtypen aufweisen. Lediglich im *mikroevolutiven* Bereich kennt man Serien *allmählicher* Abwandlung, die an Ort und Stelle überliefert sind. Diese werden auf den makroevolutionären Bereich ausgezogen, doch auch dies ist wieder nur eine gedankliche Konstruktion im Rahmen der vorgegebenen Evolutionsanschauung. Das Übereinander könnte andere Ursachen als evolutionäre haben; in Frage kommen vor allem ökologische Gründe.[1]

3. Theoretische Szenarien. Eine dritte „Beweisform" für Evolution sind theoretische Szenarien. Gemeint sind damit Gedankenmodelle dazu, wie Übergänge zu neuen Strukturen bzw. Lebensräumen abgelaufen sein könnten. Beispielsweise gibt es Szenarien, wie aus Fischen landlebende Vierbeiner entstanden sein könnten, welche äußeren Umstände die Eroberung des Landes begünstigt haben könnten, welche Selektionsdrücke dabei geherrscht haben könnten usw. Niemand war jedoch dabei, und die empirischen Belege (hier Fossilfunde) geben zu wenig Hinweise. Solche theoretischen Szenarien wirken oft suggestiv und plausibel, sollten aber nicht darüber hinwegtäuschen, dass hier meistens sehr viel Phantasie im Spiel ist.

4. Theologische Argumente. Ein ganz bemerkenswerter Beweistyp nimmt Bezug auf Vorstellungen über das Handeln Gottes, ist also theologischer Art. Wer sich näher mit der Evolutionsfrage befasst hat, dürfte z. B. das Argument kennen, ein Schöpfer würde doch keine nutzlosen (rudimentären) Organe erschaffen.[2] Da man aber solche Organe finde, sprächen sie gegen Schöpfung und folglich für Evolution. Abgesehen davon, dass offene Fragen der Schöpfungsforschung nicht zwingend Belege für Evolution abgeben, fließen in diese Argumentationsweise Vorstellungen über das Wesen und das Handeln Gottes ein („Gott erschafft keine nutzlosen Organe"). Zweifellos ist es aus biblischer Sicht wichtig, sich mit diesem Argument theologisch zu befassen (vgl. Kapitel 13)[3], doch als theologisches Argument kann es im Rahmen einer naturwissenschaftlichen Argumentation keine Rolle spielen. Theologische Argumente dieser Art tauchen in verschiedenen Ausprägungen erstaunlich häufig auf, sogar an prominenter Stelle in einschlägigen evolutionstheoretischen Lehrbüchern.[4] Sie können nicht als naturkundliche Belege für Evolution gelten.

Fazit. Alle genannten „Evolutionsbeweise" sind nicht stichhaltig für Makroevolution, da sie entweder auch im Rahmen der Schöpfungslehre gedeutet werden können, von weltanschaulichen oder theologischen Vorgaben abhängen oder bloße Analogischlüsse darstellen.

Anmerkungen

[1] Hier sei besonders auf Manfred Stephans Buch „Der Mensch und die geologische Zeittafel" (Holzgerlingen, 2002) verwiesen (vgl. auch Frage „Warum werden Menschenfossilien nur in den obersten Schichten gefunden?" im Fragenteil von Kapitel 9).

[2] Siehe dazu die Frage „Gibt es überhaupt nutzlose Organe?" im Fragenteil von Kapitel 6.

[3] Einiges findet sich dazu insbesondere in: R. Junker: Sündenfall und Biologie. Schönheit und Schrecken der Schöpfung. Holzgerlingen, 4. Aufl. 2001 sowie ausführlich in R. Junker: Leben durch Sterben? Neuhausen-Stuttgart 1994.

[4] Z. B. in: D. Futuyma, Evolutionsbiologie. Basel, 1998.

Glossar

Die meisten der im Glossar erklärten Begriffe finden sich auch in Textkästen im Text. Sie sind hier nochmals zusammengestellt, um ein Nachschlagen zu erleichtern.

Abiogenese: (Erstmalige) Entstehung von Leben aus toten Stoffen.

Aminosäuren: Einzelbausteine der kettenförmig gebauten Eiweiße (Proteine).

Art: Dieser Begriff wird hier im Sinne von „biologische Art" = Biospezies gebraucht (s. dort).

Biogenetisches Grundgesetz: Von Ernst Haeckel vertretene Vorstellung, wonach in der menschlichen Embryonalentwicklung die Stammesgeschichte des Lebens in verkürzter Form und im Zeitraffer durchlaufen werde. Diese Vorstellung war von Beginn an umstritten und ist es in der Fachwelt bis heute.

Biospezies: Zur selben biologischen Art (Biospezies) gehören alle Individuen, die unter Freilandbedingungen (also nicht nur in der Zucht) fruchtbare Nachkommen hervorbringen können.

Daten: Ergebnisse aus Beobachtungen und Experimenten (lat. „datum" = das Gegebene).

Dunkle Materie: Materie des Universums, welche aus bislang unbekanntem Material besteht und bisher nicht nachweisbar ist, sondern aufgrund verschiedener theoretischer Probleme vermutet wird.

Embryo: Das im Mutterleib sich entwickelnde Kind von der 3. bis 8. Schwangerschaftswoche.

empirisch: auf Erfahrung beruhend; im Zusammenhang mit Naturwissenschaft: durch direkte Beobachtungen gestützt. (vgl. „Daten")

Erosion: Verwitterung und Abtragung von Gestein.

Fetus: Das im Mutterleib sich entwickelnde Kind ab der 9. Schwangerschaftswoche.

Fossilien: In Gesteinen erhaltene Reste früherer Lebewesen

Galaxie: Eine gewaltige Ansammlung von Sternen, kosmischem Gas und Staub.

Gen: Erbfaktor

Gravitation: Die allgemeine Anziehung zwischen Materieteilchen.

Grundtyp: Alle Arten, die durch Kreuzungen direkt oder indirekt miteinander verbunden sind, also miteinander Nachkommen hervorbringen können, werden zu einem Grundtyp gerechnet.

Halbwertszeit: Zeit, in der die Hälfte der Mutteratome in Tochteratome zerfällt. Nach zwei Halbwertszeiten ist noch 1/4 des Mutteratoms übrig usw.

Hypothese: Der Begriff wird sehr unterschiedlich gebraucht. Wir verwenden ihn im Sinne einer Mutmaßung, die bisher noch nicht oder kaum durch Daten gestützt ist, jedoch Ideen vermittelt, wie man bestimmte Daten erklären könnte.

Isotop: Atome desselben Elements mit einer bestimmten Neutronenzahl. Bei ein und demselben Element ist zwar die Anzahl der Protonen immer gleich, die Anzahl der Neutronen kann aber unterschiedlich sein.

Konvergenz: unabhängige Entstehung ähnlicher Bauteile in nicht abstammungsverwandten Arten.

Lichtjahr: Entfernungsmaß: die Strecke, die ein Lichtstrahl in einem Jahr zurücklegt (ca. 10 Billionen Kilometer).

Makroevolution: Entstehung neuer, bisher nicht vorhandener Organe, Strukturen und Bauplantypen; Entstehung qualitativ neuen genetischen Materials.

Mikroevolution: Veränderung bereits vorhandener Organe, Strukturen oder Baupläne.

Molekül: Chemische Verbindung.

Mutation: spontane (unvorherseh-bar eintretende) oder künstlich ausgelöste Änderung im Ergbut.

Ontogenese: Individualentwicklung von der befruchteten Eizelle an.

Paläontologie: Wissenschaft, die sich mit der Erforschung von Fossilien beschäftigt.

Präbiotische Chemie: Zweig der Chemie, der sich der Frage nach der (abiotischen) Entstehung von Lebewesen widmet.

Protein: Eiweiß. Kettenförmige Verbindung aus vielen Aminosäuren. Viele Proteine werden im Körper für den Stoffwechsel benötigt (z. B. für den Abbau der Nahrung), andere dienen als Baustoffe (z. B. für Haare, Knochen usw.).

proteinogen: in Eiweißen (Proteinen) der Lebewesen vorkommend.

Radioaktiver Zerfall: Radioaktiver Zerfall erfolgt, wenn Atome nach und nach in Tochteratome zerfallen.

Rotverschiebung: Verschiebung der Spektrallinien (s. Spektrum) im Licht von Sternen oder Galaxien zum roten Bereich.

Sedimentgestein: Gestein, das durch einen Ablagerungsvorgang entstanden ist.

Selektion: Auslese der am besten an die Umweltbedingungen Angepassten; letztlich äußert sich dies in erhöhter Nachkommenproduktion.

Simulationsexperiment: Versuche, in denen die vermuteten Bedingungen der hypothetischen frühen Erde nachgestellt werden, um herauszufinden, wie Bausteine des Lebens entstanden sein könnten.

Spektrum: Strahlung (z. B. von Sternen), die nach ihrer Wellenlänge sortiert ist.

Sukzession: Regelhafte Abfolge von Lebensgemeinschaften in einem Biotop, z. B. Wiederbesiedlungsabfolge nach einem Kahlschlag.

Supernova: Gewaltige Sternexplosion.

Synthese: Bildung neuer Stoffe durch Zusammenfügung chemischer „Einzelteile".

Theorie: Anschauung (griech. „theoreein" = anschauen): Unter welchem Blickwinkel betrachte ich das Beobachtete, die Daten? Theorien gehören unbedingt zum wissenschaftlichen Arbeiten. Sie bringen sozusagen Daten zum Sprechen, sagen etwas über die Bedeutung der Daten aus. „Theorien" können durch weitere Daten gestützt werden, sich aber auch als falsch erweisen.

Bildquellennachweis

Archiv für Kunst und Geschichte, Berlin: Abb. 12

Nach S. A. Austin: Abb. 125

Nach H. Bayrhuber & U. Kull: Abb. 30

Sammlung Blechschmidt: Abb. 51, 53, 54, S. 83

Nach G. Czihak, H. Langer & H. Ziegler. Abb. 68 (rechts)

Nach M. Demerec & P. Kaufmann sowie D. L. Lindsley & E. H. Grell: Abb. 29

Nach M. Diehl: Abb. 26

Martin Ernst: Abb. 118

Nach J. G. Fleagle: Abb. 92

Nach W. Gottschalk: Abb. 32 (links)

Nach P. D. Gingerich: Abb. 83

Nach S. J. Gould: Abb. 73

Hale Observatories: Abb. 129

Nach Hertig und Rock: Abb. 50

Nach D. Hess: Abb. 35 (oben), 37 (unten)

Nach J. R. Horner: Abb. 108

Institute for Creation Research: Abb. 116

Nach E. Jarvik: Abb. 80

Nach H. Meyer & K. Daumer. Abb. 27

Nach O. Kuhn: Abb. 70 (unten)

Nach H. Molisch und K. Dobat: Abb. 48

MPS Ohio: Abb. 134

NASA: Abb. 117, 135, 136, 138, 139, 140, S. 187, Titelbild

Nach E. Plein: Abb. 105

Nach A. Portmann: Abb. 79, 87

Nach A. S. Romer. Abb. 69, 71

D. Schumann & T. Steuber: Abb. 110 (Aus: Rudisten. Erfolgreiche Siedler und Riffbauer der Kreide-Zeit. In: F. F. Steininger & D. Maronde (Hg.) Städte unter Wasser. 2 Milliarden Jahre. Kl. Senckenberg-Reihe, 24. Frankfurt/M, 1997, S. 117-122.)

Nach E. Seibold: Abb. 109

Senckenbergische Naturforschende Gesellschaft, Frankfurt: Abb. 76

Space Telescope Science Institute: Abb. 126

Manfred Stephan: Abb. 112

Staatliches Museum für Naturkunde, Karlsruhe: Abb. 10, 31, 41, 84, 101, S. 15

Nach E. Thenius: Abb. 85

Nach J. G. W. Thewissen: Abb. 81, 82

Nach L. Vardiman, A. A. Snelling & E. F. Chaffin: Abb. 123, 124

Volkssternwarte München: Abb. 141

Westfälisches Museum für Naturkunde, Münster: Abb. 6, 49

Richard Wiskin: Abb. 37, 38, 113, 114 und Abb. auf S. 21, 23, 95, 109, 131

Bei den anderen Motiven handelt es sich um eigene Fotos bzw. um Grafiken der SG Wort und Wissen.

Dank

Johannes Weiss erstellte in bewährter Weise den Layout. Marion Bernhardt steuerte die Zeichnungen auf den Seiten 16, 17, 51, 69, 76, 142, Abb. 144, 145 und 149 sowie einige Grafiken bei. Richard Wiskin, Manfred Stephan und Martin Ernst stellten mir einige Fotos zur Verfügung. Christian Dreber und Frank Meyer fertigten die Scans an. Elisabeth Binder half beim Korrekturlesen. Von Birgit Brandl erhielt ich zahlreiche Vorschläge zur besseren Lesbarkeit des Textes. Ihnen allen gilt mein herzlicher Dank.

Eine ausführliche kritische Behandlung der Evolutionslehre im Bereich der Biologie und Paläontologie finden Sie in:

R. Junker & S. Scherer:

Evolution –
ein kritisches Lehrbuch

Adressaten: Schüler, Studenten, Lehrer und Interessierte

Inhalt: Detaillierte, umfassende Kritik der biologischen Evolutionstheorie; Nachschlagewerk zur biologischen Evolutionskritik; Deutung naturwissenschaftlicher Daten im Rahmen von Schöpfungsmodellen; eine Fundgrube zum Thema „Schöpfung / Evolution"

Einige Themen: Artbegriffe und Taxonomie – Die Reichweite der Evolutionsfaktoren – Molekulare Mechanismen der Mikroevolution – Chemische Evolution: Schritte zum Leben? – Ähnlichkeiten – Embryologie und Stammesgeschichte – Fossile Arten als Vorstufen und Zwischenglieder? – Abstammung der Menschheit – Biologische Information und Geist – Deutung des Lebens unter der Voraussetzung von Schöpfung

Weyel-Verlag Gießen, 5., aktualisierte Auflage 2001, 328 S., 425 Abb., durchgehend farbig, umfangreiches Glossar, Stichwortverzeichnis und Literaturverzeichnis, Festeinband, Großformat 19,5x26.